어떤 상황에도 바로 베껴 쓰는

영문 비즈니스

The Best Business Email

이메일

─── 어떤 상황에도 바로 베껴 쓰는 ───

영문 비즈니스
The Best Business Email
이메일

✉

초판 인쇄일 2019년 3월 15일
초판 발행일 2019년 3월 22일

지은이 Willy
감수 Michael Coughlin
번역 이슬
발행인 박정모
등록번호 제9-295호
발행처 도서출판 **헤지원**
주소 (10881) 경기도 파주시 회동길 445-4(문발동 638) 302호
전화 031)955-9221~5 팩스 031)955-9220
홈페이지 www.hyejiwon.co.kr

기획 박혜지
진행 박혜지, 박민혁
디자인 김보리
영업마케팅 황대일, 서지영
ISBN 978-89-8379-987-6
정가 20,000원

이 도서의 국립중앙도서관 출판시도서목록(CIP)은 서지정보유통지원시스템 홈페이지(http://seoji.nl.go.kr)와
국가자료공동목록시스템(http://www.nl.go.kr/kolisnet)에서 이용하실 수 있습니다.
(CIP제어번호 : CIP2019010727)

어떤 상황에도 바로 베껴 쓰는

영문 비즈니스

The Best Business Email

이메일

저자 Willy   감수 Michael Coughlin

혜지원

사용 가이드

PART 1

이 책이 제공하는 '영문 E-mail 완전 학습 요소'를 활용하라.

영문 E-mail의 구조부터 가장 기본적인 문장 패턴 구성 스킬, 그리고 전문 용어에 이르기까지 전면적인 학습 요소뿐만 아니라 영문 E-mail 작성에 있어 가장 중요한 인사말과 맺음말을 수록해 독자들이 영문 E-mail의 시작부터 마무리까지 제대로 배울 수 있도록 도와줍니다.

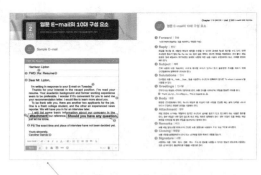

영문 E-mail 작문의 첫걸음!

베껴 쓰기!
인사말 & 맺음말

PART 2

이 책이 예로 드는 '195가지 상황'을 활용하라.

이 책은 일상생활 또는 비즈니스 환경에서 수시로 접하는 195가지 상황, 총 250편의 예문을 제공합니다. 상황에 따라 범주를 달리하여 독자들이 편리하게 참고할 수 있습니다.

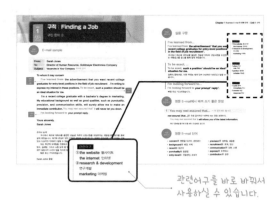

관련어구를 바로 바꿔서 사용하실 수 있습니다.

본문의 '영문 E-mail 완성 예문'과 '우리말 번역'을 숙지하라.

본문 내의 모든 예문들은 작가가 공들여 작성한 것으로 실제 비즈니스 상황에서 활용 가능합니다. 뿐만 아니라 책 전체의 영문 E-mail 텍스트 파일을 첨부했으니, 전체를 그대로 외워서 머릿속에 저장하는 방법도 좋습니다.

'베껴 쓰기 좋은 문장과 관련 어구'를 적극적으로 활용하라.

예문에는 많은 실용적인 문장 패턴이 숨겨져 있습니다. 여러분을 위해 실용적인 문장을 일일이 따로 뽑아서 대체 가능한 유의어 또는 비슷한 성질을 가진 단어들을 기록해 두었습니다. 베끼기 좋을 뿐만 아니라 모방을 통해 여러분들의 실력이 향상되기를 바랍니다!

★ 단어 뒤에 품사도 함께
  표시해 두었습니다.

┌ 품사표 ──────────────
│ n 명사 v 동사 a 형용사 ad 부사 pron 대명사
│ phr 숙어 conj 연결사 prep 접속사 abbr 줄임말
└──────────────────────

PART 3

전문성 X 현장성 X 비즈니스 어휘

모든 예문마다 실제 현장에서 자주 쓰이는 단어를 사용하였습니다. 그리고 예문의 오른쪽 아래 부분에 독자들을 위한 보충 설명을 첨부하였습니다. 독자들이 E-mail을 작성할 때 보다 전문적인 단어를 사용할 수 있도록 도울뿐더러 어휘력 역시 키울 수 있습니다!

┌ 부록 ──────────────────────────────
│ 서신의 축약형 사용법, 무역 줄임말 해설, 회사 직위 및
│ 부서 명칭, 그리고 컴퓨터 관련 용어까지 부록에 첨부하
│ 여 영문 E-mail을 작성할 때 사용할 수 있는 모든 어휘를
│ 한 번에 정리해 두었습니다.
└────────────────────────────────────

BONUS

E-mail 상용구 특선과 예문 word 파일

영문 E-mail을 작성할 때 절대로 놓쳐서는 안 되는 250개의 만능 활용 문장은 google 번역기가 불만족스러우신 분들, 영문 E-mail만 쓰려고 하면 막히는 분들에게 적합할 것입니다. 이 몇 문장의 상용구들을 사용한다면 당신의 E-mail 전체의 질이 높아질 것입니다.

바로 베껴 쓰자! 복사 붙여넣기 참 쉽죠~

본 책의 모든 영어 예문은 홈페이지에 첨부되어 있습니다. Word 파일은 비교적 수정과 복사가 편하기 때문에 모든 예문을 컴퓨터에 저장해 두고 영문 E-mail을 수정하여 작성하면 쉽게 메일을 쓸 수 있을 것입니다.

작가의 말 Preface

　　친애하는 독자 여러분 안녕하세요. 이 책을 구매해 주신 여러분들께 감사의 말씀 전합니다. 전에 강단에서 학생들과 함께하는 경험은 몇 차례 있었으나 이렇게 책으로 만나게 된 것은 처음입니다. 이는 제게 있어 하나의 도전이며 저를 매우 설레게 합니다. 우선, 제가 빈저우 대학에서 알게 된 정말 좋은 친구 챤즈이 선생님께도 매우 감사드립니다. 즈이 선생님께서 몇 년 전부터 제게 영어 학습을 위한 실용 서적을 출판해 보는 것이 어떻겠냐고 제안해 주셨습니다.

　　이 책의 주제는 제가 비즈니스 영어 중에서 가장 중요한 부분이라고 생각하는 영문 E-mail입니다. 오늘날 국제화 시대에 살고 있는 우리에게 업무상 영어로 소통해야 하는 것은 거의 불가피한 상황이라 볼 수 있습니다. 하지만 평소에 출근해서 외국인을 보기란 쉽지 않지요. 그러나 해외의 클라이언트나 고위 직원, 공장 등과 연락을 취하기 위한 가장 적합한 방식은 아직까지도 영문 E-mail입니다. 오늘날처럼 이렇게 인터넷이 발달한 시대에 살고 있는 우리들 중 그 누가 인터넷 검색을 못하고, 누가 Google 번역기를 사용할 줄 모르겠습니까? 그 속에서 동분서주하면 누가 그럴싸한 E-mail 한 편을 작성 못하겠냐만, 명확한 주제를 가지며 예의 바르고 문법마저 완벽한 완성된 E-mail을 복제하는 편이 훨씬 편리하고 빠르겠지요. 이것이 제가 말하는 포인트입니다. 이 책에서 다루는 195가지의 작은 상황들은 분명 당신이 사무실 또는 일상생활에서 자주 접하게 되는 상황일 것입니다. 한 편의 예문으로는 부족하실까봐 두 편의 예문이 있는 것들도 있습니다. 답장하는 것마저 어떻게 시작해야 하는지 가이드해 드립니다.

　　무엇보다도, 이 책은 당신이 제대로 '베끼는' 것뿐만이 아니라 제대로 된 영문 E-mail 작성법을 습득할 수 있도록 도와줍니다. 책 속에 편집되어 들어간 내용은 유한하지만, 인간의 습득력과 지식은 무한하니까요. "고기를 잡아 주기 보다는 고기 잡는 법을 가르쳐 줘야 한다."는 말처럼,

이 책은 독자들이 한 편의 영문 E-mail을 베끼는 동시에 몇 가지 문장 속의 단어를 바꿔 쓸 수 있도록 하여 문장의 패턴을 외우고, 더 많은 단어들을 익히게 해서 작문에 있어 가장 기본적인 문장 패턴들을 습득할 수 있도록 도와줄 것입니다. 기본적인 패턴들을 익힌 후에 실용적이고 외우기 쉬운 문법 스킬들로 당신의 E-mail에 깊이를 더해 드리겠습니다.

모든 언어들은 배웠으면 실제로 사용할 줄 알아야 합니다. 실용적인 비즈니스 영어 영역에서 이 원칙은 더더욱 그 빛을 발하지요. 이 책의 거의 모든 예문들은 제가 실제로 과거에 클라이언트에게 직접 보내 보았거나, 회사원들을 대상으로 수업할 때 참고용으로 제공했던 것들입니다. 이런 예문들 중에서 또 각각의 학습 요소들을 뽑아 학습 자료로 제공합니다. 얼마나 배울 수 있는지는 스스로가 노력하는 정도에 달려 있겠지요. 부디 일상이 바쁘실지라도 자신의 언어 능력에 많은 시간을 투자하시길 바랍니다. 분명 이는 당신의 회사 생활에 도움과 이익만을 가져다 줄 것입니다.

마지막으로 독자님들께 한마디 드리도록 하겠습니다:
Knowledge is the food of the soul.
지식은 마음의 양식입니다.

Make yourself wisdom! Good luck!

윌리 Willy

목차 Contents

Chapter

1

첫 번째 단계

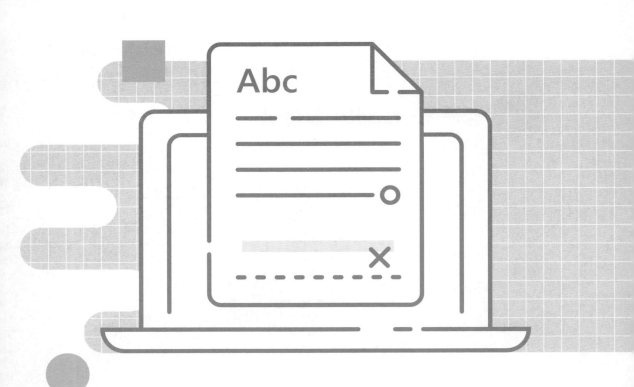

Unit 1 영문 E-mail의 5C 원칙

Unit 2 영문 E-mail의 10대 구성 요소

영문 E-mail은 실용문이어서 일반적인 영어 문장과는 다
소 차이가 있다. 이 Chapter에서는 범례를 설명하기 전에,
영문 E-mail의 가장 기본적인 몇 가지 부분을 소개한다.
5C 원칙을 활용해 글쓰기 개념을 확실히 파악하고 그림을
통해 영문 E-mail의 10대 구성 요소를 알 수 있다.

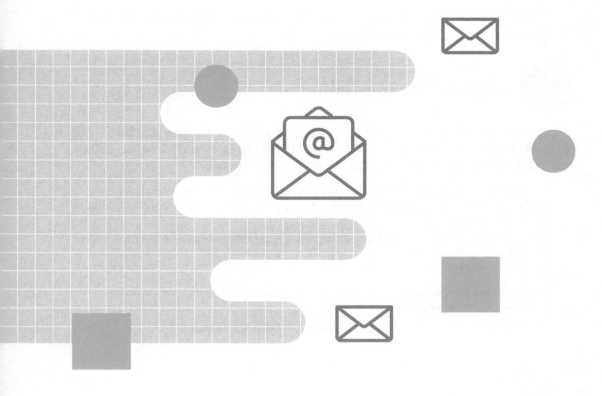

영문 E-mail의 5C 원칙

상업 용도의 메일을 작성할 때에는 정확성(Correctness), 간결성(Conciseness), 완전성(Completeness), 명확성(Clarity), 공손함(Courtesy)의 5C 원칙을 지켜야 한다.

1C   Correctness | 정확성

영문 E-mail을 작성할 때에는 문법 구성·단어 표기·어구 조합·기호 사용 등에 정확성을 확보해야 한다. 또한 모호성으로 인한 다른 해석으로 이익 분쟁이 일어나는 것을 피하기 위해, 언어가 서술하는 정확도(특히 날짜·시간·장소·가격·번호·자료 출처 등) 역시 확보해야 한다.

△ | The new safety regulations will be put into effect soon.
새로운 안전 규정이 곧 시행될 예정입니다. (soon의 시간 개념이 모호하다)

△ | The new safety regulations will be put into effect from December 7th.
새로운 안전 규정이 12월 7일에 시행될 예정입니다. (December 7th에 연도 표시가 명시되지 않았다)

△ | The new safety regulations will be put into effect from 7/12/2016.
새로운 안전 규정이 7/12/2016부터 시행될 예정입니다. (7/12가 12월 7일인지, 7월 12일인지 모호하다)

○ | The new safety regulations will be put into effect from and including December 7th, 2016.
새로운 안전 규정이 2016년 12월 7일 당일부터 시행될 예정입니다. (December은 Dec.로 축약할 수 있다)

2C   Conciseness | 간결성

간결성은 서술된 메일 내용의 완전성에 기초해 문장이 복잡하지 않고 간결하며, 언어 사용이 간단명료해야 함을 말한다. 생소한 어휘나 장문 사용을 가급적 삼가고, 간단한 상용구와 문장 형식(통상적으로 사용되는 줄임말도 이에 포함된다. 본 교재의 Part 3 영문 E-mail 실용 어휘 참고)을 취하는 것이 좋다.

△ | The shipment, which is to leave Rotterdam port according to schedule, is likely to be delayed in the event that the severe weather conditions continue for a few more days.
만일 이런 심각한 기상 조건이 앞으로 며칠간 지속된다면, 원래 계획되었던 Rotterdam 항에서의 화물 발송이 지연될 수 있습니다. (한정용법과 조건 부사어구를 사용하여 단어 사용이 간결하지 못하다. 예로 in the event that continue for a few days)

○ | Continued severe weather conditions might delay the shipment (which is) scheduled to leave Rotterdam port.
지속되는 심각한 기상 조건은 예정되어 있던 Rotterdam항의 화물 운송을 지연시킬 수 있습니다.

3C Completeness ┃ 완전성

영문 E-mail 작성 시에는 when · where · who · what · why · how(상황에 따라 생략 가능하다)의 육하원칙에 따라 필요한 내용을 구체적으로 밝혀야 한다.

△ │ Please attend the staff meeting tomorrow to discuss the reform of teaching methods.
│ 내일 교육 방법 개선 사항에 대한 논의가 이루어질 직원 회의에 참석해 주시길 바랍니다. (who · where 요소가 결여되어 있고, when을 나타내는 tomorrow가 구체적이지 못하다)

○ │ All the school staff are required to attend the meeting at two o'clock tomorrow afternoon in the conference room, to discuss the reform of teaching methods.
│ 모든 교직원은 내일 오후 두 시에 회의실에서 진행되는 교육 방법 개선 사항에 대한 회의에 참석해 주시길 바랍니다.

4C Clarity ┃ 명확성

영문 E-mail을 작성할 때는 정확하고 명료한 어휘와 문구를 사용해야 한다. 명확한 문장 서술과 정확한 차례를 갖추어 모호한 문장을 피한다.

△ │ You could get discounts if you buy the products in bulk.
│ 대량으로 구매하시면 할인을 받으실 수 있습니다. (in bulk의 뜻이 불분명하다)

○ │ You can get a 15% discount if you buy 50 tons or more of the item.
│ 50톤이나 그 이상의 상품을 구매하시면 15%의 할인을 받으실 수 있습니다.

5C Courtesy ┃ 공손함

반드시 예의와 예절을 갖춘 문구를 사용한다. 특히 자신의 관점을 밝히거나 요구 · 조건을 제안할 때는 상대방으로부터 흔쾌한 승낙 · 승인을 흔쾌히 받기 위해 더욱 주의해야 한다.

△ │ You have some misunderstanding over the terms of the contract.
│ 계약 조건에 대해 오해가 있으십니다. (말투가 다소 부드럽지 못하다)

○ │ It seems that we have failed to clear up the misunderstanding over the terms of the contract.
│ 계약 조건에 서로 오해를 풀지 못한 부분이 있는 것 같습니다.

영문 E-mail의 10대 구성 요소

완벽한 영문 E-mail을 작성하기 위해서는 10대 구성 요소를 알아야 한다.

바로
배우기

Sample E-mail

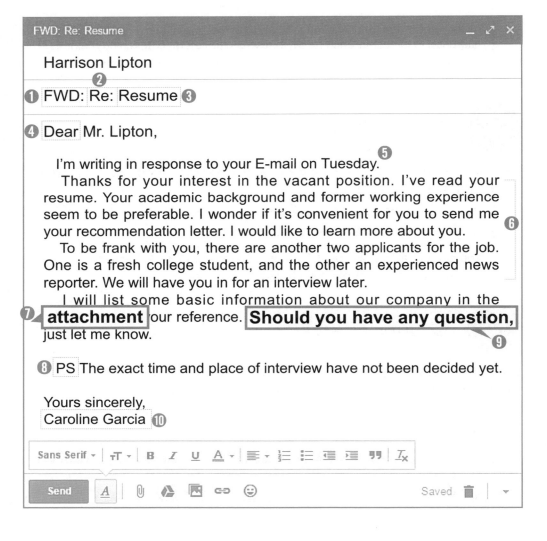

FWD: Re: Resume — ⤢ ✕

Harrison Lipton
②

① FWD: Re: Resume **③**

④ Dear Mr. Lipton,

　　I'm writing in response to your E-mail on Tuesday. **⑤**
　　Thanks for your interest in the vacant position. I've read your resume. Your academic background and former working experience seem to be preferable. I wonder if it's convenient for you to send me **⑥** your recommendation letter. I would like to learn more about you.
　　To be frank with you, there are another two applicants for the job. One is a fresh college student, and the other an experienced news reporter. We will have you in for an interview later.
　　I will list some basic information about our company in the **⑦** **attachment** your reference. **Should you have any question,** just let me know. **⑨**

　　⑧ PS The exact time and place of interview have not been decided yet.

Yours sincerely,
Caroline Garcia **⑩**

Sans Serif ▾ | ┬T ▾ | **B** *I* <u>U</u> <u>A</u> ▾ | ≡ ▾ ≟ ≔ ⇥ ⇤ 🙶 | 𝐼ₓ

Send　A　🖉　△　🖼　⊷　☺　　　　　Saved　🗑　| ▾

바로 배우기 **영문 E-mail의 10대 구성 요소**

❶ Forward | 전송

누군가에게 전송하는 것을 의미한다. 약칭은 FWD.

❷ Reply | 회신

메일을 회신할 때, 재량껏 메일의 제목을 수정할 수 있지만 곧바로 Re:로 회신할 수도 있다. 만약 주고받은 횟수가 많아 Re: Re: Re: Re: 등과 같은 제목이 된다면 제목을 재설정하는 것이 좋다. 메일 본문은 원래 메일에서 제기되었던 문제와 사항에 대한 심층 서술이 포함되어야 하고, 차례를 분명히 해야 한다.

❸ Subject | 제목

전체 내용에 대한 개요이다. 다르게 해석할 여지가 있거나 뜻이 불분명한 주제를 피하기 위해 간단명료하며 명확하게 나타내야 한다.

❹ Salutations | 인사

인사말은 보통 Hi..., Hello..., Dear... 등을 사용한다. 수신인이 명확하지 않다면 'To whom it concerns'을 사용할 수 있다.

❺ Greetings | 인사말

안부인사는 메일의 시작이나 말머리로 쓴다. 보통 감사를 나타내거나 메일을 발송한 이유를 쓴다.

예 Thank you for..., I'm writing to..., This is regards to... 등.

❻ Body | 본문

본문은 간단명료해야 한다. 하나의 메일에 둘 이상의 다른 사항을 언급할 때는 글의 단락을 나누되 반드시 간결하고 분명한 문장을 사용해야 한다.

❼ Attachment | 첨부

메일 본문에 쓰기에는 적절하지 않지만 수신인이 살펴볼 필요가 있고 참고해야 하는 내용은 첨부를 한다. 첨부 파일은 너무 많지 않도록 하고 파일 제목은 명확해야 한다. 첨부 파일이 있을 때에는 메일 본문을 마무리할 때 첨부 파일을 참고하라고 알려야 한다.

❽ Remarks | 비고

보통 메일 말미(서명 뒤)에 쓰며 간단한 보충 설명으로 사용된다. 'P.S.' 또는 'PS'로 표시한다.

❾ Closing | 맺음말

보통 내용을 끝맺음하면서 감사 또는 상대방을 향한 축복의 내용을 담는다.

❿ Signature | 서명

서명에는 이름 · 직무 · 회사 · 전화 · 팩스 · 주소 등 정보를 사용할 수 있지만 정보가 과도하게 사용되는 것은 삼가야 한다. 통상적으로 이름을 서명으로 한다.

제목, 첨부 문구

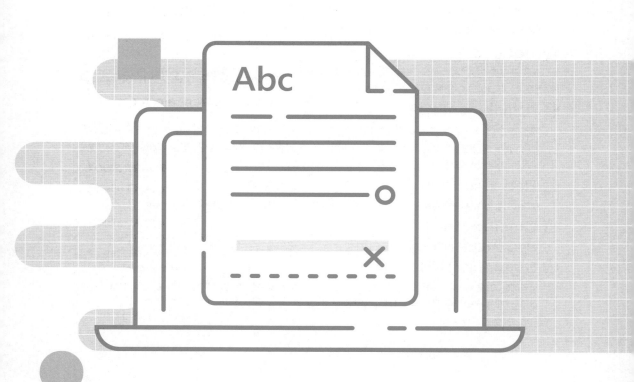

Unit 1 제목

Unit 2 첨부

초보자가 이해하기 쉬운 제목과 명확한 첨부 내용을 전달하여 비즈니스 E-mail을 쓰기란 여간 어려운 것이 아니다. 이 Chapter에서는 비교적 자주 사용하는 제목과 첨부 내용의 예시를 알아본다.

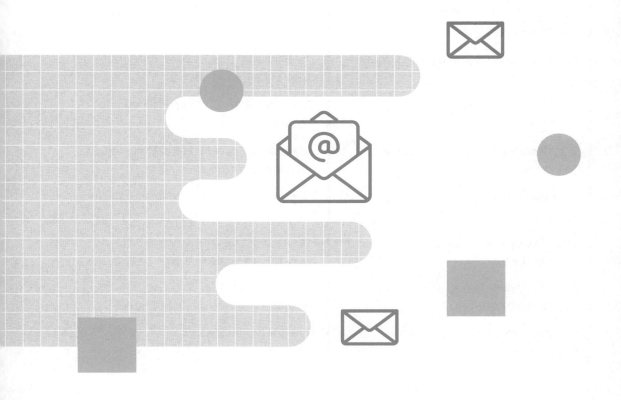

제목

일목요연한 정보 전달을 위해서는 정확한 제목 작성이 중요하다.

바로
베끼기

업무 관련 사례

The Staff Meeting Next Monday
다음 주 월요일의 전체 직원 회의

The Faculty Meeting Tomorrow
내일 진행 예정인 교직원 회의

Arrangements for Your Stay in London
런던 체류 일정

Cancellation of Our Order No.00156
00156번 주문 취소

Changes to the Business Hours
영업시간 변경

Changes to the Schedule Next Week
다음 주 일정 변경

Errors in Your Invoice No.00194
00194번 송장 오류

The Detailed Shipment Schedule
상세 배송 일정

Your Business Trip to Paris
파리 출장

The Weekly Sales Meeting
주간 영업 회의

Apology for the Defective Goods
불량품에 대한 사과

Sorry for the Delayed Shipment
배송 지연에 대한 사과

Invoice with Documents Attached
첨부 서류의 송장

A Claim for Damages
손해 배상 청구

Penalty for Late Payment of Bills
지불 연체에 대한 불이익

Quotation for the Laptop Computer
노트북 컴퓨터의 견적

A Word of Advice on the Counter-offer
반대 제안에 대한 조언

The Strike by Bus Drivers for Higher Pay
버스기사 임금 인상 요구 파업

Congratulations on Your Promotion
승진 축하

Confirmation of Your Hotel Reservation
호텔 예약 확인

Request for Issuing an Invoice
송장 발행 요구

Please Send Us the Goods ASAP
가능한 빨리 물품을 배송해 주세요.

Declining your Offer
제안 거절

Time for the Interview
인터뷰 시간

바로 베끼기 일반 사례

Invitation to My Birthday Party
생일 파티 초대

The Regulations for the Visitors to the Hospital
병원 방문객에 대한 규정

The Change to Our Address
주소 변경

The Coach Reservation
장거리 버스 좌석 예약

The Deadline for the Thesis
학위 논문 제출 마감일

The Selective Courses This Term
이번 학기 선택 과목

An Apartment for Rent
아파트 임대

The New Fire Regulations
새로운 화재 법규

Subscriptions to Charity
자선 단체 기부금

Weather Forecast for Next Week
다음 주의 일기예보

Application for Studying Abroad
유학 신청서

Congratulations on Your Home Relocation
이사 축하

Consolation for Hurricane
허리케인 재난 위로

첨부

첨부 파일을 나타낼 때는 본문과의 구분을 위해 한 줄 띄는 것이 좋다. 또한, 메일을 보낼 때 올바른 파일을 첨부했는지 반드시 확인해야 한다.

상용구

'첨부 파일을 확인해 주시길 바랍니다.'를 나타내는 상용구

- Attached, please (kindly) find…
- Attached you will find…,
- Attached, please find…
- Attached is...
- Attached (herewith) is...
- Here is an attachment…
- I attached…for your reference.
- I attached (herewith) …for your reference.
- Please kindly find the attached…
- Please see… attached (for your reference).
- Please check out the attached… for reference.
- Please check out the attachment(s) for more details.
- Please refer to the attachment(s) for more details.
- You will find attached hereto…

업무 관련 사례

Special Events Next Week
다음 주 특별 행사

An Invoice for the Total Course Fees
전체 과정 비용에 대한 청구서

The Blank Application Form
신청서 서식

The Annual Accounting Requirement
연차 결산 요구

The Latest Price List
최신 가격표

A Summary of the Government Report
정부 보고서 개요

The Factory Production Schedule
공장 생산 일정

A Draft Contract
계약 초안

The Spare Parts Schedule
예비 부품 일정

Proposals for the Questionnaire Survey
설문 조사에 따른 제안

 일반 용도

The Solution to the Crossword Puzzle
십자말 풀이 방법

The Public Opinion Poll
여론 조사

Results of the Math Exam
수학 시험 성적

Admission Requirement
입학 요건

The Academic Transcript
성적표

The New York Times First Edition
《New York Times》초판

A List of Highly-Recommended Reference Books
강력 추천 참고서 목록

Proper Use of Punctuation Marks
문장 부호의 올바른 사용법

A Glossary of Medical Terms
의학 용어 사전

The Vegetarian Recipe
채식주의자를 위한 조리법

The Application Documents
신청 서류

시작하는 말, 맺음말

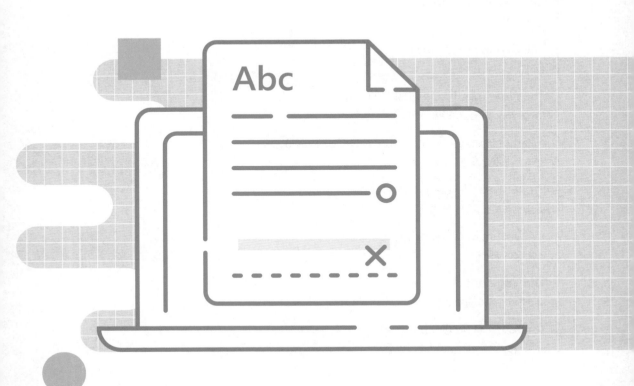

The Best English E-mail

Unit 1 시작하는 말
Unit 2 맺음말

영문 E-mail의 본문에는 보통 시작하는 말과 맺음말이 존재한다. 시작하는 말에는 설명하려는 주제가 포함되어야 하고, 맺음말은 본문의 중점을 재차 상기시켜야 한다.

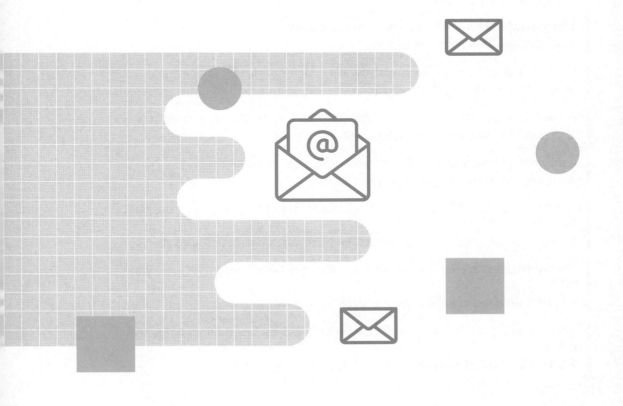

시작하는 말

시작하는 말은 간결하면서도 요점을 나타내는 말이어야 한다.

업무 관련 사례

바로
베끼기

What a treat to receive your E-mail on January 10th.
1월 10일에 발송하신 메일을 받아 보게 되어 기쁩니다.

I acknowledge with thanks receipt of your E-mail dated October 21st.
10월 21일에 발송하신 메일을 이미 확인했으며, 감사의 말씀을 전합니다.

First of all, I would love to express my gratitude for your kind cooperation.
우선, 친절히 협력해 주셔서 감사하다는 말씀 전해 드리겠습니다.

I'm most appreciative of your invitation to the banquet.
연회에 초대해 주셔서 정말 감사드립니다.

Thank you for your immediate reply to my inquiry.
저의 문의에 즉시 회신을 주셔서 감사드립니다.

It was a real thrill to receive your order No.151.
귀하의 151번 주문을 받게 되어 정말 기쁩니다.

I'm writing to inquire about the regular staff meeting the day after tomorrow.
내일 모레에 있을 정규 직원 회의 참석 요청차 메일을 보내 드립니다.

I am writing in reply to your doubts about the draft contract.
계약 초안에 대한 귀하의 질문에 회신 메일을 보내 드립니다.

In reply to your E-mail of August 24th, I would love to negotiate with you about further details about the program.
8월 24일에 보내 주신 메일의 회신으로, 향후 프로젝트의 세부 사항에 대해 상의하고 싶습니다.

We are pleased to inform you that your order has been made ready for shipment.
귀하께서 주문하신 상품 배송 준비를 마쳤음을 알리게 되어 기쁩니다.

It has been a pleasure learning that you finally accept these terms of the contract.
귀하께서 이번 계약 조건들을 최종적으로 승낙하셨다는 것을 알게 되어 기쁩니다.

With great delight, I learned that you would visit our company next Monday.
다음 주 월요일에 귀하가 저희 회사에 방문하신다는 소식을 전해 듣고 기뻤습니다.

I'm writing to make an apology for the failure to cancel your latest order in time.
귀하의 최근 주문을 제때에 취소하지 못해 사과 말씀을 전하고자 메일 보내 드립니다.

 일반 사례

Thanks a lot for your E-mail of November 15th, 2016.
2016년 11월 15일자 메일을 보내 주셔서 감사의 말씀을 전합니다.

Many thanks for your kind E-mail of December 12th.
12월 12일자 메일에 대한 감사의 말씀을 전합니다.

Thank you very much for your E-mail dated December 25th and your generous Christmas gifts.
12월 25일에 보내 주신 메일과 당신의 엄청난 크리스마스 선물을 받아 보게 되어 진심으로 감사드립니다.

A thousand thanks for your kind E-mail of January 1st.
1월 1일에 보내 주신 메일에 대해 진심으로 감사의 말씀을 전합니다.

I am much obliged to you for your kind E-mail two days ago.
이틀 전에 보내 주신 메일에 대해 감사의 인사를 드립니다.

Your E-mail of yesterday afternoon has given me great delight.
어제 오후에 보내 주신 메일이 제게 큰 기쁨이 되었습니다.

Sorry for failing to reply to you earlier.
더 일찍 회신드리지 못해 죄송합니다.

I regret being unable to reply to your E-mail earlier.
보내 주신 메일에 대해 빠른 회신을 드리지 못해 죄송합니다.

Much to my regret, I would be unable to attend your birthday party on Friday evening.
유감스럽게도 금요일 오후에 있을 당신의 생일 파티에 참석하지 못할 것 같습니다.

맺음말

맺음말은 상대방에게 전하려던 내용을 상기시키거나, 축복 또는 인사말을 보내는 용도로 사용한다.

업무 관련 사례

바로
베끼기

Thank you for your time and consideration.
시간을 내어 고려해 주셔서 감사합니다.

Many thanks for your understanding.
이해해 주셔서 감사합니다.

Thank you very much for your kind cooperation.
우호적인 협력에 대해 진심으로 감사드립니다.

Thanks again for your attention to the project.
이번 프로젝트에 대한 귀하의 관심에 다시 한번 감사의 말씀을 전합니다.

Please accept our sincere gratitude for all you have done.
귀하께서 하신 모든 것에 대한 저희의 진심 어린 감사를 받아 주시길 바랍니다.

Thank you in advance for your assistance.
협조해 주셔서 미리 감사의 말씀을 드립니다.

Don't hesitate to tell me if you would like to know more about the plan.
계획에 대해 더 많은 정보를 알고자 하신다면 주저하지 마시고 말씀해 주세요.

Please do not hesitate to contact me if you feel you'd like to know further details.
세부 사항에 대해 더 알고 싶으시면 주저하지 마시고 연락 주세요.

Please feel free to let me know if you have any question.
질문 있으시면 편하게 해 주세요.

I shall be pleased to send you any other materials, if need be.
필요하시면 다른 자료도 보내 드리겠습니다.

I will send you the sample as soon as it becomes available.
샘플을 구하자마자 바로 보내 드리도록 하겠습니다.

I'm looking forward to your reply at your earliest convenience.
귀하의 회신을 최대한 빠른 시일 내에 받아 볼 수 있길 바랍니다.

Your early reply would be greatly appreciated.
최대한 빨리 회신을 주시면 대단히 감사하겠습니다.

I would be most appreciative of your immediate reply.
바로 회신을 주신다면 정말 감사드리겠습니다.

 바로
베끼기

일반 사례

Thanks again for your proposal.
당신의 제안에 다시 한번 감사드립니다.

I hope that you could make an immediate reply.
바로 회신 주시기 바랍니다.

I'm looking forward to our meeting in Paris soon.
곧 파리에서 뵙기를 고대합니다.

Please give my regards to Susie.
Susie에게 안부 전해 주세요.

I would be pleased if I could be of service to you.
제가 당신에게 도움이 된다면 좋겠습니다.

Congratulations on your wedding.
결혼을 진심으로 축하드립니다.

Best wishes to you and your family.
당신과 당신의 가족에게 최고의 행운을 빕니다.

With best regards.
안부를 전합니다.

I wish you happiness and joy in the new year.
새해 복 많이 받으시길 바랍니다.

I wish you well in your new job.
새 직장에서 행운이 따르길 바랍니다.

Have a good journey.
즐거운 여행 되세요.

Part 2 영문 E-mail 실용 작문

Chapter 1

Business E-mail

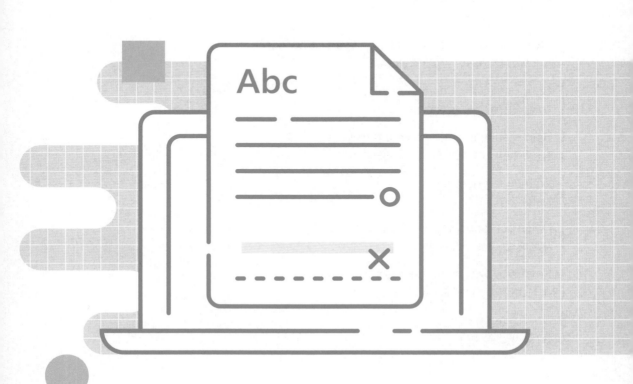

The Best English E-mail

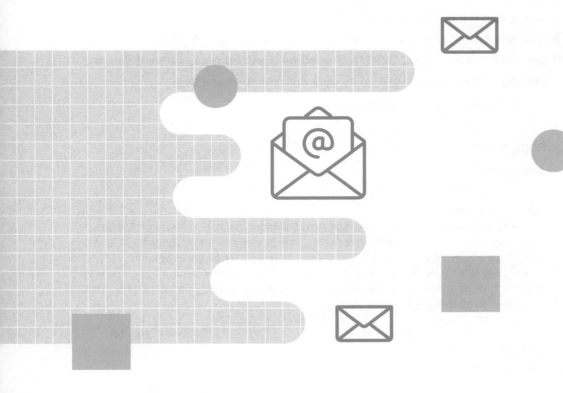

바로
베끼기

E-mail sample

From:	John Smith
To:	Edmund Williams
Subject:	Vacant Positions 직위 공석

Dear Mr. Williams,

예의
차리기

주제
유도

I'm writing to inquire about the vacant positions in the accounting department of your company. I'm a recent college graduate with a bachelor's degree in accounting. **It has long been my goal to** establish a career in this field. I have every confidence in my combination of educational background and practical part-time work experience.

감사
표현

I would appreciate it if you reply at your earliest convenience[1]. You can contact me at 0912-345678, if need be. I will be ready to send you any material. Thank you in advance for your consideration and time.

Attached, please find[2] my resume.

Regards,

John Smith

친애하는 Mr. Williams

귀사의 회계 부서에 공석이 있는지 알아보기 위해 메일을 보냅니다. 저는 최근에 회계학을 전공하고 학사 학위를 취득한 대학 졸업생입니다. 이 분야에서 업적을 쌓는 것은 제 오랜 꿈이었습니다. 저는 제가 가진 교육 배경과 실질적인 아르바이트 경험의 결과물에 절대적인 자신감을 가지고 있습니다.

빠른 시일 내에 답변을 주신다면 정말 감사드리겠습니다. 필요하시면 0912-345678번으로 제게 연락을 주셔도 좋습니다. 저는 언제든 필요한 서류를 보내드릴 준비가 되어 있습니다. 시간을 내어 고려해 주셔서 미리 감사의 말씀을 전합니다.

제 이력서를 첨부합니다.

안부를 전하며
John Smith 올림

바로 배우기

실용 구문

I'm writing to...

I'm writing to **inquire① about the vacant② positions.**

귀사에 공석이 있는지 알아보기 위해 메일을 보냅니다.

관련어구

①ask for 묻다, 여쭈다
question 질문(강한 어감)

②available 구할 수 있는, 이용할 수 있는
suitable 적당한, 적절한

It has long been my goal to...

It has long been my goal① to **establish a career② in this field.**

이 분야에서 업적을 쌓는 것은 오랜 꿈이었습니다.

관련어구

①ambitious 포부 있는, 야망 있는
hope 바라다

②vocation 직업
position 직위

I would appreciate it...

I would appreciate① it **if you reply② at your earliest convenience.**

빠른 시일 내에 답변을 주신다면 정말 감사드리겠습니다.

관련어구

①be thankful for
…에 감사히 여기다
be grateful for
…를 고맙게 여기다

②answer 대답
response 응답

바로 적용하기

베껴 쓰기 좋은 문장

1 | at your earliest convenience 되도록 일찍, 조속히

As soon as possible에 해당하는 말로, 보통 업무용 메일에 사용하며 at your earliest possible convenience로도 쓸 수 있다. 또 at one's convenience는 '편하실 때/적당한 곳에서'라는 뜻이다.

2 | Attached, please find... 첨부했습니다. / 첨부합니다.

업무용 메일 내에서 주로 쓰는 말로 다음과 같은 표현으로 바꿔 쓸 수 있다.

- You will find...
- Attached is the...
- Attached with this...
- Please kindly find...
- Please kindly find the attached...
- Attachde you will find...
- Attached please kindly find the...

바로 외우기

영문 E-mail 단어

- inquire v 묻다, 알아보다
- bachelor n 학사
- vacant a 비어 있는, 공석의
- establish v 설립하다
- accounting n 회계, 정산
- combination n 결과물, 결합, 조합

구직 | Finding a Job

구인 문의 ②

 바로
베끼기

E-mail sample

From:	Sarah Jones
To:	Director of Human Resource, Goldmeyer Electronics Company
Subject:	Vacancies in Your Company 귀사의 공석

To whom it may concern

정보
입수
경로

I've learned from the advertisement that you want recent college graduates for entry-level positions in the field of job recruitment . I'm writing to express my interest in these positions. **To be exact**, such a position should be an ideal situation for me.

강조
어구

I'm a recent college graduate with a bachelor's degree in marketing. My educational background as well as good qualities, such as punctuality, precision, and communication skills, will surely allow me to make an immediate contribution. You may rest assured that[1] I will never let you down.

기대감
표시

I'm looking forward to your prompt reply.

Yours sincerely,
Sarah Jones

관계자 님께

　귀사에서 최근에 대학교를 졸업한 견습생 직위의 신입 사원을 모집한다는 채용공고를 광고를 통해 알게 되었습니다. 여기에 관심이 있어 이렇게 메일을 보내 드립니다. 정확히 말하자면, 이런 직위는 제게 있어 이상적인 자리라고 말할 수 있습니다.

　저는 최근에 마케팅을 전공하고 학사 학위를 취득한 대학교 졸업생입니다. 제 교육적 배경과 시간 엄수, 섬세함, 그리고 소통 능력 등 양질의 장점으로 귀사에 즉시 기여할 것이라고 장담할 수 있습니다. 제가 실망시켜 드리지 않을 것이라 믿으셔도 됩니다.

　빠른 회신 기다리겠습니다.

Sarah Johns 올림

바로 배우기

실용 구문

I've learned from...

I've learned from **the advertisement**[1] **that you want recent college graduates for entry-level positions in the field of job recruitment**[2].

귀사에서 최근에 대학교를 졸업한 견습생 직위의 신입 사원을 모집한다는 채용 공고를 광고를 통해 알게 되었습니다.

> **관련어구**
> [1] the website 웹사이트
> the internet 인터넷
> [2] research & development 연구개발
> marketing 마케팅

To be exact, ...

To be exact, **such a position**[1] **should be an ideal**[2] **situation for me.**

정확히 말하자면, 이런 직위는 제게 있어 이상적인 자리라고 말할 수 있습니다.

> **관련어구**
> [1] place 위치
> role 역할
> [2] perfect 완벽한
> suitable 적절한

I'm looking forward to...

I'm looking forward to **your prompt**[1] **reply**[2].

빠른 회신 기다리겠습니다.

> **관련어구**
> [1] quick 빨리
> immediate 즉시
> [2] answer 대답
> response 응답

 바로 적용하기

베껴 쓰기 좋은 문장

1 | You may rest assured that... ...라 믿으셔도 됩니다

rest assured (that...)은 주로 공식적인 서면에 쓰는 관용 표현이다.

예 You may rest assured that I will inform you of the latest information.

최신 정보를 통지해 드릴 테니 안심해도 됩니다.

바로 외우기

영문 E-mail 단어

- concern ⅴ 영향을 미치다, 관련되다
- background ⓝ 배경, 이력
- recent ⓐ 최근의
- punctuality ⓝ 꼼꼼함
- entry-level ⓐ 견습생인, 초보인

- precision ⓝ 정확함, 세밀함
- recruitment ⓝ 회계, 정산
- communication ⓝ 교류, 소통
- express ⅴ 표현하다
- contribution ⓝ 공헌

E-mail sample

From:	Harrison Lipton
To:	Caroline Garcia
Subject:	Resume 이력서

Dear Ms. Garcia,

Thank you in advance for your consideration and time for my E-mail. I'm writing to express my interest in your vacancy for news editors. **I came across** your want ads in the morning paper yesterday.

예의 차리기

우연히도

I have worked for a local newspaper for two years, since graduating from Communication University in June 2016. I gained the editor-in-chief's recognition for my work. **Besides** the required computer and writing skills, I also have every confidence in my communication skills. It is my sincere belief that[1] I will be highly qualified for the position.

이외에도

Attached, please find my resume. I am always ready to send you any required material, **if need be**. I'm looking forward to your reply at your earliest convenience.

필요하다면

Best regards,
Harrison Lipton

친애하는 Ms. Garcia

우선 제 메일을 위한 시간과 사려에 대해 감사의 말씀부터 전해 드립니다. 제가 이렇게 메일을 쓰는 이유는 귀사 뉴스 편집자 자리의 공석에 대한 관심을 표현하기 위해서입니다. 어제 아침 신문에서 우연히 귀사의 채용 광고를 보게 되었습니다.

저는 2016년 6월에 통신 대학교에서 졸업한 이후, 2년간 지역 신문사에서 근무했습니다. 저는 제 직장에서 편집장으로서 인정을 받았습니다. 요구되는 컴퓨터와 글쓰기 능력뿐만 아니라 저는 제가 가진 의사소통 능력에도 자신감을 가지고 있습니다. 저는 제가 그 직무에 가장 조건에 맞는 사람이라 확신합니다.

제 이력서를 첨부합니다. 필요하시면 언제든 관련 서류를 제출할 준비가 되어 있습니다. 되도록 빠른 회신 기다리겠습니다.

Harrison Lipton 올림

실용 구문

Thank you in advance...	 관련어구

Thank you in advance①for your consideration②and time for my E-mail

우선 제 메일을 위한 시간과 사려에 대해 감사의 말씀부터 전해 드립니다.

관련어구
①ahead 미리
   at first 우선
②patience 인내심
   attention 주의

I came across...

I came across①your want ads in the morning paper②yesterday.

어제 아침 신문에서 우연히 귀사의 채용 광고를 보게 되었습니다.

관련어구
①happened to see 우연히 보다
   came upon 우연히 알다
②on the website 웹사이트에서
   on the TV advertisement
   commercial TV 광고에서

Besides...

Besides the required①computer and writing skills②, ...

요구되는 컴퓨터와 글쓰기 기술뿐만 아니라…

관련어구
①necessary 필요한
②abilities 능력
   capabilities 재능

...if need be

I am always ready①to send②you any required material, if need be.

필요하시면 언제든 관련 서류를 제출할 준비가 되어 있습니다.

관련어구
①prepare 준비
   for free 자유롭게
②give 주다
   mail 메일을 보내다

 베껴 쓰기 좋은 문장

1 | It is my sincere belief that... …라고 확신합니다

'…라고 믿는다' 라는 뜻으로 It is my belief that .. 이라고도 할 수 있다.

I believe that..., I am in the belief that 등에 해당한다.

예 It is my sincere belief that **we will find out the whole truth soon.**

    우리가 곧 사건의 전말을 알게 될 것이라고 확신합니다.

 영문 E-mail 단어

- consideration n 사려, 고려 요소
- newspaper n 신문
- vacancy n 공직, 공석
- editor-in-chief ph 편집장
- editor n 편집자
- recognition n 인정, 승인, 인가

구직 | Finding a Job

Unit 1

전자 이력서 보내기 ②

E-mail sample

바로 베끼기

From:	Caroline Garcia
To:	Harrison Lipton
Subject:	Re: Resume 회신 : 이력서

Dear Mr. Lipton,

I'm writing in response to your E-mail on Tuesday. **Thanks for** your interest in the vacant position. I've read your resume. Your academic background and former working experience **seem to be preferable.** **I wonder if** it's convenient for you to send me your recommendation letter. I would like to learn more about you.

감사 표시

칭찬

예의 차리기

이실 직고

To be frank with you, there are another two applicants for the job. One is a fresh college graduate, and the other an experienced news reporter. We will have you in for an interview later. The exact time and place have not been decided yet.

I will list some basic information about our company in the attachment for your reference[1]. Should you have any question, please just let me know.

Yours sincerely,
Caroline Garcia

친애하는 Mr. Lipton

화요일에 보내 주신 메일에 대해 회신 드립니다. 공석에 대한 관심에 감사드립니다. 보내 주신 이력서를 읽어 보았습니다. 당신의 학문적 배경과 경험 이력은 매우 적합해 보였습니다. 혹시 당신의 추천서를 받아 볼 수 있을까 해서 메일을 보냅니다. 당신에 대해 조금 더 깊이 알고 싶습니다.

솔직하게 말씀드리면, 이 자리에 당신 외에도 두 분이 지원해 주었습니다. 한 분은 대학교를 갓 졸업한 졸업생이고, 다른 한 분은 경력 있는 신문 기자였습니다. 추후에 면접을 진행할 예정이나 정확한 시간과 장소는 아직 정해지지 않았습니다.

참고로 본사의 몇 가지 기본 정보를 첨부 파일에 나열해 놓았습니다. 질문 있으시면 언제든 연락 주시길 바랍니다.

진심으로
Caroline Garcia로부터

바로 배우기

실용 구문

Thanks for...
Thanks for your interest①in the vacant position
공석에 대한 관심에 감사드립니다.

> **관련어구**
> ①attention 주의(전치사 to와 결합)
> concern 걱정(전치사 about과 결합)

...seem to be preferable.
Your academic background①and former working experience seem to be preferable②
당신의 학문적 배경과 경험 이력은 매우 적합해 보였습니다.

> **관련어구**
> ①knowledge 지식
> know-how 노하우, 기술, 비결
> ②brilliant 찬란한
> awesome 멋진

I wonder if...
I wonder if it's convenient① for you to send me your recommendation letter②.
혹시 당신의 추천서를 받아 볼 수 있을까 해서 메일을 보내 드립니다.

> **관련어구**
> ①suitable 적합한
> okay 괜찮은(비격식체)
> ②certificate of degree 학위 증서
> research program 연구 프로그램

To be frank with you, ...
To be frank with you, there are another two applicants①for the job.
솔직하게 말씀드리면, 이 자리에 당신 외에도 두 분이 지원해 주었습니다.

> **관련어구**
> ①candidates 후보자
> interviewee 면접 대상자

 바로 적용하기

베껴 쓰기 좋은 문장

1 ㅣ for your reference 참고로

보통 문장의 끝에 사용하며 가끔은 only를 붙여 for your reference only(오직 참고만으로)로 도 쓴다.

 바로 외우기

영문 E-mail 단어

- response ⓝ 회답, 응답
- recommendation ⓝ 추천, 추천서
- academic ⓝ 학교의, 학원의, 학술적인
- former ⓟⓗ 이전의, 앞서의
- reporter ⓝ 기자
- list ⓥ 나열하다

구직 | Finding a Job

Unit 1

추천서

E-mail sample

From:	Isabella Rawlings
To:	Rhoda Wallis
Subject:	A Letter of Recommendation 추천서

Dear Ms. Wallis,

기쁨 표현

It's my pleasure to have the opportunity to recommend to you Francine Watson, a highly qualified employee.

보충 설명

Francine Watson has worked in our company since April 2016. She has always been regarded as one of the most hard-working employees in the company. **What's more**, she has successfully won several important contracts, along with her colleagues in the sales department.

긍정 표현

The pity of it is that[1] Francine Watson decided to hand in her resignation last week. **You could rest assured that** she will be an outstanding employee.

Please feel free to contact me, if you have any further query.

Yours truly,

Isabella Rawlings

친애하는 Wallis

귀하에게 Francine Watson 씨를 추천할 기회를 얻게 되어 대단히 기쁩니다. 그는 능력이 아주 뛰어난 직원입니다.

Francine Watson 씨는 2016년 4월부터 저희 회사에서 근무했습니다. 그녀는 회사에서 가장 열심히 일하는 직원 중 한 명으로 여겨졌습니다. 뿐만 아니라, 그녀는 판매 부서의 동기들과 함께 몇 건의 중요한 계약을 성공적으로 따내기도 했습니다.

아쉽게도 Francine Watson 씨는 지난주에 사직을 결정했습니다. 그녀는 뛰어난 직원이 될 것이니 안심하셔도 됩니다.

만약 추가 의문 사항이 있으시면 부담 없이 연락 주시길 바랍니다.

진심으로
Isabella Rawlings

실용 구문

It's my pleasure to...
It's my pleasure to have the opportunity① to recommend② to you Francine Watson.

Francine Watson 씨를 추천할 기회를 얻게 되어 대단히 기쁩니다.

> 관련어구
> ①chance 기회
>   occasion 시기, 때
> ②introduce 소개
>   acquaint …에게 소개하다
>   (acquaint A with B)

What's more, ...
What's more, she has successfully① won② several important contracts③.

뿐만 아니라, 그녀는 몇 건의 중요한 계약을 따내기도 했습니다.

> 관련어구
> ①perfectly 완벽하게
>   handily 능숙하게
> ②got 얻다
> ③contest 시합, 경쟁

You could rest assured that...
You could rest assured① that she will be an outstanding② employee.

그녀가 뛰어난 직원이 될 것이니 안심하셔도 됩니다.

> 관련어구
> ①count on me 믿어 주세요.
>   believe in me 믿어 주세요.
> ②effective 효과적인
>   brilliant 우수한

 베껴 쓰기 좋은 문장

1 ｜ The pity of it is that... 아쉽게도, 안타깝게도

관용적으로 쓰며, It's a pity that..., What a pity that... 처럼 문장 중의 of it은 생략할 수 있다.

예 The pity of it is that the weather was not better for the opening ceremony.
유감스럽게도, 개막식에 날씨가 좋지 않았다.

영문 E-mail 단어

- recommendation n 추천, 추천서
- successfully ad 순조롭게
- recommend v 추천하다, 건의하다
- resignation n 사직, 사표
- qualified a 합격의, 자격 있는
- assured a 확신하는
- regard v …라고 여기다, …로 간주하다
- outstanding a 뛰어난
- contact n v 연락, 연락하다

구직 | Finding a Job

자기 추천서

 E-mail sample

From:	Francine Watson
To:	Rhoda Wallis
Subject:	A Letter of Self-recommendation 자기 추천서

Dear Ms. Wallis,

   I'm writing in reply to your want ad for the sales supervisor. **I came across that** 〔우연히 접함〕 when I visited your company website. **It's my sincere belief that** I will be highly 〔간절함 표현〕 qualified for the position.

   I graduated with a bachelor's degree in marketing in June 2015. **Later on** I got 〔계속 표현〕 the chance to work as a salesperson   in a local hardware shop. Thanks to[1] about four years' working experience there, I learned how to deal with customers appropriately and to apply my academic knowledge to practice.

〔계속 표현〕   **After that,** I joined Tillman Corporation in April 2016 and worked in the sales department. But last week, I finally made the difficult decision to tender my resignation, expecting to face the greater challenge of a new job.

   Attached, please find my resume.

Yours sincerely,

Francine Watson

친애하는 Ms. Wallis

   귀사의 판매 관리자 채용 광고를 보고 이렇게 메일을 보냅니다. 귀사의 홈페이지에 방문했을 때 우연히 광고를 보게 되었습니다. 저는 제가 그 자리에 가장 적합한 인재라고 확신합니다.

   저는 2015년 6월 마케팅 전공 학사 학위를 취득하고 졸업했습니다. 이후, 기회가 생겨 지역 철물점에서 판매 직원으로 근무했습니다. 그곳에서 4년 동안 근무 경험을 쌓은 덕분에, 저는 고객들을 적절히 응대하고 제 학문적 지식을 현장에 적용하는 방법을 배웠습니다.

   그 후에, 2016년 4월부터 Tillman 기업의 판매 부서에서 근무하게 되었습니다. 하지만 지난주에 제가 새로운 직업의 더 나은 도전을 기대하며 사직이라는 어려운 결정을 내렸습니다.

   제 이력서를 첨부합니다.

진심으로

Francine Watson

실용 구문

I came across that...

I came across[1] that **when I visited your company website**[2].

귀사의 홈페이지에 방문했을 때 우연히 광고를 보게 되었습니다.

> **관련어구**
> [1] ran across 우연히 마주치다
> happen to …가 일어나다
> (동사원형과 결합)
> [2] surfed the net 서핑을 하다
> viewed the employment
> websites 구직 사이트를 열람하다

It's my sincere belief that...

It's my sincere[1] belief that **I will be highly qualified**[2] **for the position.**

저는 제가 그 자리에 가장 적합한 인재라고 확신합니다.

> **관련어구**
> [1] true 진실된
> strong 강렬한
> [2] proper 적당한(전치사 to와 결합)
> competent 능숙한

Later on...

Later on **I got the chance**[1] **to work as a salesperson**[2] **in a local hardware shop.**

이후, 기회가 생겨 지역 철물점에서 판매 직원으로 근무했습니다.

> **관련어구**
> [1] opportunity 기회
> position 위치
> [2] shopkeeper 점주, 운영자
> cashier 출납원

After that, ...

After that, **I joined Tillman Corporation**[1] **in April 2016 and worked in the sales**[2] **department.**

그 후에, 2016년 4월부터 Tilman 기업의 판매 부서에서 근무하게 되었습니다.

> **관련어구**
> [1] Group 그룹
> Organization 조직
> [2] stock 재고
> information technology
> 정보 통신 기술

베껴 쓰기 좋은 문장

1 | thanks to... 덕분에, …때문에, 덕으로, 덕택으로

보통 문장의 시작 부분이나 중간에 사용하며, 쉼표로 주절과 분리한다.

> **예** We finally achieve great success thanks to the cooperation with their company.
> 그들 회사와의 협력 덕분에 마침내 큰 성공을 거두었습니다.

영문 E-mail 단어

- **supervisor** n 관리자, 감시자
- **salesperson** n 점원, 판매원
- **website** n 웹사이트
- **hardware** n 철물, 금속 제품
- **marketing** n 마케팅
- **appropriately** ad 적절한
- **challenge** n 나열하다

구직 | Finding a Job

면접 시간 확인 ①

바로
베끼기

E-mail sample

From:	Anderson Edwards
To:	Kenneth Jefferson
Subject:	Time for the Interview 면접 시간

Dear Mr. Jefferson,

I'm Anderson Edwards, an applicant for the vacant position of the administrative assistant. I'm writing to inquire about the exact[1] time for the interview.

I firmly believe I will be highly competent in the work. **I'm deeply grateful** that you kindly offered me the opportunity to have a face-to-face communication in the interview. **However**, you seemed to forget to communicate the exact time and place for the interview. I hope you could make a reply at your earliest convenience.

격한
감사

역접
어구

By the way[2], what material should I prepare for the interview? Thanks in advance for your time and consideration.

Best regards,

Anderson Edwards

친애하는 Mr. Jefferson

저는 행정 보조 공석 자리 지원자 Anderson Edwards입니다. 정확한 면접 시간을 알고자 메일을 보냅니다.

저는 제가 그 일에 매우 적합하다고 확신합니다. 친절히 면대면 면접을 통해 소통할 수 있는 기회를 주셔서 무척 감사하게 생각합니다. 하지만 면접의 정확한 시간과 장소를 말씀해 주시는 것을 잊으신 것 같습니다. 가급적 빨리 회신 주시길 바랍니다.

그런데, 면접 시 어떤 서류들을 준비해 가야 할까요? 내 주신 시간과 사려에 미리 감사의 말씀 전합니다.

안부를 전하며,

Anderson Edwards 올림

실용 구문

바로 배우기

I'm deeply grateful that...

I'm deeply grateful[1] **that you kindly offered**[2] **me the opportunity to have a face-to-face communication in the interview.**

친절히 면대면 면접을 통해 소통할 수 있는 기회를 주셔서 무척 감사하게 생각합니다.

관련어구
① thankful 감사하는
appreciative 고마워하는
② gave 제공하다
proffered 내밀다, 권하다

However, ...

However, you seemed to forget to communicate[1] **the exact time and place for the interview**[2]**.**

하지만 면접의 정확한 시간과 장소를 말씀해 주시는 것을 잊으신 것 같습니다.

관련어구
① mention 언급하다
inform 알리다
② audition 오디션
group interview 집단 면접

베껴 쓰기 좋은 문장

바로 적용하기

1 | I'm writing to inquire about the exact... 정확한 …를 여쭈고자 메일을 보내 드립니다.

어떤 사실을 확실히 하고자 할 때 사용한다. E-mail 본문에 사용되는 단어는 적절하고 예의바르며 완곡해야 하며, 생소한 표현이나 수신자가 난처하게 느낄 수 있는 직설 화법은 삼가는 것이 좋다. 문장을 작성할 때는 우선 완곡하게 사유를 설명한 후, 공손하게 요구를 나타내면 상대방의 동의를 구하는 것을 원칙으로 한다.

2 | By the way, ... 그런데…

보통 문장의 첫 시작에 쓰며, 뒤에 쉼표를 붙여 주절과 분리시킨다. 상황에 따라 문장 중간에 쓰기도 하는데, 이때는 어구의 앞뒤에 쉼표를 붙여 주절과 분리시킨다.

예 By the way, you should hand in the report to the manager before you leave the office.
그나저나, 사무실을 떠나기 전에 총지배인에게 보고서를 제출해야 합니다.

영문 E-mail 단어

바로 외우기

- applicant ⓝ 신청자, 지원자
- competent ⓐ 유능한, 능숙한, 자격 있는
- vacant ⓐ 공석의
- grateful ⓐ 감사하는, 고마워하는
- administrative ⓐ 경영의, 행정의, 관리의

- convenience ⓝ 편리
- exact ⓐ 정확한
- assistant ⓝ 보조, 조수
- face-to-face ⓐ 면대면의, 당면의, 직접적인
- consideration ⓝ 사려

45

구직 | Finding a Job

면접 시간 확인 ②

E-mail sample

From:	Kenneth Jefferson
To:	Anderson Edwards
Subject:	Change to Time for the Interview 면접 시간 변경

Dear Mr. Edwards,

I've read your E-mail sent on Thursday. **I'm so sorry for** forgetting to inform you of the exact time for the interview. → 사과

원래 계획 → **We originally** decided to hold the interview in the meeting room on the 17th floor next Monday. However, the interviewer has to take one day off next Monday.

결과 → **Therefore**, the interview will have to be delayed till next Wednesday. To be exact[1], you should come for the interview at ten o'clock am. The place for the interview remains the same.

제안 → **You had better** bring along with you your printed resume, copies of your certificates, as well as letters of recommendation. Should you have any question, please feel free to contact me.

Yours faithfully,
Kenneth Jefferson

- -

친애하는 Mr. Edwards

목요일에 보내 주신 메일 잘 받았습니다. 정확한 면접 시간을 알려 드리는 것을 잊어서 정말 죄송합니다.

저희는 원래 다음 주 월요일에 17층에 있는 회의실에서 면접을 진행하기로 결정하였습니다. 그러나 다음 주 월요일에 면접관이 휴가를 냈습니다. 그래서 면접은 다음 주 수요일로 연기될 예정입니다. 정확히 말씀드리면, 오전 10시 정각까지 면접을 보러 오시면 됩니다. 면접 장소는 동일합니다.

인쇄된 이력서와 자격증 사본, 추천서를 가지고 오셔야 합니다. 다른 질문 있으시면 언제든 연락 주시길 바랍니다.

진심을 담아
Kenneth Jefferson

바로
배우기

실용 구문

I'm so sorry for...

I'm so sorry① for **forgetting**② **to inform you of the exact time for the interview.**

정확한 면접 시간을 알려 드리는 것을 잊어서 정말 죄송합니다.

관련어구
① regretful 유감스러운(비교적 공식적)
　 apologetic 사과하는
② missing 누락된
　 failing 실패한

We originally...

We originally **decided to**① **hold the interview in the meeting room on the 17th floor**② **next Monday.**

저희는 원래 다음 주 월요일에 17층에 있는 회의실에서 면접을 진행하기로 결정하였습니다.

관련어구
① planed to …하기로 계획되다
② in 107 room 107호실에서
　 at the reception 접대실에서

Therefore, ...

Therefore①, **the interview will have to be delayed**② **till next Wednesday**

그래서 면접은 다음 주 수요일로 연기될 예정입니다.

관련어구
① As a result 이로써
　 So 그래서
② postponed 연기되다
　 held 거행되다
　　　(전치사 at + 시간과 결합)

You had better...

You had better **bring**① **along with you your printed resume**②**.**

인쇄된 이력서와 자격증 사본, 추천서를 가지고 오셔야 합니다.

관련어구
① take 가지고 가다
　 carry 수반하다
② headshot 증명사진
　 collection 작품집

 바로
적용하기

베껴 쓰기 좋은 문장

1 | To be exact, ... 정확하게 말하자면…

문장의 어느 위치에나 사용할 수 있으며, exactly에 해당하는 삽입구로 쓰인다.

예 To be exact, there are five spelling mistakes in your report.
정확하게 말하면, 당신의 보고서에는 5개의 철자에 실수가 있습니다.

바로
외우기

영문 E-mail 단어

- inform **v** 통지하다, 고지하다
- remain **v** …상태를 유지하다, 머무르다
- originally **ad** 원래, 본래

- printed **a** 인쇄된, 인화된
- interviewer **n** 면접관, 면접자
- certificate **n** 자격증, 증명서

구직 | Finding a Job

Unit 1

면접 결과 문의 ①

바로 베끼기

E-mail sample

From:	Anita Faulkner
To:	Shelly Grayson
Subject:	Results of the Interview 면접 결과

Dear Ms. Grayson,

자기 소개

I'm Anita Faulkner, an applicant for the vacancy for the post of mechanica engineer. I'm writing to inquire about the results.

진실 표현

Admittedly, I did the best I could; but I was not at my best in the interview. To be frank with you, I had a slight fever then. There is no denying the fact that[1] all the other interviewees are excellent. However, I have every confidence in both my academic knowledge and my working experience.

의문 제기

When the interview came to an end, you told us we could know the results after three days. **I wonder if** you have decided on the results.

I'm looking forward to your positive reply at your earliest convenience.

Best regards,

Anita Faulkner

친애하는 Ms. Grayson

저는 Anita Faulkner로 기계 기사 공석에 지원했던 지원자입니다. 면접 결과에 대해 알아 보려고 메일을 보냅니다.

마땅히 저는 제가 할 수 있는 최선을 다했습니다. 하지만 면접에서 최상의 컨디션이 아니었습니다. 솔직하게 말씀드려서, 당시에 저는 경미한 열이 있었습니다. 물론 저 이외의 다른 면접자들 모두 우수했다는 것을 부정할 수는 없을 것입니다. 그럼에도, 저는 제 학문적 지식과 업무 경험에 대해 확고한 자신감을 가지고 있습니다.

면접이 끝나고 저희에게 3일 뒤에 면접 결과를 알 수 있을 것이라고 말씀해 주셨습니다. 면접 결과가 결정되었는지 궁금합니다.

가급적 빨리 긍정적인 답변을 받기를 고대하겠습니다.

Anita Faulkner 올림

실용 구문

I'm...

I'm **Anita Faulkner, an applicant**① **for the post of the mechanical engineer**②.

저는 Anita Faulkner로 기계 기사 공석에 지원했던 지원자입니다.

> **관련어구**
> ① interviewee 면접 대상자
>   job seeker 구직자
> ② sales manager 판매 부장
>   supply chain specialist
>   공급 사슬 전문가

Admittedly, ...

Admittedly①, **I did the best I could; but I was not at my best**② **in the interview.**

틀림없이, 저는 제가 할 수 있는 최선을 다했습니다. 하지만 면접 당시에 저는 최상의 컨디션이 아니었습니다.

> **관련어구**
> ① Frankly speaking 솔직하게 말해서
>   Actually 사실
> ② not myself 정상적인 상태가 아니다
>   caught the cold 감기에 걸렸다

I wonder if...

I wonder if you have decided① **on the results**②.

면접 결과가 결정되었는지 궁금합니다.

> **관련어구**
> ① made your decision 결정을 내리다
>   come to conclusion 결론을 짓다
> ② final decision 최종 결정
>   answer 정답

베껴 쓰기 좋은 문장

1 │ **There is no denying the fact that...** ···를 부정할 수 없다.

It cannot be denied that... 에 해당하는 관용 표현이다.

> **예** There is no denying the fact that **the applicant seems to be on his best behavior.**
> 그 지원자가 진중하게 행동했다는 것을 부정할 수 없을 것이다.

영문 E-mail 단어

- result **n** 결과
- admittedly **ad** 마땅히, 확실히, 실로
- applicant **n** 지원자
- slight **a** 경미한, 약간의
- mechanical **a** 기계의, 기계를 사용하는
- interviewee **n** 면접 대상자
- engineer **n** 기사, 기술자
- academic **a** 학술적인
- inquire **v** 요청하다
- positive **a** 긍정적인

바로 베끼기

E-mail sample

From:	Shelly Grayson
To:	Anita Faulkner
Subject:	Results of the Interview 면접 결과

Dear Ms. Faulkner,

　　Sorry to have failed to inform you of the results of the interview on time.

약속 표시 As you say,[1] **I promised to** tell you the results three days after the interview. However, we took Saturday and Sunday off, just as usual. **Consequently**, we didn't come to a decision until Monday. **결과 표시**

　　I didn't know you were not feeling yourself in the interview. I hope you have made a good recovery now.

주의 환기 **Here is good news for you.** We have carefully taken all factors into consideration, and finally decided to offer the position to you. Congratulations. You can come to work at nine o'clock a.m. on Thursday. I wonder if that is **회신 요청** convenient for you. **Please let me know** if you need to make any changes.

Yours sincerely,

Shelly Grayson

친애하는 Ms. Faulkner

　　제시간에 면접 결과를 알려 드리지 못해 죄송합니다. 말씀하신 것처럼, 면접이 진행된 3일 후에 결과를 알려 드리기로 약속했지만, 저희는 평상시처럼 토요일과 일요일 이틀 간 휴무였습니다. 그 결과 저희는 월요일까지 결정을 내리지 못했습니다.

　　면접 당시 몸 상태가 좋지 못했던 점을 알지 못했습니다. 지금은 회복되셨기를 바랍니다.

　　좋은 소식이 있습니다. 저희가 모든 요소를 신중히 고려한 결과, 귀하께 직위를 제안합니다. 축하 드립니다. 혹시 괜찮으시면 목요일 오전 9시에 출근하시면 됩니다. 조정이 필요하다면 알려 주시길 바랍니다.

당신의 진실한
Shelly Grayson

50

실용 구문

As you say, ...

As you say[1], **I promised**[2] **to tell you the results three days after the interview.**

말씀하신 것처럼, 면접이 진행된 3일 후에 결과를 알려 드리기로 약속했습니다.

> **관련어구**
> [1] know 알다
>   wish 바라다
> [2] swore 맹세하다
>   (비교적 강렬하고 공식적)
>   agreed 동의하다

Consequently, ...

Consequently[1], **we didn't come to a decision until**[2] **Monday.**

그 결과로 저희는 월요일까지 결정을 내리지 못했습니다.

> **관련어구**
> [1] Therefore 때문에
>   Accordingly 그러므로
> [2] till …까지

Here is...for you...

Here is good news[1] **for you. We have carefully taken all factors**[2] **into consideration.**

좋은 소식이 있습니다. 저희는 모든 요소를 신중히 고려했습니다.

> **관련어구**
> [1] information 정보
>   message 전갈
> [2] causes 원인
>   abilities 능력

Please let me know...

Please let me know if you need to make any changes[1].

조정이 필요하다면 알려 주시길 바랍니다.

> **관련어구**
> [1] consider for a while
>   한동안 고려하다
>   prepare for something
>   무언가를 준비하다

베껴 쓰기 좋은 문장

1 | As you say,... 말씀하시는 것처럼

Just as you say로도 쓸 수 있으며 '말하시는 것과 같이'라는 뜻이다.

예 As you say, the interviewer seems to be in a bad mood.
말씀하시는 것처럼, 면접관 님이 기분이 좋아 보이지 않았습니다.

영문 E-mail 단어

- **consequently** ad 결과적으로, 때문에, 그래서
- **finally** ad 최종적으로, 결과적으로
- **decision** n 결정, 결심
- **congratulation** n 축하, 축사
- **recovery** n 회복, 쾌유, 복원
- **o'clock** ad 정각

구직 | Finding a Job

합격 통지 ①

바로 베끼기

E-mail sample

From:	Victor Holmes
To:	Francis Noel
Subject:	The Offer of the Post of a Fashion Designer 패션 디자이너직 제안

Dear Mr. Noel,

I'm writing to tell you the good news: we finally have decided to offer you the position.[1] Congratulations.

You are required to[2] come to work at nine o'clock a.m. next Monday. **That is** September 15th. Remember not to be late. **You should** bring along with you the copies of your ID card, certificates, as well as your color head shot. After you report for duty at the general manager's office, he will introduce to you your routine tasks and your salary and benefits. **By tradition,** there will be a reception in the conference room after the one-hour lunch break.

Should you have any question, please feel free to contact me.

요점 강조

상대방 지칭

이유 진술

Yours faithfully,

Victor Holmes

친애하는 Mr. Noel

귀하에게 좋은 소식을 전하기 위해 메일을 보냅니다. 저희는 당신을 채용하기로 최종 결정했습니다. 축하드립니다.

다음 주 월요일 오전 9시까지 출근하시면 됩니다. 9월 15일입니다. 지각하지 않도록 부탁드립니다. 신분증과 자격증 사본, 그리고 컬러 증명사진을 가져오셔야 합니다. 총지배인 사무실에서 출근 보고를 끝낸 후, 그가 일과 작업, 급여 및 복리에 대해 안내할 것입니다. 관례에 따라, 한 시간의 점심 시간이 끝난 후 환영회가 있을 예정입니다.

질문이 있다면 언제든 편하게 연락 주시길 바랍니다.

당신의 신실한
Victor Holmes

실용 구문

That is...

That is September 15ᵗʰ. Remember not to be late[1]

9월 15일입니다. 지각하지 않도록 부탁드립니다.

관련어구
①bring your personal things
개인 용품을 챙기세요
report in for duty on time
정각에 출근하세요

You should...

You should bring along with you the copies of your ID card[1]**, certificates, as well as**[2] **your color head shot.**

신분증과 자격증 사본, 그리고 컬러 증명사진을 가져오셔야 합니다.

관련어구
①personal file 개인 자료
bank book 은행 통장
②and 그리고
including with ⋯를 포함하여

By tradition, ...

By tradition[1]**, there will be a reception in the conference room after the one-hour lunch break**[2]**.**

관례에 따라 한 시간의 점심 시간이 끝난 후 환영회가 있을 예정입니다.

관련어구
①custom 관습
the rules 규정
②morning conference 조회
presentation 발표회, 프레젠테이션

베껴 쓰기 좋은 문장

1 | We finally have decided to offer you the position. 전자 우편에서 지원자에게 합격을 통지

관련적으로 합격자에게 축하를 표하는 메일로, 간단하게 이 직위의 직책 또는 봉급·복리에 관한 설명을 하거나 간단히 입사 관련 사항들을 소개한다. 단어 선택은 공식적인 문어체 표현을 사용하고 과도하게 구어적인 표현은 삼가야 한다.

2 | You are required to... ⋯해야 합니다

You should / (ought to)... , It is required (of you) to... 에 해당하며 뒤에 동사의 원형을 사용한다.

예 You are required to **report for duty to the general manager.**
총지배인 사무실로 출근 보고를 해야 합니다.

영문 E-mail 단어

- **remember** Ⅴ 기억하다, 기억나다
- **routine** a 정례적인, 일상적인, 보통의, 관례적인
- **copy** n 사본, 복제품
- **reception** n 환영회, 환영, 축하연회

구직 | Finding a Job

Unit 1

합격 통지 ②

E-mail sample

From:	Nicole Miller
To:	Sophia Brown
Subject:	The Offer of the Post of the Executive Secretary 비서실장직 제안

Dear Ms. Brown,

Sorry for the unpleasant delay. We have promised to tell you the final results after three workdays.

관심끌기 **Now I would like to** inform you of the offer of the post of the executive

공손하게요구 secretary. **Please** report for duty at nine o'clock a.m. on June 1st.

You're reminded that[1] there will be a probation period of three months.

수동태 60% of the basic salary is allowed every month. When the probation finally comes to an end, it will be decided whether you can proceed with the job or not.

I wonder if you will accept the terms. **Should you** change your mind, **가정법 어조** please let me know.

Yours sincerely,

Nicole Miller

친애하는 Ms. Brown

최종 결과를 근무일 3일 후에 통보해 드리기로 약속했으나, 지연으로 불쾌하셨을 텐데 죄송합니다. 자, 이제 비서실장직을 제안합니다. 6월 1일 오전 9시까지 출근해 주세요.

앞으로 3달간 수습 기간이 있다는 점을 기억해 주세요. 매달 기본 급여의 60%를 받게 될 것입니다. 수습 기간이 끝나면 최종적으로 계속 근무할 수 있을지 결정될 것입니다.

이러한 계약 조건들을 받아들일지 궁금합니다. 혹시 마음이 바뀌신다면 알려 주세요.

당신의 진실한

Nicole Miller

실용 구문

Now I would like to...

Now I would like to inform[①] you of the offer[②] of the post of the executive secretary[③].

자 이제 비서실장직을 제안합니다.

Please...

Please report for duty[①] at nine o'clock a.m. on June 1st.

6월 1일 오전 9시까지 출근해 주세요.

You're reminded that...

You're reminded that there will be a probation period[①] of three months[②].

앞으로 3달간 수습 기간이 있다는 점을 기억해 주세요.

Should you...

Should you change[①] your mind, please let me know[②].

혹시 마음이 바뀌신다면 알려 주세요.

베껴 쓰기 좋은 문장

1 | You're reminded that... ⋯를 잊지 말아 주세요

I remind you that../of.../about 에 해당하는 말이다.

예 You are reminded that you should fill out the form first.
우선 양식 채우는 것을 잊지 마세요.

영문 E-mail 단어

- unpleasant **a** 불쾌한, 불편한, 짜증나는
- workday **n** 근무일
- delay **n v** 지연, 연기, 지체
- executive **a** 경영의, 행정의, 관리의

- promise **v n** 약속하다, 약속
- probation **n** 수습(기간)
- proceed **v** 계속해서 진행되다

55

구직 | Finding a Job

Unit 1

감사 서신

E-mail sample

바로 베끼기

From:	Tracy Cohen
To:	Melissa Mellon
Subject:	A Thank-you Letter 감사 서신

Dear Ms. Mellon,

Thank you for[1] your E-mail on Tuesday. **It gives me great pleasure to** learn that you finally have decided to offer me the position.

> 격한 기쁨

As a recent college graduate, I had thought there would be merely a faint chance of my getting the position, though I always feel confident of my academic background. To my great delight[2], just three days after I sent my resume to you, I received your E-mail asking me to go for the interview. **You will never** feel regret at your decision, I assure you.

신분 설명

긍정 표현

Thanks again for giving me the chance to join you. I will go to work on time per your request next Friday.

Yours faithfully,

Tracy Cohen

친애하는 Ms. Mellon

화요일에 보내 주신 메일 감사합니다. 최종적으로 저에게 일자리를 주시기로 결정되었다는 것을 알게 되어 무척 기쁩니다.

최근에 대학교를 졸업했기에, 비록 항상 제 학문적 배경에 자부심을 느꼈음에도 불구하고 이번 자리를 얻을 수 있는 가능성이 희박하다고 생각했습니다. 너무나 기쁘게도, 제가 이력서를 보낸 지 겨우 3일 만에 면접을 보러 오라는 메일을 받게 되었습니다. 결정에 후회가 없으실 것이라 확신합니다.

다시 한번 귀사와 함께할 기회를 주셔서 감사합니다. 다음 주 금요일에 요청하신 제시간에 근무하러 가겠습니다.

당신의 신실한
Tracy Cohen

바로 배우기

실용 구문

It gives me great pleasure to...

It gives me great pleasure① to learn② that you finally have decided to offer me the position.

최종적으로 저에게 일자리를 주시기로 결정되었다는 것을 알게 되어 무척 기쁩니다.

> **관련어구**
> ① delight 기쁜
>   confidence 자신감
> ② know 알다(비교적 구어체)
>   find 발견하다

As a recent college graduate, ...

As a recent college graduate, I had thought① there would be merely a faint② chance of my getting the position.

최근에 대학교를 졸업했기에, 이번 자리를 얻을 수 있는 가능성이 희박하다고 생각했었습니다.

> **관련어구**
> ① supposed …라 생각하다

You will never...

You will never feel regret① at your decision.

결정에 후회가 없으실 것입니다.

> **관련어구**
> ① disappointment 실망, 낙담
>   sorry 미안한, 죄송한, 유감스러운

 바로 적용하기

베껴 쓰기 좋은 문장

1 ㅣ Thank you for... …에 대해 감사하다

보통 메일의 가장 첫 머리에 사용하며, 무엇에 대한 감사를 표하는지 나타낼 수 있다. 이어지는 본문 내용에서 상대방이 자신에게 도움을 준 부분을 간단하게 언급할 수 있으나, 계속해서 감사하다는 감격의 표현을 나열할 필요는 없다.

2 ㅣ To my great delight,... 기쁘게도

I'm delighted at... / (to do / that..), ... give delight to me에 해당하는 말로, my는 상황에 따라 상응하는 다른 소유격으로 바꿔도 된다.

> 예 To my great delight my sister successfully got the position in the company.
> 기쁘게도 내 여동생은 용케 회사에서 자리를 잡았다.

 바로 외우기

영문 E-mail 단어

- **pleasure** n 유쾌, 기쁨, 즐거움
- **confident** a 자신 있는
- **recent** a 최근의, 근래의, 얼마 전의
- **background** n 배경
- **graduate** n 졸업생
- **regret** n v 유감
- **merely** ad 단지, 오직, …에 불과한
- **assure** v …를 보장하다
- **faint** a 미약한
- **request** n v 요구

구직 | Finding a Job

Unit 1

거절 서신

E-mail sample

From:	Noah Colin
To:	Ronald Wallis
Subject:	Sorry for Having to Refuse the Offer 제안을 거절하게 되어 죄송합니다.

Dear Ms. Wallis,

감사
표현

I acknowledge with thanks receipt of your E-mail of this morning. Thanks a lot for your offer of the vacancy in the advertising department. The pity of it is that I indeed cannot accept your kind offer.

요점
진입

Let me put it straightforwardly. I sent my resume to another three companies last week. And I received a better offer of the position in the business department from Sherman Wool Manufacturing Corporation

신중한
고려
표현

yesterday. **After long deliberation**, I made the difficult decision to refuse your kind offer. My reason is that[1] I am looking forward to the greater challenge of a new department.

정중한
사과
표현

Please accept my sincere apology for the refusal.

Yours truly,

Noah Colin

친애하는 Ms. Wallis

오늘 아침에 보내 주신 메일에 대해 감사의 말씀 전합니다. 광고 부서의 공석을 제안해 주셔서 감사드립니다. 안타깝게도 귀사의 친절한 제안을 수락하지 못하게 되었습니다.

단도직입적으로 말씀드리자면, 지난주에 제가 귀사 외에 다른 세 회사에 이력서를 제출했습니다. 그리고 어제 Sherman 양모 제조 회사 영업부로부터 더 나은 직위를 제안받았습니다. 심사숙고 끝에, 귀사의 제안을 거절하는 어려운 결정을 내렸습니다. 이유는 새로운 부서에서의 더 나은 도전을 고대하고 있기 때문입니다.

거절에 대한 제 진실한 사과를 받아 주시길 바랍니다.

당신의 진실한
Noah Colin으로부터

58

실용 구문

I acknowledge with thanks...

I acknowledge[1] with thanks[2] **receipt of your E-mail of this morning.**

오늘 아침에 보내 주신 메일에 대해 감사의 말씀 전합니다.

관련어구
① accept 받아들이다
receive 받다
② pleasure 기쁨
gratefulness 고맙게 여김(강한 어조)

Let me put it straightforwardly...

Let me put it straightforwardly[1]. **I sent my resume to another three companies[2] last week.**

단도직입적으로 말씀드리면, 지난주에 제가 귀사 외에 다른 세 회사에 이력서를 제출했습니다.

관련어구
① get this straight 솔직히 말해
(비교적 구어적)
tell the truth 솔직하게 말씀드려서
② departments 부서
positions 직위

After long deliberation, ...

After long deliberation[1], **I made the difficult decision to refuse your kind offer.**

심사숙고 끝에, 귀사의 제안을 거절하는 어려운 결정을 내렸습니다.

관련어구
① consideration 고려
discuss with my parents
부모님과의 상의

Please accept my sincere apology...

Please accept my sincere[1] apology **for the refusal[2].**

거절에 대한 제 진실한 사과를 받아 주시길 바랍니다.

관련어구
① genuine 진실한
real 진짜의
② turndown 거절
rejection 거절

베껴 쓰기 좋은 문장

1 ㅣ My reason is that... ···이기 때문이다.

be 동사 is 뒤에 that 절을 붙여 이유를 나타내며 The reason why I ... is that... 에 해당하는 어구로 쓰인다.

예 My reason is that **we might be unable to afford the high cost**
이유는 우리가 높은 가격을 감당하지 못할 수 있기 때문입니다.

영문 E-mail 단어

- advertising n 광고, 광고업
- indeed ad 확실히, 실제로
- wool n 울, 양모
- straightforwardly ad 단도직입적으로
- deliberation n 숙고, 숙의

E-mail sample

From:	Jackson Nevins
To:	Michael Camden
Subject:	Re:[1] Requirements for the New Recruits 회신 : 신입 사원 요구 사항

Dear Michael,

I'm replying to your E-mail about the requirements for the new recruits.

I've carefully read your proposals, and could not agree more. You have actually taken all factors into consideration.

I just want to talk about their salary and benefits with you now. You seemed to forget these in your E-mail. If you have no objection[2], I would like to give the experienced employees 80% of the guaranteed salary as well as all the benefits the permanent employees get. And during the probation period, the fresh college graduates could get 60% of the salary, along with all the benefits.

We can go into further details about these on Friday morning, if need be.

Yours truly,

Jackson

친애하는 Michael

　신규 채용된 신입 사원 요구 사항에 관한 당신의 메일에 답장 드립니다.

　당신의 제안서는 제가 신중하게 읽어 보았으며, 전적으로 동의합니다. 확실히 모든 요소를 고려하셨습니다.

　저는 그들의 급여와 복리에 대해 당신과 의견을 나누고자 합니다. 당신의 메일에 이 요소들이 빠진 것으로 보입니다. 이의가 없다면, 저는 경력이 있는 직원들에게 정식 직원의 80% 연봉과 그들의 모든 복리 혜택을 주려고 합니다. 또, 수습 기간 동안, 최근 대학교 졸업생들에게는 모든 복리 혜택과 함께 60%의 급여를 주려고 합니다.

　필요하다면 이번 주 금요일 아침에 세부 사항에 대한 이야기들을 나누어도 좋을 것 같습니다.

당신의 진실한

Jackson

실용 구문

| **I've carefully read...**

I've carefully[1] read your proposals[2], and could not agree more.

당신의 제안서는 제가 신중하게 읽어 보았으며, 전적으로 동의합니다.

관련어구
①entirely 완전히, 전적으로
  thoroughly 철두철미하게
②scheme 계획
  review 비평

- -

| **I just want to talk about...**

I just want to talk[1] about their salary and benefits[2] with you now.

저는 그들의 급여와 복리에 대해 당신과 의견을 나누고자 합니다.

관련어구
①discuss 토론하다
  think 생각하다
②probation period 수습 기간
  requirement 요구 조건

베껴 쓰기 좋은 문장

1 ㅣ Re: 전자 우편을 답장할 때 제목 작법

'Re: + 받았던 메일 제목' 의 상태가 된다. 몇 차례 회신을 주고받아 Re: Re: Re: Re: Re... 와 같은 상황이 되지 않도록 제목을 다시 설정하는 것이 바람직하다.

2 ㅣ If you have no objection 이의가 없다면

보통 문장의 시작 부분이나 말미에 쓰고, 쉼표를 사용해 주절과 간격을 둔다. objection은 보통 전치사 to 와 결합하고 명사 또는 동명사를 목적어로 받는다. 또 '이의 제기'를 나타내는 말에는 raise / lodge / voice an objection가 있다.

예 We will carry out the research according to schedule, if you have no objection.
만일 이의가 없으시면, 저희는 예정대로 이번 연구를 진행하겠습니다.

영문 E-mail 단어

- **benefits** n 복리, 편익
- **recruit** v n 신입 사원
- **guaranteed** a 보증된
- **proposal** n 제안, 제의, 건의
- **permanent** a 영구적인, 장기의
- **factor** n 요소, 요인
- **further** a 더 나아간, 더 이상의

바로
베끼기

E-mail sample

From:	Ralph Johnson
To:	Bryant Williams
Subject:	The New Employee 신입 사원

Dear Bryant,

I wonder if you have learnt that we will have a new employee in our department next Monday.

If memory serves,[1] his name is Francis Noel. **It's said that** he graduated ➤ 들은 바
from a famous university. And he left a favorable impression on the interviewer.
인지 ◄ **You see,** as a general rule, we will hold a reception for the newcomer in the
표현 conference room after the one-hour lunch break. Let's go together then, shall we?

고백 ◄ **To tell the truth**, there is a great need for the new colleague. We have to
표현 attend to so many tasks these days. His arrival must be a great help. **I just** 희망 ➤
hope he will not be the kind of person who is difficult to get along with. 표현

Yours faithfully,

Ralph

친애하는 Bryant

다음 주 월요일에 저희 부서에 새로운 직원이 들어올 예정인 것에 대해 아시는 바가 있는지 궁금합니다.

제 기억으로는 그의 이름은 Francis Noel입니다. 명문대 졸업생이라고 합니다. 그리고 면접관들에게 훌륭한 인상을 남겼습니다. 아시다시피, 관례에 따라 한 시간의 점심시간 후에 회의실에서 신입 사원 환영회를 열 예정입니다. 그때 함께 하시겠습니까?

솔직히 말씀드려서, 저희 부서는 추가 인원이 무척 필요했습니다. 요즘 저희 부서가 수행해야 하는 업무가 매우 많습니다. 그의 영입은 아주 큰 도움이 될 것입니다. 다만 그가 함께 어울리기에 어려운 사람이 아니기를 바랄 뿐입니다.

당신의 진실한
Ralph

실용 구문

It's said that...

It's said that he graduated from① **a famous university**②.

명문대 졸업생이라고 합니다.

① came from …에서 오다
   grown up in …에서 자라다
② well-established business 안정된 사업
   family of scholars 학자 가문

You see, ...

You see, as a general rule①**, we will hold a reception**② **for the newcomer in the conference room**③ **after the one-hour lunch break.**

아시다시피, 관례에 따라 한 시간의 점심시간 후에 회의실에서 신입 사원 환영회를 열 예정입니다.

① routine 일상적인 일(셀 수 없는 명사)
   a convention 관습
② party 파티
③ lobby 로비
   manager's office 지배인 사무실

To tell the truth, ...

To tell the truth, there is a great① **need for the new colleague**②.

솔직히 말씀드려서, 저희 부서는 추가 인원이 무척 필요했습니다.

① desperate 절실한
   urgent 긴박한
② coworker 동료
   helper 조수

I just hope...

I just hope he will not be the kind of person who is difficult① **to get along**② **with.**

다만 그가 함께 어울리기에 어려운 사람이 아니기를 바랄 뿐입니다.

① hard 힘든
   not easy 쉽지 않은
② communicate 소통하다
   cooperate 협력하다

베껴 쓰기 좋은 문장

1 | If memory serves, ... 제 기억으로는, …

If I remember correctly..와 같은 뜻의 관용 표현이다.

예 If memory serves, **you have not introduced the new employee to us yet.**
제 기억으로는, 저희에게 아직 신입 사원을 소개시켜 주지 않으셨습니다.

영문 E-mail 단어

• **famous** a 유명한, 저명한

• **general** a 통상적인, 일반적인, 보편적인

• **arrival** n 도래, 도달

• **favorable** a 유리한, 찬성하는, 긍정적인, 훌륭한

사교 | Socializing

Unit 2

신입 사원 취임 통지

바로 베끼기

E-mail sample

From:	Catherine Wallis
To:	Doris Spector
Subject:	The New Employee 신입 사원

Dear Ms. Spector,

I'm writing to discuss the new employee with you.

I've learnt from the human resources department that Sophia Brown will work as the executive secretary. She will come to work at nine o'clock **next Monday**. There will be a three-month probation period for her. It all depends whether[1] she could be qualified for the job.

시간 표현

You should introduce to Sophia Brown the routine duties, as well as her salary and benefits, when she reports to you. However, **according to** your schedule, you should host a regular meeting then. So I wonder if you could agree to ask Nicole Miller to talk with Sophia Brown **instead**.

근거

대체

I'm looking forward to your reply at your earliest convenience.

Best regards,

Catherine Wallis

친애하는 Ms. Spector

신입 사원에 대해 논의하고자 이렇게 메일을 보냅니다.

인사부로부터 Sophia Brown 씨가 행정 비서직으로 근무한다고 들었습니다. 그녀는 다음 주 월요일 아홉 시에 출근할 것입니다. 3개월의 수습 기간이 있을 것이고, 그녀가 그 직위에 적합한지는 그녀에게 달려있습니다.

Sophia Brown 씨가 출근 보고를 하면, 그녀에게 일상적인 직무와 그녀의 급여 및 복리에 대해 소개해 주시길 바랍니다. 그러나 여사님 일정에 따라 여사님께서는 그때 정기 회의를 주최해야 합니다. 그래서 Nicole Miller 씨에게 여사님을 대신해서 Sophia와의 미팅을 부탁하는 것이 어떨까 합니다.

최대한 빨리 회신 주기를 바랍니다.

Catherine Wallis 올림

실용 구문

...next Monday

She will come to work[1] at nine o'clock next Monday[2].

그녀는 다음 주 월요일 아홉 시에 출근할 것입니다.

관련어구
① come to office 사무실로 오다
   report for duty 출근하다
② on Sep 1st 9월 1일에
   on Monday morning 월요일 아침에

According to...

According to your schedule[1], you should host[2] a regular meeting then.

당신의 일정에 따라, 정규 회의를 주최해야 합니다.

관련어구
① plan 계획
   timetable 시간표
② attend 참석하다
   give a speech on 연설하다

...instead

I wonder if you could agree to ask[1] Nicole Miller to talk with[2] Sophia Brown instead.

당신을 대신해 Nicole Miller 씨에게 Sophia를 부탁하는 것이 어떨까 합니다.

관련어구
① authorize 권한을 부여하다
② lead 이끌다
   teach 교육하다

 베껴 쓰기 좋은 문장

1| It all depends whether... 완전히 …에 달려 있다.

it은 가주어로, whether이 이끄는 절에 위치한 It / That + all depends로 쓸 수도 있다.

예 It all depends whether **the new employee will be assigned to our department.**
그 신입 사원이 우리 부서로 배정될지는 순전히 상황에 달려 있다.

 영문 E-mail 단어

- human resources **n** 인사부
- executive **a** 행정의
- routine **a** 일상적인 일, 일과, 일상
- secretary **n** 비서, 서기
- schedule **n** 일정, 스케줄
- probation **n** 수습, 수습 기간
- regular **a** 정식적인, 규칙적인

65

E-mail sample

From:	Christine Wallis
To:	Susie Rawlings
Subject:	The New Managing Director 새로운 전무 이사

Dear[1] Susie,

I'm writing to inform you of the new managing director in our department. Rumor has it that[2] Anderson Jefferson will be appointed to the vacant post next month.

Mr. Jefferson, you know, has worked in the company for almost seven years, from the originally entry-level worker to the presently sales supervisor. His competence and leadership are **surly beyond any doubt.** 강한 긍정

견해 **I think** he will lead our department to the new stage of development. What's your point of view? Do you agree with me?

Let's give Mr. Jefferson our sincerest wishes. I'm looking forward to the better prospects of the department under his leadership.

Yours faithfully,

Christine

- -

친애하는 Susie

우리 부서에 새로 오신 전무 이사님을 알려 드리려고 메일 보냅니다.

다음 달부터 Anderson Jefferson 씨가 그 공석에 지명되었다는 소문이 있습니다.

아시다시피 Jefferson 씨는 처음 신입 사원 때부터 현재 판매 관리자 직책에 이르기까지 7년에 가까운 시간 동안 회사에 계셨습니다. 그의 능력과 리더십은 전혀 의심할 여지가 없습니다. 그는 우리 부서를 새로운 발전 단계로 이끌 것이라 생각합니다. 당신의 견해는 어떤가요? 제 의견에 동의하십니까?

Jefferson 씨에게 우리의 가장 신실한 축복을 빌기를 바랍니다. 그의 리더십 하에서 우리 부서의 더 나은 전망을 고대합니다.

당신의 신실한

Christine

실용 구문

...surly beyond any doubt

His competence[1] and leadership are surly beyond any doubt[2]

그의 능력과 리더십은 의심할 여지가 하나도 없습니다.

관련어구
[1] talent 천부적 재능
hard work 노력
capability 재능
[2] without an doubt 의심할 여지없이
doubtlessly 의심할 여지없이
for sure 확실히

I think...

I think he will lead[1] our department to the new stage[2] of development.

그는 우리 부서를 새로운 발전의 단계로 진입하게 할 것이라 생각합니다.

관련어구
[1] guide 인도하다
direct 지휘하다
[2] phase 양상
high peak 정상

베껴 쓰기 좋은 문장

1 | Dear... 친애하는…

수신인의 이름과 성별이 확실하면 바로 Dear Sir, Dear Madam, Dear Mr. , Dear Ms. 등으로 사용하면 된다. 그렇지 않다면 Dear Sir / Madam, To whom it may concern(관계자 분께 or 다소 정중한 어투)을 쓸 수 있다.

2 | Rumor has it that... …라는 소문이 있다

It's (widely) rumored that..., There is a rumor that..., I hear a rumor that..., ...is rumored to do 등에 해당하는 말이다.

예 Rumor has it that **the successor to the general manager is from the headquarters.**
총지배인의 후임으로 본사에서 사람이 온다는 소문이 있다.

영문 E-mail 단어

- rumor n 소문, 풍문, 풍설
- leadership n 리더십, 통솔력
- appoint v 임명하다, 위탁하다
- development n 발전
- presently ad 현재의, 지금의
- prospect n 전망, 예상
- competence n 능숙함, 능숙도

Unit 2

사교 | Socializing

업무 논의 ①

E-mail sample

From:	Monica Lehman
To:	Edgar Wright
Subject:	The Advertising Idea for the Christmas Season Promotion 크리스마스 시즌 판촉 광고 아이디어

Dear Mr. Wright,

목적 표현 **I'm writing to** discuss the advertising idea for the Christmas Season Promotion with you.

Christmas is just around the corner. It's beyond all possible doubt a golden opportunity for us to promote sales. **We must** try our best to come up with a good advertising idea. **강한 긍정**

시작 표현 **First of all,** we should collect information from all reliable sources. **Then** we might find real inspiration in the information to make sure that our products will receive unanimous favors from our customers. You are expected to[1] take charge of this task. My assistant is always at your service, if need be. **계속 표현**

Yours truly,

Monica Lehman

친애하는 Mr. Wright

크리스마스 시즌 판촉 광고 아이디어에 관해 의논하려고 메일을 보냅니다.

이제 곧 크리스마스입니다. 의심할 여지가 없이 이는 저희 홍보 부서에 황금 같은 기회입니다. 반드시 최선을 다해 좋은 판촉 광고 아이디어를 마련해야 합니다.

무엇보다 신뢰할 수 있는 모든 경로를 통해 관련 정보를 수집해야 할 것입니다. 그러면 우리는 우리 상품이 고객 모두에게 찬사받을 만큼의 영감을 그 자료들로부터 찾을 수 있을지 모릅니다. 이 업무를 당신이 맡아 주시기 바랍니다. 필요할 때마다 제 조수가 항상 당신을 도울 것입니다.

당신의 신실한
Monica Lehman

바로 배우기 **실용 구문**

I'm writing to...

I'm writing to discuss① the advertising② idea for the Christmas③ Season Promotion with you

크리스마스 시즌 판촉 광고 아이디어에 관해 의논하려고 메일을 보냅니다.

> **관련어구**
> ①talk about 토론하다
> review 검토하다
> ②marketing 마케팅
> investigating 수사
> ③Thanksgiving 추수감사절
> Valentine's day 밸런타인데이

We must...

We must try① our best to come up with② a good advertising idea.

반드시 최선을 다해 좋은 판촉 광고 아이디어를 마련해야 합니다.

> **관련어구**
> ① do 하다
> ② figure out 생각해 내다
> think out 생각해 내다

First of all, ...

First of all, we should collect① information from all reliable② sources.

무엇보다 신뢰할 수 있는 모든 경로를 통해 관련 정보를 수집해야 할 것입니다.

> **관련어구**
> ①research 조사하다
> assemble 수집하다
> ②countable 믿을 만한
> dependable 믿을 만한

Then...

Then we might find real① inspiration② in the information.

그러면 우리는 그 정보들로부터 영감을 얻을 수 있을지 모릅니다.

> **관련어구**
> ①useful 유용한
> precious 소중한
> ②idea 아이디어
> solution 해결책

 바로 적용하기 **베껴 쓰기 좋은 문장**

1 | You are expected to ... …해 주기 바라다.

I expect you to... 에 해당하는 관용 표현이다. to 뒤에는 동사 원형을 붙인다.

예 You are expected to **work in conjunction with Jessica.**
Jessica와 함께 일해 주시기를 바랍니다.

 바로 외우기 **영문 E-mail 단어**

- doubt **n** 의심, 의혹
- reliable **a** 믿을 만한, 신뢰할 수 있는
- inspiration **n** 영감
- unanimous **a** 만장일치의, 이의 없는

69

사교 | Socializing

Unit 2

업무 논의 ②

바로
베끼기

E-mail sample

From:	Nigel Peterson
To:	Edgar Wright
Subject:	The Christmas Season Promotion 크리스마스 시즌 판촉

Dear Edgar,

목적
알림

I'm replying to your E-mail on Wednesday.

The advertising idea for the Christmas Season Promotion you've come up with seems to be so excellent. I could not agree more. To be blunt with you[1], we have been worrying about the advertising idea for a long time. Your proposal is just as what we want and need. **I bet that** it will successfully improve our stagnant market. **I would like to** express my deep appreciation of your contribution.

긍정
표현

희망
표현

I have submitted your proposal to the general manager for official approval. **If it is convenient for you,** I hope to determine how to launch the sales promotion effectively with you on Friday morning.

상대방
의사
문의

I'm looking forward to your early reply.

Yours sincerely,

Nigel

친애하는 Edgar

수요일에 보내 주신 메일에 대한 회신입니다.

제안해 주신 크리스마스 시즌 판촉 광고 아이디어는 정말 훌륭해 보였습니다. 전적으로 동의합니다. 솔직하게 말씀드려서, 저희는 광고 아이디어에 대해 매우 오랫동안 고민했습니다. 당신의 제안서는 마침 저희가 원하고 필요한 것이었습니다. 그것이 우리의 침체된 시장을 성공적으로 개선시킬 것이라 확신합니다. 당신의 기여에 대해 깊은 감사를 표합니다.

당신의 제안서를 승인받기 위해 총지배인님께 제출했습니다. 괜찮으시다면, 금요일 오전에 당신과 함께 판매 촉진을 어떻게 효율적으로 전개할지에 대해 논의하고 싶습니다.

빠른 회신 기다리겠습니다.

당신의 신실한

Nigel Peterson

70

바로
배우기

실용 구문

I'm replying to...

I'm replying[1] to **your E-mail**[2] **on Wednesday**

수요일에 보내 주신 메일에 대한 회신입니다.

관련어구
[1] answering 대답하다
　　(뒤에 to를 붙이지 않는다)
　　responding 대답하다
[2] question 문제
　　demand 요구

I bet that...

I bet[1] that **it will successfully improve our stagnant market**[2].

그것이 우리의 침체된 시장을 성공적으로 개선시킬 것이라 확신합니다.

관련어구
[1] believe 믿다
　　consider …라 여기다
[2] business 업무
　　sales performance 업적

I would like to...

I would like to **express**[1] **my deep appreciation of your contribution**[2].

당신의 기여에 대해 깊은 감사를 표합니다.

관련어구
[1] give 주다
　　show 보여 주다
[2] hard work 노력

If it is convenient for you, ...

If it is convenient for you, **I hope to determine**[1] **how to launch the sales promotion effectively**[2] **with you on Friday morning.**

괜찮으시다면, 금요일 오전에 판매 촉진을 어떻게 효율적으로 전개할지에 대해 논의하고 싶습니다.

관련어구
[1] decide 결정하다
　　discuss 토론하다
[2] successfully 성공적으로
　　smoothly 순조롭게

바로
적용하기

베껴 쓰기 좋은 문장

1 | To be blunt with you, ... 솔직히 말해서 ...

Let me be quite blunt (with you)..., To put it bluntly ...등에 해당하는 표현이다.

예 To be blunt with you, I have no notion of the newest fashion
솔직히 말해서 저는 최신 유행에 대해 아는 것이 하나도 없습니다.

바로
외우기

영문 E-mail 단어

- **advertising** a 광고의, 광고에 대한
- **stagnant** a 침체된, 불경기의
- **excellent** a 뛰어난
- **submit** v 제출하다, 투고하다
- **blunt** a 솔직한, 직접적인, 노골적인
- **official** a 정식인, 공식적인

71

Unit 2

사교 | Socializing

고객 응대

바로 베끼기 E-mail sample

From:	Varney Jefferson
To:	Jessica Mellon
Subject:	Our Cooperation on the Construction of the New Highway
	새 고속도로 공사에 대한 협조

Dear Ms. Mellon,

I'm writing in reply to your E-mail[1] of November 19th.

It gives us great pleasure to learn that you have decided to collaborate with us on the construction of the new highway. Now we could ultimately reap the fruits of all our hard work. Nothing could be more delightful than that, to tell the truth.

I think we would be better off fixing the time and place to negotiate the further

긴급 표현 ◄— details of our cooperation **as soon as possible**. **Would it be possible** for me to —► **상대방 의사 문의**
invite you to dinner at Crown Restaurant at seven o'clock p.m. this Wednesday? I'm wondering if it's convenient for you to come then. Please let me know if[2] you have come to a decision. Thanks in advance.

Sincerely yours,

Varney Jefferson

친애하는 Ms. Mellon

11월 19일 메일에 대한 회신입니다.

저희와 새 고속도로 공사를 협력하기로 결정해 주셔서 대단히 감사합니다. 이제 우리의 노력에 대한 결실을 맺게 되었습니다. 솔직히 말씀드려서 이보다 더 좋을 수는 없습니다.

향후 협력의 세부 사항에 대한 논의를 할 장소와 시간을 가급적 빠른 시일 내에 확정하는 것이 좋을 것 같습니다. 이번 주 수요일 오후 7시에 Crown 레스토랑으로 저녁식사 초대를 하려는데 가능할까요? 그때 오시기에 괜찮으실지 모르겠습니다. 결정을 내리시면 알려 주시기 바랍니다. 미리 감사의 말씀 전합니다.

당신의 신실한
Varney Jefforson

실용 구문

...as soon as possible

I think we would be better off fixing the time and place to negotiate^① the further details^② of our cooperation^③ as soon as possible.

향후 협력의 세부 사항에 대한 논의를 할 장소와 시간을 가급적 빠른 시일 내에 확정하는 것이 좋을 것 같습니다.

Would it be possible...

Would it be possible^① for me to invite^② you to dinner^③ at Crown Restaurant at seven o'clock p.m. this Wednesday?

이번 주 수요일 오후 7시에 Crown 레스토랑으로 저녁식사 초대를 하려는 데 가능할까요?

베껴 쓰기 좋은 문장

1 | I'm writing in reply to your E-mail 당신 이메일에 대한 회신입니다.

수신인이 메일을 관심 있게 보고 그에 대한 빠른 회신을 하기 바란다면, 시작하는 한두 줄 내에 간단 명료하게 메일의 주제를 알리고 후에 보충 설명을 하는 것이 좋다. 시작부터 장황하게 쓰면 논지를 알 수 없어 반감을 줄 수 있다.

2 | Please let me know if... …하다면 알려 주시길 바랍니다.

정중한 부탁 표현인 please로 시작하는 청유형 문장이다. 후에 접속사 if를 붙여 조건절을 목적어로 사용한다.

예 Please let me know if you would change your mind.
만약 생각이 바뀌신다면 알려 주시길 바랍니다.

영문 E-mail 단어

- collaborate Ⅴ 협력하다, 합작하다
- fruit ⓝ 결실, 성과
- highway ⓝ 고속도로
- fix Ⅴ (시간·날짜 등을) 정하다
- ultimately ⓐⓓ 궁극적으로, 최종적으로
- crown ⓝ 왕관, 황관

E-mail sample

From:	Antonio Williams
To:	Scott Faulkner
Subject:	Announcement of Transfer 전임 알림

Dear Mr. Faulkner,

I'm writing to tell you about my transfer to the sales department.

To be frank with you,[1] I was informed yesterday that I would be transferred to the sales department. I would like to express my gratitude to you for your kind help in these two years. **When I first joined the department** as a fresh college graduate, I made mistakes now and then for lack of experience. Thanks to your kind help, I became acquainted with the routine duties quickly. **I indeed** enjoyed working in conjunction with you. **Much to my regret**, I will work in the sales department beginning next Monday.

Mandy Wallis is going to take my place. **I sincerely hope** you will get along well with each other.

Cordially yours,
Antonio Williams

기억
상기

진심
표현

유감
표현

성심
표현

친애하는 Mr. Faulkner

제가 판매 부서로 전임되었다는 것을 알리려고 메일 보냅니다.

솔직하게 말씀드려서, 제가 판매 부서로 전임된다는 것을 어제 통보받았습니다. 지난 2년간 친절히 저를 도와주셔서 고마움을 표하고 싶습니다. 막 대학교를 졸업하고 처음 이 부서에 들어왔을 때, 저는 경험 부족으로 잦은 실수를 저질렀습니다. 당신의 친절한 도움 덕분에 빠르게 저는 일상 업무에 적응할 수 있었습니다. 당신과 함께 일할 수 있어서 좋았습니다. 아쉽게도, 다음 주 월요일부터 판매 부서에서 일하게 되었습니다.

Mandy Wallis 씨가 제 자리를 대신할 것입니다. 서로 잘해 나가기를 진심으로 바라겠습니다.

당신의 신실한
Antonio Williams

실용 구문

When I first joined the department...

When I first joined the department **as a fresh college graduate**①**, I made mistakes now and then**② **for lack of experience**

막 대학교를 졸업하고 처음 이 부서에 들어왔을 때, 저는 경험 부족으로 잦은 실수를 저질렀습니다.

> **관련어구**
> ①newbie 초보자
> rookie 신참
> ②at times 때때로
> often 자주

I indeed...

I indeed① **enjoyed working in conjunction with**② **you.**

당신과 함께 일할 수 있어서 정말로 좋았습니다.

> **관련어구**
> ①truly 진실로
> definitely 분명히
> ②under the leadership of
> …의 지도 아래에서
> by following …를 따라

Much to my regret, ...

Much to my regret①**, I will work in the sales department beginning**② **next Monday.**

아쉽지만 다음 주 월요일부터 판매 부서에서 일하게 되었습니다.

> **관련어구**
> ①dismay 경악하는, 놀라는
> starting …부터 시작하는

I sincerely hope...

I sincerely① hope **you will get along well**② **with each other.**

서로 잘해 나가기를 진심으로 바라겠습니다.

> **관련어구**
> ①wholeheartedly 성심성의껏
> from the bottom of my heart
> 마음 깊이(문장 맨 마지막에 위치)
> ②have a good time
> 좋은 시간을 보내다
> do everything well 모든 것이 좋다

베껴 쓰기 좋은 문장

1 ㅣ To be frank with you, ... 솔직하게 말씀드려서…

To be honest with you..., Frankly speaking...등으로 쓸 수 있다.

예 To be frank with you, **I have no conception of his plan.**
솔직하게 말씀드려서, 저는 그의 계획에 대해 아는 것이 없습니다.

영문 E-mail 단어

- transfer ⓝ ⓥ 이직
- conjunction ⓝ 결합, 협업
- cordially ⓐⓓ 진심으로, 성의껏, 몹시
- acquainted ⓐ 통달한, 익숙한

Unit 2

사교 | Socializing

동료 전임 관련 메일

 E-mail sample

From: Joanna Garcia
To: Antonio Williams
Subject: The Farewell Party 송별회

Dear Mr. Williams,

I heard that you are going to be transferred to the sales department next week.

We have worked together in the accounting department for about one and a half years. If I'm not mistaken,[1] you have half a year's seniority over me. **As a result**, when I joined the company, you offered me helpful advice at work. I indeed owed you a great debt of gratitude. Admittedly, **it's a sad day for me** to learn that you will leave the accounting department, but I have to say goodbye pleasantly, with the expectation of your further career.

The colleagues of our department plan to hold a farewell party for you on Friday evening. I'm wondering if it's convenient for you.

Sincerely yours,

Joanna Garcia

친애하는 Mr. Williams

다음 주에 판매 부서로 전임될 것이라고 들었습니다.

회계 부서에서 우리는 거의 일 년 반 정도 함께 일했어요. 제 기억이 맞다면 저보다 반 년 먼저 계셨던 것 같습니다. 그래서 제가 입사했을 때, 유용한 조언들을 해 주셨습니다. 정말로 감사드립니다. 인정하건대, 회계 부서를 떠난다는 소식을 알고 무척 속상했습니다. 하지만 당신의 더 나은 경력을 위해 기꺼이 작별을 고해야만 합니다.

금요일 저녁에 우리 부서 동료들이 당신을 위한 송별회를 열기로 했습니다. 괜찮으실지 모르겠습니다.

당신의 신실한
Joanna Garcia

바로 배우기

실용 구문

I heard that...

I heard[1] that **you are going to be transferred to the sales department next week.**

다음 주에 판매 부서로 전임될 것이라고 들었습니다.

> 관련어구
> ① found 발견하다
>   knew 알다

As a result, ...

As a result[1], **when I joined the company, you offered me helpful[2] advice at work.**

그래서 제가 입사했을 때, 업무적으로 유용한 조언들을 해 주셨습니다.

> 관련어구
> ① Thus 그러므로(다소 구어 표현)
> ② a lot of 많은
>   useful 유용한

It's a sad day for me...

Admittedly, it's a sad[1] day for me **to learn[2] that you will leave the accounting department.**

인정하건대, 회계 부서를 떠난다는 소식을 알고 무척 속상했습니다.

> 관련어구
> ① bad 속상한
>   sorrowful 비통한
> ② discover 발견하다
>   hear 듣다

 바로 적용하기

베껴 쓰기 좋은 문장

1 | If I'm not mistaken, ... 제 기억으로는

과거 분사 mistaken은 보통 뒤에 전치사 about을 붙여 목적어를 받는다. If my memory serves, ... 라고도 할 수 있다.

예 If I'm not mistaken, **you joined the company before him.**
제 기억이 틀리지 않다면, 당신은 그보다 일찍 입사했습니다.

영문 E-mail 단어

- **accounting** n 회계
- **pleasantly** ad 기쁘게, 즐겁게
- **mistaken** a 잘못 알고 있는, 잘못 판단한
- **expectation** n 기대, 예상, 예기, 예측

- **seniority** n 연상, 선임, 상급자임
- **farewell** n 작별, 고별
- **helpful** a 유용한, 유익한
- **debt** n 은혜, 빚

사교 | Socializing

Unit 2

복직 알림

바로
베끼기

E-mail sample

From:	Yolanda Steele
To:	Hannah Noe
Subject:	Notice of My Return to Work 복직 안내

Dear Hannah,

I'm writing in reply to your E-mail of January 12th.

Thanks a lot for your consideration and care. I am in Paris now. **To be exact,** I have been staying here for three days. The sightseeing   tour of Paris is definitely wonderful.

상세
설명

Back to the point,[1] I will go back to work in two or three days. However, the date has not been definitely decided yet, since I should get the plane ticket first. It gives me great pleasure to[2] learn that you have successfully carried out the market research on schedule. Congratulations. **Maybe you would like to** tell me further details face-to-face.

주제
강조

가정
어구

Please remember me to the other colleagues.

Yours sincerely,

Yolanda

친애하는 Hannah

1월 12일에 보내 주신 메일에 대한 회신입니다.

당신의 깊은 사려와 보살핌에 대해 매우 감사합니다. 저는 지금 파리에 있습니다. 정확히는 제가 이곳에 머문 지 사흘 정도 되었습니다. 이번 파리 관광은 정말로 환상적입니다.

주제로 돌아가서, 저는 2~3일 후에 복직할 예정입니다. 하지만 항공편을 먼저 알아봐야 해서 정확한 날짜는 아직 정해지지 않았습니다. 당신이 이번 시장 조사를 제때 성공적으로 마쳤다는 소식을 들으니 기쁩니다. 축하드립니다. 어쩌면 얼굴을 맞대고 더 자세한 이야기를 하고 싶을 수도 있겠네요.

다른 동료들에게도 안부 전해 주시기 바랍니다.

당신의 신실한
Yolanda

실용 구문

To be exact, ...

To be exact①, **I have been staying② here for three days.**

정확히는 이곳에 머문 지 사흘 정도 되었습니다.

> **관련어구**
> ① Exactly 정확하게
>   To tell the truth 솔직하게 말해서
> ② living 살고 있는
>   visiting 방문하는

Back to the point, ...

Back to the point①, **I will go back to work② in two or three days.**

주제로 돌아가서, 저는 2~3일 후에 복직할 예정입니다.

> **관련어구**
> ① topic 주제
>   main idea 요지
> ② our country 귀국하다
>   the office 사무실

Maybe you would like to...

Maybe you would like to **tell① me further details② face-to-face.**

어쩌면 얼굴을 맞대고 더 자세한 이야기를 하고 싶을 수도 있겠네요.

> **관련어구**
> ① ask ... about …에 대해 묻다
>   have a conference with ...
>   about 회의를 열다
> ② your next plan 당신의 다음 일정
>   progress 경과

베껴 쓰기 좋은 문장

1 | Back to the point, ... 주제로 돌아가서, 요점으로 돌아가서

메일의 작성 시에는 모호한 단어 선택을 피하고 문장을 쉽고 빠르게 파악할 수 있도록 쓴다. 이를 위해 필요에 따라 수사 또는 숫자로 논리적 순서를 정확히 명시하는 것이 좋다.

2 | It gives me great pleasure to... 하게 되어 대단히 기쁩니다

It's been a pleasure doing... 로 바꿔쓸 수 있다. pleasure는 명사로 '기쁨 · 유쾌 · 즐거움 · 만족'을 뜻한다. 가산명사로 쓰였을 때는 '기쁜 일'의 의미를 갖는다.

> 예 It gives me great pleasure to **learn that you have made a speedy recovery from your illness.**
>
> 당신의 빠른 쾌유 소식을 접해서 대단히 기쁩니다.

영문 E-mail 단어

- **sightseeing** n 관광, 여행
- **definitely** ad 분명히, 틀림없이
- **further** a 더 나아간
- **detail** n 세부 사항, 세목

사교 | Socializing

Unit 2

전직 알림

바로 베끼기

E-mail sample

From:	Bryant Kennedy
To:	Oliver Peterson
Subject:	Job Change 업무 변동

Dear Mr. Peterson,

I'm writing to inform you that I handed in my resignation this morning.

I have worked in the company for about five years since graduation from college with a bachelor's degree in mechanical engineering. **I cherish** the → **소중함 표현**
memories of the time we worked together and feel great gratitude to you for all your kind help.

However, I finally make the difficult decision to[1] leave the company. To tell the truth, I have accepted the offer of Milestone Corporation. **I will become** → **변화**
the mechanical engineer there in three days, looking forward to the greater
부담 덜어주기 ← challenge of my new job. **Please feel free to** contact me whenever it's convenient for you.

Yours faithfully,

Bryant Kennedy

친애하는 Mr. Peterson

오늘 오전에 제가 사직서를 제출했음을 알리고자 메일을 보냅니다.

대학에서 기계공학 전공의 학사 학위를 취득하면서 졸업한 후로 이 회사에서 약 5년간 일했습니다. 저는 우리가 함께 일했던 시간들을 매우 소중히 생각하며, 제게 주셨던 모든 친절한 도움들에 대해 정말 감사드리고 있습니다.

하지만 저는 결국 회사를 떠난다는 힘든 결정을 내리게 되었습니다. 솔직히 말씀드리면, 저는 Milestone사가 제안한 자리를 받아들이기로 했습니다. 사흘 후 저는 새 직장에서 더 나은 도전을 고대하며 기계 엔지니어로 일하게 됩니다. 편하실 때 언제든 연락 주시기 바랍니다.

당신의 신실한
Bryant Kennedy

바로 배우기

실용 구문

I cherish...

I cherish the memories① **of the time we worked together and feel great gratitude**② **to you for all your kind help**

저는 우리가 함께 일했던 시간들을 매우 소중히 생각하며, 제게 주셨던 모든 친절한 도움들에 대해 깊이 감사드리고 있습니다.

관련어구
① experience 경험
  success 성공
② deep appreciation 깊은 감사
  quite moved 감동받다
      (후에 by를 붙인다)

I will become...

I will become the mechanical engineer① **there in three days, looking forward to the greater challenge**② **of my new job**③

사흘 후 저는 새 직장에서 더 나은 도전을 고대하며 기계 엔지니어로 일하게 됩니다.

관련어구
① website programmer 웹프로그래머
  fashion designer 패션 디자이너
② excitement 자극, 흥분
  stimulation 자극, 고무
③ environment 환경
  surroundings 환경

Please feel free to...

Please feel free① **to contact**② **me whenever it's convenient for you**

편하실 때 언제든 연락 주시길 바랍니다.

관련어구
① casual 태평스러운
  easy 쉬운, 간단한
② connect with 연락하다
  communicate with
  …와 의사소통하다

 바로 적용하기

베껴 쓰기 좋은 문장

1 | However, I finally make the difficult decision to... 제 기억으로는…

문두의 부사 however은 역접 관계사이며, 숙어 make the difficult decision to do는 '..하는 어려운 결정을 내렸다'라는 뜻의 관용 표현이다.

예 However, I finally make the difficult decision to **keep it secret from her.**
아무튼, 저는 최종적으로 그녀에게 이 일을 비밀로 하는 어려운 결정을 내렸습니다.

바로 외우기

영문 E-mail 단어

- **resignation** n 사직, 사임
- **memory** n 기억, 추억
- **degree** n 학위
- **gratitude** n 고마움, 감사
- **mechanical** a 기계와 관련된

- **truth** n 사실, 실정
- **engineering** n 공학
- **milestone** n 이정표, 중대 사건
- **cherish** v 아끼다, 소중히 하다
- **contact** v n 연락하다, 연락, 접촉

사교 | Socializing

퇴임 알림

바로
베끼기

E-mail sample

From:	Haley Williams
To:	Greg Jefferson
Subject:	**My Decision to** Relinquish the Post 본인의 퇴임 결정

결정

Dear Mr. Jefferson,

I'm writing to inform you of my decision to relinquish the post.

Frankly speaking, I am very reluctant to leave the company. I have worked here for almost ten years from an entry-level salesperson to the vice-president of marketing. I always cherished the hope of devoting the rest of my life to the company. However, against expectations, I have made up my mind to relinquish the post next month for some reasons.

강한
희망

부득이함

May I take the liberty of[1] recommending Michael, my assistant, as my successor for the time being?

Plz[2] feel free to contact me if you have any question.

Yours sincerely,
Haley Williams

친애하는 Mr. Jefferson
　　제 퇴임 결정을 알리려고 메일을 보냅니다.
　　솔직히 저는 정말로 회사를 떠나고 싶지 않습니다. 저는 신입 영업 사원에서 마케팅 부서 부사장에 이르기까지 거의 10년을 이 회사에서 일해 왔습니다. 저는 항상 회사에 제 남은 인생을 바치고 싶었습니다. 하지만 기대와는 달리 몇몇 이유로 다음 달에 퇴임하기로 결심했습니다.
　　실례를 무릅쓰고 제 조수 Michael을 제 임시 후임자로 추천해도 될까요?
　　궁금하신 점 있으시면 언제든 편히 연락 주시기 바랍니다.

당신의 신실한
Haley Williams

실용 구문

My decision to...
My decision to relinquish the post[1]
본인의 퇴임 결정

[1] deliver the resignation letter
사직서를 제출하다
resign next month
다음 달에 사직하다

I always cherished the hope of...
I always cherished the hope of devoting[1] **the rest of my life to the company.**
저는 항상 회사에 제 남은 인생을 바치고 싶었습니다.

[1] contributing 공헌하다
investing 투자하다

However, against expectations, ...
However, against expectations[1]**, I have made up my mind to relinquish the post next month for some reasons.**
하지만 기대와는 달리 몇몇 이유로 다음 달에 퇴임하기로 결심했습니다.

[1] nothing comes out as my planned
내 계획대로 되지 않다

 베껴 쓰기 좋은 문장

1 | May I take the liberty of... 실례를 무릅쓰고…

take the liberty of .. 뒤에는 보통 동명사를 붙여서 '실례, 염치를 불구하고'의 뜻을 나타내며 화자 자신을 낮출 때 사용한다. liberty는 불가산명사로 '자유'를 의미한다.

2 | Plz 부디, 아무쪼록. 'Please'의 줄임말

일반적인 메일을 작성할 때는 줄임말을 사용해도 되지만 업무상 메일에서는 가급적 자제하는 것이 좋다.

 영문 E-mail 단어

- relinquish **V** 포기하다, 그만두다
- devote **V** 헌신하다, 바치다
- reluctant **a** 달갑지 않은, 내키지 않는
- expectation **n** 기대

- salesperson **n** 판매원
- liberty **n** 자유, 권리
- vice-president **n** 부사장
- successor **n** 후임, 후계자

사교 | Socializing

사직 알림

E-mail sample

From:	Bob Johnson
To:	Benjamin Lehman
Subject:	A Letter of Resignation 사직서

Dear Mr. Lehman,

유감
표시

It is to be regretted that I have to hand in my resignation.

순서
나열

First of all, please allow me to[1] express my heartfelt gratitude to you for all your guidance, support and assistance for the past seven years.

강조
어구

I have been lucky enough to gain invaluable experience from the job. I cherish all the memories of working in conjunction with the colleagues in the company. However, **I have to make the difficult decision to** leave now.

부득이함
표현

Thanks again for your kind support. I have made the necessary preparations to hand over my job to my successor.

Best regards,
Bob Johnson

친애하는 Mr. Lehman

제가 사직서를 내게 되어 정말 유감입니다.

무엇보다 지난 7년간 저를 향한 당신의 모든 지도와 지지, 그리고 도움에 대해 진심 어린 감사를 표합니다. 이 일로 소중한 경험을 얻게 되어 정말 행운이었다고 생각합니다. 저는 이 회사에서 동료들과 함께 협력해 온 모든 시간들을 무척 소중히 여기고 있습니다. 그렇지만 저는 이제 떠난다는 힘든 결정을 내렸습니다.

다시 한번 당신의 지지에 감사드립니다. 제 후임에게 전달할 필요한 서류들을 작성해 놓았습니다.

신실한
Bob Johnson

실용 구문

It is to be regretted that...

It is to be regretted[1] that **I have to hand in my resignation.**

제가 사직서를 내게 되어 정말 유감입니다.

관련어구
① sorry 유감인
(I am sorry to V 구문으로 쓴다)
rookie 신참
② unwilling 꺼리는(사람을 주어로 하고 뒤에 부정사를 붙인다)

First of all, ...

First of all, **please allow me to express my heartfelt gratitude[1] to you for all your guidance, support and assistance[2] for the past seven years[3]**

무엇보다 지난 7년간 저를 향한 당신의 모든 지도와 지지 그리고 도움에 대해 진심 어린 감사를 표합니다.

관련어구
① tell the truth 솔직히 말해서
show my true heart 진심을 보이다
② leading 지도
teaching 가르침
③ period that I was here
제가 이곳에 있는 동안
all of my office life
제가 출근하는 동안

I have been lucky enough to...

I have been lucky[1] enough to **gain invaluable experience[2] from the job.**

이 일로 소중한 경험을 얻게 되어 정말 행운이었다고 생각합니다.

관련어구
① grateful 감사하는
satisfied 만족하는
② learn a lot of professional skills
많은 전문 기술을 배우다
learn recognition 명성을 얻다

I have to make the difficult decision to...

I have to make the difficult decision[1] to **leave[2] now.**

저는 떠나기로 어려운 결정을 내렸습니다.

관련어구
① make up my mind 결심하다
give it a try 시도하다
② departure 출발하다
give up 포기하다

베껴 쓰기 좋은 문장

1 | First of all, please allow me to... 무엇보다 …해 주세요

first of all은 삽입어구로, above all, to begin/start with 등에 해당한다. Please allow me to…는 동사와 연결하여 '… 하게 해 주세요', '… 해도 될까요?'라는 뜻으로 쓴다.

예 First of all, please allow me to **express my own point of view.**
우선, 저의 견해를 말씀드리겠습니다.

영문 E-mail 단어

- guidance n 지도, 인도, 안내
- support n v 지지, 지지하다
- invaluable a 소중한, 귀중한
- necessary a 필요한
- preparation n 준비, 대비

E-mail sample

From:	Kenneth Cohen
To:	Harrison Nixon
Subject:	Application for Trademark Registration 상표 신청

Dear Mr. Nixon,

I'm writing to request your assistance in the application for trademark registration.

이미
알고있음을
나타냄

As you might be aware, our company has been engaged in the research and development of the new generation of palmtops for the past few months. If everything goes according to plan,[1] we might be able to launch the new products in three months[2].

To be frank with you, we have been busy preparing for the application for trademark registration these days. You have been known to be very experienced in the application procedure. **May I take the liberty of** requesting your kind suggestion and assistance?

공손한
요구 표현

Attached, please find the trademark design .

Cordially yours,

Kenneth Cohen

친애하는 Mr. Nixon 씨

상표권 등록 신청에 귀하의 협조를 요청하려고 메일을 보냅니다.

알고 계실 수도 있지만, 저희 회사는 지난 몇 달 동안 신세대 팜톱컴퓨터의 연구 개발에 힘써 왔습니다. 만약 모든 일이 계획대로 진행된다면, 저희는 3개월 안에 신제품을 출시할 수 있을 것 같습니다.

솔직하게 말씀드리면, 저희는 요즘 상표권 등록 신청을 준비하느라 바빴습니다. 귀하께서는 신청 절차에 대해 풍부한 경험이 있으신 것으로 잘 알려져 있습니다. 실례를 무릅쓰고 귀하의 제안과 협조를 구할 수 있을까요?

상표 디자인을 첨부해 드립니다.

신실한
Kenneth Cohen

실용 구문

As you might be aware, ...

As you might be aware①, **our company has been engaged in② the research and development of the new generation of palmtops for the past few months.**

알고 계실 수도 있지만, 저희 회사는 지난 몇 달 동안 신세대 팜톱컴퓨터 연구 개발에 힘써 왔습니다.

May I take the liberty of...

May I take the liberty of **requesting① your kind suggestion② and assistance?**

실례를 무릅쓰고 귀하의 제안과 협조를 구할 수 있을까요?

베껴 쓰기 좋은 문장

1 | If everything goes according to plan, ... 모든 일이 계획대로 진행된다면

go according to plan은 '일이 순조롭게 진행되다, 계획대로 진행되다'라는 뜻으로 go according to schedule에 해당한다.

예 If everything goes according to plan, **we shall meet the deadline.**
모든 것이 순조롭다면, 우리는 마감 기한을 맞출 것입니다.

2 | ... in three months 3개월 안에

어떤 일이나 어떤 안건의 구체적인 시간을 언급해야 할 때는 반드시 시작 시간과 지속 기간, 완료 시간을 명시하여 수신인으로 하여금 진행 상황을 파악하고, 그에 따른 행동 조치를 취할 수 있게 해야 한다.

영문 E-mail 단어

- application n 신청
- palmtop n 팜톱컴퓨터
- trademark n (등록)상표
- registration n 접수, 등록

- procedure n 절차
- aware a 인지하고 있는
- development n 발전
- design n 디자인, 설계

바로
베끼기

E-mail sample

From:	Maria Watson
To:	Claire Sullivan
Subject:	The Procedure for Application for Trademark Registration 상표 신청 절차

Dear Ms. Sullivan,

I'm writing to consult you about the normal procedure for application for trademark registration.

이미
알고 있음

As is known to all, one of the leading manufacturing companies has been accused of patent infringement. **On this account,** I feel a great necessity to get familiar with the normal procedure for trademark registration, so as to take proper precautions against an infringement of patent. However, I just have limited knowledge of relevant laws and regulations, which is obviously a great disadvantage.

이유
표현

You have been generally acknowledged as the most outstanding consultant **in this field.** May I venture to[1] make an appointment with you?

한정
표현

I'm anxiously awaiting your early reply.

Yours sincerely,

Maria Watson

친애하는 Ms. Sullivan

상표권 등록 신청의 정상적인 절차에 대해 상담하고자 메일을 보냅니다.

아시다시피, 선도적인 제조업체 중 하나가 특허권 침해로 기소되었습니다. 이에 따라 정상적인 상표 신청 절차에 대해 숙지하여 특허권 침해에 대해 적절한 예방 조치를 취할 필요성이 있다고 생각합니다. 하지만 저는 관련 법률이나 규제에 대한 지식이 부족합니다. 이는 제게 매우 불리합니다.

여사님은 이 분야에서 가장 뛰어난 자문 위원으로 알려져 있습니다. 감히 여사님과 약속을 잡아도 되겠습니까?

조속한 회답을 애타게 기다립니다.

당신의 신실한
Maria Watson

실용 구문

As is known to all, ...

As is known to all, one of the leading[1] manufacturing[2] companies has been accused of patent infringement[3].

아시다시피, 선도적인 제조업체 중 하나가 특허권 침해로 기소되었습니다.

On this account, ...

On this account, I feel a great necessity[1] to get familiar with the normal procedure[2] for trademark registration.

이에 따라 정상적인 상표 신청 절차에 대해 숙지하여 특허권 침해에 대해 적절한 예방 조치를 취할 필요성이 있다고 생각합니다.

...in this field.

You have been generally acknowledged[1] as the most outstanding consultant[2] in this field.

여사님께서는 이 분야에서 가장 뛰어나신 자문 위원으로 널리 알려져 있습니다.

베껴 쓰기 좋은 문장

1 | May I venture to... 제가 감히 …해도 될까요?

타동사 venture는 '감히…하다'의 뜻으로 보통 뒤에 to부정사가 목적어로 오며, 일반 명사를 목적어로 취할 수도 있다. May I take the liberty of 라고 할 수도 있다.

예 May I venture to **ask you several questions?**
제가 감히 몇 가지 질문을 드려도 될까요?

영문 E-mail 단어

- **manufacturing** n 제조업
- **accuse** v 고소하다, 고발하다
- **patent** n 특허권, 전매특허
- **infringement** n 침해, 위반, 위배, 침범
- **familiar** a 익숙한, 친숙한

- **precaution** n 예방법, 예방책
- **limited** a 제한적인
- **regulation** n 규정, 규칙
- **consultant** n 자문 위원

E-mail sample

From:	Thomas Richardson
To:	Simon Mellon
Subject:	Application for Remittance 송금 신청

Dear Mr. Mellon,

I acknowledge with thanks receipt of your E-mail of yesterday.

계획
알림

Our company plans to establish a lasting business relationship with regular overseas customers. I have read the terms and conditions of overseas

동의
표현

remittances, and **agreed to** be bound by them. I hereby request you to[1] effect the following remittances:

- Date: January 18th · Amount : Twenty thousand dollars
- Name of Receiver: Antonio Williams
- Address of Receiver: 335 Euston Road, London, Britain
- Name of Remitter: Thomas Richardson
- Address of Remitter: 17 Kent St., Sydney, Australia
- Remarks: D/D · Signature: Thomas Richardson

Sincerely yours,

Thomas Richardson

친애하는 Mr. Mellon

어제 보내 주신 메일에 감사드립니다.

저희 회사는 해외의 고정 고객과 지속적인 사업 관계를 구축할 계획입니다. 저는 해외 송금과 관련된 약관을 읽었으며 이에 따르기로 했습니다. 이에 따라 아래와 같이 송금을 진행해 주시기 부탁드립니다.

- 날짜: 1월 18일 · 금액: 20,000달러
- 수취인 성명: Antonio Williams
- 수취인 주소: Britain London Euston로 335호
- 송금인 성명: Thomas Richardson
- 송금인 주소: Australia Sydney Kent가 17호
- 비고: D/D · 서명: Thomas Richardson

당신의 신실한

Thomas Richardson

실용 구문

Our company plans to...

Our company plans to establish[1] **a lasting**[2] **business relationship with regular**[3] **overseas customers.**

저희 회사는 해외의 고정 고객과 지속적인 사업 관계를 구축할 계획입니다.

①construct 건설하다
 build 짓다
②permanent 영구적인
 trustworthy 믿을만한
③steady 꾸준한
 newly developed 새로 개발된

...agree to...

I have read the terms and conditions of overseas remittances[1]**, and agreed to be bound by**[2] **them.**

저는 해외 송금과 관련된 약관을 읽었으며 이에 따르기로 했습니다.

관련어구
①registration 등록, 등기
 refinancing 차환
 recruitment 채용
②observe 준수하다
 abide by 준수하다, 따르다

베껴 쓰기 좋은 문장

1 | I hereby request you to... 이에 …할 것을 부탁하다

부사 hereby는 '이로써, 이 때문에, 고로'의 뜻으로, herewith에 해당한다. 보통 공식적인 문서 또는 법률 조항에서 쓰며 request sb. to do는 '누군가에게 무언가를 하도록 요청하다'라는 뜻이다.

예 I hereby request you to **send me the completed application form by Thursday.**
이로써 목요일까지 작성된 신청서를 제출해 주시길 바랍니다.

영문 E-mail 단어

- remittance n 송금
- receipt n 수령, 인수
- lasting a 지속적인
- relationship n 관계
- overseas a ad 해외의, 해외로
- term n 조항, 협정
- condition n 조건
- bound a 얽매인, …를 해야 하는
- effect v 수행하다
- amount n 총액, 액수
- receiver n 수취인, 수령인
- remitter n 송금인
- remark n 비고
- signature n 서명

Unit 3

신청 | Applying

송금 신청에 대한 회신

E-mail sample

From:	Neil Holmes
To:	Evelyn Rawlings
Subject:	Re: Application for Remittance 회신 : 송금 신청

Dear Ms. Rawlings,

I'm writing in reply to your E-mail of February 21st.

겸손 어감 →

First of all, **please allow me to** deliver my heartfelt thanks to you for your

신뢰 →

trust in our bank. **You could rest assured that** you will never regret having chosen our banking service.

Your application for overseas remittances <u>has been checked.</u> We 확인 알림

will effect the remittance this afternoon, after you have confirmed all the

통상적인 규칙 →

information. **As a general rule,**[1] the remittance should arrive within three working days.

Please feel free to contact us, if you have any question.

Yours cordially,

Neil Holmes

친애하는 Ms. Rawlings

2월 21일에 보내 주신 메일에 대한 회신입니다.

우선 저희 은행을 믿어 주셔서 진심으로 감사드립니다. 저희 은행 서비스를 선택하신 것에 대해 결코 후회하지 않으실 테니 마음을 놓으셔도 됩니다.

해외 송금 신청서가 확인되었습니다. 오늘 오후, 귀하가 모든 정보를 확인하시면 저희 측에서 송금 절차를 진행할 것입니다. 일반적으로 근무일 3일 안에 송금이 완료됩니다.

문의 사항 있으시면 언제든 편히 연락 주시길 바랍니다.

당신의 신실한
Neil Holmes

실용 구문

Please allow me to...

Please allow me to deliver[1] **my heartfelt thanks to you for your trust**[2] **in our bank.**

우선 저희 은행을 믿어 주셔서 진심으로 감사드립니다.

관련어구
①tell 말하다
 show 보여 주다
②choice 선택
 belief 믿음

You could rest assured that...

You could rest assured[1] **that you will never regret having chosen our banking service**[2]**.**

저희 은행 서비스를 선택하신 것에 대해 결코 후회하지 않으실 테니 마음을 놓으셔도 됩니다.

관련어구
①feel easy in mind 마음을 놓다
 take your ease 편하게 …하다
②financing service 금융 서비스
 credit service 신용 서비스

...has been checked.

Your application[1] **for overseas remittances has been checked**[2]**.**

해외 송금 신청서가 확인되었습니다.

관련어구
①request 요구
 demand 요구(사항)
②permitted 인가되다
 approved 승인하다, 인가 받다

As a general rule, ...

As a general rule, the remittance[1] **should arrive within three working days.**

일반적으로 근무일 3일 안에 송금이 완료됩니다.

관련어구
①money 돈
 amount 총액

베껴 쓰기 좋은 문장

1 | As a general rule, ... 일반적으로

문두의 as a general rule은 '보통 상황에, 일반적으로'의 뜻을 나타내며 general은 생략할 수 있다. in most cases, usually, general speaking 등으로 바꿔 말할 수 있다.

예 As a general rule, the bank denies the liability for any damage caused in such circumstances.
일반적으로 은행은 이러한 상황에서 발생한 손해에 대해 책임을 지지 않는다.

영문 E-mail 단어

- deliver v 보내다, 전달하다
- banking n 은행업, 은행 업무
- confirm v 확인하다, 확신하다

- arrive v 도착하다
- within pre (기간 · 범위 등)이내의

신청 | Applying

Unit 3

휴가 신청하기

E-mail sample

바로 베끼기

From:	Johnny Richards
To:	Fredrick Steele
Subject:	Application for Three Days' Leave 3일간 휴가 신청

Dear Mr. Steele,

요구 표현

I'm writing to inform you that **I have to ask for** three days' leave.

I'm terribly sorry for this.[1] My parents have made up their mind to move to the countryside. They have been sick and tired of[2] all the hustle and bustlein the city, especially since their retirement. We have an appointment with the movers at ten o'clock tomorrow morning. And the buyer who agreed to take over our house also hopes to move in by Friday. **As a result,** I have to take three days off to help with the move.

결과 표현

I would like to ask my assistant to act as the deputy, **if you have no objection.**

의사 표현

I'm looking forward to your positive reply soon.

Faithfully yours,

Johnny Richards

친애하는 Mr. Steele

3일간 휴가를 신청하려고 메일을 보내 드립니다.

정말 죄송하게 생각합니다. 제 부모님이 시골로 이사 가기로 결정했습니다. 저희 부모님은 특히 은퇴한 이후로 혼잡하고 북적거리는 도시에 신물이 났습니다. 저희는 내일 오전 10시에 이삿짐 업체와 약속을 잡았습니다. 게다가 저희 집을 구매하신 분도 금요일 내로 집을 옮기길 바라고 있습니다. 때문에 저는 이사를 돕기 위해 3일 휴가를 내야 합니다.

이의가 없다면, 제 보조에게 잠시 대리로 맡아 달라고 요청하겠습니다.

긍정적인 답변 기대하겠습니다.

당신의 신실한

Johnny Richards

실용 구문

> ## I have to ask for...
> **I'm writing to inform you that** I have to①ask for **three days' leave②.**
>
> 3일간 휴가를 신청하려고 메일 보내 드립니다.

관련어구
- ①should …해야 한다
  might have to …해야 할 수도 있다
- ②a day off 하루 휴가를 내다
  a long leave 장기 휴가를 내다

> ## As a result, ...
> **As a result, I have to take three days off to help** with①the move②.
>
> 때문에 저는 이사를 돕기 위해 3일간 휴가를 내야 합니다.

관련어구
- ① support 지원하다
  supervise 감독하다
- ② the event 행사

> ## ...if you have no objection.
> **I would like to ask my assistant①to act as②the deputy, if you have no objection.**
>
> 이의가 없다면 제 보조에게 잠시 대리로 맡아 달라고 요청하겠습니다.

관련어구
- ①my colleague, Watson 제 동료 Watson
  my supervisor 제 관리자
- ②take over 인수하다
  carry on 계속 진행하다

 베껴 쓰기 좋은 문장

1 | I'm terribly sorry for this.   정말 죄송합니다.

신청이나 요구를 할 때는 자신의 의도와 원인을 명확하게 드러내야 한다. 만약 상대방에게 폐가 된다면 사과를 하거나 그에 상응하는 조치를 제시해야 한다. 상대방의 조언 또는 도움을 구해야 한다면 상대방이 받아들일 수 있게끔 공손한 어조와 태도를 취해야 한다.

2 | They have been sick and tired of...   그들은 …에 신물이 났다.

be sick and tired of…는 '…에 신물이 나다, …에 짜증이 나다'라는 뜻으로, 뒤에는 명사나 동명사구가 목적어로 온다. be sick (to death)of…, be tired of…등으로 바꿔 말할 수 있다.

 영문 E-mail 단어

- leave 🔳 휴가
- countryside 🔳 시골, 농촌
- hustle 🔳 혼잡함
- bustle 🔳 북적거림, 부산함

- especially 🔳 특히, 유난히
- retirement 🔳 은퇴
- buyer 🔳 구매자

95

신청 | Applying

병가 신청하기

바로 베끼기 E-mail sample

From:	Amy Spector
To:	Joanna Faulkner
Subject:	Application for Sick Leave 병가 신청

Dear Ms. Faulkner,

I'm writing to ask for a week's sick leave.

I broke my right leg accidentally yesterday evening **on my way home** 상황 표현 after getting off work. A strange little boy ran towards me all of a sudden at the corner. **I had to try my best to** get out of the way. Sad to say,[1] I found myself 강조 어감 unable to stand on my toes after my right leg bumped against the wall. My neighbor took me to hospital when he passed by. The doctor asked me to stay at home for the next few days.

Consequently, I would like to apply for a sick leave for a week. **I wonder if you could** give your consent to my application. 허락 요청

Attached, please find the medical certificate.

Cordially yours,

Amy Spector

친애하는 Ms. Faulkner

일주일간 병가를 신청하려고 메일을 보냅니다.

어제 저녁 퇴근하고 귀가 중에 사고로 오른쪽 다리가 부러졌습니다. 길모퉁이에서 웬 남자아이가 갑자기 제게 달려들었습니다. 저는 필사적으로 피해야 했지만 불행히도 오른쪽 다리를 벽에 부딪힌 후 두 발로 일어설 수 없다는 것을 알았습니다. 제 이웃이 지나가는 길에 저를 병원에 데려다 주었고, 의사가 저에게 집에서 며칠 쉬라고 했습니다.

결론은 제가 일주일간 병가를 내야 할 것 같습니다. 신청을 승락해 주실지 궁금합니다.

진단서를 첨부합니다.

당신의 진실한

Amy Spector

실용 구문

...on my way home...

I broke my right leg accidentally yesterday evening①**on my way home**②**after getting off work**③**.**

어제 저녁 퇴근하고 귀가 중에 사고로 오른쪽 다리가 부러졌습니다.

관련어구
① last night 어젯밤
   last week 지난주
② at the railway station 기차역에서
   in the lobby 로비에서
③ visiting the customer 고객을 방문하다
   getting on the Subway
   지하철을 타는 중에

I had to try my best to...

I had to try my best①**to get out of the way**②**.**

저는 필사적으로 피해야 했습니다.

관련어구
① I had to do my best 최선을 다해
   All I could do was
   내가 할 수 있는 것이라고는
② solve the problem 문제를 해결하다
   give it a try 시도하다

I wonder if you could...

I wonder if you could give your consent①**to my application**②**.**

신청을 승락해 주실지 궁금합니다.

관련어구
① agree 동의하다
   say yes 동의하다(구어 표현)
② requirement 필요, 요건
   asking 요구

베껴 쓰기 좋은 문장

1 | Sad to say, ... 불행히도…

sad to say는 '불행히도'의 뜻으로, unfortunately, sadly 등으로 바꿔 쓸 수 있다.

예 Sad to say, **the two cars collided with a bump at the crossroads.**
불행히도, 그 두 차는 사거리에서 쿵 소리와 함께 부딪혔다.

영문 E-mail 단어

- accidentally ad 사고로
- towards prep …를 향해
- all of a sudden phr 갑자기, 불쑥
- unable a …할 수 없는, …하지 못하는

- bump v 부딪치다
- consent v n 동의, 찬성, 허락
- cordially n 다정하게, 진심으로

신청 | Applying

라이선스 신청

Unit 3

바로
베끼기

E-mail sample

From:	Cherry Harris
To:	Tracy Richards
Subject:	Application for the License 라이선스 신청

Dear Ms. Richards,

I am writing to apply for the license for our new software.

After almost five months' hard work, we finally succeed in developing the new software. **We have been expecting to** expand the market with the software to pull the company out of the current recession.

기대
표시

I assure you that[1] we always act in accordance with the relevant laws and regulations throughout the whole application process. In particular[2], **we have specially** consulted about the regulations with regards to the manner of conducting business and application for trademarks.

강조
표현

Attached, please find the completed application form. Please feel free to contact me if you have further inquiries.

확인
요청

Cordially yours,
Cherry Harris

친애하는 Ms. Richards
저희 새 소프트웨어의 라이선스를 신청하려고 메일을 보냅니다.
거의 5개월의 노력 끝에 마침내 새 소프트웨어 개발에 성공했습니다. 저희는 이 소프트웨어가 시장을 확대하고 본사가 현재의 침체기로부터 벗어나게 할 수 있기를 기대합니다.
저희는 항상 모든 신청 과정 내내 관련 법률과 규정을 지켜 왔음을 보장합니다. 특히, 상표권의 사업과 신청 절차에 관한 규정에 대해 특별한 상담을 했습니다.
신청 양식을 첨부하니 확인 바랍니다. 더 필요한 사항이 있다면 언제든 부담 없이 연락 주세요.

당신의 신실한
Cherry Harris

바로 배우기

실용 구문

We have been expecting to...

We have been expecting[1] to expand[2] the market with the software.

저희는 이 소프트웨어가 시장을 확대해 주기를 기대합니다.

관련어구
① looking forward 기대하다
  anticipating 고대하다
② develop 개발하다, 발달하다
  explore 탐험하다

We have specially...

We have specially consulted about the regulations with regards to[1] the manner[2] of conducting business.

특히, 상표권의 사업과 신청 절차에 관한 규정에 대해 특별한 상담을 했습니다.

관련어구
① with reference to ···에 관하여
  in relation to ···에 관하여
② mode 방식
  way 방법

Attached, please find...

Attached, please find the completed[1] application form[2].

신청 양식을 첨부하니 확인 바랍니다.

관련어구
① finished 완성된
  final version of 최종판의
② file 파일
  data 데이터

 바로 적용하기

베껴 쓰기 좋은 문장

1 | I assure you that... ···을 보장하다

You are assured that..., You can rest assured that...등으로 대체할 수 있으며, 타동사 assure는 보통 assure sb. / oneself of...의 구조를 취한다.

2 | In particular, ... 특히

especially, particularly와 같은 말로, 보통 문장의 첫머리에 위치한다. 무언가를 강조하거나 앞 문장을 이어 받을 때 유용한 표현이다.

 바로 외우기

영문 E-mail 단어

- **license** n 라이선스, 허가증
- **current** a 현재의, 현재 진행 중인
- **recession** n 침체기, 불경기, 불황
- **throughout** pre 내내, ···에 걸쳐
- **regulation** n 규제, 규정, 통제, 규칙
- **inquiry** n 연구, 조사

Unit 3

신청 | Applying

신청 회신

E-mail sample

From:	Travis Hanson
To:	Nicholas Jefferson
Subject:	Re: Application for the License 회신 : 라이선스 신청

Dear Mr. Jefferson,

I'm writing in reply to your E-mail of September 19th.

Your application for the license to gain a monopoly to market our new pharmaceutical products in the urban area has been carefully checked. First of all, please allow me to **express our sincere gratitude** to you for your interest in our products. 진심으로 감사 표현

 유감 표현 However, **I regret to say that** we cannot give you any positive reply at present. It's hard to say[1] when on earth we could settle the issue. Anyway, **I'll keep you informed**. 관계 유지 표현

Thanks in advance for your understanding.

Yours sincerely,

Travis Hanson

친애하는 Mr. Jefferson

9월 19일자 메일에 대한 회신입니다.

우리의 새 의약품이 도시에서 독점 판매될 수 있도록 하는 귀사의 라이선스 신청서를 세심히 검토했습니다. 우선 저희 제품에 관심을 가져 주셔서 대단히 감사합니다.

하지만 유감스럽게도, 저희는 현재 어떤 긍정적인 답변도 드릴 수 없습니다. 현재로서는 언제쯤 이 문제가 해결될 수 있을지 도무지 장담하기 어렵습니다. 여하튼 계속 알려 드리겠습니다.

이해해 주셔서 미리 감사드립니다.

당신의 신실한
Travis Hanson

실용 구문

| ...express our sincere gratitude...
Please allow me to express our sincere gratitude **to you for your interest**[1] **in our products**[2].
우선 저희 제품에 관심을 가져 주셔서 대단히 감사합니다.

| I regret to say that...
I regret[1] **to say that we cannot give you any positive reply at present**[2].
유감스럽게도, 저희는 현재 어떤 긍정적인 답변도 드릴 수 없습니다.

| I'll keep you informed.
I'll keep you informed[1].
계속 알려 드리겠습니다.

베껴 쓰기 좋은 문장

1 | It's hard to say... …라고 말하기 어렵습니다

보통 뒤에 that절 또는 의문사 when, which, where, who, why, how, what, whether 등이 이끄는 절을 목적어로 취한다.

예 It's hard to say **whether they will be permitted to become the exclusive agency to the company.**
그들이 회사의 특약점으로 허가받을지 확신하기 어렵다.

영문 E-mail 단어

- monopoly **n** 독점, 전매, 전매권
- market **v** (시장에서)마케팅하다
- pharmaceutical **a** 조제의, 약학상의
- urban **a** 도시의

- at present **phr** 현재로서는, 지금은
- on earth **phr** 도저히, 도대체
- settle **v** 해결하다, 합의를 보다, 놓다, 앉히다
- issue **n** 문제

E-mail sample

From:	Dennis Kennedy
To:	Henry Edwards
Subject:	Application for L/C 신용장 신청

Dear Mr. Edwards,

Thanks a lot for your trial order No.156 on April 9th.

The laptops you inquired about are in stock. I am pleased to inform you that we've decided to accept your order. **Considering that** it's the first time that we have established a business relationship with each other, we will offer a 5% discount.

...를 고려해서

As for terms of payment, it's a tradition for us to accept irrevocable L/C. The best bet would be to extend the valid date of the L/C for at least one month. Otherwise, we might fail to[1] go through the finance procedure. I'm wondering if it is acceptable to you. Sure, the terms of payment can be a matter of[2] negotiation, if need be.

I'm looking forward to your reply at your earliest convenience.

Faithfully yours,

Dennis Kennedy

친애하는 Mr. Edwards

귀하의 4월 9일자 156번 평가판 주문에 매우 감사드립니다.

문의하신 노트북 컴퓨터는 현재 재고가 있습니다. 저희는 귀하의 주문을 받기로 결정한 것을 알리게 되어 무척 기쁩니다. 서로 처음 사업 관계를 맺는다는 점을 고려하여 5%를 할인해 드리고자 합니다.

지불 조건에 관해, 저희는 관례에 따라 취소 불능 신용장을 받습니다. 신용장의 유효 기간은 적어도 한 달 이상 연기해 주시기 바랍니다. 그렇지 않으면, 저희가 금융 절차를 밟지 못할 수도 있습니다. 이런 조건을 받아들이실 수 있을지 모르겠습니다. 물론 필요하다면 지불 방식은 협상에 따라 진행할 수도 있습니다.

조속한 빠른 회신을 부탁드립니다.

당신의 신실한
Dennis Kennedy

실용 구문

Considering that...

Considering[1] **that it's the first time that we have established a business relationship**[2] **with each other, we will offer a 5% discount**[3].

서로 처음 사업 관계를 맺는다는 것을 고려하여 5%를 할인해 드리고자 합니다.

관련어구

① In view of …를 고려해서
② cooperative project 협력 사업
   business partnership 사업 협력
③ preferential treatment 특별 대우
   special deduction 특별 공제

As for...

As for[1] **terms of payment, it's a tradition**[2] **for us to accept irrevocable L/C.**

지불 조건에 관해, 저희는 관례에 따라 취소 불능 신용장을 받습니다.

관련어구

① When it comes to …에 관한 한
   About the …와 관련해서
② it's a convention 관례에 따라
   according to the rule 규칙에 따라
   (뒤에 that절 삽입)

베껴 쓰기 좋은 문장

1 | Otherwise, we might fail to... 그렇지 않으면, 우리는 …하지 못할 수도 있습니다.

문두의 otherwise는 '그렇지 않으면'의 뜻으로 삽입어구이다. or else, fall to do는 '어떤 일을 할 수 없음'의 뜻으로 쓰인다.

예 Otherwise, we might fail to **carry out the medical research.**
   그렇지 않으면, 우리는 의학 연구를 수행하지 못할지도 모릅니다.

2 | a matter of... …상황(문제,사건)에 달려 있다

a matter of는 보통 어떤 사실을 전달할 때 사용하며, 아래의 용법으로 주로 쓴다.
① a matter of hours / minutes / days 혹은 a matter of pounds / feet / ounces :
   '… 넘지 않는, 많아야 …인, 최대…인'의 뜻을 갖는다.
② a matter of life and death: '생사가 걸린 문제'
③ a matter of opinion: '견해상의 문제'

영문 E-mail 단어

- trial **n** 시험판
- laptop **n** 노트북, 컴퓨터
- in stock **phr** 재고가 있는
- discount **n** 할인
- irrevocable **a** 취소 불능의

- L/C **abbr** 신용장 (=letter of credit)
- valid **a** 유효한, 법적 효력이 있는
- go through **phr** …를 거쳐
- procedure **n** 수속, 절차, 단계

신청 | Applying

신용장 신청 ②

E-mail sample

From:	Judy Garcia
To:	Evelyn Watson
Subject:	Re: Application for L/C 회신 : 신용장 신청

Dear Ms. Watson,

I acknowledge with thanks receipt of your E-mail of June 12th.

소식을
알게되어
기쁨

We are pleased to learn that you agree to accept our order No. 113. Your attached detailed introduction of the new products should be greatly appreciated. Your request for the irrevocable L/C is acceptable to us.[1] We will entrust the International Commerce Bank to open an irrevocable L/C for thirty thousand dollars **in your favor**, valid for one month.

상대방이
수혜를
받음

Would it be possible for you to inform us by fax or E-mail when the order has been executed? We would be most grateful if you could ship our order

최대한
빠르게
희망함

as soon as possible.

Please feel free to contact me if you have any question.

Best regards,

Judy Garcia

친애하는 Ms. Watson

6월 12일자 메일에 감사 인사 드립니다.

저희의 113번 주문을 수용하신다니 기쁩니다. 첨부하신 신제품 상세 소개에 대해서도 대단히 감사드립니다. 저희는 요구하신 취소 불능 신용장을 수용하겠습니다. 국제 상업 은행에 귀사를 위해 한 달 유효기간의 3만 달러 취소 불능 신용장을 개설하도록 위탁하겠습니다.

저희 주문이 처리될 때 팩스나 메일로 알려 주시겠습니까? 최대한 빨리 배송해 주시면 더할 나위 없이 감사하겠습니다.

궁금한 점 있으시면 언제든 부담 없이 연락 주시기 바랍니다.

당신의 신실한
Judy Garcia

실용 구문

We are pleased to learn that...

We are pleased to① learn that **you agree to accept our order② No. 113.**

저희 113번 주문을 수용하신다니 기쁩니다.

...in your favor.

We will open an irrevocable L/C① for thirty thousand dollars② in your favor.

귀사에 한 달 유효 기간의 3만 달러 취소 불능 신용장을 개설하도록 위탁하겠습니다.

...as soon as possible.

We would be most grateful if you could ship① our order as soon as possible②.

최대한 빨리 배송해 주시면 더할 나위 없이 감사하겠습니다.

베껴 쓰기 좋은 문장

1 | ...is acceptable to us. 우리는 …을 수용하다[받아들이다]

형용사 acceptable은 '용인되는, 받아들여지는'의 뜻으로, 보통 전치사 to와 결합된다. '용인할 수 있는, 환영받는'의 뜻을 가질 수도 있다.

예 **Your request for a 10% discount on cash** is acceptable to us.
현금 결제로 10%할인을 해 달라는 당신의 요구는 저희가 받아들일 수 있습니다.

영문 E-mail 단어

- entrust ☑ 위탁하다
- international ⓐ 국제의
- commerce ⓝ 상업, 업무, 무역

- in one's favor phr …에 유리하게
- execute ☑ 시행하다
- ship ☑ 운송하다, 배송하다

바로
베끼기

E-mail sample

From:	Robinson McPherson
To:	Haley Peterson
Subject:	Application for the Investment Fund 투자 기금 신청

Dear Mr. Peterson,

I'm writing to apply for the investment fund.

중요한
기회임을
나타냄

As you may know,[1] there has been a continuous increase in the housing prices since last September. **It's a golden opportunity to** invest in real estate now. I have found a satisfying land for our new building project. The good news is that the land owner promised to price the land at the right level for the

조건을
나타냄

market. However, **he made it a condition that** we should pay the money by next Wednesday.

I am writing to you to request for the fund: 2,000 dollars per square meter, and 8,000 square meters in total. That is to say,[2] we should pay 16 million

가능한
시간 묻기

dollars. **I wonder when** such a large sum of money would be available. I'm looking forward to your reply at your earliest convenience.

Yours sincerely,

Robinson McPherson

친애하는 Peterson

투자 기금을 신청하고자 메일 보내 드립니다.

알고 계실 수도 있지만, 지난 9월부터 집값이 계속해서 오르고 있습니다. 지금은 부동산에 투자하기에 최적기입니다. 저는 이번 새 건설 사업의 적합한 토지를 찾았습니다. 좋은 소식은 지주께서 이 땅을 시가에 거래해 주기로 약속했다는 것입니다. 하지만 그는 다음 주 수요일까지 돈을 지불하는 조건을 제시했습니다.

1제곱미터당 2000달러로 총 8000제곱미터 땅의 투자 기금을 요청 드리고자 지금 이렇게 메일 보내 드립니다. 다시 말해 우리는 1600만 달러를 지불해야 한다는 것입니다. 언제쯤 이 거액의 돈을 투자받을 수 있을지 궁금합니다. 되는대로 최대한 빠른 회신 기다리겠습니다.

당신의 신실한
Robinson McPherson

실용 구문

It's a golden opportunity to...

It's a golden opportunity to **invest in real estate**[1] **now.**

지금은 부동산에 투자하기에 황금기입니다.

> 관련어구
> ① diamond 다이아몬드
>   gold 황금

He made it a condition that...

He made it a condition[1] that **we should pay the money**[2] **by next Wednesday.**

그는 다음 주 수요일까지 돈을 지불하는 조건을 제시했습니다.

> 관련어구
> ① provision 조건
>   proviso 조건, 단서
> ② payment 지불
>   prepayment 선납금

I wonder when...

I wonder[1] when **such a large sum of money would be available**[2].

언제쯤 이 거액의 돈을 투자받을 수 있을지 궁금합니다.

> 관련어구
> ① would like to know …를 알고 싶다
>   think I should ask
>   …를 물어봐야 할 것 같다
> ② appropriated 충당금
>   confirmed 확인된

 베껴 쓰기 좋은 문장

1ㅣAs you may know, ... 알고 계실 수도 있지만, …

문장 중 조동사 may는 추측을 나타내며 '아마, …일 수 있다'의 뜻을 가진다. as you may know는 삽입어구로 보통 문두에 위치한다.

> 예 As you may know, the boss has signed a five-year lease on the office building.
> 알고 계실 수도 있지만, 사장님께서 이미 이 사무실 빌딩을 5년 임대 계약하셨습니다.

2ㅣThat is to say, ... 다시말해…

앞 문장을 보충 설명할 때 자주 사용되는 어구로 같은 용법으로 쓰이는 That is, … In other words …등을 사용할 수도 있다. 같은 뜻으로 비교적 구어적 표현인 I mean …도 있다.

 영문 E-mail 단어

- investment n 투자
- satisfying a 만족스러운
- continuous a 계속되는
- level n 수준, 등급
- increase n 증가
- square a 제곱의
- housing n 주택
- meter n 미터
- estate n 부동산
- sum n 액수, 합계

E-mail sample

From:	Brian Williams
To:	Marco Richardson
Subject:	Application for Reimbursement 정산 신청

Dear Mr. Richardson,

I'm writing to **apply for reimbursement** for the cost incurred in the business trip to London last week.

I, as well as the general manager of the business department, was assigned to London on business, **so as to** win the contract for the supply of vehicles. We stayed there for almost a fortnight .

The rule is that[1] application for reimbursement for the costs of business trips should be made within three days of return. **During the fortnight's trip,** we spent 5,000 dollars in total.

Attached, please find the detailed list of all the costs. Should you have further inquiry, please feel free to contact me.

Faithfully yours,

Brian Williams

친애하는 Mr. Richardson

지난주 런던 출장에 사용된 경비 정산을 신청하고자 메일 보내 드립니다.

저와 사업 본부장님께서는 운송 수단 공급 계약 체결 건으로 런던에 출장을 다녀왔습니다. 저희는 그곳에 약 2주간 머물렀습니다.

규정에 따르면 출장에 사용되었던 경비는 돌아온 후 3일 내에 실비 정산 신청을 해야 합니다. 2주의 출장 기간 동안 사용되었던 총 경비는 5,000달러입니다.

상세한 경비 사용 내역을 첨부하겠습니다. 더 필요한 것 있으시면 언제든 편하게 연락 주시길 바랍니다.

당신의 신실한
Brian Williams

실용 구문

바로 배우기

...apply for reimbursement...

I'm writing to apply for reimbursement **for the cost**[1] **incurred in the business trip**[2] **to London last week.**

지난주 런던 출장에 사용된 경비 정산을 신청하고자 메일 보내 드립니다.

> 관련어구
> ① amount 금액
>   sum of money 총액
> ② business dining 사업 접대
>   seminar 세미나

I, as well as...

I, as well as[1] **the general manager of the business department, was assigned**[2] **to London on business.**

저와 사업 본부장님께서는 런던에 출장을 다녀왔습니다.

> 관련어구
> ① including …를 포함하여
>   along with …와 함께
> ② appointed 지정된
>   sent 파견된

...so as to...

I was assigned to London on business, so as to **win the contract**[1] **for the supply of vehicles**[2].

저는 런던에 운송 수단 공급 건으로 출장을 다녀왔습니다.

> 관련어구
> ① attend an international meeting
>   국제 회의에 참석하다(전치사 about과 결합)
> ② the supply chain of air-craft
>   항공 공급 사슬

During the fortnight's trip, ...

During the fortnight's trip[1], **we spent 5,000 dollars in total.**

2주의 출장 기간 동안 사용되었던 총 경비는 5,000달러입니다.

> 관련어구
> ① trip of three days 3일간의 여행
>   process 과정

베껴 쓰기 좋은 문장

바로 적용하기

1 | The rule is that... 규정에 따르면

We make it a rule to do …, Our rule is to do 등에 해당하는 어구이다.

예 The rule is that **you should win the manager's approval if you want to ask for a leave.**
규정에 따르면 당신이 휴가를 신청하고자 할 때는 본부장의 승인을 받아야 합니다.

영문 E-mail 단어

바로 외우기

- reimbursement ⓝ 변제, 상환
- vehicle ⓝ 운송 수단, 차량
- incur ⓥ 초래하다, 발생시키다
- fortnight ⓥ 2주, 2주의 시간
- business trip phr 출장

E-mail sample

From:	Nicole Holmes
To:	Anita Noel
Subject:	Application for Further Study Abroad 해외 연수 신청

Dear Ms. Noel,

I'm writing to inform you that I would like to apply for further study abroad.

As a member of the sales and marketing department, **I feel a great need to** learn from the foreign leading companies in the field and update our manner of conducting business. The stereotyped business pattern cannot guarantee the greater achievements or development of our company. **It's most urgent that**[1] we bring about reforms, so as to keep up with the times.

매우
필요함을
강조

긴박함
강조

공식적임을
강조

I hereby apply for further study abroad. I promise to make every effort at the study, so that I can make greater contribution to the company in the future.

Your kind approval would be greatly appreciated.

Best regards,

Nicole Holmes

친애하는 Ms. Noel

제가 해외 연수 신청을 하고자 한다는 것을 알리기 위해 메일 보내 드립니다.

마케팅 판매 부서의 일원으로서 저는 외국 주요 동종 업계에서 경험을 쌓고, 우리의 업무 시행 방식을 발전시킬 필요성을 크게 느꼈습니다. 고착화된 사업 패턴은 우리 회사에게 더 좋은 성과나 발전을 장담하지 못합니다. 시대의 흐름에 따라가기 위해 지금은 우리에게 긴박한 혁신이 필요한 때입니다.

이 때문에 저는 해외 연수를 신청합니다. 최선을 다해 연수 받을 것을 약속드립니다. 그래서 앞으로 제가 회사에 더 큰 공을 세울 수 있을 겁니다.

친절히 승낙해 주시면 매우 감사하겠습니다.

Nicole Holmes올림

실용 구문

I feel a great need to...
I feel a great need to learn from the foreign leading companies① in the field and update our manner of conducting business②.

저는 외국 주요 동종 업계에서 경험을 쌓고, 우리의 업무 시행 방식을 발전시킬 필요성을 크게 느꼈습니다.

관련어구
① successful industries 성공 기업
state-of-the-art technology 최첨단 기술
② marketing products 마케팅 상품
inventory management 재고 관리

It's most urgent that..
It's most urgent① that we bring about reforms②, so as to keep up with the times.

시대의 흐름에 따라가기 위해 지금은 우리에게 긴박한 혁신이 필요한 때입니다.

관련어구
① pressing 긴박한
necessary 필요한
② change 변화
improvement 개선

I hereby...
I hereby apply① for further study abroad②

이 때문에 저는 해외 연수를 신청합니다.

관련어구
① demand 요구하다
inquire 요청하다(전치사 about과 결합)
② education 교육
training 훈련

 베껴 쓰기 좋은 문장

1 ㅣ It's most urgent that... …가 급히 필요하다.

형용사 urgent는 '긴급한, 시급한, 당장의 행동/결정이 필요한'의 의미로 본문에서는 최상급 표현인 most urgent를 사용했다.

예 It's most urgent that we find a solution to the financial trouble.
우리는 당장 자금 문제의 해결책을 찾아야만 한다.

 영문 E-mail 단어

- abroad ad 해외의, 해외에서의
- pattern n 패턴
- foreign a 외국의
- guarantee v 보증하다
- field n 분야
- achievement n 성취
- update v 개선시키다
- reform n 혁신
- manner n 방식, 방법
- hereby ad 이로써, 이 때문에, 이유로
- stereotyped a 고착화된, 정형화된, 천편일률적인
- approval n 승인

신청 | Applying

연수 신청하기 ②

바로 베끼기

E-mail sample

From:	Edmund Nixon
To:	Stephen Smith
Subject:	Application for Further Education 연수 신청

Dear Mr. Smith,

I'm writing to apply to take the refresher courses to study computer programming.

업무 배경 소개

I have worked in the IT team for half a year or so. As an inexperienced fresh college graduate, I met many troubles in the beginning. And I felt an irresistible impulse to improve myself, for fear that[1] I would fall behind my colleagues.

이미 알고 있음

As far as I am aware, you are in charge of the application for the refresher courses. May I take the liberty of begging a favor of you? I'm wondering **if I could be fortunate to** get the opportunity to receive further education on computer programming.

청유를 포함한 요청

I'm anxiously awaiting your early reply.

Yours faithfully,

Edmund Nixon

친애하는 Mr. Smith

컴퓨터 프로그래밍 연수 과정을 신청하고자 메일 보내 드립니다.

저는 IT 팀에서 약 반년간 일해 왔습니다. 막 대학을 졸업하여 경험이 부족하기에 시작 단계에서 많은 문제를 직면했었습니다. 그리고 동료들 사이에서 낙후될까 두려워 자기 계발에 힘쓰고자하는 억누를 수 없는 충동을 느꼈습니다.

선생님께서 재교육 연수 과정 신청을 담당하고 계십니다. 실례지만 감히 제가 부탁을 드려도 될까요? 제게 컴퓨터 프로그래밍 과정에 진학하여 교육을 받을 행운의 기회를 주실 수 있으실지 궁금합니다.

빠른 회신 고대하겠습니다.

당신의 신실한

Edmund Nixon

바로 배우기 실용 구문

I have worked in...

I have worked in the IT team① **for half a year**② **or so**

저는 IT 팀에서 약 반년간 일해 왔습니다.

관련어구
① PM term(product management) 제품 관리 팀
  QC term 품질 관리 팀(quality control)
② six years 6년
  one an half a year 1년 반

As far as I am aware, ...

As far as I am aware, you are in charge of the application① **for the refresher**② **courses.**

제가 알기로는, 선생님께서 재교육 연수 과정 신청을 담당하고 계십니다.

관련어구
① utilization 이용(전치사 of와 결합)
  request 요청
② advanced 심화된

...if I could be fortunate to...

I'm wondering if I could be fortunate to get the opportunity to receive① **further education on computer programming**②**.**

제게 컴퓨터 프로그래밍 과정에 진학하여 교육을 받을 기회를 주실 수 있으실 지 궁금합니다.

관련어구
① access to …를 받다
② industrial design 산업디자인
  web constructing 웹 구축

 바로 적용하기 베껴 쓰기 좋은 문장

1 | ..., for fear that... …를 우려하여

for fear that …는 관용어로 '…를 피하기 위해, …를 방지하고자, …하면 안 되니까'의 뜻을 갖는다. that은 lest 로 쓸 수도 있다. 상황에 따라 for fear of (doing) sth.으로 사용할 수도 있다.

예 You had better call to confirm the reservation, for fear that there might be a mistake.
착오가 발생하지 않게 전화를 해서 예약을 확인하는 편이 좋겠습니다.

 바로 외우기 영문 E-mail 단어

- refresher n 연수 과정
- irresistible a 참을 수 없는
- course n 과정, 과목
- impulse v 충동
- programming n 프로그래밍
- improve v 개선하다, 향상시키다
- or so phr 대략
- fortunate a 행운의
- inexperienced a 경험 없는
- anxiously ad 애타게
- await v …를 기다리다

신청 | Applying

부서 변경 신청

E-mail sample

From:	Jeffery Peters
To:	Antonio Camden
Subject:	Application for Transfer to the Marketing Department 마케팅 부서 전직 신청

Dear Mr. Camden,

신청 표현 → **I'm writing to apply for** transfer from the sales department to the marketing department.

I have been working in the sales department for five years or so, rising from an entry-level salesperson to the assistant to the general manager. I am reluctant to[1] leave the sales department, but I do feel like improving myself with the greater challenge of new duties. **It's my sincere belief that** I will gain a better understanding about sales and marketing after I am transferred to the marketing department. 강한 희망 표현

감사 표현 **I would be most grateful** if my application could meet with your approval soon.

Yours sincerely,
Jeffery Peters

친애하는 Mr. Camden

영업 부서에서 마케팅 부서로 전직을 신청하고자 메일 보내 드립니다.

저는 신입 영업 사원에서부터 본부장 조수까지 약 5년간 영업 부서에서 일해 왔습니다. 영업 부서를 떠나고 싶은 것은 아니지만, 새로운 직책에서 또 다른 도전을 맞이하는 자기 계발의 필요성을 느꼈습니다. 제가 마케팅 부서로 전직하면 영업과 마케팅에 대한 더 깊은 이해를 얻을 수 있을 것이라고 확신합니다.

제 신청서가 빠른 시일 내에 승인이 날 수 있다면 매우 감사하겠습니다.

당신의 신실한
Jeffery Peters

바로 배우기

실용 구문

I'm writing to apply for...

I'm writing to apply for transfer①from the sales department②to the marketing department③.

영업 부서에서 마케팅 부서로 전직을 신청하고자 메일 보내 드립니다.

관련어구
① move 이동하다
  second 파견 근무하다
② logistics department 물류 부서
  customer service department 고객 서비스 부서
③ public relation department 홍보 부서
  trading department 해외 교역 부서

It's my sincere belief that...

It's my sincere belief that I will gain a better understanding①about sales and marketing②after I am transferred to the marketing department.

제가 마케팅 부서로 전직하면 영업과 마케팅에 대한 더 깊은 이해를 얻을 수 있을 것이라고 확신합니다.

관련어구
① working environment 업무 환경
  stage 무대
② promoting 판촉
  trading 무역

I would be most grateful...

I would be most grateful if my application①could meet with②your approval soon.

제 신청서가 빠른 시일 내에 승인이 날 수 있다면 매우 감사하겠습니다.

관련어구
① requirement 요구
  asking 요구
② receive 얻다
  attain 획득하다

 바로 적용하기

베껴 쓰기 좋은 문장

1 | I am reluctant to... …를 하고 싶지 않다.

형용사 reluctant는 명사를 수식하며 '꺼리는, 마지못한, 주저하는'의 뜻을 갖는다. be reluctant to do …는 with (some) reluctance에 해당하는 어구이다.

예 I am reluctant to **rush you into coming to any decision.**

너를 재촉해서 아무 결정이나 내리게 하고 싶지 않다.

바로 외우기

영문 E-mail 단어

- transfer **n** 전환, 이동, 전근
- sales **n** 영업
- rise **v** 오르다
- salesperson **n** 영업 직원
- assistant **n** 조수

- general **a** 일반적인, 전체의
- reluctant **a** 원치 않는
- improve **v** 개선하다, 향상시키다
- duty **n** 책임, 의무
- understanding **n** 이해

초대 | Inviting

만찬 초대하기

E-mail sample

From:	Sarah Lucas
To:	Daniela Rawlings
Subject:	Invitation to the Dinner Party[1] 저녁 만찬 초대

Dear Daniela,

I'm writing to invite you to my dinner party in celebration of my promotion.

My three years' hard work and dedication to the human resources department have **finally been rewarded with a promotion.** I was informed yesterday that I would be promoted to the assistant to the general manager. I cannot wait to[2] share the good news with you.

> 무언가
> 획득함

I would like to hold a dinner party in Starlight Restaurant from seven p.m. to ten p.m. this Sunday evening. You are my best friend, and your attendance will **be anxiously expected.**

> 학수
> 고대함

I'm looking forward to your early reply.

Cordially yours,

Sarah

친애하는 Daniela

제 승진 축하 저녁 파티에 초대하고자 메일 보내 드립니다.

3년간 인사부에 바친 노력과 공헌을 드디어 승진으로 보답받았습니다. 어제 본부장 조수로 승진될 것이라는 통보를 받았습니다. 이 좋은 소식을 꼭 함께 나누고 싶었습니다.

이번 주 일요일 오후 7시부터 10시까지 Starlight 레스토랑에서 저녁 파티를 하고 싶습니다. 당신은 제 가장 친한 친구이며, 당신이 꼭 참석하기를 고대하고 있습니다.

빠른 회신 기다리고 있겠습니다.

당신의 신실한

Sarah

실용 구문

...has finally been rewarded with...

My three years' hard work and dedication①to the human resources② department have finally been rewarded with **a promotion③.**

3년간 인사부에 바친 노력과 공헌을 드디어 승진으로 보답받았습니다.

관련어구
① loyalty 충심
faithfulness 충실함
② pubic relationship 홍보
finance 재무
③ raise [미] 연봉 인상
rise [영] 연봉 인상

...will be anxiously expected.

You are my best friend①, and your attendance② will be anxiously expected.

당신은 제 제일 친한 친구이며, 당신이 꼭 참석하기를 고대하고 있습니다.

관련어구
① sincere subordinate 신실한 부하
respectful supervisor 존경하는 상사
② appearance 도래, 초래
performance 표현

 베껴 쓰기 좋은 문장

1 | Invitation to the dinner party 이메일에서 사용될 때는 초대를 의미 한다

이런 문장은 관련적으로 어떤 행사에 초대할 때 사용된다. 보통 행사의 목적, 시간을 설명하고 상대방의 참석에 대한 공손한 요청 및 참석 의사 여부 등을 물으며 행사의 세부 진행 일정 등을 설명할 수도 있다.

2 | I cannot wait to... ...를 고대하고 있습니다.

숙어 wait to do는 '무언가를 기다리다'의 뜻을 갖으며 cannot wait to do는 '무언가를 고대하다'의 뜻을 갖는다. 이 어구는 be impatient to do, be impatient for 등에 해당한다.

 영문 E-mail 단어

- party n 연회, 파티
- celebration n 축하, 축하식
- promotion n 승진, 진급
- dedication n 공헌
- reward v 보답하다, 보상하다, 사례하다
- promote v 승진하다, 진급하다
- general manager phr 본부장
- starlight n 별빛
- attendance n 참석
- anxiously ad 열렬히

초대 | Inviting

송별회 초대하기

E-mail sample

바로
베끼기

From:	Daniel Kane
To:	Oliver Cohen
Subject:	Invitation to the Farewell Party 송별회 초대

Dear Oliver,

I'm writing to invite you to the farewell party next Wednesday.

상대방이
이미
알고 있음

You must be well aware that Noah Liberman, the general manager of the business department, has announced that he will resign from office

어떤
기한
내에

by next weekend. There has been a continuous increase in the profits of our department under his wise guidance. We are reluctant to say goodbye to

사실
표현

him, **but the fact remains that** he has reached retirement age. Besides, it's patently obvious that[1] he has been suffering from poor health conditions.

A farewell party for him **is scheduled for** next Wednesday. Guests are expected to arrive at the banquet hall at seven o'clock p.m. in suitable clothes. I wonder if it's convenient for you to come.

정해진
시간
표현

Yours faithfully,

Daniel

친애하는 Oliver

다음 주 수요일에 있을 송별회에 초대하고자 메일 보내 드립니다.

잘 알고 계시겠지만, 영업부 본부장님이신 Noah Liberman 씨께서 다음 주말 전에 퇴직하신다고 통보하셨습니다. 그의 현명한 지도 아래에서 우리 부서는 계속해서 업적을 쌓아 갔었습니다. 모두가 그와 헤어지고 싶어 하지 않지만, 그가 퇴임할 연세에 접어든 것은 사실입니다. 게다가 줄곧 건강상의 문제로 힘들어 하셨던 것도 분명했습니다.

그분을 위한 송별회는 다음 주 수요일에 있을 예정입니다. 참석하실 분들께서는 당일 오후 7시까지 적절한 차림으로 연회장으로 와 주시길 바랍니다. 참석이 가능하실지 궁금합니다.

당신의 신실한
Daniel

실용 구문

You must be well aware that...

You must be well aware① that **Noah Liberman has announced② that he will resign from office.**

잘 알고 계시겠지만, Noah Liberman 씨께서 이직하신다고 통보하셨습니다.

> 관련어구
> ① familiar 친숙한
>   notified 알려진
> ② claimed 주장하는, 단언하는
>   proclaimed 선언하는, 선포하는

...by next weekend.

He will resign① from office② by next weekend.

그는 다음 주말 전에 이직하십니다.

> 관련어구
> ① relinquish 포기하다, 내주다
>   be absent 결석한(결근한)
> ② the firm 회사
>   our department 우리 부서

..., but the fact remains that...

We are reluctant to say goodbye to him, but the fact remains that **he has reached① retirement age**

모두가 그와 헤어지고 싶어 하지 않지만, 그가 퇴임할 연세에 접어든 것은 사실입니다.

> 관련어구
> ① was about 막 …하려 했다
>   was at his full …를 이미 채웠다

...is scheduled for...

A farewell party① for him is scheduled for **next Wednesday.**

그분을 위한 송별회는 다음 주 수요일에 있을 예정입니다.

> 관련어구
> ① welcome party 환영회
>   opening reception 개막식

베껴 쓰기 좋은 문장

1 | Besides, it's patently obvious that... …뿐만 아니라, …가 분명합니다.

문두의 beside는 삽입어구로 in addition, additionally 등에 해당한다. 주절의 it은 가주어로 that절 이하가 진주어 역할을 한다.

예 Besides, it's patently obvious that **she was reluctant to follow your advice.**
뿐만 아니라, 그녀는 당신의 제안을 받아들이기를 꺼려 하는 것이 분명합니다.

영문 E-mail 단어

- **farewell** a 작별의
- **continuous** a 연속적인, 계속되는, 끊임없는
- **wise** a 현명한, 지혜로운
- **guidance** n 지도, 인도, 지침
- **retirement** n 퇴임

- **suffer from** phr …로 고생하다, …로 고통 받다
- **banquet** n 연회, 성회
- **suitable** a 적절한, 적합한, 적당한
- **remain** v 여전히 …이다

119

초대 | Inviting

발표회 참석하기

E-mail sample

From:	Louisa Wallis
To:	Monica Hastings
Subject:	Invitation to the New Product Release Conference 신제품 출시 회의 참석 초대

Dear Ms. Hastings,

I'm writing to invite you to the new product release conference.

We have received some complaints from the consumers, **since** the fourth-generation intelligent mobile phones were released to the market last year. The main defect lies in[1] the poor phone signal and difficult accessibility to the network. **Consequently,** we entrusted the research and development department to develop the fifth-generation intelligent mobile phones, **hoping to** make improvement and achieve perfection.

언제부터

이 때문에

희망 표현

The fifth-generation intelligent mobile phones have finally come into being. We would like to hold the release conference at nine o'clock a.m. on February 15th, in the conference room of 27th floor in our office block.

Yours sincerely,
Louisa Wallis

친애하는 Ms. Hastings
신제품 출시 회의에 참석을 초대하고자 메일 보내 드립니다.
작년에 4세대 스마트폰을 시장에 출시한 이후로 저희는 고객들로부터 몇 가지 불평을 받아 왔습니다. 휴대폰 신호 문제와 인터넷에 대한 접근성 문제가 주요 결함이었습니다. 이 때문에 우리는 품질 개선 그리고 완벽함을 이뤄 내기를 바라며 연구 개발팀에게 5세대 스마트폰 개발을 위탁하였습니다.
5세대 스마트폰이 드디어 곧 출시될 것입니다. 2월 15일 오전 9시에 본사 27층의 회의실에서 신제품 출시 회의를 개최할 예정입니다.

당신의 신실한
Louisa Wallis

바로 배우기 **실용 구문**

..., since...

..., since the fourth-generation intelligent mobile phones[1] were released[2] to the market last year.

작년에 4세대 스마트폰을 시장에 출시한 이후로 ...

> 관련어구
> ①latest version of video games 게임의 최신 버전
> ②promoted 판촉된 showcased 보여진

Consequently, ...

Consequently, we entrusted[1] the research and development department to develop[2] the fifth-generation intelligent mobile phones.

이 때문에 우리는 품질 개선 그리고 완벽함을 이뤄 내기를 바라며 연구 개발팀에게 5세대 스마트폰 개발을 위탁하였습니다.

> 관련어구
> ①delegated …를 …에게 위임한 outsourced …에게 외주를 맡긴
> ②invent 발명하다 refine 개선시키다

..., hoping to...

..., hoping to make improvement[1] and achieve[2] perfection.

우리는 품질 개선 그리고 완벽함을 이뤄 내기를 바라며...

> 관련어구
> ①correction 개정 amendment 수정
> ②reach 도달하다 pursue 추구하다

 바로 적용하기 **베껴 쓰기 좋은 문장**

1 │ The main defect lies in...   주요 결함은 …에 있다.

가산명사 defect는 '결함, 결점, 문제, 부족한 점'의 뜻을 가지며 자동사로 쓰일 때는 '배신하다, 배반하다, 버리다, 떠나다'의 의미로 defect from sth / to sth의 구조를 가지며 lie in은 '…에 존재하다, …에 있다'의 뜻을 갖는다.

예 The main defect lies in the engine of the car.
이 차의 주요 결함은 엔진에 있습니다.

바로 외우기 **영문 E-mail 단어**

- release 🔟 발행, 발표, 출시
- complaint 🔟 불평, 항의, 불만
- generation 🔟 세대
- intelligent 🅰 지능의
- mobile 🅰 이동 가능한

- signal 🔟 신호
- accessibility 🔟 접근성
- network 🔟 네트워크
- entrust 🔽 신탁하다, 위탁하다
- achieve 🔽 완성하다, 실현하다

초대 | Inviting

Unit 4

세미나 참석하기

E-mail sample

바로 베끼기

From:	Kelly Peterson
To:	Victor Williams
Subject:	Invitation to the Seminar 세미나 참석 초대

Dear Mr. Williams,

I'm writing to invite you to the seminar.

Computer technology, needless to say[1&2], has always been changing with each passing day. We should keep ourselves informed of the latest development at all times, **in order not to** fall behind.

...를 방지하기 위해

As you might know, there will be a seminar on the latest development in computer technology on June 19th. The seminar **will last for** three hours from two o'clock p.m. to five o'clock p.m. in the conference room on the fifth floor of the teaching building. Please feel free to contact me if you have further inquiry.

계속될 것임을 나타냄

Attached, please find the detailed seating arrangement for the seminar.

Sincerely yours,

Kelly Peterson

친애하는 Victor Williams

세미나 참석에 초대하기 위해 메일 보내 드립니다.

말할 필요도 없이 컴퓨터 기술은 날로 변화하고 있습니다. 낙오되지 않기 위해 우리는 항상 최근 경향을 이해하고 있어야 합니다.

알고 계시겠지만, 6월 19일에 컴퓨터 기술의 최근 경향에 대한 세미나가 진행될 예정입니다. 세미나는 오후 2시부터 5시까지 세 시간 동안 연수 빌딩 5층의 회의실에서 진행될 것입니다. 궁금한 점이 있으시면 언제든 편하게 연락 주시길 바랍니다.

세미나의 상세 좌석 배정을 첨부하겠습니다.

당신의 신실한
Kelly Peterson

실용 구문

...in order not to...

We should keep ourselves informed of[1]**the latest development**[2]**at all times, in order not to fall behind.**

낙오되지 않기 위해 우리는 항상 최근 경향을 이해하고 있어야 합니다.

관련어구
①keep up with 따라잡다
 keep abreast of
 …에 뒤지지 않게 하다
 keep ahead of
 …를 앞서 나가다
②the swift motion 급격한 발전
 changing condition 변화 조건

...will last for...

The seminar[1]**will last for three hours from two o'clock p.m. to five o'clock p.m.**[2]

세미나는 오후 2시부터 5시까지 세 시간동안 진행될 것입니다.

관련어구
①ceremony 의례
 innovation conference
 혁신 회의
②half a day 반나절
 two days 이틀

베껴 쓰기 좋은 문장

1 | ..., needless to say, ... 말할 필요도 없이

needless to say는 삽입어구로 보통 쉼표로 주절과 간격을 두며 문두 또는 문장 중간에 올 수 있다. 이는 곧 of course, undeniably, undoubtedly등에 해당하는 어구이다.

예 **The main challenge facing us at present**, needless to say, **is the shortage of funds.**
현재 우리에게 직면한 주요 문제는 말할 필요도 없이 자금 부족입니다.

2 | Needless to say 메일을 작성할 때 삽입어구 사용법

삽입어구는 비교적 유연하게 위치하기 때문에 문두, 또는 문장 중간, 마지막 등에 위치할 수 있다. 보통 쉼표로 주절과 분리해 주며 문장의 본래 의미에 크게 영향을 끼치지 않는다(쉼표가 없어도 의미가 크게 변하지 않는다). 삽입어구는 보통 상대방의 주의를 환기시키거나 화제를 전환할 때, 보충 설명이 필요할 때, 강조, 문장 연결 등의 기능으로 사용된다.

영문 E-mail 단어

- seminar n 세미나
- technology n 기술 , 과학 기술
- needless a 필요 없는, 불필요한
- passing a 지나가는

- informed a 알고 있는, 소식에 민감한
- at all times phr 항상
- last v 지속하다
- arrangement n 배정

초대 | Inviting

Unit **4**

워크숍 참석하기

바로 베끼기

E-mail sample

From:	Jackson Faulkner
To:	Scott Richardson
Subject:	Invitation to the Training Workshop 워크숍 참석하기

Dear Mr. Richardson,

I'm writing in reply to your E-mail of August 21st.

인정함을 나타냄

As you say, there is a great need for us to make improvement in the orientation course for new recruits. By tradition, our orientation course will last for three days, just giving a brief introduction to our company. To some extent[1], it's just a waste of time.

정해진 시간 표현

A training workshop **has been scheduled for** August 25th in order to discuss how to improve the current orientation course. **Participants are expected to** arrive at the conference room on the 15th floor at ten o'clock a.m.

상대방 에게 요청

I'm wondering if it's convenient for you.

Your reply at your earliest convenience will be greatly appreciated.

Faithfully yours,

Jackson Faulkner

친애하는 Richardson

8월 21일에 보내 주신 메일에 대한 회신입니다.

말씀하신 것과 같이, 저희는 신입 사원 오리엔테이션 과정을 개선해야 할 필요가 있습니다. 관례에 따라, 우리의 오리엔테이션은 3일 동안 진행되며 오로지 우리 회사를 간단하게 소개할 뿐입니다. 이것은 어느 정도 시간 낭비인 것이 사실입니다.

8월 25일에 오리엔테이션 과정 개선 방안을 토론하기 위해 트레이닝 워크숍이 진행될 것입니다. 참석자는 오전 10시에 15층 회의실로 모여 주시길 바랍니다. 워크숍 참석 여부를 알고 싶습니다.

되는대로 빠른 회신 주시면 감사하겠습니다.

당신의 신실한

Jackson Faulkner

바로 배우기 **실용 구문**

As you say, ...

As you say, there is a great need for us to make improvement① in the orientation course② for new recruits.

말씀하신 것과 같이, 저희는 신입 사원 오리엔테이션 과정을 개선해야 할 필요가 있습니다.

관련어구
①increase funding
기금을 증식하다
strengthen profession
전업을 강화하다
②care welfare 복지를 돌보다
quality control 품질을 관리하다

...has been scheduled for...

A training workshop① has been scheduled for August 25th in order to discuss how to improve the current orientation course②.

8월 25일에 오리엔테이션 과정 개선 방안을 토론하기 위해 트레이닝 워크숍이 진행될 것입니다.

관련어구
①The seminar 세미나
The presentation 프레젠테이션
②show how to make an
experiment on a frog
개구리 실험법을 시연하다
learn how to perform a heart
surgery 심장 수술법을 배우다

Participants are expected to...

Participants are expected to arrive at① the conference room on the 15th floor② at ten o'clock a.m.

참석자는 오전 10시에 15층 회의실로 모여 주시길 바랍니다.

관련어구
①leave for …로 떠나다
depart from …에서 출발하다
②in the headquarters 회사 본부에서
in Japan 일본에서

 바로 적용하기 **베껴 쓰기 좋은 문장**

1 | To some extent, ... 어느 정도는…

to some extent는 to a certain extent, to some / a certain degree에 해당하는 어구이다. 때때로 전달하려는 의미의 표현에 따라 some을 what 또는 such an 등의 단어로 바꿔 쓸 수 있다.

예 To some extent, **they have no preference to the original plan**
어느 정도는 그들이 원래 계획을 선호하지 않기도 합니다.

바로 외우기 **영문 E-mail 단어**

- improvement **n** 개선, 증진
- orientation **n** 오리엔테이션
- course **n** 과정
- recruit **n** 신입 사원, 신입
- brief **a** 간단한, 개괄적인

- introduction **n** 소개
- extent **n** 정도, 범위
- workshop **n** 워크숍
- current **a** 당면한, 현행의
- expect **v** 기대하다, 예상하다

초대 | Inviting

박람회 참석하기

E-mail sample

From:	Ellie Steele
To:	Tracy Noel
Subject:	Invitation to the Automobile Exposition 자동차 박람회 초대

Dear Tracy,

I'm writing to invite you to the automobile exposition.

학수고대를
나타냄

I'm glad to tell you that our company will hold an automobile exposition next week. **I've been impatient to tell you** the good news since the moment I got the announcement. I bet[1] you will definitely not miss the golden opportunity.

초대 받아야
함을 나타냄

Admittance to the automobile exposition will be **by invitation only.** However, the public could also reserve the limited two hundred tickets by phone. I have asked my colleague to get me two tickets. I will send you

주저할
필요
없음

the tickets as soon as I get them. **Don't hesitate to** contact me for further information.

Attached, please find the detailed map of the automobile exposition.

Sincerely yours,

Ellie

친애하는 Tracy

자동차 박람회에 초대하고자 메일 보내 드립니다.

다음 주에 우리 회사에서 자동차 박람회를 개최하게 되었다는 소식을 알리게 되어 기쁩니다. 소식을 알게 되자마자 얼마나 알려 드리고 싶었는지 모릅니다. 이 좋은 기회를 절대로 놓치지 않으실 것이라 확신합니다.

이번 박람회는 오직 초대받은 사람들만 참석할 수 있습니다. 하지만 일반인들도 전화로 200장 제한 티켓을 구매할 수 있습니다. 저는 동료에게 두 장을 구해 달라고 미리 부탁해 놓았습니다. 제가 티켓을 받는 대로 보내 드리겠습니다. 더 필요한 정보가 있으시다면 주저 마시고 연락 주시길 바랍니다.

자동차 박람회의 상세 위치 지도를 첨부하겠습니다.

당신의 신실한

Ellie

실용 구문

I've been impatient to tell you...

I've been impatient to tell you **the good① news since the moment I got the announcement②.**

소식을 알게 되자마자 얼마나 알려 드리고 싶었는지 모릅니다.

> 관련어구
> ①exciting 흥분시키는
>   surprising 놀라운
> ②big deal 큰 사업
>   information 정보

...by invitation only.

Admittance① to the automobile exoisition② will be by invitation only.

이번 박람회는 오직 초대받은 사람들만 참석할 수 있습니다.

> 관련어구
> ①Attendance 출석
>   Allowance 허락
> ②the merit feast 실적 파티
>   the wedding 결혼식

Don't hesitate to...

Don't hesitate to **contact me① for further information②.**

더 필요한 정보가 있으시다면 주저 마시고 연락 주시길 바랍니다.

> 관련어구
> ①inform us 우리에게 일러 주다
>   tell me 내게 말해 주다
> ②advice 제안하다
>   comment 평론하다

베껴 쓰기 좋은 문장

1 | I bet... ...라 확신합니다.

to some extent는 to a certain extent, to some / a certain degree에 해당하는 어구이다. 때때로 전달하려는 의미의 표현에 따라 some을 what 또는 such an 등의 단어로 바꿔 쓸 수 있다.

예 I bet she will participate in the competition.
그녀가 이번 시합에 참석할 것이라고 확신합니다.

영문 E-mail 단어

- automobile n 자동차
- exposition n 박람회
- impatient a 성급한, 참을 수 없는
- moment n 순간, 때
- announcement n 통지
- definitely ad 분명히, 반드시

- miss v 놓치다, 빗나가다
- admittance n 입장, 입장권, 출입권
- public n 대중
- reserve v 예약하다, 비축하다
- hesitate v 주저하다, 머뭇거리다
- detailed a 상세한

Unit 4

초대 | Inviting

연회 참석하기

바로
베끼기

E-mail sample

From:	Jeremy McPherson
To:	Henry Cohen
Subject:	Invitation to the Banquet 연회 초대

Dear Mr. Cohen,

I'm writing to invite you to the banquet.

상기
표현

You must have learned that the union delegation will come to visit our manufacturing factory next week. The union delegation will arrive and check in at the Emperor Hotel in the afternoon of September 11th. A banquet is scheduled for that evening.

By convention[1], the public relations department will be responsible for the reception. **As the leader of** the reception commission, you are expected to

신분
표현

attend the banquet at seven o'clock p.m. on September 11[th 2] at the Banquet Hall No. 3 of the Emperor Hotel.

Please feel free to contact me, if you have any question.

Faithfully yours,
Jeremy McPherson

친애하는 Mr. Cohen

연회에 초대 드리고자 메일 보내 드립니다.

알고 계시는 것과 같이, 다음 주에 노조 대표단이 우리 제조 공장에 방문할 예정입니다. 노조 대표단은 9월 11일 오후에 도착하고 Emperor 호텔에 체크인할 것입니다. 연회는 그날 저녁에 진행될 예정입니다.

관례에 따라, 홍보부가 접대를 맡을 것입니다. 접대 위원회의 책임자시니 9월 11일 오후 7시까지 Emperor 호텔의 3번 연회장으로 연회에 참석해 주시길 바랍니다.

질문 있으시면 언제든 편하게 연락 주시길 바랍니다.

당신의 신실한
Jeremy McPherson

128

실용 구문

You must have learned that...

You must have learned that **the union delegation①
will come to visit our manufacturing factory② next
week.**

알고 계시는 것과 같이, 다음 주에 노조 대표단이 우리 제조 공장에 방문
할 예정입니다.

①our president 우리 대통령
 our tour group 우리의 여행단
②our campus 우리 캠퍼스
 Taipei 101 building
 타이베이 101빌딩

As the leader of...

As the leader of **the reception commission①, you
are expected to attend the banquet②.**

접대 위원회의 책임자시니 9월 11일 오후 7시까지 Emperor 호텔의 3번 연
회장으로 연회에 참석해 주시길 바랍니다.

관련어구
①the armed forces 병력, 군사력
②have sympathy 동정심을 갖다
 protect against enemy 호위하다

베껴 쓰기 좋은 문장

1 ⏐ By convention,... 관례에 따라…

Convention dictates that ...에 해당하는 어구이다. convention은 불가산명사로 '관례, 관습'을 뜻하
며, 가산명사로 사용되었을 때는 '회의'의 뜻을 갖는다.

예 By convention, you should take full responsibility for the consequences.
관례에 따라, 당신은 결과에 책임을 지셔야 합니다.

2 ⏐ at seven o'clock p.m. on September 11th

메일을 작성할 때는 날짜와 시간 표기에 주의해야 한다.

지역에 따라 저마다 다른 표기 습관을 가지고 있다. 오해를 피하기 위해서 최대한 간략하게 숫자로만 시
간을 표기하는 것을 삼가야 한다. 예를 들어 2016년 12월 9일을 표기할 때는 December 9th 또는 2016
Dec. 9th 2016로 표기해야 하며 9/12/2016로 표기하는 것은 삼가야 한다.

영문 E-mail 단어

- banquet n 연회, 성찬
- union n 연합, 협회, 노동 조합
- delegation n 대표단
- manufacturing n 제조, 제조업
- factory n 공장
- check in phr 체크인하다
- commission n 위원회

초대 | Inviting

기념 축전 참석하기

E-mail sample

From:	Judy Nevins
To:	Yolanda Holmes
Subject:	Invitation to the 20th Anniversary Celebration 기념행사 초대

Dear Ms. Holmes,

I'm writing to invite you to the 20th anniversary celebration.

According to some reporters, **it's a miracle that** our company has developed into one of the leading companies in the electronic industry in just 20 years. However, **as a matter of fact,** it should be attributed to the proper decision-making and all the employees' hard work.

과시 어조

사실 표현

We are going to hold the 20th anniversary celebration in the banquet room from 9:00 to 11:00 on January 11th, **i.e.** next Friday. May I have the honor of[1] inviting you to the celebration in appreciation of all your kind support over the past years?

다시 말해

I'm looking forward to your reply at your earliest convenience.

Yours faithfully,

Judy Nevins

친애하는 Ms. Holmes

20주년 기념행사에 초대하고자 메일 보내 드립니다.

몇몇 기자들에 따르면 우리 회사가 겨우 20년 만에 전자 산업 분야에서 선두 기업 중 하나로 성장한 것은 기적이라고 합니다. 그러나 이는 사실 적절한 의사 결정과 모든 직원들의 노고에 공을 돌려야 할 것입니다.

우리는 1월 11일 즉 다음주 금요일 9시부터 11시까지 연회장에서 20주년 기념행사를 주최할 예정입니다. 제게 지난 몇 년간 우호적인 지지를 해 주신 여사님께 감사의 표시로 초대할 수 있는 영광을 주실 수 있을까요?

최대한 빠른 회신 고대하고 있겠습니다.

당신의 신실한
Judy Nevins

실용 구문

It's a miracle that...

It's a miracle that **our company**[1] **has developed into one of the leading companies in the electronic industry**[2] **in just 20 years.**

우리 회사가 겨우 20년 만에 전자 산업 분야에서 선두 기업 중 하나로 성장한 것은 기적입니다.

> **관련어구**
> ① the welfare foundation 복지 재단
> the school 학교
> ② foundations in the welfare field 복지 기관

As a matter of fact, ...

As a matter of fact, **it should be attributed to the proper decision-making**[1] **and all the employees' hard work**[2].

이는 사실 적절한 의사 결정과 모든 직원들의 노고에 공을 돌려야 할 것입니다.

> **관련어구**
> ① talent 천부적 재능
> suitable bravery 적절한 용기
> ② teacher's guidance 스승의 지도
> absolute obedience 절대 복종

..., i.e. ...

We are going to hold the 20th anniversary celebration in the banquet room[1] from 9:00 to 11:00 on January 11th, **i.e. next Friday**[2].

우리는 1월 11일 즉 다음 주 금요일 9시부터 11시까지 연회장에서 20주년 기념 행사를 주최할 예정입니다.

> **관련어구**
> ① have a feast in celebration of our victory 승리 축하 파티를 열다
> celebrate the 20th wedding anniversary in Paris
> 파리에서 20주년 결혼기념식을 열다
> ② this Sunday 이번 주 일요일
> next Saturday 다음 주 토요일

 베껴 쓰기 좋은 문장

1 | May I have the honor of... 제게 …할 영광을 주실 수 있으실까요?

have the honor of ...은 '…의 영광을 갖다'의 뜻으로 보통 공식적인 문서를 작성할 때 쓴다. 문두의 조동사 may 는 완곡한 어감을 표현할 때 사용한다.

> 예 May I have the honor of **joining your company?**
> 제게 귀사에 입사할 영광을 주실 수 있을까요?

 영문 E-mail 단어

- **according to** phr …에 따라
- **reporter** n 기자
- **miracle** n 기적
- **leading** a 이끄는, 주요한, 선두적인

- **electronic** a 전자의
- **attribute** v …로 공을 돌리다
- **proper** a 적절한, 적합한, 적당한
- **decision-making** n 의사 결정

131

초대 | Inviting

Unit 4

대변인 담당하기

바로 베끼기

E-mail sample

From:	Frank Hanson
To:	Monroe Cole
Subject:	Invitation to Act as the Spokesperson 대변인 담당 요청

Dear Mr. Cole,

I'm writing to invite you to act as the spokesperson.

As you might know,[1] the regular press conference is scheduled for August 22nd. We have issued an invitation to all the expected journalists respectively, and completed the text of speech.

However, the only problem is that[2] the spokesperson **has not been definitely decided upon yet.** Your eloquence and quick-wittedness **are beyond all possible doubt.** We firmly believe that you are highly qualified to be the spokesperson. **May I take the liberty of inviting you** to act as the spokesperson? If you kindly give your approval, we will be responsible for all your travel arrangements.

아직 미정임 나타냄

강한 긍정 표현

공손한 요청 표현

I'm looking forward to your reply at your earliest convenience.

Sincerely yours,

Frank Hanson

친애하는 Mr. Cole

대변인으로서 담당을 요청 드리고자 메일 보내 드립니다.

알고 계실지 모르겠지만, 이번 정기 기자 회견은 8월 22일에 열릴 예정입니다. 저희는 참석하시는 모든 기자들 개개인을 위한 초대장 발행을 마쳤으며 발표 원고 역시 완성했습니다.

그러나 유일한 문제는 대변인이 아직 정해지지 않았다는 것입니다. 당신은 의심할 여지없이 뛰어난 언변과 재치를 가지고 있습니다. 저희는 당신이 대변인으로써 매우 적합한 인재라고 생각합니다. 실례가 되지 않는다면 당신을 대변인으로 초대해도 되겠습니까? 만약 흔쾌히 승인해 주신다면 저희 측에서 모든 여행 준비를 책임지겠습니다.

되는대로 빠른 회신 주시길 바라겠습니다.

당신의 신실한

Frank Hanson

132

실용 구문

바로 배우기

...has not been definitely decided upon yet.

However, the only problem① is that the spokesperson② has not been definitely decided upon yet.

그러나 유일한 문제는 대변인이 아직 정해지지 않았다는 것입니다.

관련어구
① key point 관건
crucial problem 중대한 문제
② the host 주최자
the inventor 투자자

...are beyond all possible doubt.

Your eloquence① and quick-wittedness② are beyond all possible doubt.

당신은 의심할 여지없이 뛰어난 언변과 재치를 가지고 있습니다.

관련어구
① His intelligence 그의 총명함
Your talent 당신의 천부적 재능
② diligence 근면함
kindness 호의

May I take the liberty of inviting you...

May I take the liberty of inviting you to act① as the spokesperson②?

실례가 되지 않는다면 당신을 대변인으로 초대해도 되겠습니까?

관련어구
① serve 맡다
guide 인도하다
② host 주최자
expert 전문가

베껴 쓰기 좋은 문장

바로 적용하기

1 | As you might know, ... 삽입어구로 쓰이는 문장들

삽입어구로 자주 쓰이며 예문에서 나온 as you may know를 제외하고도 if so(만약 그렇다면), if not(만약 그렇지 않다면/그렇지 않으면), if any(만약 …일지라도), if I may say so(만약 내가 그렇게 말했다면/굳이 말하자면), If you don't mind(만약 꺼리지 않으시다면), as you know(아시는 것과 같이) 등이 있다.

2 | However, the only problem is that... 그러나, 유일한 문제는 …

문두의 부사 however는 전환어구로 be동사 is 뒤에 that절로 문장을 완성시킨다.

예 However, the only problem is that **we are unable to get the tickets to the concert.**
그러나, 유일한 문제는 우리가 콘서트 티켓을 구하지 못했다는 점이다.

영문 E-mail 단어

바로 외우기

- act as phr …를 담당하다
- spokesperson n 대변인
- issue v 발행하다, 출판하다
- journalist n 기자

- respectively ad 각자, 제각기
- eloquence n 언변
- quick-wittedness n 기민
- firmly ad 견고하게

초대 | Inviting

방문 초대하기

 바로
베끼기

E-mail sample

From:	Frederick Watson
To:	Ralph Nixon
Subject:	Invitation to Visit Our Company 당사 방문 요청

Dear Mr. Nixon,

I'm writing to invite you to visit our company.

기대
표현

We have developed a lasting business relationship with your company for about five years. **I cherish the hope of**[1] keeping the business relationship

확인
표현

forever. **If memory serves,** your last E-mail says that you will come to our city on business next month. So, **I'm wondering if** you could take advantage of the opportunity and come to visit our company. **Please remember to** tell me your date of arrival and the flight number. I could make arrangements for you to be met at the airport.

 상대방
의사
묻기

상기
시키기

I'm anxiously awaiting your early reply.

Yours faithfully,

Frederick Watson

친애하는 Mr. Ralph Nixon

귀하가 저희 회사에 방문을 해 주시길 요청하고자 메일 보내 드립니다.

우리는 약 5년간 귀사와 지속적인 사업 관계를 맺어 왔습니다. 이런 사업 관계가 앞으로도 계속 지속되기를 진심으로 바랍니다. 제 기억이 틀리지 않았다면, 지난 메일에서 다음 달에 저희 도시를 사업차 방문하실 것이라고 하셨습니다. 혹시 이번 기회에 저희 회사에 방문하시는 것은 어떠실는지요. 도착하시는 날짜와 비행기 편을 알려 주시는 것 잊지 말아 주시길 바랍니다. 공항으로 맞이하러 나갈 수 있게 하겠습니다.

최대한 빠른 회신 기다리겠습니다.

당신의 신실한
Frederick Watson

실용 구문

I cherish the hope of...

I cherish the hope of keeping the business relationship[1] **forever**[2].

이런 사업 관계가 앞으로도 계속 지속되기를 진심으로 바랍니다.

① harmonious family 화목한 가정
　optimistic attitude 긍정적인 태도
② in my life 내 인생에서
　during suffering 고통 속에서

If memory serves, ...

If memory serves, your last E-mail says that[1] **you will come to our city on business next month**[2].

제 기억이 틀리지 않았다면, 지난 메일에서 다음 달에 저희 도시를 사업차 방문하실 것이라고 하셨습니다.

관련어구
① your letter mentions that
　당신의 편지에서 언급하기를
　you deny that …라 부정하였다
② you will love me forever
　당신이 나를 계속해서 사랑할 것이다
　you have any relationship with
　the woman
　당신이 그 여자와 어떤 관계인지

I'm wondering if...

I'm wondering if you could take advantage of the opportunity[1] **and come to visit our company**[2].

혹시 이번 기회에 저희 회사에 방문하시는 것은 어떠실는지요.

관련어구
① improve efficiency 효율을 증진시키다
　expand business 사업을 확장하다
② enhance quality 품질을 높이다
　increase profits 이윤을 증가시키다

Please remember to...

Please remember to tell[1] **me your date of arrival and the flight number**[2].

도착하시는 날짜와 비행기 편을 알려 주시는 것 잊지 말아 주시길 바랍니다.

관련어구
① mail 메일 보내다
　contact 연락하다
② your information 당신의 정보

 베껴 쓰기 좋은 문장

1 | I cherish the hope of... …를 바랍니다.

전치사 of 뒤에는 동명사와 결합을 시킨다. I cherish the hope of 는 I cherish the hope that 절로 사용될 수도 있다.

 영문 E-mail 단어

- invite **v** 초대하다
- visit **v** 방문하다
- cherish **v** 소중히 여기다, 아끼다
- take advantage of **phr** 이용하다
- airport **n** 공항
- flight **n** 항공편

Unit 4

초대 | Inviting

협력 요청하기 ①

바로
베끼기

E-mail sample

From:	Emma Wallis
To:	Isabella Sullivan
Subject:	Invitation to Go into Partnership 협력 요청

Dear Ms. Sullivan,

I'm writing to invite you to go into partnership with us.

It is patent to anyone that[1] your electronic products have been enjoying nationwide popularity in recent years. Rumor has it that[2] the contract between your company and the current sole agent in the city will expire in two months. Consequently, several marketing companies are making every effort to compete with each other for the contract, **hoping to become** the exclusiveagency for the sale of your products.

→ ···가 되기를 희망한다

의견 묻기 ←

Would it be possible for me to make an appointment with you to introduce our company in detail face-to-face? I'm looking forward to your reply at your earliest convenience.

Yours sincerely,

Emma Wallis

친애하는 Ms. Sullivan

　당사와 협력을 요청하고자 메일 보내 드립니다.

　최근 몇 년간 귀사의 전자 제품이 국내에서 널리 환영받고 있다는 것은 모두가 다 알고 있는 사실입니다. 들리는 소문으로는, 현재 귀사와 이 도시 독점 대리상 간의 계약이 두 달 뒤에 만료된다고 들었습니다. 그 결과 몇몇의 마케팅 회사가 귀사 상품의 독점 대리상 계약을 따고자 온 힘을 다해 경쟁하고 있습니다.

　혹시 약속 시간을 정해 직접 만나 뵙고 저희 회사를 상세하게 소개해도 될까요? 되는대로 빠른 회신 주시면 감사하겠습니다.

당신의 신실한

Emma Wallis

136

실용 구문

...hoping to become...

Several marketing companies[1] **are making every effort to compete with each other for the contract,** hoping to become **the exclusive agency**[2] **for the sale of your products.**

몇몇의 마케팅 회사가 귀사 상품의 독점 대리상 계약을 따고자 온 힘을 다해 경쟁하고 있습니다.

> **관련어구**
> ① Many salesmen 많은 판매 사원
>   Several factories 여러 공장
> ② exclusive manufacturer
>   독점 제조상
>   best salesman 최고 판매 사원

Would it be possible...

Would it be possible **for me to make an appointment**[1] **with you to introduce our company**[2] **in detail face to face?**

혹시 약속 시간을 정해 직접 만나 뵙고 저희 회사를 상세하게 소개해도 될까요?

> **관련어구**
> ① have ten minutes 10분
>   have a chance 기회를 주다
> ② products 상품
>   performance 공연

베껴 쓰기 좋은 문장

1 | It is patent to anyone that... …는 자명합니다. …는 모두가 알고 있는 사실입니다.

이 어구는 곧 It is patently obvious that...와도 통용될 수 있다. 형용사 patent는 '뻔한, 명백한, 분명한'의 뜻으로 보통 전치사 to와 결합한다. 명사로 쓰일 때는 '특허, 특허권'의 의미를 갖는다.

2 | Rumor has it that... 영작에 있어 문두가 길어지는 것은 최대한 삼가야 한다.

예문에 It is patent to anyone that..., Rumors has it that ... 이 두 문장이 쓰였는데, 두 문장 모두 문장의 균형을 맞추기 위해 가주어 it을 사용해서 뒤의 진주어 that절을 대신했다. 물론 이 두 문장은 관용적으로 사용되는 표현이기도 하지만 영어를 작문할 때는 문두가 길어지는 것을 최대한 피해야 한다.

영문 E-mail 단어

- partnership **n** 합작, 협력
- patent **a** 분명한
- electronic **a** 전자의
- nationwide **ad** 전국적으로
- sole **a** 단일의
- agent **n** 대리인, 대리상

- expire **v** 만기되다, 만료되다
- make every effort **phr** 온 힘을 다해
- compete **v** 경쟁하다, 시합하다
- exclusive **a** 독점적인, 전용의
- appointment **n** 약속, 예약
- in detail **phr** 자세히

137

바로
베끼기

E-mail sample

From:	Noah Nevins
To:	Alexander Jefferson
Subject:	Invitation to Cooperate on the Research Project 연구 프로젝트 협력 요청

Dear Mr. Jefferson,

I'm writing to invite you to cooperate with us on the research project.

As you might know, our company has been determined to carry out an extensive research into renewable energy resources in the coming year. It's expected that[1] the outcome of the research project will bring great profits.

There has been successful cooperation between us before. **In addition**, you 보충 설명 have devoted much time and energy to this field, and achieved considerable 상대방 에게 요청 accomplishments. **May I venture to invite you to** join us in the research project? I'm sure we will reap the fruits of our corporate efforts in the near future.

Your reply at your earliest convenience would be greatly appreciated.

Cordially yours,
Noah Nevins

친애하는 Mr. Jefferson

당사의 이번 연구 프로젝트에 협력을 요청 드리고자 메일 보내 드립니다.

알고 계실지 모르지만, 당사는 내년에 재생 가능 에너지 개발을 위해 광범위한 연구를 시행하기로 결정하였습니다. 이 연구의 결과가 큰 수익을 가져다 줄 것으로 예상됩니다.

이전에도 귀사와 성공적으로 협력했던 적이 있었습니다. 게다가 귀사께서는 이 분야에 많은 시간과 열정을 쏟아 왔으며 상당한 업적을 이뤄 왔습니다. 실례가 되지 않는다면 이번 프로젝트에 귀사의 참여를 요청해도 될까요? 가까운 미래에 협력의 과실을 맺을 것이라 확신합니다.

되는대로 최대한 빠른 회신 주시면 감사하겠습니다.

당신의 신실한
Noah Nevins

실용 구문

In addition, ...

In addition, **you have devoted much time**[1] **and energy to this field**[2]**, and achieved considerable accomplishments.**

게다가 귀사께서는 이 분야에 많은 시간과 열정을 쏟아 왔으며 상당한 업적을 이뤄 왔습니다.

[1] Mother Teresa set up a model of charity
테레사 수녀는 자선의 모범을 세웠다.
[2] save many refugees
많은 피난민들을 구하다
the rule of mass-energy equivalence 질량 에너지 등가 법칙

May I venture to invite you to...

May I venture to invite you to **join us**[1] **in the research project**[2]**?**

실례가 되지 않는다면 이번 프로젝트에 귀사의 참여를 요청해도 될까요?

[1] give a speech 연설하다
instruct us 우리를 지도하다
[2] for those freshmen 그 신입생들에게
innovative research 혁신적인 연구

베껴 쓰기 좋은 문장

1 ┃ It's expected that... …하기를 바랍니다.

문두의 it은 가주어로 진주어는 뒤에 나오는 that절이다. 이 문장은 I expect that과 통용될 수 있다.

예 It's expected that the cooperation between the government and the public will help solve the problem.
정부와 시민의 협력이 이 문제를 해결할 수 있기를 바랍니다.

영문 E-mail 단어

- cooperate **v** 합작하다
- research **n** 연구
- project **n** 방안, 계획, 프로젝트
- determined **a** 결정된
- carry out **phr** 완성하다, 실행하다
- extensive **a** 광범위한
- renewable **a** 재생 가능한

- energy **n** 에너지
- coming **a** 다가오는
- outcome **n** 결과
- considerable **a** 상당한, 매우 많은
- accomplishment **n** 성과
- venture **v** 감히 제안하다(또는 말하다)
- reap **v** 맺다

바로
베끼기

E-mail sample

From:	William Mellon
To:	Davis Harris
Subject:	Invitation to the Return Dinner 접대 보답 요청

Dear Mr. Harris,

I'm writing to invite you to the return dinner.

감사
표현

First of all, **please allow me to express my sincere gratitude** for your treat last Friday. The delicacies and pleasant atmosphere left a deep impression on me.[1]

준비가
다 되어
있음

We both parties **have been ready to** sign the contract, since the three days' negotiation. No news could be more delightful to me. It is my sincere belief that both of us will benefit a lot from the cooperation.

I'm wondering if I could take the liberty of inviting you to the return dinner in Maple Restaurant at seven o'clock tomorrow evening in celebration of the signing of the contract. Your early reply would be greatly appreciated.

축하
하는
이유

Faithfully yours,

William Mellon

친애하는 Mr. Harris

답례 식사에 초대하고자 메일 보내 드립니다.

우선, 지난 금요일 접대에 대해 매우 감사하다는 말씀부터 전하겠습니다. 그 별미의 음식과 즐거운 분위기에 저는 매우 깊은 인상을 받았습니다.

3일간의 협상 이후로 양측 모두 계약을 할 준비가 되었습니다. 제게 이보다 더 좋은 소식은 없을 것입니다. 상호 협력이 우리 모두에게 큰 이익을 가져다 줄 것을 확신합니다.

실례가 되지 않는다면 내일 오후 7시에 Maple 레스토랑에서 계약 체결을 축하하는 답례 식사에 초대해도 될지요. 빠른 회신 주시면 감사하겠습니다.

당신의 신실한
William Mellon

실용 구문

Please allow me to express my sincere gratitude...

First of all①, please allow me to express my sincere gratitude **for your treat**② **last Friday.**

우선, 지난 금요일 접대에 대해 매우 감사하다는 말씀부터 전하겠습니다.

관련어구
①at last 마지막으로
　most important of all 무엇보다도
②feast 축제
　contribution 공헌

...have been ready to...

We both parties①have been ready to **sign the contract**②**, since the three days' negotiation.**

3일간의 협상 이후로 양측 모두 계약을 할 준비가 되었습니다.

관련어구
①Our tour group 우리 여행단
　Our team 우리 팀
②depart from this country
　이 나라를 떠나다
　give up the game 게임을 포기하다

...in celebration of...

I'm wondering if I could take the liberty of inviting you to the return dinner①in celebration of **the signing of the contract**②**.**

실례가 되지 않는다면 내일 오후 7시에 Maple 레스토랑에서 계약 체결을 축하하는 답례 식사에 초대해도 될는지요.

관련어구
①traveling around the island
　아일랜드 여행
　having one week's holiday
　일주일간의 휴가
②getting married 결혼하다
　obtaining a Ph.D 박사 학위를 따다

베껴 쓰기 좋은 문장

1 ㅣ ...left a deep impression on me. …는 제게 강한 인상을 남겼습니다.

I'm deeply impressed by...에 해당한다. 상황에 따라 형용사 deep은 favorable, strong, unfavorable 등으로 바꿔 쓸 수 있다.

예 The eloquent spokesperson on the press conference left a deep impression on me.
이번 기자 회견에서 그 언변 있는 대변인은 내게 강한 인상을 남겼다.

영문 E-mail 단어

- return n 돌아오다, 복귀하다
- first of all phr 우선
- treat n 대우
- delicacy n 미묘함, 별미, 진미
- pleasant a 즐거운, 좋은

- atmosphere n 분위기
- party n (같이 일하는 또는 활동하는) 사람들
- negotiation n 협상, 담판
- delightful a 기쁜, 유쾌한
- maple n 단풍나무

초대 | Inviting

접대 요청 승낙하기

바로
베끼기

E-mail sample

From:	Abigail Rawlings
To:	Charlotte Garcia
Subject:	Acceptance of the Invitation to Dinner 저녁식사 초대 응답

Dear Ms. Garcia,

I'm writing in reply to your E-mail on February 21st.

감사
표현

Please accept my sincere gratitude to you for your kind invitation to dinner the day after tomorrow. Actually **I am most obliged for** what you have done for me. I have received warm reception here since my arrival three days ago. All the treatment has been **just as I have imagined it**. There is[1] definitely no necessity for me to worry about that. I know for a fact that[2] you have done the best you can to bring the reception to perfection. I wonder if I could return your hospitality in future.

상상했던
바와 같이

Thanks again for your kind invitation. **I will arrive at the Sherman Restaurant on time** the day after tomorrow. See you then.

시간에
맞게
도착할 것임

Yours sincerely,

Abigail Rawlings

친애하는 Ms. Garcia

2월 21일에 보내 주신 메일에 대한 회신입니다.

내일 모레의 저녁식사에 초대해 주셔서 감사하다는 말씀 먼저 전하겠습니다. 사실 저는 여사님께서 제게 해 주신 모든 것들에 대해 감사드리고 있습니다. 3일 전 이곳에 도착한 후부터 저는 계속해서 열렬한 대우를 받고 있습니다. 모든 접대는 제가 상상할 수 있는 최대한이었습니다. 저녁 초대에 대해서는 전혀 걱정할 필요가 없으십니다. 당신께서 이미 제게 할 수 있는 최선의 접대를 해 주셨다는 것을 잘 알고 있습니다. 가까운 미래에 제게 해 주신 후한 대접을 보답할 수 있는 날이 올는지 모르겠습니다.

다시 한번 친절히 초대해 주셔서 감사드립니다. 내일 모레 Sherman 레스토랑에 정시에 도착하겠습니다. 그때 뵙겠습니다.

당신의 신실한
Abigail Rawlings

실용 구문

I am most obliged for...

I am most obliged for what①you have done② for me.

제게 해 주신 모든 것들에 대해 감사드리고 있습니다.

관련어구
① the job 직업
all finance 재정
② supplied 공급한
supported 지원한

...just as I have imagined it.

All the treatment① has been② just as I have imagined it.

모든 접대는 제가 상상할 수 있는 최대한이었습니다.

관련어구
① wedding 결혼식
date 약속
② is 이다
was 이었다

I will arrive at the Sherman Restaurant on time...

I will arrive at the Sherman Restaurant on time the day after tomorrow①.

내일 모레 Sherman 레스토랑에 정시에 도착하겠습니다.

관련어구
① next Sunday 다음 주 일요일
tomorrow 내일

 베껴 쓰기 좋은 문장

1 | There is...　there + be 동사 구문

there be 구문은 영어의 특수 구문으로 볼 수 있는데, 보통은 'there be + 명사 + 장소/시간'의 구조를 가져 '장소 또는 시간에 어떤 일이 발생하다'의 뜻을 갖는다.

2 | I know for a fact that...　…라 확신하다.

... I know for a fact로도 쓸 수 있으며 ..., that's a fact에 해당하는 어구이다.

예 I know for a fact that **she has declined your invitation to the party.**
그녀가 당신의 파티 초대를 거절했다고 확신한다.

영문 E-mail 단어

- obliged ⓐ 감격한, 감사하는
- warm ⓐ 열정적인, 따뜻한
- reception ⓝ 접대
- arrival ⓝ 도착, 도래

- treatment ⓝ 응대, 대우
- necessity ⓝ 필요성
- perfection ⓝ 완벽
- hospitality ⓝ 환대

E-mail sample

From: Olivia Lynn

To: Mia Kennedy

Subject: Acceptance of the Invitation to Cooperate on the Project Design
프로젝트 디자인 협조 요청 응답

Dear Ms. Kennedy,

I acknowledge with thanks receipt of your E-mail of July 15th.

영광임을
나타냄

It's a great honor to be invited to cooperate with you on the project design. Your invitation came as a pleasant surprise to me. The thought of working in cooperation with you **never crossed my mind**[1].

생각해
본 적
없음

I'm most grateful for your trust in me. I shall be happy if I could be of any help to you. You could rest assured that I will always do the best I can to assist you in the project design. I'm wondering if it's convenient for you to explain to me your working plan in detail face-to-face.

가정
어구

최선을
다함

I'm looking forward to your reply at your earliest convenience.

Yours faithfully,

Olivia Lynn

친애하는 Ms. Kennedy

7월 15일에 보내 주신 메일 받았으며, 매우 감사드립니다.

진행하시는 프로젝트 디자인 협조를 요청해 주셔서 매우 영광입니다. 귀하의 협조 요청은 제게 매우 기쁘고 놀라운 일이었습니다. 지금껏 귀하와 협력해서 일한다는 것을 상상해 본 적이 없으니 말입니다.

저를 신뢰해 주셔서 정말 감사드립니다. 귀하께 어떤 도움이라도 될 수 있다면 매우 기쁠 것입니다. 귀하의 프로젝트 디자인을 돕는 데 있어서 저는 항상 최선을 다할 것이니 안심하셔도 됩니다. 귀하께서 저와 얼굴을 마주보고 세부 계획에 대해 설명해 주실 수 있으실는지 궁금합니다.

되는대로 빠른 회신 주시길 바랍니다.

당신의 신실한
Olivia Lynn

바로
배우기

실용 구문

It's a great honor to be...

It's a great honor to be **invited to cooperate**[1] **with you on the project design**[2].

진행하시는 프로젝트 디자인 협조를 요청해 주셔서 매우 영광입니다.

관련어구
① have a date 데이트를 하다
   work 작업하다
② Christmas 크리스마스
   big deal 큰 거래 건

...never crossed my mind.

The thought[1] **of working in cooperation**[2] **with you** never crossed my mind.

지금껏 귀하와 협력해서 일한다는 것을 상상해 본 적이 없으니 말입니다.

관련어구
① chance 기회
   dream 꿈
② doing business 사업을 하다
   dancing 춤추다

I shall be happy if...

I shall be happy if **I could be of any help**[1] **to you**[2].

귀하께 어떤 도움이라도 될 수 있다면 매우 기쁠 것입니다.

관련어구
① work (전치사 with 과 결합) …와 일하다
   give advice 조언을 주다
② for the company 회사를 위해
   to the employer 고용인에게

I will always do the best I can...

I will always do the best I can **to assist**[1] **you in the project design**[2].

귀하의 프로젝트 디자인을 돕는데 있어서 저는 항상 최선을 다할 것입니다.

관련어구
① help 도움
   support 지지
② case 안건
   meeting 회의

바로
적용하기

베껴 쓰기 좋은 문장

1 ㅣ The thought of...never crossed my mind. …에 대해 생각해 본 적이 없다

전치사 of는 보통 동명사와 결합한다. The thought of ... never crossed my mind는 The thought of ... never occurred to me에 해당한다.

예 The thought of **leaving halfway through the party** never crossed my mind.
   파티 도중에 자리를 떠나는 것을 상상해 본 적이 없습니다.

바로
외우기

영문 E-mail 단어

- acceptance n 승인
- honor n 영광, 명예
- design n 설계
- pleasant a 기쁜, 즐거운

- cross v 교차하다, 가로지르다
- trust n 신임, 신뢰
- explain v 설명하다, 해설하다

145

알림 | Notifying

직위 변동

바로
베끼기

E-mail sample

From:	Francis McPherson
To:	Thomas Hanson
Subject:	The Change of Position 직위 변동

Dear Mr. Hanson,

알림
표현

I'm writing to inform you of the change of position.

As you might know, the assistant to the general manager of the research and development department tendered his resignation last week. **As a result,** there is a great need for a successor. You have been chosen to take over as the new assistant by common consent. Congratulations.

인과
표현

It gives me great pleasure to inform you of the good news. **You are expected to** report for duty in the research and development department at nine o'clock a.m. next Monday. The general manager will tell you your salary and routine duties in detail **then.** Please do not hesitate to[1] contact me if you have any question.

상대방
에게
바람

때가
되면

Faithfully yours,
Francis McPherson

친애하는 Mr. Hanson
　　귀하께 직위가 변동되었음을 알리고자 메일 보내 드립니다.
　　알고 계실 수도 있지만, 연구 개발 부서 본부장님의 조수가 지난주에 사표를 냈습니다. 그 결과 후임자가 매우 필요한 상황입니다. 당신께서 새 조수 자리를 위임해 주시는 것에 대해 모두가 찬성했습니다. 축하드립니다.
　　이런 좋은 소식을 알리게 되어 기쁩니다. 다음 주 월요일 오전 9시까지 연구 개발 부서로 출근해 주시기 바랍니다. 그때 본부장님께서 봉급과 일과를 자세히 설명해 주실 것입니다. 궁금하신 점 있으시면 주저 마시고 연락 주시길 바랍니다.

당신의 신실한
Francis McPherson

실용 구문

바로 배우기

I'm writing to inform you...

I'm writing to inform you of the change① of position②.

귀하께 직위가 변동되었음을 알리고자 메일 보내 드립니다.

관련어구
① alteration 변경
　 rise 승급
② situation 상황
　 location 소재지

As a result, ...

As a result, there is a great① need for a successor②.

그 결과 후임자가 매우 필요한 상황입니다.

관련어구
① urgent 긴급한
　 major 주요한
② inheritor 계승인
　 heir 상속인

You are expected to...

You are expected to report for duty① in the research and development② department at nine o'clock a.m. next Monday③.

다음 주 월요일 오전 9시까지 연구 개발 부서로 출근해 주시기 바랍니다.

관련어구
① arrive on time 정시에 도착하다
　 come for help 도와주다
② advertisement 광고
　 sales 판매
③ October 11th 10월 11일
　 the last Friday of January
　 1월 마지막 주 금요일

...then.

The general manager① will tell you your salary② and routine duties in detail then.

그때 본부장님께서 봉급과 일과를 자세히 설명해 주실 것입니다.

관련어구
① The chief supervisor 최고 감독자
　 Our assistant manager 우리 부팀장
② seat 자리
　 colleagues 동료들

베껴 쓰기 좋은 문장

바로 적용하기

1 | Please do not hesitate to... 주저 마시고…

Please feel free to...에 해당하는 어구로 hesitate to do는 '주저하다, 내키지 않다'의 뜻을 가지며 be reluctant to do에 해당한다.

예 Please do not hesitate to **let me know if I could be of any help to you.**
제가 도와드릴 수 있는 것이 있으면 주저 말고 말씀해 주시길 바랍니다.

영문 E-mail 단어

바로 외우기

- change n 변경, 변동, 변화, 변천
- position n 직위, 신분
- development n 개발
- tender v 제출하다, 공식적으로 제출하다

- result n 결과
- successor n 후계자
- common a 공동의
- consent n 동의

바로
베끼기

E-mail sample

From:	Ellie Hastings
To:	Monica Noel
Subject:	The Change of My Phone Number 전화번호 변경

Dear Ms. Noel,

I'm writing to inform you of my new phone number.

As you might know, our company has been moved from Miller Building into Pemberton Building two days ago. Our three-year lease is due to expire ⟶ 기간 만료 at the end of this month. Considering the large increase in rental fees recently, we give up all thought of[1] renewing the lease.

After two days' tiresome move, we now settle down in the new office in Pemberton Building. Of course,[2] my phone number here has changed from 돌 다 가능함 ◀ 2345-5555 to 2345-6666. You could also fax me at the new number, if need be.

I hope the small change will not cause you much trouble. Thanks in advance for your understanding.

Yours sincerely,

Ellie Hastings

친애하는 Ms. Noel

　제 새 전화번호를 알려 드리고자 메일 보내 드립니다.

　아실 수도 있지만, 우리 회사가 이틀 전 Miller 빌딩에서 Pemberton 빌딩으로 이사를 했습니다. 이번 달로 3년 임대 계약이 만료되기 때문입니다. 최근 임대 비용이 크게 올라 저희는 임대 계약 연장을 포기했습니다.

　이틀간 바쁘게 이사 정리를 한 후 저희는 지금 Pemberton 빌딩의 새 사무실에 정착했습니다. 물론 제 번호 역시 2345-5555에서 2345-6666으로 바뀌었습니다. 필요에 따라 이 번호로 팩스를 주셔도 됩니다.

　제 번호가 바뀐 것이 큰 불편을 주지 않았으면 좋겠습니다. 이해해 주셔서 감사합니다.

당신의 신실한
Ellie Hastings

바로 배우기

실용 구문

...is due to expire...

Our three-year lease[①] **is due to expire at the end**[②] **of this month.**

이번 달로 3년 임대 계약이 만료됩니다.

관련어구
① rent 임대하다
   contract 계약하다
② beginning 시작
   last day 마지막 날

You could also...

You could also fax[①] **me at the new number**[②]**, if need be.**

필요에 따라 이 번호로 팩스를 주셔도 됩니다.

관련어구
① e-mail 메일 보내다
   deliver to 부치다
② mail address 메일 주소
   office address 사무실 주소

 바로 적용하기

베껴 쓰기 좋은 문장

1 | We give up all thought(s) of... 우리는 …를 포기했다.

We give up thought of ...에 해당하며 thought는 '목적, 의도'의 뜻을 갖고 of 뒤에는 동명사를 결합시킨다.

예 We give up all thought of **cooperating with them after learning the news.**
이 소식을 알게 된 후, 우리는 그들과의 협력을 포기했습니다.

2 | Rumor has it that... 전치사구를 삽입어구로 사용

전치사구를 삽입어구로 사용할 때는 보통 문두에 위치하나 필요에 따라 문장 중간에 위치시킬 수도 있다.
자주 쓰는 전치사구로는 in a way (어느 정도는), for example(예를 들어), of course(물론), as a matter of fact(사실은), by the way(그러나), as a result(그 결과), on the contrary(대조적으로) 등이 있다.

 바로 외우기

영문 E-mail 단어

- **lease** n 임대차 계약
- **due** a 만기의
- **expire** v 끝나다, 만기가 되다
- **rental** a 임대의
- **renew** v 갱신하다, 기한을 연장하다

- **tiresome** a 노곤한
- **settle down** phr 정착하다
- **fax** v 팩스를 보내다
- **cause** v 야기하다, 발생시키다
- **understanding** n 이해, 납득

알림 | Notifying

Unit **5**

번호 변경 ②

바로
베끼기

E-mail sample

From:	Christina Cohen
To:	Melissa Lucas
Subject:	The Change of My Extension Number 내선 번호 변경

Dear Ms. Lucas,

I'm writing to inform you of my new extension number.

It gives me great pleasure to announce to you the good news that I have been promoted to the position of the assistant to the general manager in the accounting department. **It never occurred to me that** I could get promoted, to tell the truth. **I surly have every confidence in** my competence and working experience, but the fact remains that[1] I have only slim chance of achieving success in the face of the stiff competition.

자신
있음

생각해
본 적
없음

There has been a change of my extension number in the office in the wake of my promotion. Please contact me at extension 4395 from now on.

바뀔
것임

Please accept my sincere apology for any trouble the change might cause to you.

Yours cordially,

Christina Cohen

친애하는 Ms. Lucas

제 새로운 내선 번호를 알려 드리고자 메일 보내 드립니다.

제가 회계 부서에서 본부장님 조수로 승진하게 된 소식을 여사님께 알릴 수 있게 되어 얼마나 기쁜지 모릅니다. 솔직하게 말씀드리면, 저는 제가 승진을 할 수 있을 것이라 생각해 본 적이 없습니다. 저는 항상 제 역량과 경험에 대해 자신 있어 했으나, 치열한 경쟁에서 성공하기가 쉽지 않은 것이 사실이었습니다.

승진하면서 제 사무실 내선 번호가 바뀌었습니다. 지금부터 내선 번호 4395번으로 제게 연락하시면 됩니다.

제 번호가 바뀐 것이 번거로우셨다면 사과드리니 양해 부탁드립니다.

당신의 신실한
Christina Cohen

150

실용 구문

It never occurred to me that...

It never occurred to me that **I could get promoted**①, **to tell the truth.**

솔직하게 말씀드리면, 저는 제가 승진을 할 수 있을 것이라 생각해 본 적이 없습니다.

> 관련어구
> ①a great raise 임금 인상
> become manager 매니저가 되다

I surely...

I surely **have every confidence**① **in my competence**② **and working experience.**

저는 항상 제 역량과 경험에 대해 자신 있어 했습니다.

> 관련어구
> ①belief 믿음
> trust 신뢰
> ②capability 능력
> intelligence 지성

There has been a change...

There has been a change **of my extension number**① **in the office in the wake of**② **my promotion**③.

승진하면서 제 사무실 내선 번호가 바뀌었습니다.

> 관련어구
> ①office 사무실
> work place 작업실
> ②after …한 후에
> along with …를 따라
> ③transfer 이동
> leave 휴가

베껴 쓰기 좋은 문장

1 | ...but the fact remains that... 하지만 사실은 여전히 …합니다.

...but the fact remains that ...는 ... but the fact of the matter is that..., Admittedly ... but에 해당한다.

예 I would love to help you, but the fact remains that I have to leave for the train station now.

저도 도와드리고 싶습니다만, 안타깝게도 지금 기차역으로 떠나야 합니다.

영문 E-mail 단어

- extension n 내선, 구내 전화
- announce v 안내
- accounting n 회계
- competence n 능력, 능숙함
- in the wake of phr …를 뒤따라

- slim a 작은, 얇은
- in the face to phr …를 직면한
- stiff a 격렬한, 맹렬한, 어려운
- competition n 경쟁, 시합
- from now on phr 지금부터

알림 | Notifying

회사 주소 변경

Unit 5

바로
베끼기

E-mail sample

From:	Hannah Cole
To:	Daniela Steele
Subject:	The Change of Company Address 회사 주소 변경

Dear Ms. Steele,

    I acknowledge with thanks receipt of your E-mail of September 24th.

순차
표현

    First of all, please allow me to express my sincere gratitude to you for your kind cooperation in the house-building project. **Considering** the severe ...를 고려해서 winter weather would make the construction work extremely difficult, our best bet would be to[1] wait for the abominable snowy or icy conditions to pass before we proceed with the project.

통지
표현

    I'd like to inform you that our company has moved into Miller Building on Lakeclear Avenue. Please contact us at the new company in the future.

    Thanks in advance for your understanding.

Sincerely yours,

Hannah Cole

친애하는 Ms. Steele

    9월 24일에 보내 주신 메일 받았습니다. 감사합니다.

    우선 저희 주택 건축 프로젝트에 친절히 협조해 주셔서 진심으로 감사드린다는 말씀부터 전하겠습니다. 겨울의 추운 날씨 때문에 건설 작업이 힘들어질 수도 있는 것을 고려하여 저희는 눈 오고 결빙하는 열악한 날씨가 지난 후에 프로젝트를 계속해서 진행하기로 했습니다.

    당사가 Lakeclear 가의 Miller 빌딩으로 이사했다는 것을 알려 드리고 싶습니다. 앞으로는 저희 새 사무실로 연락 주시길 바랍니다.

    이해해 주셔서 미리 감사드립니다.

당신의 신실한

Hannah Cole

바로 배우기

실용 구문

First of all, ...

First of all, please allow me to express my sincere gratitude①to you for your kind cooperation② in the house-building③ project.

우선 저희 주택 건축 프로젝트에 친절히 협조해 주셔서 진심으로 감사드린다는 말씀부터 전하겠습니다.

관련어구
①show my faith 나의 충심을 보이다
  say thank you 감사하다고 말하다
                (비교적 구어적 표현)
②frank advice 솔직한 조언
  sincere help 신실한 도움
③tripartite cooperation 3자 간 협력
  crossover 국제의

Considering...

Considering the severe winter weather① would make the construction work② extremely difficult, our best bet would be to wait for the abominable snowy or icy conditions to pass before we proceed③ with the project.

겨울의 추운 날씨 때문에 건설 작업이 힘들어질 수도 있는 것을 고려하여 저희는 눈 오고 결빙하는 열악한 날씨가 지난 후에 프로젝트를 계속해서 진행하기로 했습니다.

관련어구
①heavy traffic 복잡한 교통
  contagious disease 전염병
②photographing work 사진 작업
  outdoor activity 야외 활동
③continue 계속하다
  get involved 연관 있다

I'd like to inform you that...

I'd like to inform you that our company① has moved into Miller Building on Lakeclear Avenue②.

당사가 Lakeclear가의 Miller 빌딩으로 이사했다는 것을 알려 드리고 싶습니다. 앞으로는 저희 새 사무실로 연락 주시길 바랍니다.

관련어구
①business address 영업 주소
  branch office 분사
②Street 가
  Lane 골목

바로 적용하기

베껴 쓰기 좋은 문장

1 | Our best bet would be to... 우리는 …하는 것이 좋겠습니다.

The best thing to do would be (to)..., It's best to ...에 해당하는 어구로 뒤에는 동사 원형을 결합한다.

예 Our best bet would be to **aim for perfection.**
완벽함을 추구하는 편이 좋겠습니다.

바로 외우기

영문 E-mail 단어

- **severe** a 악렬한, 심한, 맹렬한
- **weather** n 날씨
- **construction** n 건축, 시공, 건설
- **extremely** ad 극도로, 극히, 심하게
- **abominable** a 불쾌한, 악렬한

- **snowy** a 눈 내리는
- **icy** a 얼음이 맺히는
- **conditions** n 형세
- **proceed** v 계속 진행하다
- **contact** v 연락하다

153

알림 | Notifying

영업 정지

바로
베끼기

E-mail sample

From:	Fredrick Clinton
To:	Elliot Richardson
Subject:	The Decision to Suspend the Catering Service 식사 서비스 유예 결정

Dear Mr. Richardson,

I'm writing to inform you of our decision to suspend the catering service.

사죄
표현

First of all, **please accept my sincere apology** for all the trouble we might cause to you. As you might know, our restaurant will be closed temporarily for redecoration. The extensive redecoration project **will begin from** this weekend.

시작
시간

...인
것 처럼

The completion **is likely to** take around a week or so.

The 30th anniversary celebration of the foundation is just around the corner. On this particular occasion, we feel a great necessity to[1] seize the golden opportunity to expand business.

Thanks in advance for your understanding.

Faithfully yours,

Fredrick Clinton

친애하는 Mr. Richardson

일시적으로 식사 서비스를 중지하기로 결정하였음을 알리고자 메일 보내 드립니다.

우선 저희가 서비스를 중지함으로써 발생하게 되는 모든 문제들에 대해 진심으로 사과의 말씀 전하니 양해 부탁드리겠습니다. 아실 수도 있겠지만, 저희 레스토랑은 새 단장을 위해 잠시 영업을 정지할 것입니다. 공사는 이번 주말부터 진행될 예정입니다. 완공까지는 일주일 정도 걸릴 것 같습니다.

곧 설립 30주년 행사가 열립니다. 이런 특별한 때에 저희는 이번에 사업을 확장할 황금 기회를 꽉 잡아야할 필요성을 크게 느끼고 있습니다.

이해해 주셔서 미리 감사의 말씀 전하겠습니다.

당신의 신실한
Fredrick Clinton

실용 구문

Please accept my sincere apology...

Please accept my sincere apology① **for all the trouble**② **we might cause to you.**

우선 저희가 서비스를 중지함으로서 발생하게 되는 모든 문제들에 대해 진심으로 사과의 말씀 전하니 양해 부탁드리겠습니다.

...will begin from...

The extensive redecoration project① **will begin from this weekend**②**.**

공사는 이번 주말부터 진행될 예정입니다.

...is likely to...

The completion① **is likely to take around**② **a week or so.**

완공까지는 일주일 정도 걸릴 것 같습니다.

베껴 쓰기 좋은 문장

1 | We feel a great necessity to ...　…할 필요성을 느끼다.

necessity 뒤에는 부정사를 결합하거나 'for+명사'를 결합할 수 있다. We feel a great necessity to는 I feel a need to...에 해당한다.

예 We feel a great necessity to **negotiate with the management about the wage claim.**
경영진과 임금 인상에 대해 협상할 필요가 있다고 느낍니다.

영문 E-mail 단어

- **decision** n 결정, 결심
- **suspend** v 유예하다, 중단하다
- **catering** n 식사 제공, 음식 공급
- **trouble** n 문제, 골칫거리
- **temporarily** ad 임시적인
- **redecoration** n 새로 장식함

- **extensive** a 대규모의, 광범위한
- **foundation** n 설립, 창립
- **around the corner** phr 눈 앞에 있는
- **seize** v 꽉 쥐다
- **expand** v 확장하다, 확대하다

E-mail sample

From:	Doris Lucas
To:	Judy Wallis
Subject:	Announcement of Resuming Business 영업 재개 통지

Dear Ms. Wallis,

I acknowledge with thanks receipt of your E-mail of November 15th.

First of all, please accept my sincere gratitude for your kind inquiry.

좋은
소식임을
나타냄
It gives me great pleasure to inform you that our branch company will resume business on November 19th.

As you know, our branch company has been closed temporarily to carry out the reform of the manner of conducting business. Speaking of[1] the reform, I owe a great debt of gratitude to the invaluable experience and guidance of the headquarters. It's my sincere belief that we will reap the reward of the reform in the near future.

사건
언급

감사
표현
Thanks again for all your kind support.

Cordially yours,

Doris Lucas

친애하는 Ms. Wallis

11월 15일에 보내 주신 메일 받았습니다. 감사합니다.

우선 친절히 문의해 주셔서 감사하다는 말씀부터 전하겠습니다. 저희 회사 분사가 11월 19일에 사업을 재개한다는 것을 알리게 되어 매우 기쁩니다.

아시다시피, 저희 분사는 업무 방식 개혁 실시로 인해 잠시 영업을 정지했었습니다. 개혁에 대해 말하자면, 본부가 제공해 준 귀중한 경험과 지도에 대해서 매우 감사하고 있습니다. 머지않아 개혁에 대한 보상의 결실을 얻게 될 것이라고 확신합니다.

다시 한번 귀하의 친절한 지원에 감사드립니다.

당신의 신실한
Doris Lucas

실용 구문

It gives me great pleasure to inform you that...

It gives me great pleasure to inform you that **our branch company① will resume business② on November 19th.**

저희 회사 분사가 11월 19일에 사업을 재개한다는 것을 알리게 되어 매우 기쁩니다.

관련어구
① cooperative enterprise 협력 기업
pop-up shop 팝업스토어
② reopen 재개하다
be online 온라인 상태

Speaking of the reform, ...

Speaking of the reform, **I owe a great debt of gratitude to① the invaluable experience and guidance of the headquarters②.**

개혁에 대해 말하자면, 본부가 제공해 준 귀중한 경험과 지도에 대해서 매우 감사하고 있습니다.

관련어구
① thank you for …에 대해 감사합니다
really appreciate 매우 감사하다
② counselors 고문 위원
committee 위원회
manager 매니저

Thanks again...

Thanks again **for all your kind support①.**

다시 한번 귀하의 친절한 지원에 감사드립니다.

관련어구
① useful information 유용한 정보
specific suggestions 명확한 제안

베껴 쓰기 좋은 문장

1 | Speaking of... …에 대해 말하자면

speaking of는 as to, when it comes to 등에 해당하는 어구이나 speak of는 '…을 증명하다, 말하다'의 뜻이다.

> 예 Speaking of the completion of the project on schedule, I'm most grateful for your kind cooperation.

예정대로 프로젝트 완성에 대해 말하자면 당신의 친절한 협력에 대단히 감사드립니다.

영문 E-mail 단어

- inquiry n 연구
- branch n 분사, 분부
- resume v 다시 시작하다
- November n 11월
- carry out phr 시행하다, 집행하다
- reform v 개혁, 혁신
- conduct v 진행하다, 시행하다
- debt n 빚, 은혜
- invaluable a 매우 귀중한, 값을 매길 수 없는
- headquarters n 본부

알림 | Notifying

영업시간 변경

E-mail sample

From:	Jennifer Cole
To:	Nicole Rawlings
Subject:	The Change of Business Hours 영업시간 변경

Dear Ms. Rawlings,

I'm writing to inform you of the change of our business hours.

Generally speaking, the peak period is from seven o'clock p.m. to eleven o'clock p.m. We decide to extend our business hours for another two hours; that is to say[1], our cafeteria will be open from nine o'clock a.m. to twelve o'clock a.m.

We will provide a wide variety of food and drinks during the business hours. Besides, a 10% discount will be offered for all food and drinks after eleven o'clock p.m. **You are reminded that**[2] you had better not take any food or drinks away, so as to avoid any potential trouble.

Thanks in advance for your patronage.

Cordially yours,
Jennifer Cole

친애하는 Ms. Rawlin

저희 영업시간이 변경되었음을 알리고자 메일 보내 드립니다.

일반적으로 말해서, 오후 7시부터 오후 11시까지가 피크 시간대입니다. 저희는 영업시간을 두 시간 뒤로 미루기로 했습니다. 다시 말해, 저희 식당은 오전 9시부터 자정 12시까지 열 예정입니다.

영업시간 동안 저희는 다양한 식사와 음료를 제공할 예정입니다. 뿐만 아니라 오후11시 이후부터는 모든 식사와 음료가 10% 할인됩니다. 다른 문제에 연루되는 것을 피하기 위해 외부 음식 반입을 삼가해 주시기를 부탁드립니다.

애용해 주셔서 감사하다는 말씀 미리 전하겠습니다.

당신의 신실한
Jennifer Cole

바로 배우기

실용 구문

Generally speaking, ...
Generally speaking, the peak period①is from seven o'clock p.m. to eleven o'clock p.m.②

일반적으로 말해서, 오후 7시부터 오후 11시까지가 피크 시간대입니다.

관련어구
① rush hour 혼잡 시간대
   off-peak hour 덜 바쁜 시간대
② from six to nine a.m.
   오전 6시부터 9시까지
   on weekends 주말에

You are reminded that...
You are reminded that you had better not take any food or drinks away①, so as to avoid②any potential trouble.

다른 문제에 연루되는 것을 피하기 위해 외부 음식 반입을 삼가해 주시기를 부탁드립니다.

관련어구
① steal anything 물건을 훔치다
   leave any valuable things behind 귀중한 물건을 잃어버리다
② prevent 예방하다
   keep away from 피하다

 바로 적용하기

베껴 쓰기 좋은 문장

1 ┃ That is to say, ...   다시 말해…

that is to say는 '다시 말해, 바꿔 말하자면, 즉'의 뜻으로 in other words, namely... 등에 해당하는 어구이다.
예 That is to say, we will have to wait another two hours at the airport.
   다시 말해, 우리는 공항에서 두 시간이나 더 기다려야 한다는 것입니다.

2 ┃ You are reminded that...   수동태 용법

영어에서 수동태 표현은 매우 광범위하게 사용되며 'be동사+과거분사'의 형태로 구성된다. be동사는 주어의 인칭, 수, 시제와 어감에 따라 변화를 줘야 한다.

바로 외우기

영문 E-mail 단어

- peak n 최고점, 고봉
- period n 기간, 시기
- extend v 연장하다
- cafeteria n (교내 또는 기관 내의) 식당
- provide v 제공하다

- wide a 넓은
- variety n 종류
- avoid v 피하다
- potential a 잠재적인
- patronage n 찬조, 후원

바로
베끼기

E-mail sample

From:	Johnny McPherson
To:	Kelly Cohen
Subject:	The Annual Stocktaking 연간 재고 조사

Dear Ms. Cohen,

I'm writing to inform you of the annual stocktaking.

사항을
결정함

It's a tradition to¹ close the factory for the annual stocktaking at the end of the year. **We have decided to** undergo the annual stocktaking from December 21ˢᵗ to December 27ᵗʰ. Consequently, all the delivering and receiving operations will be suspended during this period. **We are very sorry for** any inconvenience we might cause to you.

사죄
표현

There will be another goods delivery to your warehouse before the factory closure. **You could rest assured that** all the goods will be ready for delivery in three days. Please remember to inform us by fax or E-mail of your receipt.

보장함

Thanks in advance for your kind understanding and support.

Faithfully yours,

Johnny McPherson

친애하는 Ms. Cohen

연간 재고 조사에 대해 알려 드리고자 메일 보내 드립니다.

연말에 연간 재고조사로 공장을 닫는 것이 전통입니다. 저희는 12월 21일부터 12월 27일까지 연간 재고 조사를 진행하기로 결정했습니다. 결과적으로 모든 배송과 수령 작업이 이 기간 동안 일시적으로 중지됩니다. 야기될 수 있는 모든 불편들에 대해 진심으로 죄송합니다.

공장 폐쇄 전에 귀하의 창고로 화물들이 한 번 더 배송될 것입니다. 사흘 안에 모든 화물들이 배송 준비 완료될 것이니 안심하셔도 됩니다. 물품을 수령하신 후 팩스나 메일을 통해 저희에게 알려 주시는 것 잊지 말아 주시길 바랍니다.

이해해 주시고 지원해 주셔서 감사드린다는 말씀 먼저 전해 드립니다.

당신의 신실한
Johnny McPherson

실용 구문

We have decided to...
We have decided to undergo the annual stocktaking① **from December 21**st **to December 27**th②.

저희는 12월 21일부터 12월 27일까지 연간 재고 조사를 진행하기로 결정했습니다.

①expense analysis 비용 분석
　physical examination 신체 검사
②next month 다음 달
　a week later 일주일 후

We are very sorry for...
We are very sorry for① **any inconvenience**② **we might cause to you.**

야기될 수 있는 모든 불편들에 대해 진심으로 죄송합니다.

①apologize for …에 대해 사과하다
　feel sorry about
　　…에 대해 미안하게 생각하다
②obstacles 장애
　bad results 안 좋은 결과

Thanks again...
Thanks again for all your kind support①.

사흘 안에 모든 화물들이 배송 준비 완료될 것이니 안심하셔도 됩니다.

①be relieved 안심하세요
　trust me 믿어 주세요
②products 상품
　orders 주문
③as soon as possible 최대한 빨리
　two hours later 두 시간 뒤

베껴 쓰기 좋은 문장

1 | It'a s tradition to...   관례에 따라…

It's a convention that..., Convention dictates / requires / demeands that 등에 해당하는 어구이다.

예 It's a tradition that the general manager should hand in his resignation under such circumstances.
관례에 따라, 이런 상황에서는 본부장이 사임을 해야 합니다.

영문 E-mail 단어

- annual **n** 매해의, 연례의, 연도의
- stocktaking **n** 재고 조사
- factory **n** 공장
- undergo **v** 경험하다, 경력을 쌓다
- operation **n** 조작, 동작
- suspend **v** 중단하다

- period **n** 시기, 기간
- inconvenience **n** 불편
- warehouse **n** 창고
- closure **n** 폐쇄
- goods **n** 상품

알림 | Notifying

연간 재고 조사 ②

바로
베끼기

E-mail sample

From:	Monroe Kennedy
To:	Robinson Matthews
Subject:	Announcement of the Annual Stocktaking 연간 재고 조사 안내

Dear Mr. Matthews,

회답
표현

I'm writing in reply to your e-mail of July 11th.

Convention dictates that we will undergo the annual stocktaking in late July.

대략적
으로

The stocktaking **is likely to** take around a week. There will be no delivering
or receiving operations during the period. The warehouse **is expected to**
make a complete inventory of all kinds of goods.

기대
표현

You must be well aware that[1] the stocktaking is of great significance to our
business in the latter half of the year. A staff meeting is scheduled for July 20th.
All the details of the entire process **will be announced** to everyone at the
meeting.

알림을
나타냄

Please don't hesitate to contact me if you have further inquiry.

Faithfully yours,

Monroe Kennedy

친애하는 Mr. Matthews

7월 11일에 보내 주신 메일에 대한 회신입니다.

관례상 저희는 연간 재고 조사를 7월 말에 진행합니다. 재고 조사는 일주일 정도 걸립니다. 이 기간
동안 배송이나 수령 작업이 불가합니다. 창고에서는 모든 종류의 제품들에 대해 완벽한 재고 조사를 진
행할 것입니다.

재고 조사는 저희의 하반기 사업에 매우 중요하다는 것을 잘 알고 계실 것입니다. 전체 임직원 회의
는 7월 20일에 예정되어 있습니다. 회의에서 모든 재고 조사의 세부 사항에 대해 모두에게 알려 드릴 것
입니다.

궁금한 점 있으시면 주저 말고 연락 주시길 바랍니다.

당신의 신실한
Monroe Kennedy

실용 구문

I'm writing in reply to...
I'm writing in reply to your e-mail①of July 11th.
7월 11일에 보내 주신 메일에 대한 회신입니다.

> 관련어구
> ①request 요청
>   application 신청
>   message 소식

...is likely to...
The stocktaking① is likely to take around a week②.
재고 조사는 일주일 정도 걸립니다.

> 관련어구
> ①R&D procedure 연구 개발 과정
>   manufacturing 제조
> ②two years 2년
>   about five years 약 5년

...is expected to...
The warehouse① is expected to make a complete inventory② of all kinds of goods.
창고에서는 모든 종류의 제품들에 대해 완벽한 재고 조사를 진행할 것입니다.

> 관련어구
> ①secretary 비서
>   new employeep 신입 사원
> ②detailed list 세부 목록
>   catalogue 목록

...will be announced...
All the details of the entire process will be announced① to everyone at the meeting②.
회의에서 모든 재고 조사의 세부 사항에 대해 모두에게 알려 드릴 것입니다.

> 관련어구
> ①opened 공개된
>   disclosed 폭로된
> ②in the press 매체에서
>   by e-mail 메일로

 베껴 쓰기 좋은 문장

1 | You must be well aware that... 잘 알고 계시는 바와 같이…

문장 중 must는 현재 상황에 대한 강한 추측을 나타내며 '반드시'의 뜻을 갖는다. be aware that..은 be aware of에 해당하며 '…를 알다/이해하다/의식하다/인지하다'의 뜻을 갖는다.

예 You must be well aware that no vacancy in the department is available.
잘 알고 계시는 것처럼 이 부서에는 공석이 없습니다.

 영문 E-mail 단어

- **convention** n 관례, 관습
- **dictate** v 지시하다, 명령하다, 규정하다
- **deliver** v 보내다, 배달하다
- **receive** v 받다, 수령하다
- **complete** a 완전한, 완벽한

- **inventory** n 재고 조사
- **aware** a 알고 있는, 인지하고 있는
- **significance** a 중요성, 중요도
- **staff** n (전체)직원
- **entire** n 전체의

163

Unit 5

알림 | **Notifying**

상품 출고

바로
베끼기

E-mail sample

From:	Dempsey Cohen
To:	Kenneth Williams
Subject:	Notification of Shipment 출고 통지

Dear Mr. Williams,

I'm writing in reply to your E-mail of January 19th.

감사
표현

First of all, **please accept my sincere gratitude** to you for your approving of the irrevocable L/C[1] in our favor.

It gives me great pleasure to inform you that your order No. 3195 has been ready for shipment. The cargoes have been packed as per your request[2], two dozen to one carton, gross weight around 25 kilos a carton. These fifty cartons will be transported to docks for immediate shipment tomorrow. You are expected to receive the goods on January 24th, **if everything goes according to schedule.** The relevant shipping documents **will be sent to you later** by fax. Please acknowledge receipt.

계획에
따른
다면

곧 부칠
것이다

Please feel free to contact me if you have any question.

Cordially yours,

Dempsey Cohen

친애하는 Mr. Williams

1월 19일에 보내 주신 메일에 대한 회신입니다.

우선 저희를 수령인으로 취소 불능 신용장 발급을 승인해 주셔서 감사드립니다.

귀하의 3195번 주문 배송 준비가 완료되었음을 알려 드릴 수 있어 기쁩니다. 이번 화물은 요청하신 대로 한 상자에 두 다스로, 무게는 한 상자 당 약 25킬로그램 정도 됩니다. 이번 50상자는 내일 바로 선장으로 운송되어 배송될 것입니다. 모든 것이 예정대로라면, 1월 24일이면 제품들을 받아 보실 수 있으실 것입니다. 운송 관련 서류는 후에 팩스로 보내 드리겠습니다. 받으시면 연락 바랍니다.

궁금한 점 있으시면 편하게 연락 주시길 바랍니다.

당신의 신실한
Dempsey Cohen

실용 구문

Please accept my sincere gratitude...

Please accept my sincere gratitude to you for your approving① of the irrevocable L/C in our favor②.

우선 저희를 수령인으로 취소 불능 신용장 발급을 승인해 주셔서 감사드립니다.

> **관련어구**
> ① support 지지
>   consent 동의
> ② new project 새 프로젝트
>   proposal 제안서

...if everything goes according to schedule.

You are expected to receive the goods① on January 24th, if everything goes according to② schedule.

모든 것이 예정대로라면, 1월 24일이면 제품들을 받아 보실 수 있으실 것입니다.

> **관련어구**
> ① reach the goal 목표를 달성하다
>   win the prize 수상하다
> ② follows 따르다
>   sticks to 따르다

...will be sent to you later...

The relevant shipping documents① will be sent to you later by fax②.

운송 관련 서류는 후에 팩스로 보내 드리겠습니다.

> **관련어구**
> ① application form 신청서
>   resume of mine 내 이력서
> ② special delivery 퀵서비스
>   email 전자우편

베껴 쓰기 좋은 문장

1 | L/C 축약형 사용법

메일의 시간적 효율성을 위해 영작 과정에서 자주 쓰는 단어나 표현을 축약형으로 쓸 수 있다. 예로 본문의 L/C는 letter of credit의 축약형이다. 메일에서 자주 쓰이는 축약형 표현들은 Part 3 '영어 E-mail 실용어휘' Chapter1 '자주 쓰이는 E-mail 어휘'에서 다룰 예정이므로 여기서는 더 이상 언급하지 않겠다.

2 | ... as per your request 귀하의 요청에 따라

as per은 보통 공식적인 문서를 작성할 때 사용하며 '…에 따라, …를 근거하여'의 뜻을 가지며 according to에 해당하는 어구이다.

예 We will open an irrevocable L/C in your favor as per your request.
귀하의 요청에 따라 귀하를 수납인으로 한 신용장을 발급하겠습니다.

영문 E-mail 단어

- shipment ꓵ 운수, 운송, 배송
- carton ꓵ 상자, 곽
- gross ꓵ 총액
- dock ꓵ 선장
- relevant ꓐ 관련 있는
- document ꓵ 문서, 공문

알림 | Notifying

출고 연기

바로 베끼기 E-mail sample

From:	Bruce Hanson
To:	Cameron Holmes
Subject:	Our Apology for Delayed Shipment 출고 연기에 대한 사과문

Dear Mr. Holmes,

I'm writing to offer our sincere apology for delayed shipment.

It's the first time that you have established business relationship with us.

중시표현 → Needless to say, **we attach great importance** to your order. However, we regret to inform you that[1] we are unable to carry out our promise.

죄송하게 생각함 → **We are terribly sorry** for this, but the unexpected foggy weather has led to the cancellation of all shipments. **Please accept our apology** for all the inconvenience we have caused to you. You could rest assured that your order will be shipped immediately as soon as the weather conditions turn better.

상대방에게 용서를 구함

Thanks in advance for your kind understanding.

Yours sincerely,

Bruce Hanson

친애하는 Mr. Holmes

출고가 지연되는 것에 대해 진심으로 사과의 말씀 드리며 메일 보냅니다.

귀하께서 저희와 사업 관계를 맺으신 것이 처음인 만큼 말할 필요도 없이 저희는 귀하의 주문을 매우 중요하게 생각했음에도 불구하고, 약속을 지키지 못하게 된 것을 알리게 되어 매우 유감스럽게 생각합니다.

저희는 이에 대해 매우 죄송하게 생각합니다. 하지만 예상치 못한 안개 때문에 운송이 취소되었습니다. 이로써 발생하게 된 모든 불편 사항들에 대해 사과드립니다. 날씨 상황이 좋아지면 바로 배송 작업이 진행될 것이니 안심하시길 바랍니다.

이해해 주셔서 미리 감사의 말씀 전하겠습니다.

당신의 신실한
Bruce Hanson

실용 구문

We attach great importance...
Needless to say[1], we attach great importance to your order[2].

말할 필요도 없이 저희는 귀하의 주문을 매우 중요하게 생각했습니다.

관련어구
[1] After all 어쨌든
Most important of all
가장 중요한 것은
[2] need 요구
opinion 의견

We are terribly sorry...
We are terribly sorry for this, but the unexpected foggy weather[1] has led to the cancellation of all shipments[2].

저희는 이에 대해 매우 죄송하게 생각합니다. 하지만 예상치 못한 안개 때문에 운송이 취소되었습니다.

관련어구
[1] thunderstorm 뇌우
strike of the workers
직원 파업
[2] flights 항공편
trains 열차

Please accept our apology...
Please accept our apology[1] for all the inconvenience we have caused to you[2].

이로써 발생하게 된 모든 불편 사항들에 대해 사과드립니다.

관련어구
[1] do not blame us
저희를 비난하지 마세요
excuse us 용서하세요
[2] the campaign 캠페인
the advertisement department
광고 부서

 베껴 쓰기 좋은 문장

1 | However, we regret to inform you that ...
그러나 …을 알리게 되어 유감입니다.

that 은 생략 가능하며 이 문장은 It's to be regretted that..., Regrettably...에 해당하는 어구이다.

예 However, we regret to inform you that **we might have to decline your invitation.**
그러나 귀하의 초대를 거절해야 한다는 소식을 알리게 되어 유감입니다.

 영문 E-mail 단어

- apology **n** 사과
- establish **v** 설립하다
- relationship **n** 관계
- needless to say **phr** 말할 필요도 없이
- attach **v** 첨부하다, 붙이다

- terribly **ad** 매우
- unexpected **a** 예상치 못한, 의외의
- foggy **a** 안개 긴
- weather **n** 날씨
- cancellation **n** 취소

알림 | Notifying

Unit 5

상품 재고 부족 ①

E-mail sample

From:	Nicolas Richards
To:	Penn Hastings
Subject:	Textile Fabrics Have Been Out of Stock 패브릭 제품 재고 부족

Dear Mr. Hastings,

I'm writing in reply to your E-mail of December 24th.

감사 표현

안타 까움

We acknowledge with thanks receipt of your order for our latest textile fabrics. **It's regretted that** the textile fabrics you feel interest in have been out of stock.

There has been a large increase in the number of orders we have received during Christmas season. We have indeed taken some measures to improve productivity beforehand. However, contrary to all expectations[1], **we have failed to** supply enough fabrics, even though the factory has kept working at full capacity.

실패를 나타냄

I'm wondering if you could kindly reorder a week later. Your reply at your earliest convenience would be greatly appreciated.

Yours sincerely,

Nicolas Richards

친애하는 Mr. Hastings

12월 24일에 보내 주신 메일에 대한 회신입니다.

최근 귀하께서 주문하신 섬유 제품 주문서를 받았으며 이에 감사의 말씀 전합니다. 하지만 안타깝게도 관심 가져 주신 섬유 제품이 이미 품절되었습니다.

저희 측은 크리스마스 시즌 동안 주문량이 급증했습니다. 사전에 생산량을 늘리는 방법을 시행했었으나, 예상과는 반대로 공장에서 전력 생산을 동원했음에도 불구하고 충분한 제품 제공에 실패했습니다.

일주일 뒤에 다시 주문을 해 주실 수 있는지 궁금합니다. 되는대로 빠른 회신 주시면 감사하겠습니다.

당신의 신실한
Nicolas Richards

실용 구문

We acknowledge with thanks receipt...

We acknowledge with thanks receipt of your order for our latest[1] textile fabrics[2].

최근 귀하께서 주문하신 섬유 제품 주문서를 받았으며 이에 감사의 말씀 전합니다.

관련어구
[1] best selling 가장 잘 팔리는
well-known 잘 알려진
[2] cell phones 휴대폰
necklaces 목걸이

It's regretted that...

It's regretted that[1] the textile fabrics you feel interest in have been out of stock[2].

안타깝게도 관심 가져 주신 섬유 제품이 이미 품절되었습니다.

관련어구
[1] We are sorry that
…에 대해 죄송합니다
Unfortunately 불행히도
[2] been sold out 품절되다
stopped being produced
생산 중지하다

We have failed to...

We have failed to supply enough fabrics[1], even though[2] the factory has kept working at full capacity.

공장에서 전력 생산을 동원했음에도 불구하고 충분한 제품 제공에 실패했습니다.

관련어구
[1] sufficient products
충분한 물량
minimum amount of food
최소한의 식품
[2] although …임에도 불구하고
even if …일지라도

 베껴 쓰기 좋은 문장

1 | However, contrary to all expectation,... 그러나 예상했던 것과는 반대로…

contrary to (all) expectation(s)는 against (all) expectation(s)으로도 쓸 수 있으며 '예상과는 다르게, 예상치 못하게'의 뜻을 갖는다.

예 However, contrary to all expectations, these measures actually have little or no effect.

그러나 예상했던 것과는 반대로, 이런 방법은 거의 효과가 없었습니다.

 영문 E-mail 단어

- receipt n 수령
- textile n 직물, 섬유
- fabric n 직물
- stock n 재고, 잔량
- increase n 증가

- season n 계절, 시즌
- measure n 대책, 수단, 방법
- productivit n 생산력, 생산량
- capacity n 능력, 생산력
- reorder v 추가 주문, 재주문

E-mail sample

From:	Haley Faulkner
To:	Brian Cole
Subject:	The Dictionaries Have Been Out of Stock 사전 재고 부족

Dear. Mr. Cole,

I'm writing to inform you that the dictionaries you inquire about have been out of stock.

The dictionary has enjoyed a widespread popularity among middle school students. **It has gone through** seven editions so far. **With the beginning of** the fall semester, many schools have purchased the revised- edition dictionary. Roughly speaking[1], two thousand copies have been sold just this week.

We have contacted the publisher, expecting to get more copies as soon as possible. The new arrivals are scheduled for next Monday. Please feel free to contact me if you would like to get the dictionary then.

Sincerely yours,

Haley Faulkner

친애하는 Mr. Cole

요청하신 사전의 재고가 떨어졌음을 알리고자 메일 보내 드립니다.

그 사전은 중학생들 사이에서 매우 인기가 좋습니다. 지금까지 이미 7번째 판본이 인쇄되었습니다. 이번 가을 학기가 시작되면서 많은 학교들이 사전의 수정본을 구매해 갔습니다. 대략적으로 말씀드려서, 이번 주에만 2000권의 사전이 팔려 나갔습니다.

저희는 최대한 빠른 시일 내에 추가 사본을 받고자 출판사에 연락을 취했습니다. 다음 주 월요일에 신간이 도착할 예정입니다. 그때라도 사전을 구매하실 의향이 있으시다면 언제든 편하게 연락 주시길 바랍니다.

당신의 신실한
Haley Faulkner

실용 구문

It has gone through...
It has gone through **seven editions**① **so far**②.

지금까지 이미 7번째 판본이 인쇄되었습니다.

관련어구
① reprinting 재판
remodeling 개조
② already 이미
until now 지금까지

With the beginning of...
With the beginning of **the fall semester**①**, many schools have purchased the revised-edition dictionary**②.

이번 가을 학기가 시작되면서 많은 학교들이 사전의 수정본을 구매해 갔습니다.

관련어구
① new school year 새 학년
newly-designed course 신안 과정
② a set of teaching devices 교수법 세트
desk and chairs 책상과 의자

We have contacted...
We have contacted **the publisher**①**, expecting to get more copies**② **as soon as possible.**

저희는 최대한 빠른 시일 내에 추가 사본을 받고자 출판사에 연락을 취했습니다.

관련어구
① company 회사
editor 편집자
② more magazines 잡지
a larger discount 할인

베껴 쓰기 좋은 문장

1 │ Roughly speaking ... 개괄적으로 말해서 / 관련적으로 말해서…

삽입어구 roughly speaking은 approximately에 해당하는 말로 문두, 문장 중간, 문장 맨 마지막 등에 위치할 수 있다.

예 Roughly speaking, **we have to pay five hundred dollars for the car repair.**

개괄적으로 말해서, 우리는 500달러의 차 수리비를 내야 할 것 같아요.

영문 E-mail 단어

- dictionary **n** 사전
- widespread **a** 보편적인
- middle school **n** 중학교
- go through **phr** …를 경험하다
- edition **n** 판본

- semester **n** 학기
- purchase **v** 구매하다
- revised-edition **n** 수정판
- roughly **ad** 대략, 대충, 개괄적으로
- publisher **n** 출판사, 출판인

바로
베끼기

E-mail sample

From:	Alexander Mellon
To:	Ethan Nevins
Subject:	Confirmation of Payment 납부 확인

Dear Mr. Nevins,

I'm writing to inform you of the payment for the modern heating appliances we purchased.

As you are aware, we purchased 100 sets of your modern heating appliances a fortnight ago. And **your e-mail of January 17th said that** you confirmed the stock and decided to accept our order.

상대방
에게
확인

The purchase contract specifies that[1] the payment is due to be made by January 24th. **Therefore,** we opened an irrevocable L/C for 20 thousand dollars in your favor, valid for two weeks on January 21st. I'm wondering if you have received the L/C.

이 때문에

Please feel free to contact me[2], if need be.

Faithfully yours,

Alexander Mellon

친애하는 Mr. Nevins

저희 측이 구매한 현대 난방기 제품의 송금 완료를 알리고자 메일 보내 드립니다.

알고 계시는 바와 같이, 저희는 2주 전에 귀사의 현대 난방기 100세트를 구매했습니다. 그리고 1월 17일에 보내 주신 메일에서는 재고를 확인했으며 주문을 받으신다고 말씀하셨습니다.

매입 계약 규정에는 1월 24일 전에 송금을 완료해야 한다고 명시되어 있습니다. 그러므로 1월 21일에 귀하를 수납인으로 둔 2만 달러짜리 취소 불능 신용장을 개설했으며, 유효기간은 2주입니다. 혹 귀하께서 신용장을 받으셨는지요.

필요하시다면 언제든 연락 주시길 바랍니다.

당신의 신실한
Alexander Mellon

실용 구문

Your e-mail of January 17th said that...

Your e-mail of January 17th said that **you confirmed the stock**[①]**and decided to accept**[②] **our order.**

1월 17일에 보내 주신 메일에서는 재고를 확인했으며 주문을 받으신다고 말씀하셨습니다.

관련어구
①asked the manager 매니저에게 묻다
checked the amount 총량을 확인하다
②take 취하다
reject 거절하다

Therefore, ...

Therefore[①], **we opened an irrevocable L/C for 20 thousand dollars**[②].

그러므로 2만 달러짜리 취소 불능 신용장을 개설했습니다.

관련어구
①As a result 그 결과
Because of that 이 때문에
②a million dollars 100만 달러

베껴 쓰기 좋은 문장

1 | The purchase contract specifies that ... 매입 계약 규정에 따르면…

타동사 specify 는 '명확하게 …라 규정되다'의 뜻으로 과거형이나 과거분사 모두 specified의 형태를 사용한다. 목적어로는 접속사 that이 이끄는 절을 받을 수 있다.

예 The purchase contract specifies that we should deliver the goods on receipt of the payment.
매입 계약 규정에는 송금을 받으면 바로 물건을 보내 줘야 한다고 명시되어 있다.

2 | Please feel free to contact me. 문장의 시제

일반적으로 영어로 메일을 작성할 때는 현재형, 과거형, 미래형, 현재완료형, 현재진행형 이 5가지의 시제를 자주 사용한다. 만약 특정한 시간부사구가 없거나 의미상 필요가 없다면, 보통 현재형 시제로 문장을 서술한다.

영문 E-mail 단어

- modern a 현대의
- heating a 난방의, 가열의
- appliance n 기계, 도구
- specify v 명시하다, 명기하다

- due a 만기의, 지불해야 하는
- in your favor phr 상대방을 수납인으로 둔
- valid a 유효한, 법적 효력 있는

E-mail sample

From:	Simon Jefferson
To:	Noah Clinton
Subject:	Confirmation of Payment of Norwell Corporation Norwell 사 납부 확인

Dear Mr. Clinton,

I'm writing to check if Norwell Corporation has already made the payment.

If memory serves, Norwell Corporation placed an order for two thousand pounds of mint tea on February 4th. We offered a 10% discount off the normal purchase price. That amounts to sixty thousand dollars.

The contract clearly specifies that Norwell Corporation should make the payment by February 16th. **If they have not,** please send the corporation a notification to urge them to do so. **Otherwise,** we might have to[1] cancel the deal .

Please feel free to contact me if you have any question.

Yours faithfully,

Simon Jefferson

친애하는 Mr. Clinton

Norwell 사가 입금을 했는지 확인차 메일 보내 드립니다.

제 기억이 틀리지 않았다면, 2월 4일 Norwell사에서 박하차 2000파운드를 주문했었습니다. 정상가에서 10%를 할인해 드렸고, 총액은 6만 달러였습니다.

계약서에 분명히 Norwell사가 2월 16일까지 입금을 완료해야 한다고 명시되어 있습니다. 만약 그들이 입금하지 않았다면, 그들에게 재촉 통지서를 보내 주시길 바랍니다. 그렇지 않으면 우리는 거래를 취소해야 할지도 모릅니다.

궁금하신 점 있으시면 언제든 편하게 연락 주시길 바랍니다.

당신의 신실한
Simon Jefferson

실용 구문

I'm writing to check...

I'm writing to check if Norwell Corporation[1] **has already made the payment**[2]**.**

Norwell 사가 입금을 했는지 확인차 메일 보내 드립니다.

> **관련어구**
> ① my secretary 내 비서
>   Mr. Lee Lee 씨
> ② made a reservation 예약하다
>   delivered the goods 상품 운송

If they have not, ...

If they have not, please send the corporation a notification[1] **to urge**[2] **them to do so.**

만약 입금하지 않았다면, 그들에게 재촉 통지서를 보내 주시길 바랍니다.

> **관련어구**
> ① notice 알리다
>   message 소식을 전하다
> ② ask 요구하다
>   remind 상기시키다

Otherwise, ...

Otherwise, we might have to[1] **cancel the deal**[2]**.**

그렇지 않으면 우리는 거래를 취소해야 할지도 모릅니다.

> **관련어구**
> ① need to …해야 하다
>   decide to 결정하다
> ② add an extension fee
>   연체료를 더하다
>   blacklist it 블랙리스트에 올리다

베껴 쓰기 좋은 문장

1 | Otherwise, we might have to... 그렇지 않으면, 우리는 …해야 할지도 모릅니다.

have to do는 must do, have no choice but to do에 해당하는 말로 '…를 해야만 한다/하지 않을 수 없다'의 뜻을 갖는다.

> 예 Otherwise, we might have to **decide against funding the scheme.**
> 그렇지 않으면 우리는 이번 자금 모금 계획에 반대해야 할지도 모릅니다.

영문 E-mail 단어

- confirmation **n** 확인
- corporation **n** 회사
- place **v** …를 주문하다
- thousand **n** 천
- pound **n** 파운드

- mint **n** 박하
- notification **n** 통지, 통지서
- urge **v** 재촉하다
- deal **n** 거래

알림 | Notifying

Unit 5

납입 금액 불일치

E-mail sample

From:	Michelle Kane
To:	Christina Steele
Subject:	Discrepancy in the Payment Amount 납입 금액 불일치

Dear Ms. Steele,

I'm writing to inform you of the discrepancy in the payment amount.

I'm much obliged to you for your order of our portable typewriters on August 13th. **We were pleased to inform you** in the last e-mail that your order would be ready for shipment after we acknowledged receipt of your payment.

As you are aware, you should make payment of 21,000 dollars to us. However, we just received your telegraphic transfer of 12,000 dollars at 2:48 p.m. of August 28th. I guess[1] you must have made a mistake. **You are expected to** check your balance on the bank account as soon as possible.

Please remit us the additional 9,000 dollars within three days, lest the shipment should be delayed.

Faithfully yours,

Michelle Kane

감사 표현

소식을 전하게 되어 기쁨

이미 알고 있음을 상기함

상대방 에게 바람

친애하는 Ms. Steele

납입 금액이 불일치하다는 것을 알리고자 메일 보내 드립니다.

귀하께서 8월 13일에 저희 휴대용 타자기를 주문해 주셔서 감사드립니다. 지난 메일에 귀하의 입금을 확인한 후 귀하의 주문 배송 준비가 완료되었다는 것을 알리게 되어 기뻤습니다.

알고 계시는 바와 같이 21,000달러를 입금해 주셔야 하셨으나, 8월 28일 오후 2:48에 12,000달러밖에 이체를 받지 못했습니다. 무언가 착오가 있으셨던 것 같습니다. 가능한 빠른 시일 내에 통장 잔고를 확인해 주시기 바랍니다.

운송이 지연되지 않도록 사흘 안에 나머지 9,000달러를 입금해 주시기 바랍니다.

당신의 신실한

Michelle Kane

실용 구문

I'm much obliged to you...

I'm much obliged to you for your order of our portable typewriters①on August 13th②.

귀하께서 8월 13일에 저희 휴대용 타자기를 주문해 주셔서 감사드립니다.

관련어구
①LED desk lamp LED 책상 등
  cardigans 가디건
②yesterday 어제
  half an hour ago 30분 전에

We were pleased to inform you...

We were pleased to inform you in the last e-mail that your order①would be ready for shipment after②we acknowledged receipt of your payment.

지난 메일에 귀하의 입금을 확인한 후 귀하의 주문 배송 준비가 완료되었다는 것을 알리게 되어 기뻤습니다.

관련어구
①products 제품
  clothes 옷
②as soon as ···하자마자
  once 일단 ···하면

As you are aware, ...

As you are aware①, you should② make payment of 21,000 dollars to us.

알고 계시는 바와 같이 21,000달러를 입금해 주셔야 합니다.

관련어구
①As we mentioned
  우리가 언급했던 것처럼
  As you might notice
  알고 계시는 것처럼
②are supposed to ···해야 한다
  are expected to ···하게 되어 있다

You are expected to...

You are expected to check your balance on the bank account① as soon as possible②.

가능한 빠른 시일 내에 통장 잔고를 확인해 주시기 바랍니다.

관련어구
①give the money back 환급하다
  finish your job
  당신의 작업을 완수하다
②recently 최근에
  within two days 이틀 내에

베껴 쓰기 좋은 문장

1 | I guess   제 추측으로는···

타동사 guess 뒤에는 접속사 that이 이끄는 절이 목적어로 올 수 있다. 또 guess는 조동사 would의 수식을 받을 수 있다. I guess...는 My guess is that에 해당하는 어구이다.

예 I guess you will have no difficulty (in) solving the problem.

제 추측으로는 당신께서 이 문제를 해결하는 데 아무런 문제가 없을 것입니다.

영문 E-mail 단어

- discrepancy n 불일치
- portable a 휴대용의, 이동이 쉬운
- typewriter n 타자기

- telegraphic a 전신의, 전보의
- lest conj ···하지 않도록, ···를 피하도록

E-mail sample

From:	Kurt McPherson
To:	Denny Richardson, and others
Subject:	Personnel Change 인사 변동

Dear All,

As some of you might know, an emergency board meeting took place at the corporate headquarters yesterday afternoon. The meeting lasted longer than anticipated, **in order to** achieve consensus on who should take over the post of CFO.

Travis Watson was once regarded as the board's first pick. However, **against all expectations,** he decided to withdraw from the competition for the position, for health reasons. Eventually, Elliot Williams, the former general manager of the accounting department, was chosen the successor to the CFO.

The new appointment will take effect from and including July 19th, 2016. It's anticipated that[1] Elliot Williams will lead the company to greater success.

Yours faithfully,

Kurt McPherson

친애하는 여러분

몇몇 분들은 알고 계실 수도 있지만, 어제 오후 회사 본부에서 긴급 이사회를 열었습니다. 회의는 누가 CFO 자리를 인계받을 것인지에 대해 의견을 수렴할 때까지 예상보다 긴 시간 동안 지속되었습니다.

Travis Watson 씨를 이사회에서 처음 뽑았으나, 예상치 못하게 그는 건강상의 문제로 이 직위를 둔 경쟁에서 포기하시겠다고 결정하셨습니다. 결국 전 회계 부서의 본부장이셨던 Elliot Williams 씨께서 CFO 후계자로 결정되었습니다.

새 임용은 2016년 7월 19일부터 적용될 것입니다. Elliot Williams 씨께서 회사를 더 큰 성공으로 이끌어 주시기를 바랍니다.

당신의 신실한
Kurt McPherson

실용 구문

As some of you might know, ...

As some of you might know, an emergency board meeting①**took place at the corporate headquarters**②**yesterday afternoon.**

몇몇 분들은 알고 계실 수도 있지만, 어제 오후 회사 본부에서 긴급 이사회를 열었습니다.

관련어구
① the committee 위원회
   a celebration party 축하 파티
② at room 311 311호실에서
   at the center of the office
   사무실 중앙에서

..., in order to...

The meeting①**lasted longer than anticipated, in order to achieve consensus on who should take over the post of CFO**②**.**

회의는 누가 CFO 자리를 인계받을 것인지에 대해 의견을 수렴할 때까지 예상보다 긴 시간 동안 지속되었습니다.

관련어구
① discussion 토론
   debate 토의
② supervisor 감독관
   spokesman 대변인

Against all expectations, ...

Against all expectations, he decided to withdraw from①**the competition for the position, for health**②**reasons.**

예상치 못하게 그는 건강상의 문제로 이 직위를 둔 경쟁에서 포기하시겠다고 결정하셨습니다.

관련어구
① give up 포기하다
   get out of 결정하다
② family 가정
   political 정치

베껴 쓰기 좋은 문장

1 | It's anticipated that ...   …하기를 바랍니다.

We anticipate that..., It's expected that...에 해당하는 어구이다. 타동사 anticipate는 목적어로 명사, 동명사, that절 등을 취할 수 있다.

예 It's anticipated that these measures will help pull the company out of recession.
이런 방법들이 회사가 침체기에서 빠져나오게 도와줄 수 있길 바랍니다.

영문 E-mail 단어

- anticipated a 기대되는
- consensus n 일치
- CFO abbr 수석재무관(Chief Financial Officer)

- withdraw v 물러나다, 철수하다
- eventually ad 최종적으로, 결국
- former a 이전의

179

바로 베끼기 E-mail sample

From:	Tony Nixon
To:	Victor Peters
Subject:	Lay-off Notice 감원 통지

Dear Mr. Peters,

As you might be aware, our company has met with many difficulties in the wake of the recession. To be blunt with you, the sales have gone into a decline due to the falling demand. The stiff competition from overseas companies **as** **well as** the general tightening of the market is the main challenge facing our company. We have tried to take measures to get out of trouble**, but** all our efforts are in vain.

In the circumstances, we have no alternative but to[1] resort to corporation reorganization, hoping to go through the unanticipated difficult time. Thirty employees from different departments will be laid off the day after tomorrow. If things should go from bad to worse, there **is likely to be** a long lay-off over the winter.

Yours sincerely,

Tony Nixon

친애하는 Mr. Peters

알고 계실 수도 있지만, 우리 회사가 쇠퇴기에 접어들면서 많은 문제점들에 당면했습니다. 솔직하게 말씀드려서, 수요 감소로 인해 판매액이 줄어들고 있습니다. 외국 회사들과의 치열한 경쟁과 내수 시장의 보편적 긴축이 우리 회사가 당면한 주된 문제들입니다. 우리는 문제에서 벗어나고자 많은 방법을 시도해 보았지만 모든 노력들이 헛될 뿐이었습니다.

이런 상황에서 우리는 이런 예상치 못한 힘든 시기를 헤쳐나가기 위해 사내 구조 조정에 들어가는 것 외에는 별다른 대책이 없습니다. 내일 모레 각기 다른 부서에서 근무 중인 30명의 직원들이 해고될 것입니다. 만약 상황이 악화된다면 겨울에 장기성 해고 절차가 진행될 것 같습니다.

당신의 신실한
Tony Nixon

실용 구문

...as well as...

The stiff competition from overseas companies as well as the general tightening of the market① is the main challenge② facing our company.

외국 회사들과의 치열한 경쟁과 내수 시장의 보편적 긴축이 우리 회사가 당면한 주된 문제들입니다.

> **관련어구**
> ① the financial crisis inside
> 내부 재정 위기
> lack of talented designers
> 유능한 디자이너 부족
> ② the difficulty 문제점
> the dominant issue 주요 문제

..., but...

We have tried to take measures① to get out of trouble, but all our efforts are in vain②.

우리는 문제에서 벗어나고자 많은 방법을 시도해 보았지만 모든 노력들이 헛될 뿐이었습니다.

> **관련어구**
> ① seek help 도움을 구하다
> ask for a loan 모금하다
> ② useless 쓸모없는
> pointless 의미 없는

...is likely to be...

If things should go from bad to worse①, there is likely to be a long lay-off over the winter②.

만약 상황이 지속되거나 악화된다면 겨울에 장기성 해고 절차가 진행될 것 같습니다.

> **관련어구**
> ① are getting worse and worse
> 갈수록 악하되다
> could not improve
> 개선시킬 수 없다
> ② at the end of this year 올해 말에
> after Lunar New Year 설날 후에

 베껴 쓰기 좋은 문장

1 | In the circumstances, we have no alternative but to ...
이런 상황에서 우리는 다른 선택의 여지없이 …해야 합니다.

문두의 in the circumstances는 under the circumstances에 해당하며 '이런 상황에서, 상황이 이렇다면'의 의미를 갖는다. have no alternative but to는 have no choice but to에 해당하며 '별다른 선택권이 없다. 선택의 여지없이 …해야 한다'의 의미를 갖는다.

예 In the circumstances, we have no alternative but to resort to strike action.
이런 상황에서 우리는 다른 선택의 여지없이 파업을 할 수밖에 없습니다.

 영문 E-mail 단어

- recession n 쇠퇴, 쇠퇴기
- circumstance n 상황
- decline v 감소하다, 줄어들다
- alternative n 대안
- demand n 요구

- resort v 기대다, 선택하다
- stiff a 강렬한, 맹렬한
- corporation n 법인, 회사
- tightening n 긴축
- unanticipated a 예상치 못한

알림 | Notifying

감원 ②

바로
베끼기

E-mail sample

From:	Jorge Kennedy
To:	Edgar Hanson
Subject:	A Letter of Dismissal 해임장

Dear Mr. Hanson,

I'm writing to inform you of the bad news that you are going to be dismissed.

…와
더불어

You, **along with** other 25 workers from different workshops, will be dismissed from the factory next week. We are reluctant to make the difficult decision, but the fact of the matter is that our factory has been unable to employ so many workers.

이미
알 수도
있음

You might be well aware that the manufacturing industry has fallen into a decline for seven consecutive months because of the continuous decrease in demand.

미안하게
생각함

We are genuinely sorry for failing to keep all the staff. We have done the best we can, but with little or no effect[1].

I hope the dismissal will not cause you too much trouble. May you find a better job somewhere else as soon as possible.

Sincerely yours,

Jorge Kennedy

친애하는 Mr. Hanson

당신이 해고될 예정이라는 안 좋은 소식을 전하고자 메일 보내 드립니다.

당신과 더불어 25명의 다른 작업실에서 오신 직원들은 다음 주에 공장에서 해고될 것입니다. 저희도 이런 어려운 결정을 내리고 싶지 않았지만, 우리 공장이 그렇게 많은 직원을 고용할 수 없는 것이 사실입니다. 알고 계실 수도 있지만, 제조 산업은 계속되는 수요 감소로 연달아 7달 동안 하락세를 타고 있습니다. 모든 직원들을 수용할 수 없게 되어 매우 죄송하게 생각합니다. 저희도 할 수 있는 최선을 다했지만 거의 효과가 없었습니다.

해고가 당신에게 그렇게 큰 문제가 되지 않기를 바랍니다. 최대한 빠른 시일 내에 다른 곳에서 더 좋은 직업을 찾길 바랍니다.

당신의 신실한
Jorge Kennedy

실용 구문

...along with...

You, along with other 25 workers[①] from different workshops, will be dismissed from the factory[②] next week.

당신과 더불어 25명의 다른 작업실에서 오신 직원들은 다음 주에 공장에서 해고될 것입니다.

관련어구
① the new employees with mistakes 실수를 범한 신입 사원
three managers 세 명의 매니저
② promoted 승진된
transferred to another department 다른 부서로 전직된

You might be well aware that...

You might be well aware[①] that the manufacturing industry[②] has fallen into a decline.

알고 계실 수도 있지만, 제조 산업은 하락세를 타고 있습니다.

관련어구
① clear 정확한
noticed 통보받은
② entertainment industry 오락 산업
number of foreign visitors 외국인 방문객 수

We are genuinely sorry for...

We are genuinely[①] sorry for failing to keep all the staff[②].

모든 직원들을 수용할 수 없게 되어 매우 죄송하게 생각합니다.

관련어구
① desperately 극도의
truly 매우
② solve the problem 문제를 해결하다
get the bonus 보너스를 받다

베껴 쓰기 좋은 문장

1 | ...but with little or no effect ···거의 효과가 없다.

문장 중 with little or no effect는 of/to no effect에 해당하는 어구로 '예상하거나 희망하던 결과가 없다, 효과가 없다'의 뜻을 갖는다. 관련 숙어로는 in effect가 있는데 '효과 또는 효력 있는'의 뜻을 갖는다.

예 We tried our best to win the competition for the contract, but with little or no effect.
우리는 계약 경쟁에서 이기기 위해 최선을 다했지만 거의 효과가 없었습니다.

영문 E-mail 단어

- **dismiss** v 해고하다
- **workshop** n 작업실
- **factory** n 공장
- **the fact of the matter is that** phr 사실은
- **unable** a ···할 수 없는, 무능한
- **employ** v 고용하다
- **industry** n 기업, 산업

- **fall into** phr ···에 빠지다, ···에 종사하다
- **consecutive** a 연속적인, 순차적인
- **continuous** a 계속되는
- **decrease** v 감소하다
- **staff** n 전체 직원, 전체 피고용인
- **dismissal** n 해고

E-mail sample

From:	Daniel Watson
To:	Jackson Peterson
Subject:	Notice of Insolvency 파산 통지

Dear Mr. Peterson,

Here is the bad news for you. As you might know, our company has filed for insolvency. To tell the truth[1], everything has turned into a nightmare since[2] we were stuck in the financial trouble **at the beginning of** this year.

Our company has been determined to invest in real estate since last September. We have seldom made both ends meet at the first quarter of this year. What's worse, the cumulative trade deficit in recent months has been actually beyond imagination. Consequently, insolvency is the nightmare scenario.

I'm afraid you will have to hunt for another job somewhere else. May you have good luck.

Faithfully yours,

Daniel Watson

친애하는 Mr. Peterson

귀하에게 안 좋은 소식이 있습니다. 알고 계실지도 모르지만, 저희 회사는 파산을 신청했습니다. 솔직하게 말씀드리자면, 올해 초에 자금 문제에 당면하고 나서부터 모든 것이 악몽으로 변했습니다.

작년 9월부터 당사는 부동산에 투자하기로 결정했었습니다. 올해 첫 분기에 저희는 거의 수지를 맞추지 못했습니다. 설상가상으로, 최근 몇 달 간 누적된 무역 적자는 실로 우리의 상상을 초월했습니다. 결과적으로 파산이라는 악몽 같은 일이 벌어진 것입니다.

안타깝지만 귀하께서 다른 직업을 구하셔야 할 것 같습니다. 행운을 빌겠습니다.

당신의 신실한
Daniel Watson

실용 구문

...at the beginning of...

Everything has turned into a nightmare since we were stuck in the financial trouble[①] at the beginning of this year[②].

올해 초에 자금 문제에 당면하고 나서부터 모든 것이 악몽으로 변했습니다.

> **관련어구**
> ① found out the plan was ridiculous
> 계획이 터무니없다는 것을 알다
> got lost in the mountain
> 산에서 길을 잃다
> ② the project 프로젝트
> the quarter 분기

I'm afraid...

I'm afraid you will have to hunt for another job[①] somewhere else. May you have good luck[②].

안타깝지만 귀하께서 다른 직업을 구하셔야 할 것 같습니다.

> **관련어구**
> ① make a living 생계를 꾸리다
> find a job 구직하다
> ② Wish you all the best
> 모든 일이 잘 되기를 빌다
> Take care 몸조심하기를 빌다

 베껴 쓰기 좋은 문장

1 | To tell the truth ... 부정사가 이끄는 삽입어구

예문에 나온 삽입어구 외에도 자주 쓰이는 어구로는 to be sure(물론), to be frank(솔직히 말해서), so to speak(말하자면), to be short(간단히 말해), to begin with(우선) 등 이 있다.

2 | To tell the truth, everything has turned into a nightmare since...
솔직히 말씀드리면, …이후로 모든 것들이 악몽이 되었습니다.

문두의 to tell the truth는 삽입어구로 주절은 everything has turned into a nightmare이며 뒤에는 시간부사가 이끄는 구가 왔다.

예 To tell the truth, everything has turned into a nightmare since **the factory was forced into bankruptcy.**
솔직히 말하자면, 공장이 파산을 맞이하고 난 후로 모든 것들이 악몽이 되었습니다.

영문 E-mail 단어

- **file** v 제출하다(소송 등을)
- **insolvency** n 지불 불능, 채무 초과, 파산
- **nightmare** n 악몽
- **invest** v 투자하다
- **real estate** phr 부동산

- **make both ends meet** phr 수지를 맞추다
- **cumulative** a 누적된, 점진된
- **deficit** n 적자
- **recent** a 최근의
- **scenario** n 상황, 시나리오

바로
베끼기

E-mail sample

From:	Nigel McPherson
To:	Thomas Cole
Subject:	A Temporary Cessation of Business 회사 임시 휴업

Dear Mr. Cole,

I'm writing to inform you of a temporary cessation of business at Christmas season.

시간이
임박함을
나타냄

With Christmas drawing near, the festival atmosphere can be felt everywhere. Barring accidents[1], we will take five days off, from December 23rd to December 27th.

We have achieved great success in the year 2016, **thanks to** all your contribution to the company. Particularly, the staff of the research and development have worked overtime for successive six months, in order to develop the new generation of intelligent terminal. The other departments have **also** achieved great success respectively.

…덕분
에

…도
마찬가
지로

Wish you and your family a merry Christmas in advance.

Yours cordially,

Nigel McPherson

친애하는 Mr. Cole

크리스마스 시즌 동안 임시 휴업을 알리고자 메일 보내 드립니다.

크리스마스가 점점 다가오면서 어디서든 축제 분위기를 느낄 수 있습니다. 예외만 없다면, 저희는 12월 23일부터 12월 27일까지 5일간 임시 휴업할 예정입니다.

귀하께서 당사에 공헌한 덕에 저희는 2016년 한 해 동안 큰 성공을 이뤄냈습니다. 특히 신세대 인텔리전트 단말기 개발을 위해 연구 개발 부서의 모든 임직원들이 6개월간 내내 연장 근무를 해 주었습니다. 다른 부서들 역시 덩달아 제각기 큰 성공을 거두었습니다.

당신과 당신의 가족들에게 미리 크리스마스 축하 인사 드립니다.

당신의 신실한

Nigel McPherson

실용 구문

With Christmas drawing near, ...

With Christmas① **drawing near, the festival atmosphere**② **can be felt everywhere.**

크리스마스가 점점 다가오면서 어디서든 축제 분위기를 느낄 수 있습니다.

> **관련어구**
> ① Thanksgiving 추수감사절
>   the Moon Festival 추석
> ② discount for gifts 선물 할인
>   wish 축복

...thanks to...

We have achieved great success① **in the year 2016, thanks to all your contribution to**② **the company.**

귀하께서 당사에 공헌한 덕에 저희는 2016년 한 해 동안 큰 성공을 이뤄냈습니다.

> **관련어구**
> ① our goal 목표를 달성하다
>   good fame 좋은 명성
> ② hard work for 공을 들임
>   intelligence for 총명함

...also...

The other departments① **have also achieved great success respectively**②**.**

다른 부서들 역시 덩달아 제각기 큰 성공을 거두었습니다.

> **관련어구**
> ① The three companies 세 회사
>   All (of) his students
>   그의 모든 학생들
> ② against all odds
>   모든 역경을 헤치우다
>   gloriously 영광스럽게

베껴 쓰기 좋은 문장

1ㅣBarring accidents, ... 예외만 없다면…

전치사 barring은 '…를 제외하고, …이 없다면'의 뜻으로 if there is no에 해당한다.

> 예 Barring accidents, **the completion of the project is due (on) February 26**[th]**.**
> 사고만 없다면, 이 프로젝트는 2월 26일에 완성될 것입니다.

영문 E-mail 단어

- tempotaty **a** 일시적인, 임시의
- cessation **n** 중단, 중지, 임시 중지
- atmosphere **n** 분위기
- everywhere **ad** 어디서나, 곳곳에서
- accident **n** 사고, 예외
- particularly **ad** 특히, 유난히

- overtime **a ad** 연장의, 시간 초과의
- successive **a** 연속되는, 계속되는, 연이은
- terminal **n** 단말기, 말기
- respectively **ad** 제각기, 따로
- achieve **v** 달성하다, 실현하다

Unit 5

알림 | Notifying

회사 휴업 ②

바로
베끼기

E-mail sample

From:	Kelly Mellon
To:	Brian Matthews
Subject:	Termination of Business 사업 종료

Dear Mr. Matthews,

I'm writing to inform you of the termination of business.

사건이
이미
벌어짐

There has been a feeling of gloom and depression in the wake of the recession. We have witnessed three job cuts this quarter alone. **It's unknown** whether[1] there will be a new one in the near future, if the situation goes from bad to worse.

알지
못했음

We have tried to take some measures to tackle the problem, **but to no effect.** The board of directors reached a consensus at the emergency board meeting yesterday, after four hours' considerable discussion. Our best bet would be to terminate the business. Maybe there will be an economic recovery sometime.

효과가
없었음

Please forward the e-mail to all the other employees.

Cordially yours,

Kelly Mellon

친애하는 Mr. Matthew

저희 사업 종료를 알리고자 메일 보내 드립니다.

쇠퇴기에 접어들고 나서부터 계속해서 암울하고 우울한 분위기가 있었습니다. 겨우 한 분기동안 3번의 감원 작업을 진행했었습니다. 만약 상황이 계속 악화된다면 가까운 미래에 또 한 차례가 감원이 진행될지도 모릅니다.

저희는 계속해서 이 문제를 해결하는 방법들을 시도해 보았으나 효과가 없었습니다. 어제 있었던 긴급 이사 회의에서 4시간 동안의 신중한 토의 끝에 사업을 종료하기로 의견을 일치했습니다. 아마 언젠간 경제가 회복이 되겠지요.

전체 직원에게 메일 전달 부탁드리겠습니다.

당신의 신실한

Kelly Mellon

188

실용 구문

There has been...

There has been a feeling of gloom and depression① in the wake of the recession②.

쇠퇴기에 접어들고 나서부터 계속해서 암울하고 우울한 분위기가 있었습니다.

관련어구
① anxiety 불안
  sadnes 슬픔
② natural disaster 자연재해
  terrible explosion
  끔찍한 폭발

It's unknown...

It's unknown① whether there will be a new one in the near future, if the situation② goes from bad to worse.

만약 상황이 계속 악화된다면 가까운 미래에 또 한 차례 감원이 진행될 지도 모릅니다.

관련어구
① unpredictable 예상할 수 없는
  hard to tell 말하기 어려운
② health condition 건강문제
  business 사업

..., but to no effect.

We have tried to take some measures to tackle the problem①, but to no effect②.

저희는 계속해서 이 문제를 해결하는 방법들을 시도해 보았으나 효과가 없었습니다.

관련어구
① deal with the problem
  문제를 해결하다
  stop the outbreak of the
  contagious disease
  전염병 전파를 막다
② in vain 헛되다
  it's not effective 효과가 없다

베껴 쓰기 좋은 문장

1 | It's unknown whether …일지 아닌지는 아직 모르는 것이다.

문두의 it은 가주어로 진주어는 접속사 whether이 이끄는 절이다. 형용사 unknown은 '모르는, 알려지지 않은'의 뜻으로 보통 전치사 to와 결합하여 쓰이며 전치사의 목적어로는 인칭대명사를 취해 구체적인 대상을 나타낸다. unclear와 통용해서 쓰이는 어구이다.

예 It's unknown whether she will get the sack.
그녀가 해고당할지 아닐지는 아직 모르는 것입니다.

영문 E-mail 단어

- termination **n** 종료, 마침
- feeling **n** 기분, 분위기
- gloom **n** 낙담, 암울
- depression **n** 낙담
- in the wake of **phr** …에 뒤이어
- terminate **v** 종료하다, 마치다

사업 | Business

사업 개발

E-mail sample

From:	Shirley
To:	Alice
Subject:	Developing a Business Relationship 사업 개발

Dear Alice,

자기
소개

This is Shirley from ZXperia company, and I got your information from your website, which shows you are looking for dental chairs.

First, I would like to introduce to you our company.[1] We are one of the biggest dental wholesalers in this region , having specialized in this field for

파일
첨부

more than 10 years. **Here attached** is a list of our products and the items' price for your reference. If you find anything interesting, please contact me for more detailed information. I will reply to you once I see your e-mail.

I look forward to **doing business with you in the near future**[2]. And I expect your prompt reply. Thank you.

Best regards,

Shirley

친애하는 Alice

저는 ZXperia 회사의 Shirley입니다. 그리고 저는 귀하의 홈페이지에서 치과 의자를 구하고 있다는 정보를 보았습니다.

먼저 저희 회사를 소개하겠습니다. 저희는 이 지역에서 가장 큰 치과 도매상 중 하나로 10년이 넘게 전문적으로 이 분야에 종사해왔습니다. 참고하시라고 당사의 제품과 가격 리스트를 첨부했습니다. 만약 관심 있으시고 더 많은 정보를 알고 싶으시다면 제게 연락 주시길 바랍니다. 메일 받는대로 회신 드리겠습니다.

가까운 미래에 귀하와 함께 사업을 진행하기를 바랍니다. 그리고 빠른 응답 기다리겠습니다. 감사합니다.

Shirley 올림

실용 구문

This is Shirley from...

This is Shirley from ZXperia company[1], and I got your information from your website[2].

저는 ZXperia 회사의 Shirley입니다. 그리고 저는 귀하의 홈페이지에서 치과 의자를 구하고 있다는 정보를 보았습니다.

Here attached...

Here attached is a list[1] of our products and the items' price for your reference[2].

참고하시라고 당사의 제품과 가격 리스트를 첨부했습니다.

베껴 쓰기 좋은 문장

1 | I would like to introduce to you our company
귀하에게 저희 회사를 소개하고 싶습니다.

업무용 메일을 작성할 때는 상대방에게 예의를 갖춰야 하며, 자신을 소개할 때는 사실에 근거해 과장하지 않아야 하고 너무 구차해서도 안 된다. 상대방과의 협력을 요청할 때는 성실한 태도를 밝히고 협력에 대한 기대나 요구 등을 명시해야 한다.

2 | in the near future 가까운 미래에

이는 부사구로 '머지않아, 가까운 미래에'의 뜻을 가진 관용어로도 볼 수 있으며 soon, in the short run 등에 해당한다.

예 **Our group will open a branch in Los Angeles** in the near future.
우리 그룹은 머지 않아 로스엔젤레스에 분사를 열 예정입니다.

영문 E-mail 단어

- website **n** 웹사이트
- dental **a** 치과의
- wholesaler **n** 도매상
- region **n** 분야

- specialize **v** 전문적으로 다루다
- reference **n** 참고, 참조
- interesting **a** 흥미로운
- prompt **a** 신속한

E—mail sample

바로
베끼기

From:	Kathy
To:	Jack
Subject:	Introduce New Customers 새 고객 소개

Dear Jack,

Is everything fine for you recently?

I noticed you bought the ultrasonic cleaner frequently from our store **when I checked our working system yesterday.** I guess you are quite satisfied with the quality of our goods and our customer service, **right?**

시간
표현

확인
표현

상대방
의사
묻기

So **I would like to know if you may** introduce some new customers such as your friends or colleagues. As a reward, we can give you a certain cash coupon for every customer you recommend successfully.

What do you think of[1] the above? If you have any good suggestions, please feel free to tell us.

I'm looking forward to our new cooperation and waiting for your positive reply.

Regards,

Kathy

- -

친애하는 Jack

요즘 잘 지내고 계신가요? 어제 제가 저희 작업 시스템을 확인하면서 저희 샵에서 자주 초음파 세척기를 구매하시는 것을 보았습니다. 저희 상품의 질과 고객 서비스에 만족하시는 것 같아 보이는데 맞나요?

혹 제게 귀하의 지인들 또는 동기들과 같은 신규 고객들을 좀 소개시켜 주실 수 있으실지 궁금합니다. 각 고객을 성공적으로 추천해 주실 때마다 보답으로 현금 쿠폰을 보내 드리겠습니다.

이상의 조건들에 대해 어떻게 생각하시나요? 만약 좋은 제안이 있으시면 편하게 말씀해 주시길 바랍니다.

귀하의 긍정적인 답변과 우리의 새로운 협력을 기대하겠습니다.

Kathy 올림

실용 구문

...when I checked our working system yesterday.

I noticed you bought the ultrasonic cleaner① **frequently from our store when I checked our working system**② **yesterday.**

어제 제가 저희 작업 시스템을 확인하면서 저희 샵에서 자주 초음파 세척기를 구매하시는 것을 보았습니다.

관련어구
① multiple vitamins 종합 비타민
   cooking utensils 주방 기구
② customer information 고객 정보
   order list 주문 명단

..., right?

I guess you are quite satisfied with① **the quality of our goods and our customer service**②**, right?**

저희 상품의 질과 고객 서비스에 만족하시는 것 같아 보이는데 맞나요?

관련어구
① used tp …에 익숙해진
   confident of …에 자신 있는
② delivery service 배달 서비스
   return policy 환불 정책

I would like to know if you may...

I would like to know if you may introduce some new customers① **such as your friends or colleagues**②**.**

혹 제게 귀하의 지인들 또는 동기들과 같은 신규 고객들을 좀 소개시켜 주실 수 있으실지 궁금합니다.

관련어구
① recommend us to others
   우리를 다른 사람들에게 추천해 주다
   share our news with someone
   누군가와 우리의 소식을 나누다
② family 가족
   classmates 급우

베껴 쓰기 좋은 문장

1 | What do you think of ...? …에 대해 어떻게 생각하십니까?

how do you like...?에 해당하는 말로 후에는 명사 또는 동명사를 전치사의 목적어로 취하며 '…에 대해 어떻게 생각하십니까?'의 뜻을 갖는다.

예 What do you think of my new cell phone?
제 새 휴대폰에 대해 어떻게 생각하십니까?

영문 E-mail 단어

- ultrasonic a 초음파의
- reward n 보상, 상여금
- frequently ad 빈번하게
- coupon n 쿠폰

- system n 체계, 시스템
- recommend v 추천하다, 소개하다

193

바로
베끼기

E-mail sample

From:	Linda
To:	John
Subject:	Introduce New Customers 새 고객 소개

Dear John,

Hi. Did you try the new machine already? How does it perform? **If you have any doubt in** operating, please contact our technician. He will give you professional explanations and solutions.

상대방이
의문이
있다면

전달
표현

And last time you said many of your colleagues and friends are also interested in this machine, and that you would introduce them to me, remember? How did this go?

...를
고려해서

Considering your efforts, I also applied to our company to get you benefits for doing this. And you can even be our exclusive agent in your country if you want, since it has so large a market[1] there. I'm waiting for your reply soon, so we can discuss this further.

Sincerely yours,

Linda

친애하는 John

새 기계는 작동해 보셨나요? 잘 돌아가던가요? 작동하는 데 문제가 생기시면 저희 기술자에게 연락하시길 바랍니다. 기술자님께서 전문적인 해결 방법과 설명을 드릴 것입니다.

그리고 지난번에 주변에 많은 동료들과 지인들께서 이 기계에 관심이 많다고 하시며 제게 소개를 시켜 주신다고 하셨던 것 기억하시나요? 그것은 어떻게 되어 가고 있나요?

귀하의 노고를 고려해서, 제가 회사 측에 귀하께 이에 대한 보상을 요청 드렸습니다. 이 기계가 귀하의 나라에서 큰 시장을 가지고 있으니, 원하신다면 그쪽에서 저희 회사의 독점 대리권을 드리고자 합니다. 추가 사항에 대해 의논하기 위해 회신 기다리겠습니다.

당신의 신실한
Linda

실용 구문

If you have any doubt in...

If you have any doubt in operating①, please contact our technician②.

작동하는 데 문제가 생기시면 저희 기술자에게 연락하시길 바랍니다.

And last time you said...

And last time you said many of your colleagues and friends① are also interested in this machine②.

지난번에 주변에 많은 동료들과 지인들께서도 역시 이 기계에 관심이 많다고 하셨습니다.

Considering your efforts, ...

Considering your efforts, I also applied to our company to get you benefits① for doing this②.

귀하의 노고를 고려해서, 제가 회사 측에 귀하께 이에 대한 보상을 요청 드렸습니다.

베껴 쓰기 좋은 문장

1 | so large a market 이렇게 큰 시장

so + adj. + a/an + n은 '이렇게 …한 …'의 뜻을 갖는다. so 대신 such를 써도 의미는 같지만 such + a/an + adj. + n의 구조를 갖는다.

예 **I have never seen** so clever a boy.
이렇게 똑똑한 남자아이를 본 적이 없습니다.

영문 E-mail 단어

- **machine** n 기계
- **perform** v 수행하다
- **operate** v 작동하다
- **technician** n 기술자
- **professional** a 전문적인
- **explanation** n 설명

- **colleague** n 동료
- **apply** v 신청하다
- **benefit** n 이익, 이점
- **exclusive** a 유일한, 하나뿐인
- **agent** n 대리점, 대리인
- **country** n 나라

사업 | Business

Unit 6

상품 소개하기 ①

E-mail sample

바로 베끼기

From:	Amanda
To:	Dr. Edwards
Subject:	Introducing Products 상품 소개

Dear Dr. Edwards,

I am glad to inform you that there are some new arrivals in our store.

···와 비교해서

Compared with the old ones, the new ones have much better quality and more competitive price. Take the polisher you ordered last time as an

순서 표현

example[1]: **firstly,** the new ones are prettier, smaller, and easier to carry around; secondly, it's less noisy.

상대방이 의문이 있다면

If you have any questions about the new arrivals, please feel free to call us from 9:00 a.m. to 5:00 p.m. on week days. We will be pleased to serve you.

Have a nice day!

Sincerely,

Amanda

친애하는 Edwards 박사님

저희 가게에 몇 가지 신제품이 입고되었다는 사실을 알리게 되어 기쁩니다.

신제품들은 기존의 제품들에 비해 품질도 더 좋고 가격 역시 훨씬 경쟁력 있습니다. 지난번 주문하셨던 연마기를 예로 들자면 첫째, 신제품은 더 예쁘고, 작고, 휴대하기 편합니다. 둘째, 신제품은 소음이 덜합니다.

신제품들에 대해 궁금하신 점 있으시다면 작업일 오전 9시부터 오후 5시 사이에 편하게 연락 주시기 바랍니다. 흔쾌히 응대하겠습니다.

좋은 하루되길 바랍니다.

당신의 신실한
Amanda

실용 구문

Compared with...

Compared with the old ones, the new ones have much better quality[1] **and more competitive**[2] **price.**

신제품들은 기존의 제품들에 비해 품질도 더 좋고 가격 역시 훨씬 경쟁력 있습니다.

관련어구
① is highly improved
큰 진척을 이루다
get more praise
더 많은 찬사를 얻다
② affordable 지불할 여유가 있는
reasonable 합리적인

Firstly, ...

Firstly, the new ones are prettier, smaller, and easier[1] **to carry around.**

첫째, 신제품은 더 예쁘고, 작고, 휴대하기 편합니다.

관련어구
① lighter in weight 무게가 덜 나가는
handier 더 손쉬운

If you have any questions...

If you have any questions about the new arrivals[1]**, please feel free to call**[2] **us.**

신제품들에 대해 궁금하신 점 있으시다면 편하게 연락 주시길 바랍니다.

관련어구
① system 체계
website 웹사이트
② contact 연락하다
leave a message
메시지를 남기다

베껴 쓰기 좋은 문장

1 | take sth. as an example ···로 예를 들자면, ···로 예를 들어서

take sth. as an example은 관용어로 볼 수 있다. 비슷한 어구로는 '···를 모범으로 삼아서'의 뜻을 가진 'take sb. as an example'도 있다.

예 Taking John's homework as an example, it's perfect.
John의 숙제를 예로 들자면, 이것은 완벽하다고 볼 수 있다.

영문 E-mail 단어

- inform **n** 알리다, 통지하다
- compared with **phr** ···와 비교해서
- competitive **a** 경쟁력 있는
- polisher **n** 윤내는 기구, 연마기
- order **v** 주문하다
- secondly **a** 둘째로
- noisy **ad** 시끄러운
- easy **a** 쉬운

사업 | Business

Unit 6

상품 소개하기 ②

바로 베끼기

E-mail sample

From:	Carol
To:	Aaron
Subject:	Introducing Products 상품 소개

Hi, dear Aaron,

I got your email yesterday, and checked the product list **attached in the end.** Now I will answer your questions one by one[1].

마지막에 첨부한

First, regarding the products you want to order this time, we have them **all in stock.** Second, **the products are all** guaranteed with a one-year warranty. If you have any problems later, we can ship you new ones for replacement directly and for free. Third, **as for the shipment,** we usually ship with YANWEN express service, which is fast, safe, and efficient in customs procedures. Ordinarily, it will deliver in 7-10 working days.

재고가 있음

모든 것

화제 제시

Do you have any other question? I'm looking forward to hearing from you soon.

Best regards,

Carol

친애하는 Aaron, 안녕하세요.

어제 보내 주신 메일 받았습니다. 그리고 마지막에 첨부한 제품 목록을 살펴보았습니다. 지금부터 하나하나 대답해 드리겠습니다.

첫째, 이번에 주문하려고 하시는 제품은 재고가 확보되어 있습니다. 두 번째로 모든 제품들은 1년의 품질 보증이 됩니다. 후에 문제가 생기면 저희는 무료로 새 제품으로 교환 배송해 드릴 수 있습니다. 세 번째로, 배송에 대해 말하자면, 저희는 보통 YANWEN 운송으로 배송합니다. YANWEN이 빠르고 안전하며, 세관 절차 처리에 효율적이기 때문입니다. 배송까지는 보통 작업일 기준으로 7에서 10일 정도 걸립니다.

더 궁금하신 점 있으신가요? 회신 기다리겠습니다.

Carol 올림

198

실용 구문

...attached in the end.

I got your email① yesterday, and checked the product list② attached in the end.

어제 보내 주신 메일 받았습니다. 그리고 마지막에 첨부한 제품 목록을 살펴보았습니다.

① handwritten letter 손편지
   order 주문
② your resume 당신의 이력서
   the final report 최종 보고서

...all in stock.

Regarding the products① you want to order② this time, we have them all in stock.

이번에 주문하려고 하시는 제품은 재고가 확보되어 있습니다.

관련어구
① laptops 노트북 컴퓨터
   groceries 잡화
② are interested in …에 흥미 있는
   mention 언급하다

The products are all...

The products① are all guaranteed with a one-year② warranty.

모든 제품들은 1년의 품질 보증이 됩니다.

관련어구
① mobile phone 휴대폰
   air conditioners 에어컨
② life-time 일생의
   a certain time period
   특정 기간의

As for the shipment, ...

As for the shipment, we usually① ship with YANWEN express service②.

배송에 대해 말하자면, 저희는 보통 YANWEN 운송으로 배송합니다.

관련어구
① promise to 보장하다
   sometimes 때때로
② with FedEx Fedex로
   by airmail 항공 우편으로

베껴 쓰기 좋은 문장

1 | one by one   하나하나

one by one은 '하나하나, 하나씩'의 뜻으로 보통 부사구로 쓰인다.

예 You can deal with the problems on the list one by one.
리스트에 작성된 문제들을 하나씩 처리하시면 됩니다.

영문 E-mail 단어

- in stock phr 재고가 있는
- guaranteed a 보장된
- warranty n 담보, 보고
- replacement n 관련, 교체
- customs n 세관
- ordinarily ad 보통

사업 | Business

서비스 소개하기

E-mail sample

From:	Peter
To:	Mr. Smith
Subject:	Introducing Service 서비스 소개

Dear Mr. Smith,

알게
되어서
기쁨

I am very pleased to hear that you want to cooperate with us. We really have a professional customer service system, and meeting every customer's needs **is our aim and goal.** Now please let me introduce it in detail.

목표를
나타냄

First of all, if one customer has problems with his product, he can ask our technician to find solutions for him.

Second, if our technician confirmed it is a quality problem, the customer

필요한
것은
오로지..

only has to apply to our customer service department. Then he will get replacement parts or a new unit. Of course, it's free.

In fact, we may also meet some exceptional problems. But whatever happens[1], we will try our best to solve it. If you have other questions, please let me know.

Best regards

Peter

친애하는 Mr. Smith

저희와 협력하기를 원하신다는 소식을 듣게 되어 매우 기쁩니다. 저희는 정말로 전문적인 고객 서비스 시스템을 보유하고 있으며, 고객들의 요구를 충족시키는 것이 저희의 목표이자 지향점입니다. 지금부터 자세히 설명드리겠습니다.

우선, 저희 고객님께서 제품을 사용하시다 문제가 생기셨을 때, 고객님께서는 저희 측에게 문제를 해결하기 위한 기술자를 요청하실 수 있으십니다.

둘째로, 만약 기술자님께서 그것이 품질상의 문제라고 판단을 하셨을 시, 고객님께서는 저희 고객 서비스 부서로 접수만 해 주시면 됩니다. 그러면 고객님께서는 교체 가능한 부분 또는 전체 상품을 받게 됩니다. 물론 비용은 들지 않습니다.

사실, 저희는 간혹 예외적인 문제들을 직면할 수도 있습니다. 하지만 그것이 무엇이건 간에 저희는 최선을 다해 문제를 해결할 것입니다. 다른 질문 있으시면 말씀해 주시길 바랍니다.

Peter 올림

실용 구문

I am very pleased to hear that...

I am very pleased to hear① that you want to cooperate with② us.

저희와 협력하기를 원하신다는 소식을 듣게 되어 매우 기쁩니다.

> 관련어구
> ① it's our pleasure
> 우리의 영광입니다
> Our team are so excited
> 우리 팀은 매우 들떠 있습니다
> ② sponsor 찬조하다
> come and visit 방문하다

...is our aim and goal.

Meeting every customer's① needs is our aim and goal②.

고객들의 요구를 충족시키는 것이 저희의 목표이자 지향점입니다.

> 관련어구
> ① patient 환자
> foreign tourist 외국인 관광객
> ② wish 기대
> object 목표

...only has to...

The customer① only has to apply to our customer service② department.

고객님께서는 저희 고객 서비스 부서로 접수만 해 주시면 됩니다.

> 관련어구
> ① People in need
> 도움이 필요한 사람들
> If you are interested
> 만약 흥미가 있으시다면
> ② advertisement 광고
> marketing 마케팅

 베껴 쓰기 좋은 문장

1 | But whatever happens, ... 하지만 무슨 일이 생기더라도…

whatever는 no matter what에 해당하는 말로 '무엇이든'의 뜻을 가지며 여기서는 양보 부사절을 이끄는 복합관계대명사로 쓰인다.

예 But whatever happens, I will stand by you.
하지만 무슨 일이 생기더라도 나는 네 곁을 지킬 것이다.

영문 E-mail 단어

- professional **a** 전문적인
- technician **n** 기술자
- solution **n** 해결 방법

- confirm **v** 확인하다
- exceptional **a** 예외적인, 특수의
- solve **v** 해결하다

E-mail sample

From:	Sarah
To:	Edward
Subject:	Business Renewal 사업 관계 재개

Dear Edward,

How has everything been recently?

I am Sarah from Sunshine Supermarket. **As you know,** our cooperative 이미 알고 있음

relationship has stopped for more than half a year, **due to** the fact that our 원인 설명

business line changed.

Now our manager wants to re-establish business relationships with you, because our new products haven't got a very good reception[1] in the market, compared to the old ones.

But does your factory still have those kinds of products?[2] What's the current price?

I hope to get your reply soon.

Sincerely yours,

Sarah

친애하는 Edward

요즘 어떻게 지내고 계신가요?

저는 Sunshine 슈퍼마켓의 Sarah입니다. 아시다시피 저희 업무선이 바뀌면서 귀사와 본사 간의 사업 관계가 중단된 지 반년이 넘었습니다.

저희의 신제품이 시장에서 이전 제품에 비해 좋은 평을 듣지 못했습니다. 때문에 저희 매니저님께서 귀사와 다시 사업 관계를 맺고자 하십니다.

그런데 혹시 귀사의 공장에 아직 그 제품들을 생산하고 계신가요? 현재 가격은 어느 정도인가요?

회신 기다리겠습니다.

당신의 신실한

Sarah

실용 구문

As you know, ...

As you know, our cooperative relationship[1] **has stopped for more than half a year**[2].

아시다시피 귀사와 본사 간의 사업 관계가 중단된 지 반년이 넘었습니다.

관련어구
[1] the manufacture of our product
우리 상품의 제조
the online system 온라인 시스템
[2] three months 세 달
a quarter 한 분기

...due to...

Our cooperative relationship has stopped for more than half a year, due to[1] **the fact that our business line changed**[2].

저희 업무선이 바뀌면서 귀사와 본사 간의 사업 관계가 중단된 지 반년이 넘었습니다.

관련어구
[1] because of …때문에
owing to …때문에
[2] we couldn't find a sponsor
스폰서를 구할 수 없다
our board of directors
disapproved 우리 이사회가
동의하지 않는다

베껴 쓰기 좋은 문장

1 | get a very good reception 환영받는다. 잘 팔린다.

get a very good reception, 매우 좋은 대우를 받는다는 뜻으로 이 문구는 즉 시장에서 '환영을 받는다. 잘 나간다'의 의미를 갖는다.

예 Actually these new products do not get a very good reception as expected.
사실 이런 신제품들은 예상하시는 것보다 시장에서 잘 나가지 않습니다.

2 | Does your factory still have those kinds of products?
귀사의 공장에 아직도 그 제품들을 생산하고 있나요?

일반의문문의 문장은 보통 be동사나 조동사가 문두에 위치한다. 본문에서 But does your factory ...? 문장은 조동사 do가 이끄는 일반의문문이며 Could you please e-mail me...?는 could가 이끄는 일반의문문이다.

영문 E-mail 단어

- supermarket **n** 슈퍼마켓
- re-establish **v** 재건하다
- compare **v** 비교하다

- cooperative **n** 협력의
- reception **n** 접대, 환영회
- current **a** 현재의

사업 | Business

Unit
6

업무 관계 발전 ①

바로
베끼기

E-mail sample

From:	Jack
To:	Mr. Williams
Subject:	To Further Our Trade Links 업무 관계 발전을 위하여

Dear Mr. Williams,

How's everything going?

Recently our company is eager to[1] enlarge our business lines in various kinds of dental products. **In addition,** we also want to enter into the medical industry, which we think is a promising industry. **But the problem is that** we do not have enough working capital, and do not have any familiar financial channels either.

이외에도

전환
표현

So **I would like to know** if there is any possibility to further our trade links in this new marketing strategy, which will certainly be beneficial for both of us. Let me know soon if you want to join us, or if you have any good suggestions.

공손한
문의

Your earlier reply will be highly appreciated.

Yours sincerely,

Jack

친애하는 Williams

잘 지내고 계신가요?

최근 저희 회사는 다양한 치과 제품의 사업 범위를 넓히고자 하고 있습니다. 뿐만 아니라, 저희는 앞으로 전망 있는 산업인 의료 산업 분야에도 진출하고자 합니다. 하지만 문제는 저희가 충분한 운영 자금을 보유하고 있지 않다는 점과 친밀한 재정 유통망 역시 없다는 것입니다.

때문에 저희는 귀사께서 혹 이번의 새로운 마케팅 전략에 참여하여 저희와 함께 협력 관계의 깊이를 더할 생각을 가지고 계시는지를 여쭙고자 합니다. 이는 분명히 양측 모두에게 이익이 될 것입니다. 저희와 함께할 의향이 있으시거나 좋은 제안이 있으시면 알려 주시길 바랍니다.

최대한 빨리 회신 주시면 정말 감사하겠습니다.

당신의 신실한

Jack

실용 구문

In addition, ...

In addition, we also want to enter into the medical[1] industry, which we think is a promising[2] industry.

뿐만 아니라, 저희는 앞으로 전망 있는 산업인 의료 산업 분야에도 진출하고자 합니다.

관련어구
[1] entertainment 오락
media 매체
[2] challenging 도전적인
critical 중요한

But the problem is that...

But the problem is[1] that we do not have enough working capital[2].

하지만 문제는 저희가 충분한 운영 자금을 보유하고 있지 않다는 점입니다.

관련어구
[1] we are concerned
저희가 우려하는 것은 …입니다
the obstacle is 장애는 …입니다.
[2] workforce 인력
experience 경험

I would like to know...

So I would like to know if there is any possibility[1] to further our trade links[2] in this new marketing strategy.

때문에 저희는 귀사께서 혹 이번의 새로운 마케팅 전략에 참여하여 저희와 함께 협력 관계의 깊이를 더할 생각을 가지고 계시는지를 여쭙고자 합니다.

관련어구
[1] chance 기회
opportunity 기회
[2] strengthen our capability
우리의 능력을 강화시키다
broaden our view
우리의 시야를 넓히다

베껴 쓰기 좋은 문장

1 | be eager to …를 갈망하다, 하고 싶어 하다, 열망하다.

be eager to는 …를 매우 갈망하다의 뜻으로, really want to do sth.에 해당하는 어구이다. 그러나 want 보다 조금 더 강한 열망의 의미를 담고 있다.

예 The little girl is eager to visit her grandma.
그 어린 소녀는 그녀의 할머니를 뵙기를 갈망하고 있다.

영문 E-mail 단어

- recently ad 최근의
- enlarge v 확대하다, 확장하다
- medical a 의료의
- industry n 산업
- promising a 가능성 있는, 전망 있는

- capital n 자금, 자본
- channel n 해협, 유통 체계
- possibility n 가능성
- strategy n 전략
- beneficial a 유익한

사업 | Business

Unit **6**

업무 관계 발전 ②

E-mail sample

바로
베끼기

From:	Jenny
To:	Michael
Subject:	To Further Our Trade Links 업무 관계 발전을 위하여

Dear Michael,

This is Jenny from L. Company. **We heard that** your company is keen to[1] enlarge your trade links in all kinds of equipment, which certainly will require a lot of working capital. And **we got to know that** your company has difficulty finding a large sum of money in such a short time. When this news came to our manager, **without hesitation** he made me write to you immediately, saying that we would like to help your company go through the difficult time.

듣자
하니

이미
알고 있음

곧바로

Of course, when everything comes back to normal later, we will further our trade links with your company. And all the details will be talked about later.

I look forward to your earlier reply.

Sincerely yours,

Jenny

친애하는 Michael

저는 L 회사의 Jenny입니다. 귀사께서 모든 종류의 장비의 무역을 확대하기를 간절히 원한다는 소식을 들었습니다. 이는 분명히 많은 운영 자금을 필요로 하겠지요. 그리고 저희는 귀사께서 이렇게 짧은 시간 안에 많은 양의 자금을 구하는 데 난항을 겪고 있다는 소식을 알게 되었습니다. 저희 매니저님께서 이 소식을 전해 듣자마자 주저 없이 저희가 귀사의 힘든 시기를 헤쳐 나갈 수 있게 도와드리기를 원한다는 것을 전하도록 하셨습니다.

물론, 후에 모든 것이 정상선상에 돌아오게 되면 저희는 귀사와 업무 관계의 깊이를 더할 것입니다. 이 모든 것들의 구체적인 세부 사항은 나중에 말씀 나누기로 하겠습니다.

최대한 빠른 회신 기다리겠습니다.

당신의 신실한
Jenny

실용 구문

We heard that...

We heard that your company is keen[1] to enlarge your trade links in all kinds of equipment[2].

귀사께서 모든 종류의 장비의 무역을 확대하기를 간절히 원한다는 소식을 들었습니다.

> 관련어구
> ① dedicated 헌신적인
>   ambitious 야망 있는
> ② electronic devices 전자 기계
>   materials 재료

We got to know that...

We got to know that your company[1] has difficulty finding a large sum of money[2] in such a short time.

저희는 귀사께서 이렇게 짧은 시간 안에 많은 양의 자금을 구하는 데 난항을 겪고 있다는 소식을 알게 되었습니다.

> 관련어구
> ① a new firm 새 법인
>   Healthy Hospital 건강 병원
> ② building a good fame
>   좋은 명성을 쌓다
>   setting up a new system
>   새 시스템을 설치하다

Without hesitation...

Without hesitation, he made me write to you immediately[1], saying that we would like to help your company go trough the difficult time[2].

주저 없이 저희가 귀사의 힘든 시기를 헤쳐 나갈 수 있게 도와드리기를 원한다는 것을 전하도록 하셨습니다.

> 관련어구
> ① directly 직접적으로
>   as soon as possible 가능한 빨리
> ② with a finance problem
>   재정 문제를 해결하다
>   write the codes
>   코드를 입력하다

베껴 쓰기 좋은 문장

1 | is keen to   …하기를 간절히 원하다

be keen to do sth.은 …하기를 간절히 원할 때 쓰는 표현이다.

예 **She is keen to spend her holiday in Pairs.**
그녀는 파리에서 휴가를 보내기를 간절히 원한다.

영문 E-mail 단어

- link **n** 링크, 관계
- equipment **n** 장치, 장비
- certainly **ad** 확실히
- capital **n** 자본, 자금

- difficulty **n** 어려움, 난항
- hesitation **n** 주저
- back to normal **phr** 정상으로 돌아오다

사업 | Business

고객 소개 요청 ①

 E-mail sample

From:	Jennifer
To:	Mr. Liu
Subject:	Asking for Introducing Clients 고객 소개 요청

Dear Mr. Liu,

I am Shirley's friend. **She told me** you often fix different kinds of articles for many dental clinics. **Since** you know this industry very well and have so many channels, I wonder if[1] you can introduce some clients to me.[2]

Now **please allow me** to introduce our company to you first. We are a professional dental wholesaler, having a variety of products, from dental lab equipment to consumable items. And we have our own factory and brand. All the products are guaranteed with a one-year warranty, and the prices are also quite competitive.

When will you have time for me to visit you personally, and talk about this further? Your earlier reply will be highly appreciated.

Best regards

Jennifer

친애하는 Mr. Liu

저는 Shirley의 친구입니다. 귀하께서 치과 진료소의 각종 물품을 종종 고쳐 주시곤 한다고 그녀로부터 전해 들었습니다. 귀하께서 이 산업에 대해 매우 해박하시고 많은 경로를 알고 계시기에, 혹 제게 새로운 고객을 소개시켜 주실 수 있으실지 궁금합니다.

우선 귀하께 저희 회사를 소개해 드리겠습니다. 저희는 치과 실험실 장비부터 소모품까지 다양한 제품들을 취급하는 전문적인 치과 도매상입니다. 그리고 저희는 저희의 공장과 브랜드를 가지고 있습니다. 모든 제품들은 1년의 보증 기간을 가지고 있으며 가격 역시 꽤 경쟁력 있습니다.

언제쯤 제가 직접 방문해서 이에 대해 더 상세히 설명드릴 수 있는 시간이 날 수 있을까요? 빠른 회신 주시면 감사하겠습니다.

Jennifer 올림

실용 구문

She told me...

She told me you often fix different kinds of articles for① many dental clinics②.

귀하께서 치과 진료소의 각종 물품을 종종 고쳐 주시곤 한다고 그녀로부터 전해 들었습니다.

관련어구
①sell a lot of equipment to 많은 설비를 팔다
offer help to …에게 도움을 주다
②restaurants 식당
colleges 대학

Since...

Since you know① this industry very well and have so many channels, I wonder if you can introduce some clients② to me.

귀하께서 이 산업에 대해 매우 해박하시고 많은 경로를 알고 계시기에, 혹 제게 새로운 고객을 소개시켜 주실 수 있으실는지 궁금합니다.

관련어구
①are familiar with …에 익숙하다
understand 이해하다
②offer some advice 조언을 하다
give an introduction 소개하다

Please allow me...

Now please allow me to introduce our company① to you first②.

우선 귀하께 저희 회사를 소개해 드리겠습니다.

관련어구
①new product 신제품
staff 직원
②shortly 간략하게
with these slides 이 슬라이드들과 함께

 베껴 쓰기 좋은 문장

1 | I wonder if ... …인지 아닌지 궁금하다

I wonder if는 관용어로 '…해도 될지 궁금하다'의 뜻을 갖는다.

예 I wonder if we can get a few more eggs.
저희가 계란을 조금 더 가져가도 될까요?

2 | I wonder if you can introduce some clients to me.
일반의문문이 목적어로 올 때

문장에서 일반의문문을 목적어로 취할 때는 보통 접속사 '…인지 아닌지'의 뜻을 갖는 if나 whether로 연결한다. if나 whether는 혼용이 가능하다. 예로 본문의 I wonder if you can introduce some clients to me는 I wonder whether you can introduce some clients to me로도 쓸 수 있다.

영문 E-mail 단어

- article **n** 물품, 물건
- clinic **n** 진료소
- brand **n** 브랜드
- lab **n** 실험실
- consumable **a** 소비할 수 있는
- competitive **a** 경쟁력 있는, 경쟁적인

Unit 6 사업 | Business

고객 소개 요청 ②

E-mail sample

바로
베끼기

From:	Annie
To:	Ellen
Subject:	Asking for Introducing Clients 고객 소개 요청

Dear Ellen,

원인
설명

I haven't heard from you for a long time. **Is everything fine?** I have been quite busy with work all these days, **because** our company has meant to[1] increase the export volume of electronic products.

상대방
근황
묻기

상대방
에게
확인

Weren't you in the electronics industry before? Do you still have the old customers' information, such as e-mail addresses and phone numbers? **If so,** would you please introduce some potential customers to me? I will really appreciate your help.

And coincidentally, I have one old friend who is working in the local daily. And I can introduce him to you.

I look forward to your earlier reply.

Yours truly,

Annie

친애하는 Ellen

　꽤 오랜 시간 동안 소식을 못 들은 것 같습니다. 요즘 잘 지내시나요? 저희 회사가 최근에 전자 제품의 수출량을 늘리기로 하여서 저는 요즘 매우 바빴습니다.

　전에 전자 산업에 계시지 않으셨나요? 혹시 아직도 옛 고객들의 메일 주소나 휴대전화 번호 등의 정보들을 가지고 계신가요? 만약 그러시다면, 제게 잠재적 고객들을 좀 소개시켜 주실 수 있으신가요? 그렇다면 매우 감사드리겠습니다.

　그리고 마침, 제게 지역 일간지에서 일하는 오래된 친구가 있습니다. 그 친구를 당신께 소개시켜 드릴 수 있습니다.

　최대한 빠른 회신 기다리고 있겠습니다.

당신의 진실한
Annie

실용 구문

Is everything fine?

I haven't heard from you for a long time①. Is everything fine②?

꽤 오랜 시간 동안 소식을 못 들은 것 같습니다. 요즘 잘 지내시나요?

관련어구
① for a month 한 달 동안
   since last December 작년 12월부터
② alright 괜찮은
   under control 통제하에

..., because...

..., because our company has meant to① increase the export volume② of electronic products.

저희 회사가 최근에 전자 제품의 수출량을 늘리기로 했기 때문입니다.

관련어구
① intends to ⋯할 예정이다
   would like to ⋯하고 싶다
② output 생산량
   sales volume 판매량

If so, ...

If so, would① you please introduce some potential customers② to me?

만약 그러시다면, 제게 잠재적 고객들을 좀 소개시켜 주실 수 있으신가요?

관련어구
① could 할 수 있다
   will 할 것이다
② good reference book 좋은 참고 도서
   beautiful scenic spots 아름다운 명승지

 베껴 쓰기 좋은 문장

1 | mean to ⋯할 예정이다, ⋯할 것이다

mean to do sth.은 관용어로 '⋯할 계획이다, ⋯하고 싶다'의 뜻이다. 비슷한 표현으로는 intend to do sth., want to do sth., prepare to do sth. 등이 있다.

예 Mary means to celebrate her birthday in the restaurant this year.
Mary는 올해 레스토랑에서 생일 파티를 할 예정이다.

 영문 E-mail 단어

- increase **v** 증가하다
- volume **n** 양
- electronic **a** 전자의
- customer **n** 고객, 손님
- address **n** 주소

- potential **a** 잠재적인, 가능성 있는
- coincidently **ad** 우연히
- local **a** 지역의
- daily **n** 일간지

바로 베끼기 E-mail sample

From:	Mike
To:	Miss Helen
Subject:	Looking for Cooperation 협력 찾기

Dear Miss Helen,

목적
표현

I saw the message you posted online, saying that you are looking for foreign trade clothing suppliers, and obtained your contact information[1] from the message. Now **I am writing to you to see if** we could cooperate with each other in the near future.

건의
하기

We are one of the biggest foreign trade clothing suppliers, producing and processing all kinds of clothes, from adults' to children's, and both men's and women's. **I suggest you** come and visit our factory personally. **If it's not convenient,** we could first communicate on the phone, and then we could ship you samples for your check.

상대방
의견
묻기

I look forward to your reply as soon as possible.

Regards

Mike

친애하는 Miss Helen

온라인에서 귀하께서 외국 무역 의류 공급 업체를 구하고 있다는 게시글을 보았으며, 글에서 귀하의 연락 정보를 얻었습니다. 머지않은 미래에 저희가 함께 협력할 수 있을는지를 여쭈고자 메일 보내 드립니다.

저희는 성인부터 아동, 남성복과 여성복 모든 종류의 의류를 생산하고 가공하는 가장 큰 외국 무역 의류 공급 업체 중 하나입니다. 귀하께 저희 회사에 직접 오셔서 방문하시는 것을 제안합니다. 만약 불편하시다면, 우선 저희와 전화상으로 먼저 말씀을 나눈 후 저희가 참고하시라고 견본을 보내 드릴 수도 있습니다.

가능한 빠른 회신 기다리겠습니다.

Mike 올림

실용 구문

I am writing to you to see if...

Now I am writing to you to see if we could cooperate with each other[1] in the near future[2].

머지않은 미래에 저희가 함께 협력할 수 있을는지를 여쭈고자 메일 보내 드립니다.

관련어구
[1] have a meeting 회의를 하다
go on a vacation together 같이 휴가를 보내다
[2] during spring break 봄방학 동안
next Thursday 다음주 목요일

I suggest you...

I suggest you come and visit our factory[1] personally[2].

귀하께 저희 회사에 직접 오셔서 방문하시는 것을 제안합니다.

관련어구
[1] school 학교
new store 새 상점
[2] with your colleagues 당신의 동기들과 함께
in advance 사전에

If it's not convenient, ...

If it's not convenient[1], we could first communicate[2] on the phone.

만약 불편하시다면, 우선 저희와 전화상으로 먼저 말씀을 나누어도 됩니다.

관련어구
[1] you have no time 당신은 시간이 없다
you live far from here 당신은 여기서 멀리 산다
[2] talk about it 그에 대해 토론하다
interview 인터뷰 하다

베껴 쓰기 좋은 문장

1 | contact information 연락 방법

관용적으로 쓰는 명사구로 '연락 방법, 연락 정보' 등의 뜻을 갖는다.

예 You had better write your contact information neatly.
연락 정보를 깔끔하게 써 주시는 게 좋을 것입니다.

영문 E-mail 단어

- post **v** 공시하다
- clothing **n** 복장, 의복
- supplier **n** 공급자, 제조업자
- obtain **v** 얻다, 획득하다
- foreign **a** 외국의

- process **v** 가공, 처리하다
- personally **ad** 스스로, 개인적으로
- communicate **v** 소통하다
- message **n** 전보
- sample **n** 견본

213

E-mail sample

바로
베끼기

From:	David
To:	Dr. Green
Subject:	Inquiry About Product Situation 상품 사용 상태 조사

Dear Dr. Green,

I haven't heard from you for a long time.[1] Is everything fine recently ?

Last time you bought one polishing machine from us. **I want to know** whether it still works in good condition, because one customer told us his main unit started to get a little noisy after he began to use it for three months. After our technician asked him a few questions, we got to know that[2] he never did anything to maintain the machine. In fact, it was clearly said in the users' manual , that the machine should be lubricated after being used every time.

알고자
함

If you have any question or problem, please feel free to contact us at any time. And please take a few minutes to fill out the questionnaire **I attached below,** and remember to send it back after finishing it. Thanks for your time and understanding.

파일
첨부

Have a nice day!

David

친애하는 Green 박사님

오랫동안 소식을 못 들었습니다. 요즘 잘 지내고 계신가요?

지난번 저희한테서 연마기 하나를 구매하셨습니다. 그것이 아직 잘 작동하고 있는지 여쭙고 싶습니다. 왜냐하면 저희 고객님 중 한 분께서 구입하셨던 본체가 사용한 지 삼 개월 후부터 약간의 소음이 나기 시작했다고 말씀해 주셨기 때문입니다. 저희 기술자님께서 고객님께 몇 가지 질문을 드리고 난 후 저희는 고객님께서 기계를 유지하기 위해 아무것도 하지 않으셨다는 것을 알게 되었습니다. 사실, 기계를 사용하신 후에 매번 닦아 주어야 한다고 사용자 매뉴얼에 명시되어 있습니다.

만약 궁금하신 점이나 문제가 생기신다면 언제든 편하게 연락 주시기 바랍니다. 그리고 아래에 첨부한 설문지 작성을 위해 시간을 조금 내 주시기 바랍니다. 그리고 설문지 작성을 완료하신 후 저희에게 다시 보내 주시는 것을 잊지 말아 주시기 바랍니다. 이해해 주시고 시간 내 주셔서 감사합니다.

좋은 하루 되세요!

David

실용 구문

I want to know...

Last time[1] **you bought one polishing machine from us. I want to know whether it still works in good condition**[2].

지난번 저희한테서 연마기 하나를 구매하셨습니다. 그것이 아직 잘 작동하고 있는지 여쭈고 싶습니다.

I attached below...

And please take a few minutes[1] **to fill out the questionnaire I attached below, and remember to send it back after finishing it**[2].

그리고 아래에 첨부한 설문지 작성을 위해 시간을 조금 내 주시기 바랍니다. 그리고 설문지 작성을 완료하신 후 저희에게 다시 보내 주시는 것을 잊지 말아 주시기 바랍니다.

 베껴 쓰기 좋은 문장

1 | I haven't heard from you for a long time. 현재완료형의 시간부사

현재완료형은 과거에서부터 현재까지의 동작 또는 상태의 경험이나 지속을 나타낸다. 자주 쓰이는 시간부사로는 recently, lately, since…, for…, in/for/over the past fews years, just, already, yet, up to, now, till now, so far, these days 등이 있다.

2 | We got to know that ... …라는 것을 알게 되었습니다.

'get to + 동사원형'은 '…할 수 있게 되다, …하게 되다'의 뜻을 갖는다.

예 We got to know that the cell phone he bought last year still works in good condition.
우리는 그가 작년에 장만한 휴대전화가 아직도 잘 작동한다는 것을 알게 되었다.

영문 E-mail 단어

- recently **ad** 최근에
- polishing **n** 연마기
- noisy **a** 시끄러운, 소란스러운
- maintain **v** 보존하다

- user **n** 사용자, 유저
- manual **n** 소책자, 매뉴얼
- lubricate **v** 미끄럽게 하다
- questionnaire **n** 질문서, 조사표

E-mail sample

From:	Linda
To:	Kevin
Subject:	Inquiry about Product Situation 상품 사용 상태 조사

Dear Kevin,

자기
소개
  I am Linda from customer service department. I am writing to confirm if the machine works well after our technician fixed it for you last week.

일반적인
상황에서
  You bought this machine last year in January, which is already over a year and a half ago. **Normally**, the accessories need to be changed nearly every half a year in order to keep the machine in a good state[1].

화제
언급
  As to the other product you bought last month, you can get replacement accessories for it freely within three months of purchase, or it will be charged .

상기
시키기
So **please remember to** come to our store in three months.

  If you have any question or problem, please feel free to contact us at working time. We will solve it for you.

Best regards,

Linda

친애하는 Kevin

저는 고객 서비스 부서의 Linda입니다. 지난주에 저희 기술자님께서 장비를 수리한 후 잘 작동하는지 확인차 연락드렸습니다.

귀하께서는 작년 1월에 이 기계를 구매하셨습니다. 이는 이미 일 년 반 전입니다. 일반적으로, 기계를 좋은 상태로 유지하기 위해서는 부속품을 반년마다 교체해 주셔야 합니다.

지난달에 구매하신 다른 제품에 대해 말씀드리자면, 구매하신 후 세 달 안에 무상으로 부품 교체가 가능합니다. 그 이후부터는 요금이 청구됩니다. 그러니 세 달 내에 가게에 방문해 주시는 것을 잊지 말아 주시기 바랍니다.

만약 궁금하신 점이나 문제가 있으시면, 저희가 근무하는 시간 동안 편하게 연락 주시면 해결해 드리겠습니다.

Linda 올림

실용 구문

I am... from...
I am Linda①from customer service② department.
저는 고객 서비스 부서의 Linda입니다.

관련어구
①the manager 매니저
a new employee 새 직원
②marketing 마케팅
R&D 연구개발

Normally, ...
**Normally, the accessories need to be changed①
nearly every half a year in order to keep the
machine in a good state②.**
일반적으로, 기계를 좋은 상태로 유지하기 위해서는 부속품을 반년마다
교체해 주셔야 합니다.

관련어구
①updated 최신의
cleaned 정돈된
②normal 정상의
not to break 고장 나지 않은

As to...
As to the other product you bought①last month②, ...
지난달에 구매하신 제품에 대해 말씀드리자면, ...

관련어구
①placed an order for 주문한
reserved 예약한
②yesterday 어제
a week ago 일주일 전에

Please remember to...
**Please remember to come to our store① in three
months.**
세 달 내에 가게에 방문해 주시는 것을 잊지 말아 주시기 바랍니다.

관련어구
①finish the report 보고를 끝내다
eat them all 다 먹다

베껴 쓰기 좋은 문장

1 | in a good state   좋은 상태로

in a good state는 '좋은 상태로' 라는 뜻을 가진 관용어구로 볼 수 있으며, in good condition과 뜻이 같다.

예 The washing machine I just bought last week is already not in a good state.
지난주에 산 세탁기의 상태가 벌써부터 좋지 않다.

영문 E-mail 단어

- customer service phr 고객 서비스
- fix v 고치다
- normally ad 일반적으로
- accessory n 부속품

- charge v 요금을 청구하다
- store n 가게

사업 | Business

Unit 6

단골 고객 유지 ①

바로 베끼기

E-mail sample

From:	Jane
To:	Mr. Smith
Subject:	Customer Maintenance 고객 유지

Dear Mr. Smith,

Thanks for[1] having cooperated with us for so many years. Our company really appreciates your support.

원인을 나타냄

Since the Christmas Holiday is coming, we have listed several new products, and many are on hot sales. You can visit our store and check

상대방 관심 환기
if you are interested in anything. What's more, in order to show our

보충 설명

gratitude, our company will provide old customers who prepare to make orders during the holiday season with extra 15% off the promotional price, which is really a big discount. So I hope you will not miss this opportunity.

Best regards

Jane

친애하는 Mr. Smith

저희와 오랜 시간 협력해 주셔서 감사드립니다. 당사는 귀하의 지원에 매우 감사드리고 있습니다.

크리스마스 휴일이 다가왔기에 몇 가지 신제품과 잘 나가는 상품 리스트를 적어 봤습니다. 관심 있으시면 저희 가게에 오셔서 확인해 보셔도 좋습니다. 게다가, 감사의 표시로 크리스마스 시즌 동안 주문을 해 주시는 단골 고객님들께 할인가에서 추가로 15%를 더 할인해 드립니다. 이는 정말 파격적인 할인입니다. 이번 기회를 놓치시지 않길 바랍니다.

Jane 올림

실용 구문

Since...

Since the Christmas Holiday① **is coming, we have listed several new products, and many are on hot sales**②.

크리스마스 휴일이 다가왔기에 몇 가지 신제품과 잘 나가는 상품 리스트를 적어 봤습니다.

> **관련어구**
> ① Valentine's day 밸런타인데이
> New year 새해
> ② already out of stock
> 이미 재고가 다 나갔다
> good deals 좋은 거래

...if you are interested in anything.

You can visit our store① **and check if you are interested in anything.**

관심 있으시면 저희 가게에 오셔서 확인해 보셔도 좋습니다.

> **관련어구**
> ① ask for some sample
> 샘플을 요청하다
> take a look at the catalogue
> 목록을 살펴보다

What's more, ...

What's more, in order to show our gratitude, our company will provide old customers① **who prepare to make orders during the holiday season**② **with extra 15% off the promotional**③ **price.**

게다가, 감사의 표시로 크리스마스 시즌 동안 주문을 해 주시는 단골 고객님 들께 할인가에서 추가로 15%를 더 할인해 드립니다.

> **관련어구**
> ① newly-introduced customers
> 새로 소개받은 고객
> our VIP 우리의 주요 고객
> ② the annual sale 연간 세일
> their birth month 그들의 생일달
> ③ listed 표시된
> original 원래의

베껴 쓰기 좋은 문장

1 | thanks for ...   …에 대해 감사드립니다.

thanks for은 관용적으로 쓰이는 감사 표현으로 thanks for sth./doing sth. 구조로 자주 쓴다.

예 Thanks for **showing up in my life.**
내 삶에 나타나 주셔서 감사합니다.

영문 E-mail 단어

- maintenance **n** 유지, 지속
- cooperate **v** 협력하다
- on sale **phr** 할인 중인
- provide **v** 제공하다
- prepare **v** 준비하다

- holiday **n** 휴일
- season **n** 계절, 시즌
- promotional **a** 판촉 중인
- discount **n** 할인
- opportunity **n** 기회

사업 | Business

Unit 6

단골 고객 유지 ②

바로 베끼기

E-mail sample

From:	Mary
To:	Peter
Subject:	Customer Maintenance 고객 유지

Hi, Peter,

상기 시키기 → Last time, **I said I would** try my best to get you discounts for your future orders, remember? I filled forms and applied to our company on Monday, and
기쁨 표현 → **I am so glad that** our manager agreed to my proposal.

And recently we have a new activity for old customers. Every old customer may get a cash coupon if he successfully introduces clients for us. The cash coupon is up to 500 dollars. The more clients you introduce, **the more**[1] cash you will get.

감사 표현 → **Thanks for** your long-time support and cooperation. We will keep doing our best to provide customers with the best product and service. **If you** have → **가정 어조** any good suggestions that can improve our work, please feel free to tell us. I look forward to your reply soon.

Sincerely,

Mary

안녕하세요. Peter 씨,

지난번에 향후 주문에 대해 제가 최선을 다해 할인해 드리겠다고 했던 것 기억하시나요? 월요일에 제가 양식을 채워 당사에 신청을 했는데, 기쁘게도 저희 매니저님께서 제 제안을 승인해 주셨습니다.

그리고 최근에 단골 고객님들 대상으로 이벤트를 진행하고 있습니다. 새 고객님들에게 당사를 소개시켜 주신 단골 고객님들께 현금 할인권을 제공해 드리고 있습니다. 최대 500달러까지 할인을 받으실 수 있으므로, 새 고객들에게 많이 소개해 줄수록 더 많은 할인을 받아 보실 수 있으십니다.

오랜 시간 동안 해 주신 귀하의 지원과 협력에 감사드립니다. 고객님들께 최상의 제품과 서비스를 제공하도록 계속 노력하겠습니다. 저희 서비스를 개선시키기 위한 좋은 건의사항이 있으시다면 언제든 편하게 말씀해 주시길 바랍니다. 회신 기다리겠습니다.

당신의 신실한

Mary

실용 구문

I said I would...

Last time, I said I would try my best[①] **to get you discounts for your future orders**[②]**, remember?**

지난번에 향후 주문에 대해 제가 최선을 다해 할인해 드리겠다고 했던 것 기억하시나요?

> **관련어구**
> ① ask the manager 매니저에게 요구하다
> make an effort 노력하다
> ② your delivery fee 당신의 배송비
> next order 다음 주문

I am so glad that...

I am so glad that our manager[①] **agreed to**[②] **my proposal.**

기쁘게도 저희 매니저님께서 제 제안을 승인해 주셨습니다.

> **관련어구**
> ① my boss 우리 사장님
> the committee 위원회
> ② approved of 찬성하다
> consented to 동의하다

Thanks for...

Thanks for your long-time[①] **support and cooperation**[②]**.**

오랜 시간 동안 해 주신 귀하의 지원과 협력에 감사드립니다.

> **관련어구**
> ① continuous 지속되는
> great 엄청난
> ② suggestion 제안
> help 도움

If you...

If you have any good suggestions[①] **that can improve our work**[②]**, please feel free to tell us.**

저희 서비스를 개선시키기 위한 좋은 건의사항이 있으시다면 언제든 편하게 말씀해 주시길 바랍니다.

> **관련어구**
> ① advice 건의
> measure 방법
> ② keep us safe 우리를 안전하게 하다
> pass the exam 시험에 통과하다

베껴 쓰기 좋은 문장

1 ｜ the more...the more... …할수록 …하다

the more...the more...은 형용사 비교급의 점층 표현법으로 '…할수록 …하다'의 뜻을 갖는다.

예 The more **vegetables you eat every day,** the healthier **you will be.**
매일 먹는 야채가 많아질수록 더 건강해질 것이다.

영문 E-mail 단어

- form **n** 양식
- activity **n** 활동
- cash **n** 현금
- cooperation **n** 협력

감사 | Appreciation

편지 감사 ①

E-mail sample

From:	Shirley
To:	Emma
Subject:	Thanks for the E-mail 편지 감사

Dear Emma,

I acknowledge with thanks receipt of your e-mail[1] of January 19th.

It gives me great pleasure to learn that you will spare time to attend our seminar about the future development of the tourist industry. It must be an awesome opportunity to benefit from your considerable knowledge on the subject.

Please accept my sincere gratitude to you for your kind suggestions attached in the last e-mail. For my part[2], these suggestions will be of great help to the preparations for the seminar. I have submitted them to the general manager for official approval. I figure the manager will give his consent Please feel free to contact me, if need be.

Yours,

Shirley

친애하는 Emma

1월 19일에 보내 주신 메일 받았으며, 이에 매우 감사드립니다.

이번 여행 산업의 미래 발전 세미나에 시간 내어 참석해 주실 것이라는 것을 알게 되어 매우 기쁩니다. 귀하께서 지니고 계시는 이 분야에 대한 깊은 지식은 분명히 도움이 될 것입니다.

지난 메일에 첨부해 주신 친절한 제안에 대해 정말 감사드린다는 말씀 전하고 싶습니다. 제가 보기에 그 제안들은 세미나를 준비하는 데 있어 정말 큰 도움이 될 것 같습니다. 공식 승인을 받기 위해 제안서를 본부장님께 제출했습니다. 제 생각엔 본부장님께서도 동의해 주실 것 같습니다. 필요하시다면 언제든 편하게 연락 주시기 바랍니다.

Shirley 올림

실용 구문

It gives me great pleasure to...

It gives me great pleasure to learn that you will spare time to attend our seminar①about the future development② of the tourist industry.

이번 여행 산업의 미래 발전 방향 세미나에 시간 내어 참석해 주실 것이라는 것을 알게 되어 매우 기쁩니다.

관련어구
①meeting 회의
　conference 회의
②development strategies 개발 전략
　potential opportunity 잠재적 기회

Please accept my sincere gratitude to you...

Please accept my sincere gratitude to you for your kind suggestions① attached in the last② e-mail

지난 메일에 첨부해 주신 친절한 제안에 대해 정말 감사드린다는 말씀 전하고 싶습니다.

관련어구
①great ideas 좋은 생각
　reference sources 참고 자료
②previous 이전의
　latest 최신의

 베껴 쓰기 좋은 문장

1 | I acknowledge with thanks receipt of your e-mail.
업무용 메일을 보낼 때, 감사 표현하기

감사 편지를 쓸 때와 관련적으로 일치한다. 문장을 시작할 때 한두 문장 정도로 감사를 표현하고, 이어서 상대방으로부터 받은 도움이나 제안 등에 대해 서술한 뒤 마지막으로 다시 한번 감사의 뜻을 전한다. 필요에 따라서 상대방에게 향후 계획을 간단히 설명해도 좋다.

2 | For my part, ... 제 생각으로는…

for my part는 as far as I'm concerned, as far as I can see, in my opinion, in my view, from my point of view 등에 해당한다.

예 For my part, you would be better off changing your job.
제 생각으로는 직업을 바꾸시는 편이 나을 것 같습니다.

 영문 E-mail 단어

- seminar n 세미나
- tourist n 관광객, 여행객
- awesome a 멋진
- considerable a 상당한, 대량의
- knowledge n 지식, 이해

- subject n 주제, 제목
- preparation n 준비, 준비 작업
- submit v 제출하다
- approval n 허락, 승인
- consent n 동의, 허가

223

E-mail sample

From:	Annie
To:	Tom
Subject:	Thanks for the Letter 편지 감사

Dear Tom,

You asked in the letter if we could provide more discounts on the product. I applied to our manager yesterday, and just **got his reply** this morning. **On your present order,** no more discounts could be provided, because the price we gave you is the lowest already, generating almost no profit. I hope you could understand. Thank you.

As to the last shipment , it was delayed due to customs problems. It would take a couple of[1] more days for the parcels to arrive in your country. **Would you please** wait a few more days with patience? Let's **keep in touch**, I'll keep you informed.

Best regards

Annie

친애하는 Tom

지난 메일에서 저희에게 제품의 추가 할인이 가능할지 요청하셨었습니다. 제가 어제 매니저님께 요청을 드렸으며, 오늘 오전에 막 회신을 받았습니다. 귀하의 현재 주문으로는 추가 할인이 제공되지 않습니다. 저희가 제시 드린 가격이 이미 거의 이윤이 남지 않을 정도의 최저가이기 때문입니다. 이해해 주시길 바랍니다. 감사합니다.

지난 운송에 관해 말하자면, 그것은 세관 문제 때문에 지연되었던 것이었습니다. 귀하의 나라에 소포가 도착할 때까지는 이삼일이 더 걸릴 것 같습니다. 며칠만 더 참고 기다려 주실 수 있으실까요? 수시로 알려 드릴 수 있게 계속해서 연락 취했으면 합니다.

Annie 올림

실용 구문

바로
배우기

...got his reply...

I applied to① **our manager yesterday, and just got his reply this morning**②.

제가 어제 매니저님께 요청을 드렸으며, 오늘 오전에 막 회신을 받았습니다.

관련어구
① asked for a leave to 휴가 내다
resigned to 사직하다
② an hour ago 한 시간 전에
at this moment 지금

On your present order, ...

On① **your present order, no more discounts could be provided**②.

귀하의 현재 주문으로는 추가 할인이 제공되지 않습니다.

관련어구
① As for ···에 대해 말하자면
About ···에 관하여
② offered 제공된
given 주어진

Would you please...

Would you please wait a few more days① **with patience**②?

며칠만 더 참고 기다려 주실 수 있으실까요?

관련어구
① for another day 다른 날
in line 줄 서서
② kindness 호의
silence 고요

...keep in touch...

Let's keep in touch, I'll keep you informed①.

수시로 알려 드릴 수 있게 계속해서 연락 취했으면 합니다.

관련어구
① acknowledge 승인하다
know 알다

베껴 쓰기 좋은 문장

바로
적용하기

1 ㅣ a couple of 몇몇의

a couple of는 관용어로 '몇몇의'의 뜻을 갖는다. 보통 2개를 뜻하는데, a couple of days는 이틀 혹은 이삼 일을 말한다.

예 I will be there soon after handling a couple of things.
몇 가지 일을 처리한 뒤에 금방 그곳으로 가겠습니다.

영문 E-mail 단어

바로
외우기

- discount **n** 할인, 할인율
- present **a** 현재의, 눈앞의
- generate **v** 발생하다
- profit **n** 이윤
- shipment **n** 운송, 출하
- delay **v** 미루다, 연기하다

225

감사 | Appreciation

주문 감사

E-mail sample

From:	Lin
To:	Mr. Smith
Subject:	Thanks for Your Order 주문해 주셔서 감사합니다.

Dear Mr. Smith,

Thank you very much for ordering our dental ultrasonic cleaner.

정보
나열

Here are your order details:

- Item: 10 sets of dental ultrasonic cleaner
- Price (shipping fee included): $1420
- Shipping service: EMS fast shipping service

상대방
확인
요청

Please check if there is anything wrong. If all the above is correct, you can

연결
표현

make payment now. **Then** our warehouse colleague will pack your order and ship it to you immediately. If you have any question or are interested in any product, please feel free to[1] contact us for detailed information. **Once** we get

가정
어구

your e-mail, we will reply to you immediately.

Best regards,

Lin

친애하는 Mr. Smith

저희 치과 초음파 세척기를 주문해 주셔서 매우 감사드립니다.

아래는 주문하신 세부 사항입니다:

-제품: 치과 초음파 세척기 10세트

-가격(운송비 포함): 1420달러

-배송 방법: EMS 배송

잘못된 부분이 있는지 확인해 주시길 바랍니다. 만약 위의 정보가 모두 정확하다면, 지금 입금해 주시면 됩니다. 그러면 저희 창고 담당 동료가 즉시 귀하의 주문을 포장하여 발송해 드릴 것입니다. 만약 궁금하신 점이 있거나 다른 제품에 관심이 있으시다면 상세한 정보를 위해 저희에게 편하게 연락 주시길 바랍니다. 저희가 메일을 받자마자 바로 회신 드리겠습니다.

Lin 올림

바로
배우기

실용 구문

Here are...
Here are your order details①.
아래는 주문하신 세부 사항입니다.

Please check...
Please check if there is anything wrong①.
잘못된 부분이 있는지 확인해 주시길 바랍니다.

Then...
Then our warehouse colleague① will pack② your order and ship it to you immediately.
그러면 저희 창고 담당 동료가 즉시 귀하의 주문을 포장하여 발송해 드릴 것입니다.

Once...
Once we get your e-mail①, we will reply to you immediately②.
저희가 메일을 받자마자 바로 회신 드리겠습니다.

바로
적용하기

베껴 쓰기 좋은 문장

1 | Please feel free... 편하게 …해 주세요.

Please feel free to do sth.은 관용적 표현으로 '편하게 …해 주세요'의 뜻을 갖는다.

예 Please feel free to call me if you need any help.
어떤 도움이라도 필요하시다면 편하게 전화 주세요.

바로
외우기

영문 E-mail 단어

- ultrasonic **a** 초음파의
- cleaner **n** 클리너
- set **n** 세트, 한 조, 한 묶음
- fee **n** 요금

- shipping **n** 해운, 운송
- payment **n** 납금, 지불
- warehouse **n** 창고
- pack **v** (화물)포장하다

감사 | Appreciation

견본 제공 감사 ①

바로
베끼기

E-mail sample

From:	Jason
To:	Mary
Subject:	Thanks for the Sample 견본을 제공해 주셔서 감사합니다.

Dear Mary,

감사
표현

Thank you very much for your kindness and assistance in sending us samples that we wanted in such a short time.

We received the parcel last week, and our colleague who tried them out[1] told me the quality of your air polisher is good. **They suggested** that I order more from you. **But we have some questions:** where could we buy the sand to fill the polisher when we run out of it? Do you also sell the sand? What's the price? Or do we need to buy the sand somewhere else? Is there anything we should know before we buy the sand? And what's the air polisher's warranty ?

제안을
받았음

문제
제기

Your early reply will be appreciated.

Best regards
Jason

친애하는 Mary

이렇게 촉박한 시간 내에 저희가 원하는 견본을 보내 주신 귀하의 호의와 지원에 대해 진심으로 감사드립니다.

지난주에 소포를 받았으며 귀하께서 보내 주신 연마기를 사용해 본 동료께서 제품의 품질이 매우 좋다고 말해 주셨습니다. 그들은 제게 귀하의 제품을 추가해서 주문하기를 제안했습니다. 그런데 저희는 몇 가지 궁금한 점이 있습니다. 저희가 연마기 내의 모래를 다 쓰면 어디서 그것을 구해야 할까요? 혹시 모래도 파시나요? 가격은 얼마지요? 혹은 저희가 모래를 다른 곳에서 사야 할까요? 저희가 모래를 구입하기 전에 또 알아야 할 사항들이 있을까요? 그리고 연마기의 보증은 어떻게 되나요?

가능한 빨리 회신 주시면 감사하겠습니다.

Jason 올림

바로 배우기

실용 구문

Thank you very much for...

Thank you very much for your kindness and assistance in sending us samples that we wanted[1] in such a short time[2].

이렇게 촉박한 시간 내에 저희가 원하는 견본을 보내 주신 귀하의 호의와 지원에 대해 진심으로 감사드립니다.

> **관련어구**
> [1] giving us a reply 회신해 주다
> offering me a discount 할인해 주다
> [2] in time 제시간에
> before Thanksgiving 추수감사절 전에

They suggested...

They suggested[1] that I order more[2] from you.

그들은 제게 귀하의 제품을 추가해서 주문하기를 제안했습니다.

> **관련어구**
> [1] asked 요청했다
> told 말해 줬다

But we have some questions...

But we have some questions: where could we buy[1] the sand to fill the polisher when we run out of it[2]?

그런데 저희는 몇 가지 궁금한 점이 있습니다. 저희가 연마기 내의 모래를 다 쓰면 어디서 그것을 구해야 할까요?

> **관련어구**
> [1] get 얻다
> ask for 요구하다
> [2] used it all 다 쓰다
> had none 없다

 바로 적용하기

베껴 쓰기 좋은 문장

1 | try sth. out 시도해 보다, 한번 …해 보다

try sth. out은 관용어로 '시험 삼아 한번 …해 보다'의 뜻을 가지며 put sth. to test와 의미가 같다.

> **예** After we try it out, we will contact you.
> 저희가 한번 시도해 본 후에 연락 드리겠습니다.

 바로 외우기

영문 E-mail 단어

- kindness **n** 호의
- assistance **n** 지원, 원조
- parcel **n** 꾸러미, 소포
- polisher **n** 윤내는 가구, 연마기
- sand **n** 모래
- warranty **n** 보증

바로
베끼기

E-mail sample

From:	Collins
To:	Helen
Subject:	Thanks for the Sample 견본을 제공해 주셔서 감사합니다.

Hi, dear Helen.

Thank you very much for shipping us the glove samples **so soon**. We already received them. And we were attracted by them at first sight[1] when we opened the package. **Because** the design is so beautiful and fashionable, we love it very much.

Our manager has agreed to make an order from your factory, but **please make sure** what we order is the same as the samples. And we would like to order the gloves in three classic colors: white, black and grey.

Payment will be sent to your account **later this afternoon around four o'clock** by our accountant. Please check later.

If you make any change or have any question, please inform us in advance. Thank you.

Best regards

Collins

친애하는 Helen, 안녕하세요.

　이렇게 빨리 장갑 견본을 배송해 주셔서 정말 감사드립니다. 저희는 이미 그것들을 받아 보았습니다. 그리고 저희는 소포를 열어 보자마자 첫 눈에 반해 버렸습니다. 디자인이 너무 예쁘고 세련되어서 저희는 그 부분이 참 마음에 듭니다.

　저희 매니저님께서 귀하의 공장에 주문하는 것에 동의하셨습니다. 그런데 저희가 주문한 것이 견본과 같은 것인지 확인 부탁드리겠습니다. 그리고 저희는 고전적인 세 가지 색상인 하얀색, 검정색, 회색으로 주문하고자 합니다.

　입금은 저희 회계사가 오늘 오후 4시쯤 지나서 귀하의 계좌로 보내 드릴 것입니다. 확인해 보시길 바랍니다.

　만약 어떤 변동이나 궁금한 점 있으시면 저희에게 미리 알려 주시기 바랍니다. 감사합니다.

Collins 올림

실용 구문

...so soon.

Thank you very much for shipping us the glove samples[1] so soon.

이렇게 빨리 장갑 견본을 배송해 주셔서 정말 감사드립니다. 저희는 이미 그것들을 받아 보았습니다.

관련어구
① our order 우리의 주문
the catalogue 목록

Because...

Because the design[1] is so beautiful and fashionable, we love it very much[2].

디자인이 너무 예쁘고 세련되어서 저희는 그 부분이 참 마음에 듭니다.

관련어구
① display 배치
color 색상
② a lot 매우
so much 매우

Please make sure...

Please make sure what we order[1] is the same as the samples[2].

저희가 주문한 것이 견본과 같은 것인지 확인 부탁드리겠습니다.

관련어구
① got 얻다
bought 사다
② pictures 사진
displayed 전시

...later this afternoon around four o'clock...

Payment[1] will be sent to your account later this afternoon around four o'clock by our accountant[2].

입금은 저희 회계사가 오늘 오후 4시쯤 지나서 귀하의 계좌로 보내 드릴 것입니다.

관련어구
① Reward 장려금
Refund 환불(금)
② secretary 비서
man in charge 책임자

베껴 쓰기 좋은 문장

1 | at first sight 첫눈에, 처음 봤을 때

at first sight는 관용어로 '첫눈에, 처음 보자마자'의 뜻을 갖는다.

예 They fell in love at first sight.
그들은 첫눈에 사랑에 빠졌다.

영문 E-mail 단어

- glove n 장갑
- attract v 끌어들이다
- package n 포장

- fashionable a 유행의
- classic a 고전의
- accountant n 회계사

감사 | Appreciation

재계약 감사 ①

E-mail sample

From:	Anne
To:	Tom Smith
Subject:	Thanks for Extending a Contract 계약을 연장해 주셔서 감사합니다.

Dear Tom Smith,

I'm writing the letter to express my deep appreciation for extending a contract. It's a pleasure that we can continue to do business with you in the future.

We've found that we can easily reach an agreement on the contract, and we are happy during the negotiation. **In order to** deepen and promote the co-operation between us, we will try our best to provide products that satisfy you. What's more, we will try to produce some new and original goods in the days to come[1], and **hope you** will be interested in these new items.

We hope both of us can have a better achievement based on our cooperation in the future.

Yours Sincerely,

Anne

친애하는 Tom Smith

계약을 연장해 주셔서 진심으로 감사하다는 말씀을 전하고자 메일 보내 드립니다. 앞으로도 귀사와 계속해서 사업 관계를 지속할 수 있어서 정말로 기쁩니다.

계약에서 저희 양측이 모두 순조롭게 의견을 일치할 수 있었다는 것을 알게 되었고, 협상하는 내내 즐거웠습니다. 저희 양측 간 협력의 깊이를 더하고 촉진하기 위해서 최선을 다해 만족하실 만한 제품을 생산할 것입니다. 뿐만 아니라, 저희는 조만간 몇 가지 새롭고 독창적인 제품을 생산할 것입니다. 귀하께서 그 상품들에게 흥미를 느끼시기를 바랍니다.

미래에 저희의 협력에 기반한 보다 나은 성취를 양측 모두 얻을 수 있기를 바랍니다.

당신의 신실한
Anne

실용 구문

We've found that...

We've found that we can easily reach an agreement on the contract①, and we are happy during the negotiation②.

계약에서 저희 양측이 모두 순조롭게 의견을 일치할 수 있었다는 것을 알게 되었고, 협상하는 내내 즐거웠습니다.

관련어구
① at a meeting 회의에서
upon this issue
이 문제에 대해
② discussion 토론
whole time 전체 시간

In order to...

In order to deepen① and promote the co-operation between us, we will try our best to provide products that satisfy② you.

저희 양측 간 협력의 깊이를 더하고 촉진하기 위해서 최선을 다해 만족하실 만한 제품을 생산할 것입니다.

관련어구
① improve 개선하다
strengthen 강화하다
② attract 끌어들이다
are appealing to 마음을 끌다

...hope you...

We will try to produce some new and original goods in the days to come①, and hope you will be interested in② these new items.

저희는 조만간 몇 가지 새롭고 독창적인 제품을 생산할 것입니다. 귀하께서 그 상품들에게 흥미를 느끼시기를 바랍니다.

관련어구
① in the future 미래에
in the one or two coming years
1, 2년 안에
② be excited about …에 흥분하다
expect to …를 기대하다

베껴 쓰기 좋은 문장

1 │ in the days to come   미래에, 앞으로

in the days to come은 in the future에 해당하는 말로, 아직 일어나지 않은 사건에 대해 말할 때 사용한다. 어구는 문장의 문두, 중간, 문미 어디에도 사용될 수 있다.

예 If you don't want to work hard, no one can help you in the days to come.
만약 열심히 하려 하지 않으면, 앞으로 아무도 당신을 도와주고 싶어 하지 않을 것입니다.

영문 E-mail 단어

- appreciation **n** 감사
- extend **v** 연장하다
- negotiation **n** 협상
- deepen **v** 깊게 하다
- promote **v** 촉진하다

- co-operation **n** 협력
- original **a** 원래의, 독창성 있는
- item **n** 상품, 항목
- achievement **n** 성과
- base on **phr** …에 근거하여

감사 | Appreciation

Unit 7

재계약 감사 ②

E-mail sample

바로 베끼기

From:	Bart
To:	Frank
Subject:	Thanks for Continuing a Contract 계약을 연장해 주셔서 감사합니다.

Dear Sir Frank,

I'm so glad to hear that you'd like to continue a contract with us. **We are so appreciative for that** because we had a pleasant cooperation last time.

감사 표현

어떤 일에 따라서

With the development of society, more and more people begin to attach importance to health care, so there must be a promising future for the products of our company. Higher profits are expected to be gained for both of us based on our cooperation, which will certainly **benefits both of us.** We hope that we can not only deepen our relationship through cooperation, but[1] satisfy the customers. **In this way,** we can obtain a good reputation, which is good for

이 상태로 지속 된다면

our future development.

I want to thank you again and hope we can go further on the partnership.

Yours Sincerely,

Bart

친애하는 Frank 선생님

저희와 계속해서 계약을 진행하고자 한다는 소식을 듣게 되어 정말 기쁩니다. 이에 대해 정말 감사 드립니다. 왜냐하면 지난번 협력이 매우 즐거웠기 때문입니다.

사회가 발전하면서 점점 더 많은 사람들이 건강 관리의 중요성을 인식하고 있습니다. 때문에 당사의 제품은 분명 전망 있는 미래가 펼쳐질 것입니다. 협력 덕에 저희는 보다 높은 이윤을 얻게 될 것이며, 이 는 분명 양측 모두에게 이익이 될 것입니다. 이번 협력을 통해 저희의 관계에 깊이를 더할 뿐만 아니라 고객 역시 만족시킬 수 있기를 바랍니다. 이런 식으로 지속된다면 저희는 앞으로 발전에 도움이 될 수 있 는 좋은 평판을 얻을 수 있을 것입니다.

다시 한번 감사의 말씀 전하며, 계속해서 협력할 수 있기를 바랍니다.

당신의 신실한
Bart 올림

실용 구문

We are so appreciative for that...

We are so appreciative①for that because we had a pleasant② cooperation last time.

이에 대해 정말 감사드립니다. 왜냐하면 지난번 협력이 매우 즐거웠기 때문입니다.

관련어구
①We really appreciate 우리는 매우 감사합니다. (전치사 for와 결합)
I want to say thank you 감사하다고 말씀드리고 싶습니다.
②successful 성공적인
close 긴밀한

With the...

With the development of society①, more and more people begin to attach importance to② health care.

사회가 발전하면서 점점 더 많은 사람들이 건강 관리의 중요성을 인식하고 있습니다.

관련어구
①knowledge from the press 매체로부터 얻은 지식
higher education level 보다 높은 교육 수준
②put emphasis on …를 강조하다
focus on …를 중시하다

...benefits both of us.

Higher profits① are expected to be gained for both of us based on our cooperation, which will certainly benefit both of us②.

협력 덕에 저희는 보다 높은 이윤을 얻게 될 것이며, 이는 분명 양측 모두에게 이익이 될 것입니다.

관련어구
①Good fame 좋은 명성
More customers 더 많은 고객
②will be a win-win 서로 득을 볼 수 있는
will be worthy 가치 있는

In this way, ...

In this way, we can obtain a good reputation①, which is good for our future development②.

이런 식으로 지속된다면 저희는 앞으로 발전에 도움이 될 수 있는 좋은 평판을 얻을 수 있을 것입니다.

관련어구
①find sponsorship more easily 보다 쉽게 도움을 구할 수 있다
make a fortune 행운을 얻다
②growth 성장
business 사업

 베껴 쓰기 좋은 문장

1 | not only..., but (also)... …뿐만 아니라, …도

not only..., but also...는 두 개의 병렬어구를 연결하는 데 사용되며 점층 관계를 나타낸다.

예 Grace not only came up with the proposal, but also carried it out in person.
Grace는 이 제안서를 고안해 냈을 뿐만 아니라 직접 실천해 내기까지 했다.

 영문 E-mail 단어

- **appreciative** ⓐ 감사하는
- **society** ⓝ 사회
- **importance** ⓝ 중요성
- **promising** ⓐ 촉망받는, 전망 있는
- **certainly** ⓐⓓ 당연히, 분명히
- **reputation** ⓝ 평판

235

Unit 7

감사 | Appreciation

고객 소개 감사 ①

E-mail sample

바로
베끼기

From:	Blair
To:	John
Subject:	Thanks for Your Introduction 소개해 주셔서 감사합니다.

Dear Sir John,

감사
표현

I sincerely thank you for introducing us to another company. With your help, we have built a new relationship with them.

Last week, we concluded an agreement during the meeting. **They mentioned that** it was you who[12] introduced our company to them. I appreciate it very much, and thank you for the confidence you have shown in us. **Due to** the great demand of our products, we have increased productivity. They would like to make a big order with us after the negotiation and said that a long-term cooperation is expected to be developed with us. It's really good news. We are looking forward to our cooperation. Thank you again, and please contact me if there is anything I can help with.

인용

원인
표현

Yours Sincerely,

Blair

친애하는 John 선생님

저희를 다른 회사에 소개시켜 주셔서 정말로 감사드립니다. 귀하의 도움 덕에 저희는 그들과 새로운 사업 관계를 맺을 수 있었습니다.

지난주에 저희는 회의에서 합의를 이뤄 냈습니다. 그들은 당사를 소개해 준 분이 바로 당신이라고 언급하였습니다. 이에 대해 정말 감사드리며, 저희에게 신뢰를 가지고 계신다는 것을 보여 주셔서 또 한 번 감사드립니다. 제품의 수요가 커져서 저희도 생산력을 증가시켰습니다. 협상 후에 그들은 저희에게 대량으로 주문하겠다고 하였으며 저희와 장기간의 협력 관계까지 발전하기를 희망한다고 말씀해 주셨습니다. 정말 좋은 소식이죠. 이번 협력에 대해 정말 기대가 큽니다. 다시 한번 감사드립니다. 그리고 제가 도울 수 있는 것이 있으면 연락 주시기 바랍니다.

당신의 신실한
Blair 올림

바로 배우기

실용 구문

I sincerely thank you for...

I sincerely thank you for① **introducing us to another company**②**.**

저희를 다른 회사에 소개시켜 주셔서 정말로 감사드립니다.

관련어구
① am thankful to you for
   …에 대해 감사합니다.
   deeply appreciate 깊이 감사하다
② the professor 교수
   your clients 당신의 고객

They mentioned that...

They mentioned① **that it was you who introduced our company**② **to them.**

그들은 저희를 소개해 준 분이 바로 당신이라고 언급하였습니다.

관련어구
① told us 우리에게 말해 줬다
   informed us 우리에게 알려 줬다
② new department store 새 백화점
   restaurant 식당

Due to...

Due to the great demand① **of our products, we have increased**② **productivity.**

제품의 수요가 커져서 저희도 생산력을 증가시켰습니다 .

관련어구
① need 필요
   order 주문
② raised up 일으켰다
   promoted 촉진했다

 바로 적용하기

베껴 쓰기 좋은 문장

1 | It was + 사람 + who + 문장   …한 사람은 바로 (사람)이다.

이 문장은 강조 표현으로, 강조를 하고자 하는 대상이 사람일 때는 관계대명사 who 또는 that을 사용할 수 있으며, 강조의 대상이 사물일 때는 관계대명사 that을 사용한다.

> 예 It was Amy who helped me when I was in trouble.
> 내가 안 좋은 상황에 처해 있을 때 나를 도와줬던 사람은 바로 Amy다.

2 | It was you who...   강조문구가 이끄는 접속사

강조문구의 기본 형태는 It + be + 강조대상 + that + 기타 성분이다. 강조의 대상이 사람이며 문장에서 주어일 때는 접속사 who와 that 둘 다 사용이 가능하며, 다른 상황일 때는 모두 that을 사용한다. 주어를 강조할 때 that 뒤에 오는 동사는 반드시 주어의 시제와 수 일치에 주의해야 한다.

바로 외우기

영문 E-mail 단어

- conclude **V** 결론짓다, 마무리하다
- confidence **n** 자신감, 자신, 신뢰
- demand **n** 요구, 필요
- negotiation **n** 담판, 협상
- long-term **a** 장기의
- develop **V** 발전하다, 설립하다

E-mail sample

From:	Adam
To:	Bruce
Subject:	Thanks for Your Recommendation 추천해 주셔서 감사합니다.

Dear Sir Bruce,

Thank you so much for introducing the new client to us. I owe you the greatest debt of thankfulness .

과거의 경험 표현

As known to all[1], this year's cotton harvest is poor, so the company which **we used to** cooperate with couldn't provide us with enough cotton textiles this year. That made us nervous. **At that time,** a new client found me and he

마침 그 때에

was willing to provide a flood of cotton textiles for us. During our conversation, **we knew that** we were recommended to him by you. **Thank you for** your

소식을 알게됨

continued support and timely help.

감사 표현

We are greatly grateful for your recommendation. I hope we can return your favor in the future.

Yours Sincerely,

Adam

친애하는 Bruce 선생님

저희에게 새로운 고객을 소개시켜 주셔서 정말 감사드립니다. 진심으로 감사의 마음을 표하고 싶습니다.

모두가 알고 있듯이, 올해의 솜 수확량이 좋지 않아 이번 년도에는 저희와 협력하던 회사가 저희에게 충분한 솜 작물을 제공해 줄 수 없었습니다. 그리고 이것이 저희를 매우 초조하게 만들었습니다. 그 때 새 고객께서 저희를 찾아 주셨고 저희에게 대량의 솜 작물을 제공해 줄 의향이 있다고 말씀해 주셨습니다. 대화를 나누는 동안 귀하께서 저희를 추천해 주셨다는 것을 알게 되었습니다. 지속적인 지지와 시기적절한 도움에 대해 감사드립니다.

귀하의 추천에 대해 진심으로 감사드리고 있습니다. 후에 저희가 이 빚을 갚을 수 있기를 바랍니다.

당신의 신실한
Adam 올림

실용 구문

...we used to...

The company[1] **which we used to cooperate with couldn't provide us with enough cotton textiles**[2] **this year.**

이번 년도에는 저희와 협력하던 회사가 저희에게 충분한 솜 작물을 제공해 줄 수 없었습니다.

> **관련어구**
> ①factory 공장
> farm 농장
> ②material 재료
> milk 우유

At that time, ...

At that time[1]**, a new client found me and he was willing to**[2] **provide a flood of cotton textiles for us.**

그때 새 고객께서 저희를 찾아 주셨고 저희에게 대량의 솜 작물을 제공해 줄 의향이 있다고 말씀해 주셨습니다.

> **관련어구**
> ①In the meantime 동시에
> Recebtly 최근에
> ②was able to …할 수 있는
> would like to …하고 싶은

---

we knew that...

During our conversation[1]**, we knew that we were recommended to him by you**[2]**.**

대화를 나누는 동안 귀하께서 저희를 추천해 주셨다는 것을 알게 되었습니다.

> **관련어구**
> ①at our meeting 미팅에서
> in our emails 메일에서
> ②the manager of human
> resources department
> 인사부 본부장
> Dr. Wang 왕 의사선생님

Thank you for...

Thank you for your continued[1] **support and timely help.**

지속적인 지지와 시기적절한 도움에 대해 감사드립니다.

> **관련어구**
> ①great 큰
> direct 직접적인

베껴 쓰기 좋은 문장

1 | As known to all, ... 모두가 알다시피

As known to all은 삽입어구로 보통 문장의 맨 앞에 위치하며 쉼표로 주절과 분리시킨다.

예 As known to all, ability plays an important role in one's growth process.
모두가 알다시피 능력은 한 사람의 성장 과정에서 중요한 역할을 합니다.

영문 E-mail 단어

- client **n** 고객
- debt **n** 빚, 은혜
- thankfulness **n** 감격, 감사

- harvest **n** 추수, 수확
- flood **n** 홍수, 다량
- continued **a** 계속되는, 오래가는

Unit 7

감사 | Appreciation

협조 감사 ①

바로 베끼기 **E-mail sample**

From:	Cliff
To:	Brown
Subject:	Thanks for Your Kind Assistance 우호적인 지원에 감사드립니다.

Dear Brown,

I'm writing to thank you on behalf of all migrant workers for your kind assistance.

어려움 표현

We know that **it's difficult to** make a living in a strange place for these migrant workers, but they do make a lot of contributions to the whole society. There is one point that[1] I must point out about them. They have no acquaintance **with** law, especially the new labor law, which is important for them. **I had wanted to** find a person for a long time who would like to explain the labor law to them and give some instructive suggestions about the new employment contract. I was so glad **when I learnt that** you are willing to offer help to us for free.

원래 의도 표현

...을 알게 되었을 때

Thanks again for your kind assistance.

Yours Sincerely,

Cliff

친애하는 Brown

모든 이주 노동자들을 대신하여 귀하의 우호적인 지원에 감사하다는 말씀 전하고자 메일 보내 드립니다.

우리는 이런 이주 노동자들이 낯선 곳에서 생계를 꾸리는 것이 힘들지만 분명 사회 전체에 큰 공헌을 하고 있다는 것을 잘 알고 있습니다. 그들에 대해서 제가 꼭 짚고 넘어가고자 하는 부분이 있습니다. 그들은 특히 그들에게 중요한 노동법에 관한 지식이 부족합니다. 저는 오랜 시간 동안 그들에게 노동법을 설명해 주고 새로운 노동 계약에 관한 유익한 제안을 해 줄 수 있는 사람을 구해 왔습니다. 귀하께서 저희에게 무상으로 도움을 주고자 한다는 것을 알게 되었을 때 매우 기뻤습니다.

다시 한번 귀하의 지원에 감사드립니다.

당신의 신실한
Cliff

실용 구문

It's difficult to...

It's difficult to make a living① in a strange place for these migrant workers②.

이주 노동자들이 낯선 곳에서 생계를 꾸리는 것은 힘든 일입니다.

> **관련어구**
> ① have a good life 좋은 생활을 하다
>   make friends 친구를 만들다
> ② newcomers 신입자
>   illegal immigrants 불법 이주민

I had wanted to...

I had wanted to find a person① for a long time who would like to explain the labor law② to them.

저는 오랜 시간 동안 그들에게 노동법을 설명해 주고 새로운 노동 계약에 관한 유익한 제안을 해 줄 수 있는 사람을 구해 왔습니다.

> **관련어구**
> ① an expert 전문가
>   a government officer 고위 공무원
> ② make good arrangement
>   좋은 배정을 하다
>   do the physical examination
>   신체적 실험을 하다

...when I learnt that...

I was so glad when I learnt that you are willing to offer help① to us for free②.

저희에게 무상으로 도움을 주고자 한다는 것을 알게 되었을 때 매우 기뻤습니다.

> **관련어구**
> ① delicious food 맛있는 음식
>   skiing equipment 스키 장비
> ② during the conference 회의 동안
>   at the restaurant 식당에서

베껴 쓰기 좋은 문장

1 | There is one point that .. …한 점이 있다.

가산명사 point는 여기서 '(말, 방법, 생각 등의) 점, 부분, 항목'을 말한다. 후에는 접속사 that으로 나머지 문장을 연결한다.

예 There is one point that we would like to place great emphasis on.
저희가 특히 강조하고 싶은 점이 있습니다.

영문 E-mail 단어

- on behalf of phr …를 대표하여, …을 대신하여
- migrant adj 이주의
- make a living phr 생계를 꾸리다
- strange a 낯선
- contribution n 공헌
- whole a 전체의
- society n 사회
- acquaintance n 지식, 친면, 익숙함
- labor n 노동, 노고
- instructive a 유익한, 교육적인

E-mail sample

From:	Dick
To:	Peter
Subject:	Thanks for Your Help 협조해 주셔서 감사합니다.

Dear Sir Peter,

**목적
표현**

I'm writing this to express my thanks for your kind assistance.

We always had a nice business achievement **in the past.** However, I don't know why it changed. None of our products sell well this year. **Though** all our members discussed the matter, there was no answer. So we sent questionnaires to our customers and hoped you could come up with some advice on our products. **Thanks a lot for filling** out these questionnaires. We have found the disadvantages of our products and reformed them timely since you responded to our questionnaires. Now, to some extent[1], the business achievement of our company has got promoted. So, thank you so much, and we would like to return your favor if there is a need.

**과거를
나타냄**

**양보
표현**

**도움에
감사함**

Yours Sincerely,

Dick

친애하는 Peter 선생님

귀하의 우호적인 협조에 감사를 표하고자 메일 보내 드립니다.

저희는 과거에 항상 좋은 사업 성과를 이뤄 냈었습니다. 그러나 저희는 왜 그것이 변했는지 모르겠습니다. 저희의 모든 제품들이 올해 잘 팔리지 않았습니다. 저희 전체 임원들이 문제에 대해 의논해 보았음에도 불구하고 답이 나오지 않았습니다. 때문에 저희는 저희 고객들에게 설문지 작성을 부탁드렸으며, 귀하께서 저희 제품에 대한 몇 가지 조언을 해 주시기를 바랐습니다. 설문지를 작성해 주셔서 정말 감사드립니다. 저희는 저희 제품의 문제점을 발견했으며 귀하께서 설문지를 작성해 주신 후로 즉시 제품들을 수정했습니다. 이제 저희 회사의 사업 성과가 어느 정도는 촉진되었습니다. 때문에 매우 감사드리는 바이며 저희는 귀하께서 필요하시다면 언제든 이 은혜를 갚고자 합니다.

당신의 신실한
Dick

실용 구문

I'm writing this to...

I'm writing this to express my thanks①for your kind assistance②.

귀하의 우호적인 협조에 감사를 표하고자 메일 보내 드립니다.

관련어구
① appreciation 감사
  feeling 느낌
② selfless attitude 이타적 태도
  free shipment 무료 배송

...in the past.

We always① had a nice business achievement② in the past.

저희는 과거에 항상 좋은 성과를 이뤄 냈었습니다.

관련어구
① often 자주
  sometimes 이따금씩
② a fruitful meeting 유익한 회의
  well-organized discussion 잘 조직화된 토론

Though...

Though① all our members discussed the matter, there was no answer②.

저희 전체 임원들이 문제에 대해 의논해 보았음에도 불구하고 답이 나오지 않았습니다.

관련어구
① Although …임에도 불구하고
  Despite the fact that …임에도 불구하고
② decision 결정
  consensus 합의

Thanks a lot for ...

Thanks a lot for filling out① these questionnaires②.

설문지를 작성해 주셔서 정말 감사드립니다.

관련어구
① finishing 완성
  sending 전달
② application form 신청 양식
  arrival cards 출입국카드

베껴 쓰기 좋은 문장

1 | to some extent, ...   분명한/어느 정도 상에서…

to some extent는 to a certain degree에 해당하는 어구로, 이 어구는 문장의 문두, 중간, 문미에 모두 위치할 수 있다.

예 To some extent, what Sam says makes sense.

Sam이 한 말이 어느 정도는 말이 됩니다.

영문 E-mail 단어

- past **n** 과거
- discuss **v** 토론하다
- answer **n** 답하다

- questionnaire **n** 설문지, 조사지
- disadvantage **n** 불리한 조건, 결함, 손실
- reform **v** 개혁하다, 고치다

감사 | Appreciation

제안 감사

바로
베끼기

E-mail sample

From:	Benjamin
To:	Bob
Subject:	Thanks for Your Suggestions 제안해 주셔서 감사합니다.

Dear Sir Bob,

Thanks for your attendance in our meeting and your instructive suggestions.

이미
알고
있음

As you can see, the program which we talked about in the meeting had been laid aside for a long time. That's because we hadn't been able to reach an agreement on it. In fact, the program should have been taken into

이번
기회를
타서

implementation one week ago. **Taking this opportunity** of your attendance, we renewed it, and we appreciate that you came up with[1] some suggestions of pertinence for us, which helped us a lot. **Fortunately,** we concluded an agreement finally and carried it out.

행운을
나타냄

Thanks for your suggestions again and please let me know if you need help. We would like to return your favor.

Yours Sincerely,

Benjamin

친애하는 Bob 선생님

저희 회의에 참석해 주시고 유익한 제안을 해 주셔서 감사드립니다.

아시다시피, 저희가 회의에서 얘기했던 프로그램은 오랜 시간 방치되어 있었습니다. 그것이 바로 우리가 의견을 일치할 수 없었던 이유입니다. 사실 그 프로그램은 일주일 전에 실행되었어야 했습니다. 이번에 귀하께서 참석해 주신 기회를 타, 저희는 그것을 갱신하였으며, 귀하께서 저희에게 큰 도움이 되는 적절한 제안을 많이 해 주셔서 진심으로 감사드립니다. 운 좋게도 저희는 결국 의견을 일치하였으며 그것을 실행하게 되었습니다.

다시 한번 해 주신 제안에 감사드리며, 저희의 도움이 필요하시다면 언제든 알려 주시길 바랍니다. 이번 은혜를 꼭 갚고자 합니다.

당신의 신실한

Benjamin

실용 구문

As you can see, ...
As you can see, the program[①] **which we talked about in the meeting had been laid aside**[②] **for a long time.**

아시다시피, 저희가 회의에서 얘기했던 프로그램은 오랜 시간 방치되어 있었습니다.

> 관련어구
> ① development of new products
>   신제품을 개발
>   marketing plans 마케팅 계획
> ② canceled 취소했다
>   postponed 연기했다

Taking this opportunity...
Taking this opportunity of your attendance, we renewed[①] **it.**

이번에 귀하께서 참석해 주신 기회를 타, 저희는 그것을 갱신하였습니다.

> 관련어구
> ① discussed about
>   …에 대해 토론했다
>   decided to restart
>   재시작하기로 결정했다

Fortunately, ...
Fortunately[①], **we concluded an agreement finally**[②] **and carried it out.**

운 좋게도 저희는 결국 의견을 일치하였으며 그것을 실행하게 되었습니다.

> 관련어구
> ① In the end 결국에
>   As a matter of fact 사실
> ② quickly 빠르게
>   pleasantly 기쁘게

 베껴 쓰기 좋은 문장

1 │ come up with... …를 제시하다, …를 생각해 내다

come up with는 보통 명사를 목적어로 취한다. 자주 헷갈리는 put up with는 '용인하다'의 뜻을 갖는다.

예 Henry was praised for coming up with a good solution.
Henry는 좋은 해결책을 제시함으로써 칭찬을 받았다.

영문 E-mail 단어

- attendance **n** 출석, 참석
- instructive **a** 계발적인
- implementation **n** 집행, 실시

- opportunity **n** 기회
- renew **v** 갱신하다
- pertinence **n** 연관성

감사 | Appreciation

협력 감사 ①

바로
베끼기

E-mail sample

From:	Green
To:	Jessica
Subject:	Thanks for the Cooperation 협력해 주셔서 감사합니다.

Dear Jessica,

I'm very glad that we had a pleasant cooperation **last time.** Thanks for what you did during the cooperation.

지난
번에

We held an important meeting with some business partners last Friday. Your hotel provided us with good service and a comfortable environment, which made[1] all people feel at ease and happy. It was conducive to our negotiation. The red wine you provided was **especially** good. We loved it.

강조
표현

일치를
달성함
Thanks to your service. In the pleasant environment, we opened the negotiation with happiness and **reached an agreement** with our business partners quickly. Therefore, thanks again for the good service you provided. I hope there is another chance for our cooperation.

Yours Sincerely,

Green

친애하는 Jessica

지난번 함께 즐거운 협력을 하여서 기쁩니다. 협력하는 동안 해 주신 모든 것들에 감사드립니다.

지난 금요일에 저희는 몇몇의 사업 파트너들과 중요한 회의를 가졌습니다. 귀하의 호텔에서 제공해 주신 양질의 서비스와 안락한 환경은 모든 사람들이 편안하고 기분 좋게 느끼도록 하였습니다. 그리고 이는 저희 협상에서 매우 큰 도움이 되었습니다. 제공해 주신 레드와인이 특히 좋았으며 저희는 모두 그것을 마음에 들어 했습니다.

제공해 주신 서비스에 감사드립니다. 안락한 환경에서 저희는 저희 사업 파트너들과 기분 좋게 협상을 진행하였으며, 빠르게 의견을 일치할 수 있었습니다. 그러므로 다시 한번 제공해 주신 서비스에 감사드립니다. 다음에 또 저희와 협력할 수 있는 기회가 있기를 바라겠습니다.

당신의 신실한
Green

실용 구문

...last time.

I'm very glad[1] **that we had a pleasant cooperation last time**[2]**.**

지난번 함께 즐거운 협력을 하여서 기쁩니다.

...especially...

The red wine[1] **you provided was especially good. We loved it.**

제공해 주신 레드와인이 특히 좋았으며 저희는 모두 그것을 마음에 들어 했습니다.

...reached an agreement...

We opened the negotiation[1] **with happiness and reached an agreement with our business partners**[2] **quickly.**

저희는 저희 사업 파트너들과 기분 좋게 협상을 진행하였으며, 빠르게 의견을 수렴할 수 있었습니다.

베껴 쓰기 좋은 문장

1 ｜ ..., which made ..., 이로 하여금 …하게 하다.

which는 이곳에서 관계대명사의 계속적 용법으로 앞 문장 전체의 내용을 가리킨다.

예 Blake is often late for work, which makes the manager very angry.

Blake는 회사에 자주 지각한다. 그리고 이것이 본부장을 매우 화나게 한다.

영문 E-mail 단어

- **pleasant a** 기쁘게 하는
- **during pre** …하는 동안
- **provide v** 제공하다
- **comfortable a** 편안한
- **ease n** 안락, 편안
- **wine n** 와인, 포도주
- **service n** 서비스
- **agreement n** 일치, 의견 일치
- **therefore ad** 때문에, 이로써
- **partner n** 파트너

바로 베끼기 **E-mail sample**

From:	Frank
To:	Grant
Subject:	Thanks for Your Cooperation 협력해 주셔서 감사합니다.

Dear Sir Grant,

I'm writing to express my appreciation for your close collaboration with us.

Though this is the first time that we do business together, both of us gain good interests[1]. I'm glad that you've paid attention to our products and you are 협력을 이룸 satisfied with them. We have a profitable year **based on our cooperation**, and we gain good reputation from customers. So **taking this good opportunity**, 기회를 잡음 we are going to expand the fields of our production in the next season; we sincerely hope to enlarge our trade in other fields. I believe this is a chance for our co-prosperity, and I expect our further cooperation.

Thanks again for your cooperation, and I hope you can take my proposal into consideration. I'm looking forward to your early reply.

Yours Sincerely,

Frank

친애하는 Grant 선생님

저희와 긴밀한 협력을 해 주셔서 감사드린다는 마음을 표현하고자 메일 보내 드립니다.

이번이 저희가 처음으로 함께 사업을 진행하는 것이었음에도 불구하고 저희 양측은 모두 괜찮은 수익을 얻었습니다. 저희 제품에 관심을 가져 주시고 만족하셨다니 정말 기쁩니다. 저희는 이번 협력 덕에 수확적인 한 해를 보냈으며, 고객들로부터 좋은 평을 들었습니다. 때문에 이 좋은 기회를 타 저희는 다음 시즌에 제품의 분야를 확장하고자 합니다. 저희는 정말로 다른 분야에서 우리의 사업을 확장하기를 원합니다. 저는 이번이 저희 양측이 상호 번창할 수 있는 기회라고 믿으며, 계속해서 협력하기를 바랍니다.

다시 한번 협력해 주셔서 감사드리며, 제 제안을 고려해 주시기를 바라겠습니다. 빠른 회신 기다리겠습니다.

당신의 신실한
Frank 올림

실용 구문

...based on our cooperation...

We have a profitable[1] year based on our cooperation, and we gain good reputation from customers[2].

저희는 이번 협력 덕에 수확적인 한 해를 보냈으며, 고객들로부터 좋은 평을 들었습니다.

Taking this good opportunity, ...

So taking this good opportunity, we are going to expand the fields of our production[1] in the next season; we sincerely hope to enlarge our trade in other fields[2].

이 좋은 기회를 타 저희는 다음 시즌에 저희 제품의 분야를 확장하고자 합니다. 저희는 정말로 다른 분야에서 우리의 사업을 확장하기를 원합니다.

베껴 쓰기 좋은 문장

1 | Though this is the first time we do business together, both of us gain good interests.

이번이 우리가 처음으로 함께 사업을 한 것임에도 불구하고 양측 모두 좋은 수익을 냈습니다.

gain과 obtain, get 모두 '얻다'의 뜻을 가진 단어이나 gain은 어떤 이익이나 이득 등 좋은 결과를 얻었을 때 사용하고, obtain은 노력을 통해 오랜 시간 고대해 온 것을 얻었을 때 사용한다. get은 일반적으로 무언가를 얻었을 때 사용하나 반드시 노력을 통해 얻은 것이 아닐 수도 있다.

예 Susan gained valuable experience by working in this company.
　Susan은 이 회사에서 일함으로서 소중한 경험을 얻었다.

영문 E-mail 단어

- close **a** 긴밀한
- collaboration **n** 합작
- pay attention to **phr** …에 집중하다
- profitable **a** 유익한, 득이 되는
- based on **phr** …에 기초해서
- gain **v** 얻다

- expand **v** 확장하다
- enlarge **v** 크게 하다
- prosperity **n** 번창
- expect **v** 기대하다, 고대하다
- proposal **n** 제안, 건의
- take ... into consideration **phr** …를 고려해서

문의 | Counselling

Unit 8

제품 정보 문의

E-mail sample

From:	Brown
To:	Daniel
Subject:	Asking for[1] Products Information 제품 정보 문의

Dear Sir Daniel,

알게
되었음

We have learnt from an advertisement **that** your company is producing exquisite artware, and we found it's very popular with customers from other places, especially young people. Would you mind[2] sending a catalogue and some samples to us, so that we may know the prices and specifications of your products? **We'd like to know more information about** your products

알고자
함

and make a large order from your company. We want to expand the market and make your products more popular among people, which will benefit both of us. So we would appreciate it if you send us the details of your products as mentioned above.

We are looking forward to your early reply.

Yours Sincerely,

Brown

친애하는 Daniel 선생님

　광고에서 귀사가 정밀한 공예품을 생산한다는 것을 알게 되었으며, 저희는 그것이 다른 곳, 특히 젊은이들에게 매우 인기가 좋다는 것을 알게 되었습니다. 저희가 제품의 가격과 규격을 알 수 있도록 제품의 카탈로그와 견본을 좀 보내 주실 수 있을까요? 귀사의 제품에 대해 추가적인 정보를 알고 싶으며 대량으로 주문하고 싶습니다. 저희는 시장을 확장하고자 하며 사람들 사이에서 귀사의 제품을 보다 인기 있게 만들고자 합니다. 이는 저희 양측 모두에게 이익이 될 것입니다. 때문에 위에 언급한 귀사 제품의 세부 사항들을 보내 주시면 정말 감사드리겠습니다.

　빠른 회신 기다리고 있겠습니다.

당신의 신실한

Brown

바로
배우기

실용 구문

We have learnt that...

We have learnt from an advertisement①**that your company is producing exquisite artware**②**.**

광고에서 귀사가 정밀한 공예품을 생산한다는 것을 알게 되었습니다.

관련어구
①a magazine 잡지
  your facebook fan page
  당신의 페이스북 팬페이지
②coffee of high quality
  고품질 커피
  comfortable chairs 안락한 의자

We'd like to know more information about...

We'd like to know more information about①**your products and make a large order from your company**②**.**

귀사의 제품에 대해 추가적인 정보를 알고 싶으며 대량으로 주문하고 싶습니다.

관련어구
①more details about
  보다 상세한 사항
  the price of …의 가격
②recently 최근
  on your website
  당신의 홈페이지에서

바로
적용하기

베껴 쓰기 좋은 문장

1ㅣAsking for ...　메일로 문의, 질문할 때

이런 메일을 작성할 때는 공손하고 예의를 갖춘 단어를 선택해서 사용해야 하며 자신의 의도를 분명하게 밝혀야 한다. 특히 문의하고자 하는 구체적인 자료(시간, 장소, 상품번호, 규격 등)에 대해 확실하게 명시해야 한다. 후에 상대방에게 요구를 할 때는 완곡하게 표현해야 하며 상대방에게 미리 감사의 뜻을 전해야 한다. 뿐만 아니라 향후의 간단한 계획에 대해서도 서술해야 한다.

2ㅣWould you mind ...?　…해도 될까요?

Would you mind는 보통 완곡하게 상대방에게 제안을 할 때 사용하며 일반적으로는 뒤에 동명사를 목적어로 취하나 명사구 또는 명사절을 목적어로 취할 수도 있다.

예 Would you mind if I opened the window?
제가 문을 열어도 될까요?

바로
외우기

영문 E-mail 단어

- advertisement **n** 광고, 선전
- exquisite **a** 정밀한, 섬세한
- artware **n** 공예품
- specification **n** 규격, 설명서

- popular **a** 인기 있는
- benefit **v** 유익하다

E-mail sample

From:	Lewis
To:	David
Subject:	Inquiring the Delivery Date 납기 기일 문의

Dear Sir David,

Will you please do me a favor and[1] inform me when my order on 16th of November (Order No. 628) will be delivered? **I remembered that** you have promised that the goods would be shipped at the end of November and it was expected to arrive within a week. **However,** I didn't receive the goods on time and I can't find any information about my order. So **I wish to draw your attention to** my order and check whether it has been shipped or not? If it has been shipped, where it is now? **You are expected to make sure that** we can receive the goods before mid-December. Finally, I hope we have a pleasant cooperation.

We are looking forward to hearing from you.

Yours Sincerely,

Lewis

상기
시키기

전환
어구

주의
환기

상대방
확인
요청

친애하는 David 선생님

제가 11월 16일(주문번호 628번)에 주문한 것이 언제 배송되는지 알려 주실 수 있을까요? 제가 기억하는 바로는 11월 말에 상품을 배송해 줄 것이라고 약속하셨으며, 그것은 일주일 내에 배송되기로 예정되어 있었습니다. 그러나 저는 제시간에 상품을 받아 보지 못했고, 제 주문에 대한 어떤 정보도 얻지 못했습니다. 때문에 저는 제 주문을 다시 한번 확인해 주시기를 요청드리고, 그것이 배송이 되었는지 아닌지를 확인해 주시기 바랍니다. 만약 배송되었다면, 제품은 지금 어디에 있나요? 12월 중순 안에 저희가 상품을 확실히 받을 수 있게 해 주시기 바랍니다. 마지막으로 저희가 기분 좋게 협력했으면 좋겠습니다.

회신 기다리고 있겠습니다.

당신의 신실한
Lewis

실용 구문

I remembered that...

I remembered that **you have promised**[1] **that the goods would be shipped at the end of November**[2].

제가 기억하는 바로는 11월 말에 상품을 배송해 줄 것이라고 약속하셨습니다.

> **관련어구**
> [1] agreed 동의한
>   sworn 약속한
> [2] in three days 삼일 후에
>   last Friday 지난 금요일

However, ...

However[1], **I didn't receive the goods on time**[2] **and I can't find any information about my order.**

그러나 저는 제시간에 상품을 받아 보지 못했고, 제 주문에 대한 어떤 정보도 얻지 못했습니다.

> **관련어구**
> [1] Unfortunately 불행히도
>   Nevertheless 그럼에도 불구하고
> [2] on that day 그날
>   at the expected time
>   예정된 시간에

I wish to draw your attention to...

I wish to draw your attention to my order[1] **and check whether it has been shipped**[2] **or not?**

저는 제 주문을 다시 한번 확인해 주시기를 요청드리고, 그것이 배송이 되었는지 아닌지를 확인해 주시기 바랍니다.

> **관련어구**
> [1] parcel 소포
>   luggage 짐
> [2] confirmed 확인된

You are expected to make sure that...

You are expected to make sure[1] **that we can receive the goods before mid-December**[2].

12월 중순 안에 저희가 상품을 확실히 받을 수 있게 해 주시기 바랍니다.

> **관련어구**
> [1] assure …에게 보장하다
>   (사람을 목적어로 취함)
>   ensure 보장하다
> [2] Christmas 크리스마스
>   my daughter's birthday
>   제 딸의 생일

베껴 쓰기 좋은 문장

1 | Will you please do me a favor and... 제 …를 도와주실 수 있으실까요?

Will you please do me a favor and... 뒤에는 동사원형을 붙여 비교적 완곡한 부탁 표현을 완성할 수 있다.

예 Will you please do me a favor and **bring me the book when you come next time?**
다음번에 오실 때는 제 책을 좀 가져다 주실 수 있을까요?

영문 E-mail 단어

- deliver v 운송하다, 배달하다
- ship v 운송하다
- at the end of phr …가 끝날 때
- within pre …내에
- draw v 끌다, 당기다
- whether conj …인지 아닌지

문의 | Counselling

납기 기일 문의 ②

바로 베끼기 E-mail sample

From:	Donne
To:	Gin
Subject:	Asking about the Delivery Date 납기 기일 문의

Dear Sir Gin,

문의 표현 **I'm writing to ask about** the delivery date of my order on July 20.

I made an order from your company a month ago. The products I ordered were porcelain, which would be delicate during transportation. So if it was possible, you were expected to ship our goods in advance. Now, **I have been** 이미 통보 받았음 **informed that** there are not enough goods in stock, so you can't deliver my 괜찮음 order in advance. **It doesn't matter,** as long as[1] you can ensure that my goods will be shipped before August. In addition, in order to make sure that the porcelain products are in good condition when they arrive, **I suggest that** 제안 하기 a reliable transport company should be employed. At last, please mail the invoice of the order to my company.

When the exact delivery date is fixed, please contact me right away.

Yours Sincerely,

Donne

친애하는 Gin 선생님

7월 20일에 한 주문의 납기 기일을 문의하고자 메일 보내 드립니다.

한 달 전에 귀사에 주문을 했습니다. 제가 주문한 제품은 운송 시에 파손되기 쉬운 도자기 제품이었습니다. 그래서 가능하다면 저희 제품을 미리 운송해 주시길 바랍니다. 그런데 지금 귀사의 재고가 충분하지 않아 저희의 주문을 미리 보내 줄 수 없다는 소식을 듣게 되었습니다. 8월 전에만 확실히 배송해 주실 수 있으면 문제가 되지 않습니다. 또한 도자기 제품들이 좋은 상태로 도착할 수 있도록 믿을 수 있는 운송사가 운송을 책임지도록 해 주시기를 제안합니다. 마지막으로, 당사로 주문 송장 메일을 보내 주시기 바랍니다.

정확한 배송 날짜가 확정되면 바로 제게 연락 주시기 바랍니다.

당신의 신실한
Donne

바로 배우기

실용 구문

I'm writing to ask about...

I'm writing① to ask about **the delivery date② of my order on July 20.**

7월 20일에 한 주문의 납기 기일을 문의하고자 메일 보내 드립니다.

관련어구
① I am here 제가 여기 있는 이유는
I'm making the call
제가 전화를 건 이유는
② the shipping fee 운송비
the tax 세금

I have been informed that...

I have been informed that **there are not enough goods in stock①, so you can't deliver my order in advance②.**

귀사의 재고가 충분하지 않아 저희의 주문을 미리 보내 줄 수 없다는 소식을 듣게 되었습니다.

관련어구
① Thanksgiving is coming
추수감사절이 다가오고 있습니다.
you have been busy these days
최근에 매우 바쁘셨습니다.
② on time 제시간에
on Monday 월요일에

It doesn't matter, ...

It doesn't matter①, **as long as you can ensure that my goods② will be shipped before August.**

8월 전에만 확실히 배송해 주실 수 있으면 문제가 되지 않습니다.

관련어구
① It's okay 괜찮습니다
It doesn't bother me
제게 문제 되지 않습니다.
② package 소포
order 주문

I suggest that...

I suggest that **a reliable transport company① should be employed②.**

믿을 수 있는 운송사가 운송을 책임지도록 해 주시길 제안합니다.

관련어구
① a talented performer
재능 있는 연기자
a careful secretary 세심한 비서
② chosen 선택된
assigned 파견된

 바로 적용하기

베껴 쓰기 좋은 문장

1 | as long as ... …하기만 하면

as long as는 '…만큼 긴' 또는 '…하기만 하면'의 뜻을 갖는다. '…하기만 하면'의 뜻을 가질 때는 조건부사절을 목적어로 취할 수 있다.

예 You can receive the payment on time as long as we can receive our goods on time.
저희가 제시간에 물건을 받기만 하면 귀하께서는 제때에 송금을 받으실 수 있습니다.

 바로 외우기

영문 E-mail 단어

- porcelain n 자기 제품
- delicate a 깨지기 쉬운
- transportation n 운수
- ensure v 보장하다
- reliable a 믿을 만한
- invoice n 송장

Unit 8

문의 | Counselling

계약 조건 문의

바로
베끼기

E-mail sample

From:	David
To:	William
Subject:	The Terms and Conditions of Business 계약 조건

Dear Sir William,

Thanks for your proposal during our last communication by telephone. We'd like to do business with you[1], but we want to know the terms and conditions on this trade.

We have never had cooperation, and **I want to learn** the conditions and customary practice of your company before we agree to do business with you. **Furthermore**, we also want to learn how long it often takes for you to complete a job. So **it's necessary for us to** talk face to face about the questions I've mentioned. When the terms and conditions are acceptable to both of us, there is a possibility that we can do business.

We are looking forward to hearing from you.

Yours Sincerely,

David

알기를
희망함

보충
설명

… 해야
함

친애하는 William 선생님

지난번 통화에서 해 주신 제안에 대해 매우 감사드립니다. 저희도 귀사와 사업을 진행하기를 원하나 이번 거래의 계약 조건과 사항들을 알고자 합니다.

우리가 아직까지 협력을 해 본 적이 없기에, 귀사와 사업을 진행하는 것을 동의하기 전에 귀사의 계약 조건과 귀사의 일반적인 관례에 대해 알고 싶습니다. 그리고 저희는 또한 귀사께서 보통 일을 처리하는 데 얼마만큼의 시간이 걸리는지도 알고 싶습니다. 때문에 제가 앞서 언급한 사항들에 대해 의논하기 위해 면대면 대화가 필요하다고 생각합니다. 계약의 조건과 사항이 저희 양측 모두 받아들일 수 있는 것이라면 우리가 함께 사업을 진행할 수 있을 것입니다.

회신 기다리고 있겠습니다.

당신의 신실한
David

실용 구문

I want to learn...

I want to learn **the conditions and customary practice**① **of your company before we agree to do business with**② **you.**

귀사와 사업을 진행하는 것을 동의하기 전에 귀사의 계약 조건과 귀사의 일반적인 관례에 대해 알고 싶습니다.

> **관련어구**
> ① the current finance situation
> 현재 재정 상황
> the number of your employees
> 귀사의 직원 수
> ② cooperate with …와 협력하다
> buy goods from
> …로부터 상품을 구매하다

Furthermore, ...

Furthermore①**, we also want to learn how long it often takes for you to**② **complete a job.**

그리고 저희는 또한 귀사께서 보통 일을 처리하는 데 얼마만큼의 시간이 걸리는지도 알고 싶습니다.

> **관련어구**
> ① In addition 뿐만 아니라
> Besides 뿐만 아니라
> ② how quickly you can
> 귀하께서 얼마나 빨리
> if it's easy for you
> 귀하께 편리한지 아닌지

It's necessary for us to...

It's necessary for us to talk face to face① **about these questions I've mentioned**②**.**

제가 앞서 언급한 사항들에 대해 의논하기 위해 면면대 대화가 필요하다고 생각합니다.

> **관련어구**
> ① online 온라인에서
> at a meeting 회의에서
> ② the details of the procedure
> 절차의 세부
> the price 가격

베껴 쓰기 좋은 문장

1 | We'd like to do business with... 메일을 작성할 때는 의미를 완곡하게 표현해야 한다.

메일을 작성할 때는 너무 직접적인 표현을 삼가야 한다. 특히 거절이나 부정, 또는 상대방이 실망할 수 있는 사실을 알려야 할 때는 우선 공손하게 자신의 성의를 나타낸 후 완곡하게 상대방에게 거절을 하면서 원인을 설명하여 상대방으로 하여금 반감을 가지지 않고 받아들이기 쉽게 의사를 표현해야 한다.

영문 E-mail 단어

- proposal **n** 제안
- term **n** 조건
- customary **a** 보통의, 통상적인
- furthermore **ad** 게다가
- necessary **a** 필요한, 필수의
- possibility **n** 가능성

E-mail sample

From:	Lucy
To:	Jones
Subject:	The Inventory of Goods 화물 재고

Dear Jones,

I want to purchase more of the products. **Please check out** your inventory and tell us whether the supplies can meet our need. ▶ 상대방 에게 검토 요청

The electronic product is getting more and more popular, **especially for** those who need it to process data or files. And these electronic products in your company are produced with high quality, so they sell good. The one thousand units we purchased from your company two months ago are going to be sold out[1], so **we'd like to** make another order for five hundred units. You are expected to check out your inventory and see if there are enough units to deliver. ▶ 특히 …에 대해 말하자면

희망 표현 ◀

We are looking forward to your early reply.

Yours Sincerely,

Lucy

- -

친애하는 Jones

추가로 제품을 구매하고자 합니다. 제품의 재고를 확인해 주시고, 저희의 수요를 충족시킬 만큼 공급이 될지 알려 주시길 바랍니다.

전자제품에 대한 수요는 점점 더 늘고 있습니다. 특히 데이터나 파일을 처리해야 하는 사람들에게 말입니다. 그리고 양질의 이런 제품들이 귀사에서 생산되고 있습니다. 그래서 그것들이 잘 팔리는 것이지요. 두 달 전에 귀사에서 구매했던 1000개의 제품들이 거의 매진되어가고 있습니다. 그래서 저희는 추가로 500개의 제품을 더 주문하고자 합니다. 귀하의 재고를 확인해 주시길 바라며 배송하기 충분한 제품이 있는지 봐 주시길 바랍니다.

빠른 회신 기다리고 있겠습니다.

당신의 신실한
Lucy

바로 배우기 **실용 구문**

Please check out
Please check out your inventory[1] **and tell us whether the supplies**[2] **can meet our need.**

제품의 재고를 확인해 주시고, 저희의 수요를 충족시킬 만큼 공급이 될지 알려 주시길 바랍니다.

관련어구
①warehouse 창고
　factory 공장
②amount 수량
　products 상품

---

especially for...
The electronic product[1] **is getting more and more popular, especially for those who need it to process data or files**[2]**.**

전자제품에 대한 수요는 점점 더 늘고 있습니다. 특히 데이터나 파일을 처리해야 하는 사람들에게요.

관련어구
①statistical software 통계 소프트웨어
　cloud storage 클라우드 스토리지
②in daily lives 일상생활에서
　with addiction 중독되는

We'd like to...
We'd like to make another[1] **order for five hundred units**[2]**.**

저희는 추가로 500개의 제품을 더 주문하고자 합니다.

관련어구
①an additional 추가의
　an extra 추가의
②pads 평면 컴퓨터
　pens 볼펜

 바로 적용하기 **베껴 쓰기 좋은 문장**

1 | ... are going to be sold out. …가 곧 매진됩니다.

be going to be sold out은 일반 미래 수동태 문장으로 아직 발생하지 않은 사건을 나타낸다.

예 **The evidence** is going to be **found eventually.**
결국에 증거는 나타날 것입니다.

 바로 외우기 **영문 E-mail 단어**

- **purchase** v 사다, 구매하다
- **process** v 처리하다, 가공하다
- **check out** phr 확인하다, 조사하다
- **data** n 데이터
- **inventory** n 재고, 재고 목록

- **file** n 파일
- **meet** v 충족시키다
- **sell** v 팔다
- **need** n 요구, 수요
- **hundred** n (숫자)백

문의 | Counselling

재고 상황 문의 ②

E-mail sample

바로
베끼기

From:	Dora
To:	Alice
Subject:	The Inventory of Products 상품 재고

Dear Alice,

We are running a cultural communication company. **I learnt that** your company is producing cameras, and we are going to purchase several cameras for employees in the propaganda department.

알게
되었음

추측
표현

I could infer that your products are worth purchasing according to[1] the sale and the evaluation of customers. **What's more,** we are satisfied with the price you offer. So we would like to place an order from your company. **I hope you can** check out the inventory of products and then tell us what types of cameras you have in stock.

보충
설명

상대방
에게
요구

We are looking forward to your early reply and hope there is a chance for us to do business.

Yours Sincerely,

Dora

- -

친애하는 Alice

저희는 문화 통신 회사를 운영하고 있습니다. 귀사가 카메라를 생산하고 있다는 것을 알게 되었으며, 저희 선전 부서의 직원들이 쓸 카메라 몇 대를 구매하고자 합니다.

귀사의 판매량과 고객들의 평가로 미루어 보아 귀사의 제품들이 살 가치가 있다고 여겨집니다. 뿐만 아니라, 저희는 귀사가 제시하는 가격에 대해 매우 만족합니다. 그래서 저희는 귀사에게 주문을 넣고자 합니다. 귀사의 상품 재고를 확인해 주신 후 저희에게 어떤 종류의 카메라가 재고로 있는지 알려 주시길 바랍니다.

빠른 회신 기다리고 있겠으며, 저희가 함께 사업을 하는 기회가 될 수 있기를 바라겠습니다.

당신의 신실한
Dora

바로 배우기 **실용 구문**

I learnt that...

I learnt that **your company**① is producing cameras②.

귀사가 카메라를 생산하고 있다는 것을 알게 되었습니다.

관련어구
①the new factory 새 공장
　that country 그 나라
②leather 가죽
　cups 컵

I could infer that...

I could infer that **your products are worth purchasing**① according to the sale and the evaluation② of customers.

귀사의 판매량과 고객들의 평가로 미루어 보아 귀사의 제품들이 살 가치가 있다고 여겨집니다.

관련어구
①with high quality 고품질의
　in good condition 좋은 상태의
②feedback 피드백
　reviews 평가

What's more, ...

What's more, **we are satisfied with**① the price② you offer.

뿐만 아니라, 저희는 귀사가 제시하는 가격에 대해 매우 만족합니다.

관련어구
①interested in …에 흥미를 갖는
　happy about …에 대해 기쁜
②service 서비스
　gift 선물

I hope you can...

I hope you can **check out the inventory**① of products and then tell us what types of cameras② you have in stock.

귀사의 상품 재고를 확인해 주신 후 저희에게 어떤 종류의 카메라가 재고로 있는지 알려 주시길 바랍니다.

관련어구
①amount 수량
　number 수량
②lamp 등
　sofa 소파

 바로 적용하기 **베껴 쓰기 좋은 문장**

1 ∣ ... your products are worth purchasing according to...

…에 따르면 귀사의 제품은 구매할 가치가 있습니다.

be worth doing은 '…할 가치가 있다'의 뜻으로 be worth to be done에 해당한다.

예 **The book is worth reading** to college students.
　 이 책은 대학생들이 읽어 볼 가치가 있다.

 바로 외우기 **영문 E-mail 단어**

- cultural **a** 문화의, 교양의
- communication **n** 통신
- infer **v** 추론하다, 추측하다
- evaluation **n** 평가, 감정

261

문의 | Counselling

상품 입하 문의 ①

E-mail sample

From:	William
To:	Tom Jonson
Subject:	The Inquiry about the Undelivered Goods 미착 상품 문의

Dear Sir Tom Jonson,

…라
들었음

Today when I was going to inspect the company, **I was informed that** the products I ordered from your company on May 8th hadn't arrived yet. The goods were supposed to arrive two days ago.[1] I regretted to hear this about my order.

알고자
함

I want to know when you will deliver these goods.

Now, the production schedule has to be put off because of the undelivered goods, which has caused some losses to my company to some degree. **Thus,** 이 때문에 I hope you can check whether you have delivered my products or not.[2] If the goods haven't been delivered, I hope you can deliver it as soon as possible.

I'm looking forward to hearing from you soon.

Yours Sincerely,

William

친애하는 Tom Jonson 선생님

제가 오늘 회사 조사를 하려고 했을때, 5월 8일에 귀사에게 주문한 제품이 아직 도착하지 않았다는 소식을 듣게 되었습니다. 제품들은 이틀 전에 도착했어야 했습니다. 제 주문에 대해 이야기를 듣게 되었을 때 매우 유감이었습니다. 이 제품들을 언제쯤 배송해 주실 수 있으신지 궁금합니다.

제품이 아직 도착하지 않아 생산 일정을 미뤄야 합니다. 그리고 이것은 저희 회사에 어느 정도 손실을 가져오게 됩니다. 때문에, 제품들을 배송했는지 아닌지 확인해 주시기 바랍니다. 만약 아직 제품들을 배송시키지 않으셨다면 최대한 빨리 배송을 해 주시기 바랍니다.

회신 기다리고 있겠습니다.

당신의 신실한
William

실용 구문

I was informed that...

I was informed that the products we ordered from your company on May 8th① hadn't arrived② yet.

5월 8일에 귀사에게 주문한 제품이 아직 도착하지 않았다는 소식을 듣게 되었습니다.

> **관련어구**
> ① last week 지난주
>   before Christmas 크리스마스 전에
> ② delivered 배송된
>   been checked 확인된

I want to know...

I want to know① when you will deliver these goods②.

이 제품들을 언제쯤 배송해 주실 수 있으신지 궁금합니다.

> **관련어구**
> ① I'd like to get the answer to the question 질문에 대한 답을 알고 싶습니다
>   It's hard to confirm with you that …라 확신 드리기 어렵습니다
> ② you are going to sleep 당신이 자러 가는지
>   he will answer my phone 그가 내 전화를 받을지

Thus, ...

Thus①, I hope you can check whether you have delivered my products② or not.

때문에, 제품들을 배송했는지 아닌지 확인해 주시기 바랍니다.

> **관련어구**
> ① In consequence 이로써
>   As a result 결과적으로
> ② books 책
>   gifts 선물

베껴 쓰기 좋은 문장

1 | The goods were supposed to arrive two days ago.

'원래 …해야 했던'의 완곡 표현

'원래 …해야 했던'의 뜻을 가진 어구로는 주로 be supposed to, should have done, ought to 등이 사용된다. 사건이 예상과는 다르게 진행되었을 때를 나타내며, 실망과 함께 원망의 의미도 어느 정도 내포하고 있다.

2 | I hope you can check whether ... or not.

…인지 아닌지 확인해 주시길 바랍니다.

whether와 if는 모두 '…인지 아닌지'의 뜻을 가지지만 뒤에 or not이 붙었을 때는 보통 whether를 사용한다.

영문 E-mail 단어

- inspect **v** 검사하다, 조사하다
- supposed **a** …하기로 되어 있던, …해야 했던
- regret **v** 후회하다, 유감으로 생각하다

- undelivered **a** 미착의, 배송되지 않은
- degree **n** 정도
- soon **ad** 곧

바로
베끼기

E-mail sample

From:	Jason Andrew
To:	Alex
Subject:	Inquiry about the Arrival of Goods 상품 도착 문의

Dear Alex,

I am very sorry to inform you that the products we ordered from your company on January 10th have not reached us up to now. **According to** the usual practice, the goods should arrive in one week. But the delivery has been postponed for three days. I am totally ignorant about what has happened this time.

I remember that **we have told you that** we are in urgent need for these products. In view of the present situation, we have suffered a great loss[1]. Please give us a clear explanation for the delay. And you are advised to check your issuance records to make sure **whether you have delivered the goods or not.**

We are looking forward to good news from you soon.

Sincerely yours,

Jason Andrew

친애하는 Alex

　1월 10일에 저희가 귀사에 주문했던 제품들이 아직 저희 측에 도착하지 않았다는 것을 알리게 되어 유감입니다. 일반적인 관례에 따르면, 제품은 일주일 내에 도착했어야 합니다. 하지만 배송이 3일이나 연기되었습니다. 이번에 무슨 일이 생긴 것인지 저는 아는 바가 하나도 없습니다.

　저희는 이 제품들이 급히 필요하다고 말씀드렸던 것으로 기억합니다. 현재 저희는 큰 손해를 보고 있는 상황입니다. 제품 배송 지연에 대해 확실한 설명을 해 주시길 바랍니다. 그리고 상품을 배송했는지 확인하기 위해 발송 기록을 확인해 주시기를 제안합니다.

　좋은 소식 기다리고 있겠습니다.

당신의 신실한
Jason Andrew

실용 구문

I am very sorry to...

I am very sorry to **inform you that the products we ordered from your company**[1] **on January 10th have not reached us up to now**[2].

1월 10일에 저희가 귀사에 주문했던 제품들이 아직 저희 측에 도착하지 않았다는 것을 알리게 되어 유감입니다.

According to...

A ccording to **the usual practice**[1], **the goods should arrive in one week**[2].

일반적인 관례에 따르면, 제품은 일주일 내에 도착했어야 합니다.

... we have told you that...

I remember that **we have told**[1] **you that we are in urgent need for these products.**

저희는 이 제품들이 급히 필요하다고 말씀드렸던 것으로 기억합니다.

...whether you have delivered the goods or not.

And you are advised to check your issuance **records**[1] **to make sure**[2] whether you have delivered the goods or not.

그리고 상품을 배송했는지 확인하기 위해 발송 기록을 확인해 주시기를 제안합니다.

베껴 쓰기 좋은 문장

1 | suffer a great loss 큰 손실을 얻다.

관용어로 볼 수 있으며 '큰 손실을 얻다'의 뜻을 가진 동사 숙어이다.

예 The clothing factory suffered a great loss because of the big fire.
의류 공장은 큰 화재로 인해 엄청난 손실을 얻었다.

영문 E-mail 단어

- practice **n** 관습, 방법
- postpone **v** 연기하다, 미루다
- ignorant **a** 무식한, 무지의
- issuance **n** 배포, 발행

265

문의 | Counselling

가격 및 비용 문의 ①

바로
베끼기

E-mail sample

From:	Lucas
To:	Bob
Subject:	The Inquiry about the Prices 가격 문의

Dear Sir Bob,

관심
표현

We have been **paying close attention to** your products for a long time, and we are very interested in them. We want to open a negotiation with you and see whether we can cooperate in the future. But **before the negotiation,** we would like to make an inquiry about your products.

협상
하기
전에

강한
희망
표현

We sincerely hope to know more information about your products and hope we can do business with you in the days to come. Therefore, would you mind sending us a copy of your catalogue which includes the price and terms of payments of your products? **In addition,** we also want to know if a volume discount would be offered.

이 뿐만
아니라

We are looking forward to receiving your catalogue as soon as possible[1].

Yours Sincerely,

Lucas

친애하는 Bob 선생님

저희는 오랜 시간 귀사의 제품에 많은 관심을 기울여 왔으며 매우 흥미를 갖고 있습니다. 저희는 귀사와 협상을 진행하고자 하며 저희가 앞으로 협력이 가능할지를 알아보고 싶습니다. 하지만 협상하기에 앞서, 저희는 귀사의 제품들에 관해 문의드릴 것이 있습니다.

저희는 귀사의 제품들에 대해 보다 많은 정보를 얻고자 하며, 앞으로 귀사와 함께 사업을 진행할 수 있기를 진심으로 바랍니다. 그러므로 귀사의 제품의 납입 조건과 가격을 포함한 카탈로그 사본을 보내주실 수 있을까요? 그리고 저희는 대량으로 주문하였을 때 할인이 가능한지도 알고 싶습니다.

귀사의 카탈로그를 가능한 빨리 받아 볼 수 있기를 바라겠습니다.

당신의 신실한
Lucas

실용 구문

...paying close attention to...

We have been paying close attention to[1] **your products for a long time**[2].

저희는 오랜 시간 귀사의 제품에 많은 관심을 기울여 왔습니다.

관련어구
① interested in …에 흥미를 갖다
purchased 구매하다
② for three years 3년 동안
since yout company was founded 귀사가 설립된 후로부터

... before the negotiation, ...

But before the negotiation[1]**, we would like to make an inquiry about**[2] **your products.**

하지만 협상하기에 앞서, 저희는 귀사의 제품들에 관해 문의드릴 것이 있습니다.

관련어구
① making a order 주문하다
introducing you to others 다른 사람들에게 소개시켜 주다
② understand the ingredients in …의 성분을 이해하다
know the prices of …의 가격을 알다

We sincerely hope to...

We sincerely hope to know more information[1] **about your products and hope we can do business with you in the days to come**[2]**.**

저희는 귀사의 제품들에 대해 보다 많은 정보를 얻고자 하며, 앞으로 귀사와 함께 사업을 진행할 수 있기를 진심으로 바랍니다.

관련어구
① details 세부 사항
prospect 전망
② someday 언젠간
in the near future 가까운 미래에

In addition, ...

In addition, we also want to know if a volume discount[1] **would be offered**[2]**.**

그리고 저희는 대량으로 주문하였을 때 할인이 가능한지도 알고 싶습니다.

관련어구
① an additional gift 추가 선물
a free sample 무료 견본
② accepted 받아들여진
rejected 거절된

베껴 쓰기 좋은 문장

1 | We are looking forward to receiving your catalogue as soon as possible. 저희는 귀사의 카탈로그를 최대한 빨리 받아 볼 수 있기를 고대합니다.

look forward to는 보통 서신의 말미에 사용하며 '기대'를 나타낸다. 후에는 명사 또는 동명사를 목적어로 취한다.

예 We are looking forward to **seeing you soon.**
곧 뵐 수 있기를 기대하겠습니다.

영문 E-mail 단어

- close **a** 긴밀한
- interested **a** 흥미 있는
- inquiry **n** 연구, 탐구
- information **n** 정보
- to come **phr** 미래의
- volume **n** 대량, 양

267

문의 | Counselling

Unit 8

가격 및 비용 문의 ②

바로 베끼기

E-mail sample

From:	Grace
To:	Blake
Subject:	Making an Inquiry about the Products 상품 문의

Dear Sir Blake,

We are seeking business partners, and your company has been recommended to us by one of my regular customers. We intend to do

 공손한 문의

business with you.[1] **Could you please share** more information about your products with us, especially the prices of the goods?

We want to purchase some goods as soon as possible. So we would be appreciative if you can provide us with a firm quotation by September 5th, free on board and cost insurance and freight prices **included.** Furthermore, we would appreciate it if you could give us the best quotation for the products.

 ...를 포함하여

기대 표현

We are looking forward to hearing from you and hope we will have a pleasant cooperation.

Yours Sincerely,

Grace

친애하는 Blake 선생님

저희는 현재 사업 파트너를 모색하는 중이며, 저희 단골 고객님 중 한 분께서 귀사를 저희에게 추천해 주셨습니다. 저희는 귀사와 사업을 함께 했으면 합니다. 혹시 귀사의 제품 정보, 특히 상품 가격에 관한 보다 많은 정보들을 공유해 주실 수 있을까요?

저희는 최대한 빠른 시일 내에 상품들을 구매하고자 합니다. 때문에 귀사께서 9월 5일까지 선적 운임 가격과 운임 보험료 가격을 포함한 확정 견적을 제공해 주시면 감사하겠습니다. 그리고 특혜가 있는 견적을 제공해 주신다면 진심으로 감사드리겠습니다.

회신 기다리겠으며, 저희가 서로 즐거운 협력을 할 수 있기를 바랍니다.

당신의 신실한
Grace

실용 구문

Could you please share...

Could you please share more information① about your products with us, especially the prices② of the goods?

혹시 귀사의 제품 정보, 특히 상품 가격에 관한 보다 많은 정보들을 공유해 주실 수 있을까요?

> 관련어구
> ① features of products 제품 특징
>   strengths in your products 제품의 장점
> ② sizes 사이즈
>   color choices 색상 선택

...included.

We would be appreciative① if you can provide us with a firm② quotation by September 5th③, free on board and cost insurance and freight prices included.

귀사께서 9월 5일까지 선적 운임 가격과 운임 보험료 가격을 포함한 확정 견적을 제공해 주시면 감사하겠습니다.

> 관련어구
> ① thankful 감사하는
>   satisfied 만족하는
> ② final 최종의
>   confirmed 확인된
> ③ tonight 오늘 밤
>   before we leave 우리가 떠나기 전에

We are looking forward to...

We are looking forward to hearing from you① and hope we will have a pleasant② cooperation.

회신 기다리겠으며, 저희가 서로 즐거운 협력을 할 수 있기를 바랍니다.

> 관련어구
> ① your reply 귀하의 회신
>   the campaign 활동
> ② close 긴밀한
>   wonderful 훌륭한

 베껴 쓰기 좋은 문장

1 | We intend to do business with you.   저희는 귀하와 협력하기를 원합니다.

'주어 + intend + 부정사'는 '주어가 …하기를 원한다'의 의미를 갖는다. intend to do sth.은 want to do sth. 또는 be in the mood to do sth.에 해당한다.

예 Blair intends to go home when the festival comes.
   Blair는 행사 기간에 집에 돌아가기를 원한다.

 영문 E-mail 단어

- seek **v** 추구하다
- regular **a** 정기적인
- purchase **v** 구매하다
- appreciative **a** 감사하는, 감상하는
- firm **a** 견고한, 확고한

- quotation **n** 견적
- on board **phr** 승선한
- cost **n** 비용, 가격
- insurance **n** 보험액, 보상금
- freight **n** 화물 운송, 화물

269

문의 | Counselling

Unit 8

회사 정보 문의

E-mail sample

바로
베끼기

From:	Dan
To:	Frank
Subject:	Learning more Information about the Company 회사 정보 문의

Dear Frank,

I knew your company from the conversation between me and my customer. I learnt that your company is producing products which we want to order. Therefore, I want to learn more information about your company.

I heard that your company was established nearly ten years ago, and many people are confident of your products[1]. **What's more,** you always provide a reasonable price for your customers. **To ensure that** all work will be smooth, we need to order some computers from your company. In addition, we would appreciate it very much if you can send us a catalogue and your company profile.

Thank you very much. We are looking forward to hearing from you soon.

Yours Sincerely,

Dan

친애하는 Frank

제가 제 고객님과 대화를 나누던 중에 귀사께서 저희가 원하는 제품을 생산하고 있다는 사실을 알게 되었습니다. 그러므로 귀사의 추가적인 정보를 요청 드리고자 합니다.

귀사가 거의 10년 전에 설립되었으며, 많은 사람들이 귀사의 제품을 신뢰하고 있다고 들었습니다. 뿐만 아니라, 귀사께서는 고객들에게 항상 합리적인 가격을 제공한다고 들었습니다. 작업을 순조롭게 보장하기 위해서 저희는 귀사로부터 컴퓨터를 몇 대 주문하려고 합니다. 추가로 귀사의 카탈로그와 프로필을 보내 주시면 매우 감사드리겠습니다.

대단히 감사합니다. 곧 소식 들을 수 있기를 기다리겠습니다.

당신의 신실한

Dan

실용 구문

I heard that...

I heard that your company①was established②
nearly ten years ago.

귀사가 거의 10년 전에 설립되었다고 들었습니다.

> 관련어구
> ①the hospital 병원
>   the non-profit organization
>   비영리단체
> ②founded 설립된
>   the top one 최고의

What's more, ...

What's more①, you always provide a reasonable
price②for your customers.

뿐만 아니라, 귀사께서는 고객들에게 항상 합리적인 가격을 제공합니다.

> 관련어구
> ①What's even better 더 좋은 것은
>   Additionally 뿐만 아니라
> ②guarantee the best quality
>   최고의 품질을 보증하다
>   confirmed 확인된
> ③decorate your store
>   당신의 가게를 장식하다

To ensure that...

To ensure that all work will be smooth①, we need
to order some computers②from your company.

작업을 순조롭게 보장하기 위해서 저희는 귀사로부터 컴퓨터를 몇 대 주문
하려고 합니다.

> 관련어구
> ①continuously 계속적으로
>   timely 시기적절하게
> ②arrange a schedule
>   일정을 조정하다
>   find some sponsorship
>   스폰서를 찾다

 베껴 쓰기 좋은 문장

1 | Many people are confident of your products.
많은 사람들이 귀하의 상품을 매우 신뢰하고 있습니다.

confident는 형용사로 S + confident + that절의 패턴을 사용해도 된다.

예 It's important to be confident of victory.
성공을 자신하는 것이 매우 중요하다.

 영문 E-mail 단어

- conversation **n** 대화
- establish **v** 설립하다, 안치하다
- nearly **ad** 거의, 대략
- reasonable **a** 합리적인

- smooth **a** 순탄한
- computer **n** 컴퓨터
- profile **n** 옆모습, 개요
- hearing from **phr** …의 소식(편지)을 얻다

바로
베끼기 **E-mail sample**

From:	David Freeman
To:	John Smith
Subject:	Inquiry about Bank Business 은행 업무 문의

Dear Mr. Smith,

I am writing to make an inquiry about your bank business. Our company **has a hunger for** good cooperation with a new bank which can provide excellent service for us at a reasonable price. **Since** our company is quite interested in your bank and wants to cooperate with you, we need to have a full comprehension of your business types and the fees charged for each type.

If you can send me some materials of your business overview **as well as** the fee schedule on business services, it would be much appreciated. **After seeing** the materials you send to us, we will make a comparison with[1] other banks and then decide whether we will open the account in your bank.

I am looking forward to your earliest reply.

Sincerely yours,

David Freeman

친애하는 Smith 씨

귀 은행의 업무와 관련하여 문의드리고자 메일 보내 드립니다. 당사는 저희에게 합리적인 가격에 훌륭한 서비스를 제공해 줄 새 은행과 협력할 수 있기를 갈망해 왔습니다. 당사가 귀 은행에 꽤 관심이 있고 협력하기를 원하여 귀사의 사업 유형과 유형별 비용에 대해 충분한 이해를 하고자 합니다.

저희에게 귀사의 사업 개요와 사업별 가격표 자료를 보내 주신다면 정말 감사드리겠습니다. 저희에게 보내 주신 자료를 살펴보고 다른 은행들과 비교를 해 본 후 귀 은행에서 계좌를 개설할지 말지를 결정하겠습니다.

최대한 빠른 회신 기다리고 있겠습니다.

당신의 신실한
David Freeman

바로
배우기

실용 구문

...has a hunger for...

Our company① has a hunger for good cooperation with a new bank②.

당사는 새 은행과 좋은 협력할 수 있기를 갈망해 왔습니다.

관련어구
① The manager 매니저
The start-up 창업회사
② big enterprise 대기업
a public relationship counselor
홍보 자문위원

Since..., ...

Since our company is quite interested in① your bank and wants to cooperate with② you, ..

당사가 귀 은행에 꽤 관심이 있고 협력하기를 원하여....

관련어구
① trust in …를 믿다
is located nearby
…근처에 위치하다
② have an account at
…에 계좌를 개설하다
loan money from …로부터 대출받다

...as well as...

If you can send me some materials of your business overview as well as① the fee schedule② on business services, ...

저희에게 귀사의 사업 개요와 사업별 가격표 자료를 보내 주신다면...

관련어구
① and also 또한
with …와
② the charge 비용
the timetable 시간표

After seeing...

After seeing① the materials you send to us, we will make a comparison with other banks.

저희에게 보내 주신 자료를 살펴본 후에 다른 은행들과 비교를 할 것입니다.

관련어구
① reading 독서
understanding 이해
receiving 수납

 바로
적용하기

베껴 쓰기 좋은 문장

1 | make a comparison with...   …와 비교하다

make a comparison with은 관용 숙어 표현으로 '…와 대비하다, …와 비교하다'의 뜻을 갖는다.

예 **He was used to** making a comparison with **other students.**
그는 다른 학생들과 비교되곤 했다.

 바로
외우기

영문 E-mail 단어

- hunger **n** 갈망
- service **n** 서비스
- comprehension **n** 이해
- overview **n** 개관, 개요
- schedule **n** 일정표
- account **n** 계좌, 장부

바로
베끼기

E-mail sample

From:	John Smith
To:	David Freeman
Subject:	RE: Enquiry about Bank Business 은행 업무 문의 관련 회신

Dear Mr. Freeman,

감사
표현

Thanks so much for your enquiry on July 22nd, 2016 and your trust in our bank. We are very pleased to be of your service. The business types in our bank are quite diverse. You can make your own choice according to your need. With respect to[1] the fees charged for the business services, **we can guarantee that** it is the most reasonable one compared with other banks. In addition, our services are much more convenient. The security of bank accounts can also be guaranteed. **I believe that** we will keep you satisfied. We are also looking forward to cooperating with you.

보장
하다

확신
하다

첨부
확인

Attached are the materials that you required in your last letter. Please check carefully.

Sincerely yours,

John Smith

- -

친애하는 Freeman 씨

2016년 7월 22일에 보내 주신 문의와 저희 은행에 대한 신뢰에 대해 진심으로 감사드립니다. 귀하께 서비스를 제공할 수 있어 매우 기쁩니다. 저희 은행의 사업 유형은 매우 다양합니다. 필요에 따라 귀하께 맞는 선택을 할 수 있습니다. 사업 서비스에 부과되는 비용에 대해 말씀드리자면, 저희는 다른 은행들과 비교해서 가장 합리적인 은행임을 보장할 수 있습니다. 뿐만 아니라, 저희가 제공하는 서비스가 훨씬 편리합니다. 은행 계좌의 보안 역시 보장받을 수 있습니다. 귀하를 만족시켜 드릴 수 있을 것이라고 확신합니다. 저희 역시 귀하와 함께 하기를 고대하고 있습니다.

귀하가 지난 메일에 요청하신 자료들을 첨부했습니다. 자세히 살펴보시길 바랍니다.

당신의 신실한
John Smith

실용 구문

Thanks so much for...

Thanks so much for your enquiry[1] on July 22nd, 2016 and your trust[2] in our bank.

2016년 7월 22일에 보내 주신 문의와 저희 은행에 대한 신뢰에 대해 진심으로 감사드립니다.

> 관련어구
> [1] email 전자우편
>   visit 방문하다
> [2] belief 신뢰
>   decision 결정

We can guarantee that...

We can guarantee[1] that it is the most reasonable[2] one compared with other banks.

저희는 다른 은행들과 비교해서 가장 합리적인 은행임을 보장할 수 있습니다.

> 관련어구
> [1] promise 보증하다
>   make sure 확신하다
> [2] reliable 믿음직한
>   suitable 적절한

I believe that...

I believe[1] that we will keep you satisfied[2].

귀하를 만족시켜 드릴 수 있을 것이라고 확신합니다.

> 관련어구
> [1] think 생각하다
>   am quite sure 확신하다
> [2] comfortable 편안한
>   free 자유로운

Attached are...

Attached[1] are the materials that you required[2] in your last letter.

귀하가 지난 메일에 요청하신 자료들을 첨부했습니다.

> 관련어구
> [1] Here 이곳
>   The following 아래의
> [2] asked for 요구한
>   mentioned 언급한

베껴 쓰기 좋은 문장

1 | with respect to... ···에 관하여

with respect to는 관용어이자 접속사 숙어로 볼 수 있으며 '···에 관하여, ···에 대해서'의 뜻을 갖는다. 이는 'with reference to'와 'in the case of' 등과 호환하여 사용할 수 있다.

> 예 He is always a man with clear goals and knows how to decide with respect to his life direction.
> 그는 항상 분명한 목표를 가지고 그의 인생 방향에 관해 어떤 결정을 내려야 하는지 아는 사람이다.

영문 E-mail 단어

- enquiry **n** 문의, 질문
- diverse **a** 다양한, 각종의
- fee **n** 수수료, 비용

- guarantee **v** 보증하다, 담보하다
- convenient **a** 편리한, 간편한
- meterial **n** 자료, 재료

문의 | Counselling

창고 임대 문의

바로
베끼기

E-mail sample

From:	Blair
To:	William Smith
Subject:	Inquiring about Renting a Storehouse 창고 임대 문의

Dear Mr. William Smith,

I have learnt that there is a storehouse in hand you want to rent out, and **we happen to be looking for** a storehouse, so I'm writing to ask for more information about your storehouse.

...를
찾고
있음

We have got several orders from three companies, so there must be[1] many products to be produced. I need a storehouse urgently to keep them. **But** the storehouse should be clean and it must be capacious. What's more, [2] I hope the storehouse is not far away from our company. Therefore, please contact me at 666-8361, if your storehouse meets my needs. **Of course,** you also can respond to my e-mail and inform me of the details of leasing the storehouse.

연결
어구

강조
표현

I'm looking forward to receiving your early reply.

Yours Sincerely,

Blair

친애하는 William Smith 씨

귀하께서 수중의 창고 하나를 임대로 내놓고 싶어 하신다는 것을 알게 되었습니다. 그리고 저희는 마침 창고 하나가 필요합니다. 때문에 창고에 대한 보다 자세한 정보를 얻고자 메일 보내 드립니다.

저희는 세 회사로부터 여러 주문을 받았습니다. 그래서 분명 많은 상품들이 생산될 것입니다. 그것들을 보관할 창고가 급히 필요합니다. 하지만 창고가 반드시 깨끗하고 넓어야만 합니다. 게다가, 창고가 저희 회사에서 너무 멀지 않았으면 좋겠습니다. 그러므로 귀하의 창고가 만약 저의 요구에 충족이 된다면 666-8361번으로 제게 연락 주시길 바랍니다. 물론, 메일로 회신 주시고 창고 임대비의 세부 사항에 대해 알려 주셔도 됩니다.

빠른 회신 받을 수 있길 기대하겠습니다.

당신의 신실한
Blair

실용 구문

We happen to be looking for...

We happen to be looking for a storehouse①, so I'm writing to ask for more information② about your storehouse.

저희는 마침 창고 하나가 필요합니다. 때문에 창고에 대한 보다 자세한 정보를 얻고자 메일 보내 드립니다.

관련어구
①a new place 새 공간
an office 사무실
②the space allocation 공간 배치
the rental 임대료

But...

But the storehouse① should be clean and it must be capacious②.

하지만 창고가 반드시 깨끗하고 넓어야만 합니다.

관련어구
①working space 작업 공간
apartment 아파트
②well-organized
잘 정리된
able to walk 걸을 수 있는

Of course, ...

Of course, you also can respond to my e-mail① and inform me of the details of leasing the storehouse②.

물론, 메일로 회신 주시고 창고 임대비의 세부 사항에 대해 알려 주셔도 됩니다.

관련어구
①give me a call 전화 주세요
reply by fax 팩스로 회신해 주세요
②the final project 마지막 프로젝트
what happened 발생한 일

 베껴 쓰기 좋은 문장

1 | There must be many... 분명 많은 …가 있을 것입니다.

must는 조동사로 여기에서는 강한 긍정의 추측 표현을 나타낸다. 이외에 '반드시 …해야 한다'의 뜻을 갖기도 한다.

예 **Amy must be in the office, because the light is on.**
사무실에 불이 켜져 있으니 Amy는 분명 사무실에 있을 것이다.

2 | What's more, ... 점층 관계를 나타내는 부사구

본문에서 나왔던 What's more, I hope the storehouse is not far away from our company처럼 점층 관계로 자주 쓰이는 부사구로는 what's worse, besides, in addition, moreover, furthermore, also 등이 있다.

 영문 E-mail 단어

- storehouse **n** 창고, 보고
- capacious **a** 넓은
- urgently **ad** 긴박하게, 긴급하게

- respond **v** 대답하다, 회답하다
- clean **a** 깨끗한
- lease **v** 빌리다, 임대하다

277

요청 | Requesting

사무용품 예약 요청

E-mail sample

From:	Kevin
To:	Bart
Subject:	The List of Office Supplies 사무용품 리스트

Dear Sir Bart,

I'm writing in reply to your E-mail of January 25th.

우선 → **First of all,** please accept my sincere gratitude to you for your kind warning. As a general rule, our company will purchase the necessary office supplies for every department **at the beginning of** every quarter.

…가 시작 될 때

Five new desktops, as well as five sets of office tables and chairs, should be purchased for the new employees. **Besides,** I'm afraid there is a great need for a laser printer and a copier. As you know, it's a small inconvenience for us to[1] have to wait to print and copy files on the second floor.

이뿐만 아니라

I'm wondering if our application for these office appliances can meet with your approval. Your early reply will be greatly appreciated.

Yours Sincerely,

Kevin

친애하는 Bart 선생님

1월 25일에 보내 주신 메일에 대한 회신입니다.

우선, 귀하께서 친절히 상기시켜 주신 것에 대해 진심 어린 감사의 말씀 전합니다. 관례에 따르면, 저희 회사는 매 분기가 시작될 때 각 부서에서 필요한 사무용품을 구매합니다.

저희 새 직원들을 위해 5대의 새 데스크톱과 5세트의 사무용 책상과 의자를 구매할 예정입니다. 뿐만 아니라, 레이저 프린터와 복사기 역시 구매할 필요가 있을 것 같습니다. 아시고 계시다시피, 2층으로 가서 서류를 프린트하고 복사하는 것은 저희에게 다소 불편한 점이 있습니다.

저희가 이렇게 사무용품을 신청하는 것이 귀한의 승인을 받을 수 있을는지 모르겠습니다. 빠른 회신 주시면 정말 감사하겠습니다.

당신의 신실한

Kevin

실용 구문

First of all, ...

First of all, please accept my sincere gratitude to you[1] **for your kind warning**[2].

우선, 귀하께서 친절히 상기시켜 주신 것에 대해 진심 어린 감사의 말씀 전합니다.

...at the beginning of...

Our company will purchase the necessary office supplies[1] **for every department at the beginning of every quarter**[2].

저희 회사는 매 분기가 시작될 때 각 부서에서 필요한 사무용품을 구매합니다.

Besides, ...

Besides[1]**, I'm afraid there is a great need for a laser printer and a copier**[2].

뿐만 아니라, 레이저 프린터와 복사기 역시 구매할 필요가 있을 것 같습니다.

베껴 쓰기 좋은 문장

1 | It's a small inconvenience for us to... ···하는 것은 저희에게 다소 불편합니다.

문두의 it는 가주어로 진주어는 후의 to have to...에 해당한다. inconvenience는 여기서 가산명사로 사용되었으며 '불편하게 하는 사람/사물'을 뜻한다. 불가산명사로 사용되었을 때는 '불편, 애로, 장애, 번거로움' 등의 뜻을 갖는다.

예 It's a small inconvenience for us to commute (a) long distance every day.
매일 장거리 통근을 하는 것은 저희에게 다소 불편합니다.

영문 E-mail 단어

- supplies n 생활용품, 보급품
- laser n 레이저
- quarter n 분기
- printer n 프린터
- desktop n 데스크톱
- copier n 복사기

E-mail sample

바로 베끼기

From:	Charles
To:	Daniel
Subject:	Request for Payment 납부 요청

Dear Sir Daniel,

감사 표현

Thank you very much for purchasing our products, and we delivered the goods you wanted two weeks ago, with the receipt you requested. But we haven't received the payment yet.[1] So I'm writing to remind you to pay for the goods **as soon as possible.**

가능한 빨리 부탁

You should have made a remittance[2] one week ago according to the

이미 시간이 지났음

contract we signed. **It has been** two weeks since we delivered the goods, but the payment hasn't arrived. If you want to change payment option, please let me know duly. And the payment is expected to be made within three days after you receive this email.

I'm looking forward to hearing from you soon.

Yours Sincerely,

Charles

친애하는 Daniel 선생님

저희 제품을 구매해 주셔서 진심으로 감사드립니다. 그리고 귀하께서 원하시는 상품을 2주 전에 요청하신 영수증과 같이 배송해 드렸습니다. 하지만 저희는 아직 귀하의 입금을 받지 못했습니다. 그래서 최대한 빠른 시일 내에 상품의 금액을 납부해 주시기를 상기시켜 드리고자 메일 보내 드립니다.

저희의 계약에 따르면 귀하께서는 1주일 전에 송금을 해 주셨어야 합니다. 저희가 상품을 보내 드린 지 이미 2주가 지났습니다. 하지만 아직 금액이 송금되지 않았습니다. 지불 방식을 변경하고자 하신다면 제게 바로 말씀해 주시길 바랍니다. 그리고 금액은 이 메일을 받으신 후 3일 내에 송금해 주시길 바랍니다.

회신 기다리고 있겠습니다.

당신의 신실한
Charles

실용 구문

Thank you very much for...

Thank you very much for **purchasing our products,**[1] **and we delivered the goods you wanted two weeks ago**[2].

저희 제품을 구매해 주셔서 진심으로 감사드립니다. 그리고 귀하께서 원하시는 상품을 2주 전에 요청하신 영수증과 같이 배송해 드렸습니다.

> **관련어구**
> ① placing an order 주문을 하다
> telling us you need
> 우리에게 귀하의 요구를 말하다
> ② yesterday 어제
> an hour ago 한 시간 전에

...as soon as possible.

So I'm writing to remind you to pay for the goods[1] as soon as possible[2].

그래서 저는 최대한 빠른 시일 내에 상품의 금액을 납부해 주시기를 상기시켜 드리고자 메일 보내 드립니다.

> **관련어구**
> ① fill in the form 양식을 채우다
> apply for the coupon
> 쿠폰을 신청하다
> ② immediately 즉시
> when you are available
> 시간이 날 때

It has been...

It has been **two weeks since we delivered the goods**[1], but the payment hasn't been arrived[2].

저희가 상품을 보내 드린 지 이미 2주가 지났습니다. 하지만 아직 금액이 송금되지 않았습니다.

> **관련어구**
> ① notified you 알려 드린 지
> asked you to pay
> 지불을 요청드린 지
> ② is still pending 아직 미납이다
> hasn't been completed yet
> 아직 완성되지 않았다

베껴 쓰기 좋은 문장

1 | But we haven't received the payment yet
하지만 아직 금액이 송금되지 않았습니다.

자주 쓰이는 전환을 나타내는 연결사는 이외에도 yet, still, on the contrary, on the other hand, however, nevertheless, at the same time(그러나) 등이 있다.

2 | You should have make a remittance   귀하께서는 송금하셨어야 했습니다.

should + have + 과거분사는 어떤 일을 해야 했으나 하지 못했을 때를 나타내며 과거 사실에 대해 비난이나 후회를 표현할 때 쓴다.

> 예 I should have **called my father last night**
> 나는 어젯밤에 아버지께 전화를 했어야 했다.

영문 E-mail 단어

- **week** n 주, 일주일
- **arrive** v 도착하다
- **receipt** n 영수증, 수령
- **duly** ad 때를 맞춰
- **request** v 요청하다, 요구하다

281

요청 | Requesting

납부 요청 ②

바로
베끼기

E-mail sample

From:	Eden
To:	Frank
Subject:	Asking for Payment 납부 요청

Dear Sir Frank,

상대방
상기
시키기

I'm so sorry that I found the payment of your company has not been settled. **I'm writing to remind you** of the payment. Besides, please find the attached copy of the bill.

If the payment has already been paid, please inform us when you receive the letter, so that we can check it timely. **Otherwise**, please forward us the full amount before 9th of May; 3% interest is expected to be charged if the date of payment is half a month later than the fixed time. **Therefore**, I hope you could pay attention to this matter and try your best to make a remittance as soon as possible, no matter what[1] has caused the delay.

그렇지
않으면

원인
표현

Thank you for the cooperation, and I hope you can deal with it well.

Yours Sincerely,

Eden

친애하는 Frank 선생님

귀사께서 아직 납부를 완료하지 않으셨다는 것을 알게 되어 매우 유감입니다. 납부를 상기시켜 드리고자 메일 보내 드립니다. 그리고 첨부해 드린 청구서 사본 확인 부탁드리겠습니다.

만약 이미 납부를 하셨다면 저희가 바로 확인할 수 있도록 메일을 받으시는 대로 저희에게 알려 주시길 바랍니다. 그렇지 않으면 5월 9일 전에 전체 금액을 납부해 주시길 바랍니다. 정해진 시간에서 보름이 지나면 3%의 이자가 청구됩니다. 그러므로 이 문제를 신중히 다뤄 주시고 무엇 때문에 연기가 되었든 간에 최대한 빠른 시일 내에 송금해 주실 수 있기를 바랍니다.

협조해 주셔서 감사드립니다. 이 문제에 대해 잘 처리해 주시길 바랍니다.

당신의 신실한
Eden

실용 구문

I'm writing to remind you...

I'm writing to remind you of the payment①.

납부를 상기시켜 드리고자 메일 보내 드립니다.

> 관련어구
> ①the examination 시험
> the deadline 마감일

Otherwise, ...

Otherwise, please forward① us the full amount before 9th of May; 3% interest② is expected to be charged if the date of payment is half a month later than the fixed time.

그렇지 않으면 5월 9일 전에 전체 금액을 납부해 주시길 바랍니다. 정해진 시간에서 보름이 지나면 3%의 이자가 청구됩니다.

> 관련어구
> ①send 보내다
> pay 지불하다
> ②delay fee 연체료
> fine 벌금

Therefore, ...

Therefore, I hope you could pay attention to this matter and try your best to make a remittance① as soon as possible, no matter what has caused the delay②.

그러므로 이 문제를 신중히 다뤄 주시고 무엇 때문에 연기가 되었든 간에 최대한 빠른 시일 내에 송금해 주실 수 있기를 바랍니다.

> 관련어구
> ①finish your job 당신의 일을 끝내다
> upload your manuscript 초고를 올리다
> ②the others say 남들이 무엇이라고 하든지
> happened 무슨 일이 발생하든지

 베껴 쓰기 좋은 문장

1 | ..., no matter what 무엇이든지…

no matter what은 부사 숙어로 보통 뒤에 구절을 붙여 양보의 부사절로 자주 사용된다.

예 You should have every confidence in her, no matter what the matter may be.
무슨 문제가 있든 간에, 당신은 그녀를 절대적으로 신뢰해야 한다.

 영문 E-mail 단어

- settle **v** 해결하다, 정착하다
- forward **v** 운송하다, 촉진하다
- remind **v** 상기시키다, 떠올리게 하다
- interest **n** 이자

- bill **n** 영수증, 청구서
- remittance **n** 송금
- otherwise **ad** 그렇지 않으면

283

요청 | Requesting

환불 요청

바로
베끼기

E-mail sample

From:	Wood
To:	Martin
Subject:	A Demand of Refund 환불 요청

Dear Sir Martin,

I'm writing to demand a refund on the deposit.

We placed an order with you for 100 rolls of checked and flowery pattern blue wallpaper on November 11th. 1,000 dollars was paid as a deposit on the 상대방의 following day **at your request.** However, **contrary to all expectations,** we 요구에 were informed on November 15th that you had to refuse our order because of 따라 unexpected accidents. That's OK.

예상과는
반대로

According to the purchase contract, you should refund us the deposit in full in the circumstances. I never meant to[1] rush you, but **you seemed to have** 상대방 **forgotten** our deposit. You are expected to refund us the money as soon as 상기 시키기 possible.

I'm looking forward to your reply at your earliest convenience.

Yours Sincerely,

Wood

친애하는 Martin 선생님

보증금 환불을 요청 드리고자 메일 보내 드립니다.

저희는 귀하께 11월 11일에 체크무늬와 꽃무늬 패턴의 파란 벽지 100통을 주문했었습니다. 다음날 요청하신 대로 다음날 1,000달러의 보증금을 지불해 드렸습니다. 하지만, 예상과는 반대로 11월 15일에 저희는 불의의 사고로 귀하께서 주문을 거절해야만 한다는 것을 통보받았습니다. 그것까지는 괜찮았습니다.

구매 계약에 따르면, 귀하께서는 이런 상황에서 저희에게 전액의 보증금을 돌려 주셔야 합니다. 재촉하고자 하는 마음은 없습니다만 귀하께서 저희의 보증금을 잊으신 것 같습니다. 최대한 빠른 시일 내에 환불해 주셨으면 좋겠습니다.

되는대로 빨리 회신 주시기를 기다리고 있겠습니다.

당신의 신실한
Wood

바로 배우기

실용 구문

...at your request.

1000 dollars was paid as a deposit①on the following day at your request②.

요청하신 대로 다음날 1,000달러의 보증금을 지불해 드렸습니다.

관련어구
① shipping fee 운임비
 rental 임대비
② according to the rule
 규칙에 따라
 as you mentioned
 언급하신 바와 같이

Contrary to all expectations, ...

Contrary to all expectations①, we were informed on November 15th that you had to refuse our order because of unexpected accidents②.

하지만, 예상과는 반대로 11월 15일에 저희는 불의의 사고로 귀하께서 주문을 거절해야만 한다는 것을 통보 받았습니다.

관련어구
① Unfortunately 불행히도
 Nevertheless 그럼에도 불구하고
② a strike of your workers
 귀사 직원들의 파업
 system error 시스템 에러

...you seemed to have forgotten...

I never meant to rush you①, but you seemed to have forgotten our deposit②.

재촉하고자 하는 마음은 없습니다만 귀하께서 저희의 보증금을 잊으신 것 같습니다.

관련어구
① I am not in a hurry
 저는 급하지 않습니다.
 I am not willing to blame you
 귀하를 탓하자는 것이 아닙니다.
② your commitment
 귀하의 약속
 my discount 저의 할인

 바로 적용하기

베껴 쓰기 좋은 문장

1 | I never mean to ... …하고자 하는 의도는 없습니다.

mean to do는 plan to do, intend to do에 해당하는 어구로 '고의로 …하다, …할 의도가 있다'의 뜻을 갖는다.

예 I never meant to rush you into decisions.
결코 당신께 결정을 재촉하고자 하는 것이 아닙니다.

바로 외우기

영문 E-mail 단어

- roll n 통, 롤
- expectation n 기대, 예상
- checked a 체크무늬의
- refuse n 거절하다
- flowery a 꽃무늬의
- unexpected a 예상치 못한, 사고의

- pattern n 패턴
- in the circumstances phr 이런 상황에서
- wallpaper n 벽지
- rush v 재촉하다, 서두르다
- deposit n 보증금, 착수금
- contrary a 상반된

요청 | Requesting

Unit 9

가격표 발송 요청

 바로 베끼기

E-mail sample

From:	Billy
To:	Ben
Subject:	Request for Price Schedule 가격표 요청

Dear Sir Ben,

I'm running a gym, and I am going to order some fitness equipment. **I've got information that** your company is producing various fitness products. I hope you may provide the products that suit me. 알게 되었음

This gym was just founded one week ago, and it's still not well-equipped. As far as I know[1], your company is not very far from my gym. **I plan to** have a look in the near future and select some fitness equipments from your company. But before that, I will appreciate it very much if you can send me the price schedule of all your products **as soon as possible.** If we can close the deal this time, there will definitely be many more chances for our cooperation in the future. 계획 표현

가능한 빨리

I expect your early reply.

Yours Sincerely,
Billy

친애하는 Ben 선생님

저는 지금 헬스장을 운영하고 있으며, 몇 가지 헬스 장비를 주문하고자 합니다. 귀사께서 다양한 피트니스 상품을 생산한다는 것을 알게 되었습니다. 귀하께서 제게 맞는 상품을 제공해 주시길 바랍니다.

저희 헬스장은 일주일 전에 설립되었습니다. 그리고 아직 설비가 잘 갖추어지지 못했습니다. 귀사가 제 헬스장에서 그다지 먼 곳에 있지 않은 것으로 알고 있습니다. 조만간 귀사에 들러 둘러보고 몇 가지 피트니스 장비를 골라 볼 예정입니다. 하지만 그전에, 가능한 한 빠른 시일 내에 귀사의 모든 상품들의 가격표를 보내 주실 수 있다면 정말 감사드리겠습니다. 만약 이번 거래가 성사된다면, 앞으로는 저희가 협력할 기회가 분명히 더 많아질 것입니다.

빠른 회신 기다리고 있겠습니다.

당신의 신실한
Billy

실용 구문

I've go information that...

I've go information①**that your company is producing various fitness products**②**.**

귀사께서 다양한 피트니스 상품을 생산한다는 것을 알게 되었습니다.

I plan to...

I plan to have a look①**in the near future and select some fitness equipment from your company**②**.**

조만간 귀사에 들러 둘러보고 몇 가지 피트니스 장비를 골라 볼 예정입니다.

...as soon as possible.

I will appreciate it very much if you can send me the price schedule①**of your products as soon as possible**②**.**

가능한 빠른 시일 내에 귀사의 모든 상품들의 가격표를 보내 주실 수 있다면 정말 감사드리겠습니다.

베껴 쓰기 좋은 문장

1 | As far as I know, ... 제가 알기로는…

as far as I know는 관용어이며 문장 내 위치는 비교적 유동적인 편이다. 문두, 문장 중간, 문장 맨 마지막 모두에 위치할 수 있으며 보통 쉼표로 주절과 분리시킨다.

예 As far as I know, the implementation of the project might be put off.
이 프로젝트 진행이 연기될지도 모른다고 알고 있습니다.

영문 E-mail 단어

- **gym** n 헬스장, 체육관
- **found** v 설립하다, 건설하다
- **fitness** n 피트니스
- **well-equipped** a 설비가 잘 갖춰진
- **equipment** n 장비, 설비, 기계
- **far** a 먼
- **various** a 다른 종류의, 각양의
- **select** v 고르다
- **product** n 상품
- **deal** n 교역, 거래

E-mail sample

바로
베끼기

From:	Harry
To:	David
Subject:	Request for Delivery Service 배송 서비스 요청

Dear Sir David,

The product my boss ordered from your store is a set of mountaineering equipment. He came to our branch office for inspection yesterday and saw the mountaineering equipment by accident at your store. He ordered a set immediately **because**[1] he had intended to go on a vacation directly from this ——————▶ 원인 표현

city. **But** something unexpected happened then, and he had to go back to the headquarters in New York City this morning. Therefore, we have a request for delivery service to the headquarters. **I hope you can** do me this favor in view of our situation . And the delivery address is No. 18, Third Avenue, Manhattan, New York City. Thank you very much.

전환 어구

상대방 에게 기대 표현

I hope you can understand, and thanks again for your assistance.

Yours Sincerely,

Harry

- -

친애하는 David 선생님
　　저희 사장님께서 귀하의 가게에 등산 장비 세트 하나를 주문했었습니다. 사장님께서 어제 저희 분사에 시찰을 오셨었는데 우연히 귀하의 가게에서 등산 장비를 보게 된 것입니다. 사장님께서 이곳에서 바로 휴가를 가실 예정이셔서 보시자마자 바로 한 세트를 주문했습니다. 하지만 예상치 못한 일이 생겨 사장님께서 오늘 아침에 뉴욕에 있는 본사로 돌아가시게 되었습니다. 그러므로 본사로 물건을 배송해 주시기를 요청합니다. 저희 사정을 고려해서 부탁을 들어주실 수 있길 바랍니다. 그리고 배달지 주소는 뉴욕시 맨해튼 3가 18번입니다. 감사드립니다.
　　이해해 주시길 바라겠습니다. 그리고 다시 한번 도와주셔서 감사드립니다.

당신의 신실한
Harry

실용 구문

...because...

He ordered a set immediately[1] **because he had intended to go on a vacation directly from this city**[2]**.**

사장님께서 이곳에서 바로 휴가를 가실 예정이셔서 보시자마자 바로 한 세트를 주문했습니다.

But...

But something unexpected happened[1] **then, and he had to go back to the headquarters**[2] **in New York City this morning.**

하지만 예상치 못한 일이 생겨 사장님께서 오늘 아침에 뉴욕에 있는 본사로 돌아가시게 되었습니다.

I hope you can...

I hope you can do me this favor in view of our situation[1]**.**

저희 사정을 고려해서 부탁을 들어주실 수 있길 바랍니다.

베껴 쓰기 좋은 문장

1 | ...because...   …때문에…

because가 이끄는 구절은 보통 why 의문문에 대한 대답으로 자주 쓰이며 직접적인 이유를 나타낼 때 사용된다. since와 for도 '…때문에'의 뜻을 가질 수 있다.

예 Dora is very exhausted today, because she didn't sleep well last night.
Dora는 어젯밤에 잘 자지 못해 오늘 매우 피곤하다.

영문 E-mail 단어

- store **n** 상점
- by accident **phr** 우연히, 사고로
- mountaineering **n** 등산, 등반

- unexpected **a** 예상치 못한, 의외의
- inspection **n** 사찰, 점검
- situation **n** 상황, 위치, 처지

요청 | Requesting

화물 배송 요청 ②

바로
베끼기

E-mail sample

From:	Ivan
To:	Jim
Subject:	Request for Door-to-Door Service 상품 배송 서비스 요청

Dear Sir Jim,

    I have ordered a box of vases from your company, but it will be too heavy. It's impossible for me to[1] carry it home, so **I want to ask for** door-to-door service.

요구
제시

    The payment will be made on delivery, and I will pay extra fees if it's necessary. If it's really inconvenient to your company, **would you mind** finding a logistics company for me? You should remind them that the products are breakables and must be handled with care during transportation. If you send my products through a logistics company, the payment will be made by bank transfer. Please deliver the goods to the right place **at the first opportunity**.

공손한
요구

가능한
빨리

    Thanks a lot for your help.

Yours Sincerely,

Ivan

친애하는 Jim 선생님

    귀사로부터 꽃병 한 상자를 주문했었습니다. 하지만 너무 무거울 것 같네요. 제가 혼자 그것을 집까지 옮기는 것이 불가능할 것 같아 배송 서비스를 요청하고자 합니다.

    지불 방식은 착불 형식으로 하겠습니다. 그리고 필요하다면 추가 비용을 지불하겠습니다. 만약 귀사께서 불편하시다면 제게 다른 물류 회사를 찾아 주실 수 있을까요? 그리고 그들께 물건이 깨지기 쉬우니 운송하는 동안 조심히 다뤄 달라고 부탁해 주셔야 합니다. 만약 물류 회사를 통해 배송을 해 주신다면 은행 계좌이체로 송금해 드리겠습니다. 최대한 빠른 시일 내에 물건을 정확한 곳에 배송해 주시기 바랍니다.

    도와주셔서 감사드립니다.

당신의 신실한
Ivan

실용 구문

I want to ask for...

It's impossible① for me to carry it home, so I want to ask for door-to-door② service.

제가 혼자 그것을 집까지 옮기는 것이 불가능할 것 같아 배송 서비스를 요청하고 합니다.

관련어구
① a difficult task 어려운 일
  embarrassing 난처한
② mailing 발송
  delivery 배송

..., would you mind...

If it's really inconvenient to your company①, would you mind finding a logistics company for me②?

만약 귀사께서 불편하시다면 제게 다른 물류 회사를 찾아 주실 수 있을까요?

관련어구
① you insist not to provide this service
  이 서비스를 제공하지 않을 것을 고집하다
  there isn't enough staff in your company
  귀사에 충분한 직원이 없다
② giving me a paper bag
  제게 종이봉투 하나를 주다
  letting me put the sofa here temporarily 잠시 이곳에 소파를 두는 것을 허락하다

...at the first opportunity.

Please deliver the goods to the right place① at the first opportunity②.

최대한 빠른 시일 내에 물건을 정확한 곳에 배송해 주시길 바랍니다.

관련어구
① my home 우리 집
  New York 뉴욕
② as quickly as you can
  가능한 빨리
  before midnight 자정 전에

베껴 쓰기 좋은 문장

1 | It's + adj + for + sb. + to ... 누군가가 …하는 것은 …하다.

이 문장에서 부정사가 진주어이고 it은 가주어이다.

예 It's understandable for Susan to keep the secret.
Susan이 비밀을 지키는 것은 믿을 만한 것이다.

영문 E-mail 단어

- vase n 꽃병
- extra a 여분의
- heavy a 무거운
- fee n 요금
- impossible a 불가능한
- logistics n 물류, 후방지원
- carry v 옮기다, 운송하다
- breakable a 깨지기 쉬운
- door-to-door a ad 집집마다, 택배의
- handle v 옮기다, 다루다, 처리하다

요청 | Requesting

회사 정보 요청 ①

바로
베끼기

E-mail sample

From:	Edmund Mark
To:	Roney Jason
Subject:	Request for Information of a Company 회사 정보 요청

Dear Mr. Jason,

I am Edmund Mark. I work in the catering business. We met each other at the trade fair last month and you gave me your business card **so as to** make further contact. **Through** comparison, we found that the coffee beans sold by your company are of high quality. We were deeply impressed with[1] the rich taste of your coffee beans. I believe that your coffee beans are perfect for ground coffee. As the purchasing manager of a catering company, I have intention to make a bulk purchasing. I am wondering if you can send me more information about you company and products.[2] And I will be much grateful to be notified about your order procedures.

I'm looking forward to hearing from you as soon as possible.

Yours sincerely,

Edmund Mark

목적
표현

…를
통하여

친애하는 Jason 씨

저는 Edmund Mark입니다. 저는 요식업계에서 일하고 있습니다. 지난 달 무역 박람회에서 저희는 서로 뵈었었고, 앞으로의 연락을 위해 제게 명함을 주셨었습니다. 비교를 통해서 귀사에서 판매하고 있는 커피콩이 고품질이라는 것을 알게 되었습니다. 저희는 귀하의 커피콩의 풍미에 깊은 인상을 받았습니다. 귀하의 커피가 커피 가루로 최고일 것이라고 믿습니다. 당사의 구매 담당자로서 저는 대량으로 구매를 할 의향이 있습니다. 귀하께서 혹시 귀사와 제품에 관한 보다 많은 정보를 보내 주실 수 있는지 궁금합니다. 그리고 귀사의 주문 절차에 대해서도 알려 주시면 정말 감사드리겠습니다.

가능한 빠른 시일 내에 귀하께 소식 들을 수 있길 기대하겠습니다.

당신의 신실한
Edmund Mark

실용 구문

...so as to...

We met each other at the trade fair[1] **last month and you gave me your business card so as to make further contact**[2]**.**

지난 달 무역 박람회에서 저희는 서로 뵈었었고, 앞으로의 연락을 위해 제게 명함을 주셨었습니다.

관련어구
① career fair 직업 박람회
  health forum 헬스 포럼
② keep in touch
  연락을 계속해서 취하다
  make contact easier
  보다 쉽게 연락하다

Through...

Through comparison, we found that the coffee beans[1] **sold by your company are of high quality**[2]**.**

비교를 통해서 귀사에서 판매하고 있는 커피콩이 고품질이라는 것을 알게 되었습니다.

관련어구
① orchids 난
  pads 패드
② of reasonable price
  합리적인 가격의
  delicious 맛있는

베껴 쓰기 좋은 문장

1 | be impressed with...   …에 대한 깊은 인상을 받다.

be impressed with는 동사 숙어 관용어로 볼 수 있으며 '…에 대해 깊은 인상을 받다'의 뜻을 갖는다.

예 We are quite impressed with the little girl's thoughtfulness.
   저희는 그 어린 소녀의 배려심에 깊은 인상을 받았습니다.

2 | I am wondering if you can send me more information about your company and products.
상업성 메일을 작성할 때의 요청 표현

이런 유형의 메일은 매우 광범위하게 응용될 수 있다. 신청할 때의 메일 작성법과 비슷한 구조를 갖는다. 사용되는 어휘는 공손해야 하며, 수신인에게 공손하고 존경하는 태도를 취해야 한다. 겸손하고 완곡하게 자신이 원하는 것을 청해야 하며, 상대방에게 허락을 구하고 마지막에 미리 감사의 표현을 하는 것도 좋다.

영문 E-mail 단어

- **business** n 사업, 업무
- **ground** a 갈린, 빻아진
- **comparison** n 비교, 대비

- **purchasing** n 구매, 매입
- **coffee** n 커피
- **bulk** n 큰 규모, 대량

요청 | Requesting

Unit 9

회사 정보 요청 ②

 E-mail sample

From:	William Pan
To:	Kevin Hawking
Subject:	Request for More Information 추가 정보 요청

Dear Mr. Hawking,

I have a good feeling about your children garment brand, which is quite fashionable and affordable. I have seen the samples you sent to us. The fabrics are very comfortable, light, and suitable for children. From the conversation that we had at your office, **I could tell that** you are a veritable entrepreneur. So I would like to join your company and open a chain store in Ottawa.

Could you please send me your company profile and the catalogue of your products? My business partner wants to know more about this commercial opportunity. After we hold a consultation about[1] it and make a decision, we will contact you in no time.

Best wishes,
William Pan

친애하는 Hawking 씨

저는 귀하의 아동복 브랜드에 대해 매우 관심이 있습니다. 그것들은 상당히 패셔너블하며 가격 역시 합리적입니다. 귀하께서 보내 주신 샘플들을 확인해 보았습니다. 재단들은 매우 편안하고 가벼우며 아이들에게 알맞았습니다. 귀하의 사무실에서 했던 대화로 미루어 보아 귀하께서는 명실상부한 사업가라고 말씀드릴 수 있겠습니다. 때문에 귀하의 회사에 합류해 Ottawa에서 체인점을 열고자 합니다.

귀사의 프로필과 상품 목록을 보내 주실 수 있을까요? 제 사업 파트너께서 이번 사업 기회에 보다 많은 정보를 알고자 하십니다. 그에 대해 상의를 하고 결정을 내린 후, 바로 연락드리겠습니다.

William Pan 올림

바로 배우기

실용 구문

I have a good feeling about...

I have a good feeling about your children garment brand[1], which is quite fashionable and affordable[2]

저는 귀하의 아동복 브랜드에 대해 매우 관심이 있습니다.

관련어구
① the newly-released coat
새로 출시한 코트
the electronic watch 전자시계
② of good quality 고품질의
multi-functional 다중 기능의

I could tell that...

From the conversation that we had at your office[1], I could tell that you are a veritable entrepreneur[2].

귀하의 사무실에서 했던 대화로 미루어 보아 귀하께서는 명실상부한 사업가라고 말씀드릴 수 있겠습니다.

관련어구
① on Skype 스카이프에서
at the cafe 카페에서
② an ambitious manager
야망 있는 관리인
a talented speaker
재능 있는 연설가

Could you please...

Could you please send me your company profile[1] and the catalogue of your products[2]?

귀사의 프로필과 상품 목록을 보내 주실 수 있을까요?

관련어구
① a sample pack 샘플 꾸러미
a voucher 할인권
② the new bike series
새로운 바이크 시리즈
your dairy products
귀사의 일용품

 바로 적용하기

베껴 쓰기 좋은 문장

1 | hold a consultation (about) 상의

hold a consultation (about)은 동사 숙어 관용어로 볼 수 있으며 '상의, 회의, 상담' 등의 뜻을 갖는다.

예 The two parties decided to hold a consultation about this matter.
양측은 이 문제에 대해 상의하기로 결정했다.

 바로 외우기

영문 E-mail 단어

- garment n 의복, 복장
- veritable a 진정한
- brand n 브랜드
- enterpreneur n 기업가, 창업가
- quite ad 완전히, 꽤
- chain store n 체인점

- affordable a 지불할 수 있는, 알맞은
- profile n 개황, 간단한 소개
- commercial a 상업의, 업무의
- fabric n 재질, 섬유
- consultation n 자문, 상의
- light a 가벼운
- in no time phr 빨리, 즉시

E-mail sample

From:	Robert Acheson
To:	Louis Benson
Subject:	Request for Issuing an Invoice 송장 발부 요청

Dear Mr. Benson,

I am writing to inform you that we have received the water heaters that we bought from your company on September 17th, 2015. But **unfortunately,** I could not find the invoice inside the packing container. **I guess** you might have forgotten to issue it as a result of your brisk business. **Since** we are in urgent need for it, could you please forward the commercial invoice to me with the least delay possible[1]? I would appreciate it much for your cooperation.

> 불행히도

> 추측 표현

> 원인 표현

> 강조 어구

Please do pay more attention to this problem next time. I am looking forward to receiving the invoice very soon.

Sincerely yours,

Robert Acheson

친애하는 Benson 씨

저희가 2015년 9월 17일에 귀사로부터 구매한 온수 난방기를 받았다는 것을 알려 드리고자 메일 보내 드립니다. 하지만 안타깝게도, 포장 상자 내에서 송장을 찾아볼 수가 없었습니다. 귀하의 바쁜 사업 때문에 발행하는 것을 잊으신 것 같습니다. 저희가 그것이 급하게 필요해서 그런데 상업용 송장을 최대한 빨리 보내 주실 수 있으실까요? 협조해 주셔서 진심으로 감사드립니다.

다음번에는 이 문제에 대해 조금만 더 신경을 써 주세요. 곧 송장을 받아볼 수 있기를 기다리고 있겠습니다.

당신의 신실한
Robert Acheson

바로
배우기

실용 구문

Unfortunately, ...

Unfortunately, I could not find the invoice① inside the packing container②.

하지만 안타깝게도, 포장 상자 내에서 송장을 찾아볼 수가 없었습니다.

> 관련어구
> ① product 상품
>   manual 사용설명서
> ② parcel I received 제가 받은 소포
>   box 상자

I guess...

I guess you might have forgotten to issue it① as a result of② your brisk business.

귀하의 바쁜 사업 때문에 송장 발행하는 것을 잊으신 것 같습니다.

> 관련어구
> ① confirm the reservation
>   예약을 확인하다
>   leave a message 메시지를 남기다
> ② because of …때문에
>   due to …때문에

Since...

Since we are in urgent need for it①, could you please forward the commercial invoice to me with the least delay② possible?

저희가 그것이 급하게 필요해서 그런데 상업용 송장을 최대한 빨리 보내 주실 수 있으실까요?

> 관련어구
> ① Our accountant needs it
>   immediately 저희 회계사가
>   그것이 당장 필요하다
>   our manager wants to take
>   a look at it 저희 관리자께서
>   그것을 보고자 하다
> ② as soon as 최대한 빨리
>   in the shortest time
>   가능한 짧은 시간 내에

 바로
적용하기

베껴 쓰기 좋은 문장

1ㅣwith the least delay possible 최대한 빨리

with the least delay possible은 관용 표현으로 볼 수 있으며, 부사 숙어이다. 뜻은 '최대한 빨리, 아무런 지연 없이'이다.

> 예 The buyer demanded that their order of goods be sent out with the least delay possible.
> 구매자께서 최대한 빨리 그들의 주문상품을 보내 주기를 요청하셨습니다.

바로
외우기

영문 E-mail 단어

- heater **n** 난방기, 가열기
- brisk **a** 바쁜, 상쾌한
- invoice **n** 송장, 청구서
- urgent **a** 긴급한, 긴박한
- container **n** 용기, 보관 상자
- forward **v** 발송하다, 배송하다

E-mail sample

From:	Louis Benson
To:	Robert Acheson
Subject:	RE: Request for Issuing an Invoice 송장 발부 요청에 대한 회신

Dear Mr. Acheson,

…에 대해 매우 죄송함

I feel deeply sorry for the inconvenience we have caused you. I have to admit that we were to blame. **As soon as** I finished reading your last letter, I immediately settled the invoice[1] for you. Now the invoice has been delivered to you by express. **You are expected to** receive it in two days later. Please accept our sincere apologies for having made you wait so long for this. **We will definitely** pay much more attention to this problem and provide our customers with the best products and services.

…하자 마자 즉시

희망 표현

반드시

We hope you'll come back and shop in our store again!

Yours sincerely,

Louis Benson

친애하는 Acheson 씨

귀하께 불편을 드려 진심으로 죄송합니다. 저희가 비난받아 마땅하다는 것을 인정합니다. 귀하께서 지난번 보내 주신 메일을 읽자마자 바로 송장을 발급해 드렸습니다. 그리고 지금 송장을 귀하께 퀵으로 배달해 드렸습니다. 이틀 뒤에 받아 보실 수 있을 것입니다. 이 때문에 오래 기다리게 해 진심으로 사죄 드립니다. 저희는 반드시 이 문제에 대해 보다 많은 관심을 기울일 것이며 저희 고객님들께 최고의 상품과 서비스를 제공해 드리겠습니다.

귀하께서 저희 상점에 재방문해 주시고 둘러봐 주시길 바라겠습니다.

당신의 신실한
Louis Benson

실용 구문

I feel deeply sorry for...

I feel deeply sorry[1] for the inconvenience[2] we have caused you.

귀하께 불편을 드려 진심으로 죄송합니다.

As soon as...

As soon as I finished reading your last letter[1], I immediately settled the invoice[2] for you.

귀하께서 지난번 보내 주신 메일을 읽자마자 바로 송장을 발급해 드렸습니다.

You are expected to...

You are expected to receive it[1] in two days later.

이틀 뒤에 받아 보실 수 있을 것입니다.

We will definitely...

We will definitely pay much more attention to[1] this problem and provide our customers[2] with the best products and services.

저희는 반드시 이 문제에 대해 보다 많은 관심을 기울일 것이며 저희 고객님들께 최고의 상품과 서비스를 제공해 드리겠습니다.

베껴 쓰기 좋은 문장

1 | settle the invoice 송장을 발급하다

settle th invoice는 동사 숙어 관용어로 볼 수 있으며 '송장을 발급하다'의 뜻을 갖는다. 또 'make out an invoice', 'issue an invoice' 등과 호환하여 사용 가능하다.

예 The shop assistant forgot to settle the invoice for me.
점원이 내게 송장을 발급해 주는 것을 잊었다.

영문 E-mail 단어

- inconvenience **n** 불편, 번거로움
- blame **v** 비난하다, 책망하다
- cause **v** 야기하다, 초래하다
- settle **v** 안배하다, 지불하다, 결산하다
- admit **v** 승인하다, 인정하다
- express **n** 퀵, 배달
- definitely **ad** 반드시, 당연히

Unit 9

요청 | Requesting

추가 투자 요청

E-mail sample

바로
베끼기

From:	Tom Smith
To:	John Beck
Subject:	Request for Additional Investment 추가 투자 요청

Dear Sir John Beck,

I want to show my appreciation to you. Our company obtained good performance and made a great profit **based on our cooperation.**

협력에
근거
해서

Due to the great demand of our products in recent years,[1] we are going to produce more goods that satisfy customers and expand the field of trade. Unfortunately, this plan will involve a large amount of money, but currently we are short of working capital. Therefore, considering the pleasant cooperation we had before, **I want to request** additional investment. Being our regular customer, you should know that this is a win-win opportunity. So I sincerely hope you can take it into consideration[2], and make a decision as soon as possible.

요구
표현

An early reply is expected to receive.

Yours Sincerely,

Tom Smith

친애하는 John Beck 선생님

귀하께 감사의 말씀 전해 드리고자 합니다. 우리의 협력 덕에 당사는 좋은 업적과 많은 이윤을 남겼습니다.

최근 몇 년간 저희 제품의 수요가 많아 저희는 고객들을 만족시킬 상품들을 보다 많이 생산하고 무역의 범위를 확장하려고 합니다. 하지만 불행히도, 이 계획은 많은 자금을 필요로 합니다. 그러나 현재 저희는 사업 자금이 많이 부족합니다. 그러므로 저희가 해 온 즐거웠던 협력을 고려하여 귀하께 추가 투자를 요청 드리는 바입니다. 귀하께서는 저희의 단골 고객이시니 이것이 저희가 윈윈할 수 있는 기회라는 것을 잘 아실 것입니다. 그래서 이를 진지하게 고려해 주시기를 진심으로 요청드리는 바이며, 가능한 빨리 결정을 내려 주시길 바랍니다.

빠른 회신 받아볼 수 있길 기대하겠습니다.

당신의 신실한

Tom Smith

실용 구문

| **...based on our cooperation.** |
| **Our company obtained good performance**[①] **and made a great profit based on our cooperation**[②]. |
| 우리의 협력 덕에 당사는 좋은 업적과 많은 이윤을 남겼습니다. |

| **I want to request...** |
| **Considering the pleasant**[①] **cooperation we had before, I want to request additional investment**[②]. |
| 저희가 해 온 즐거웠던 협력을 고려하여 귀하께 추가 투자를 요청드리는 바입니다. |

베껴 쓰기 좋은 문장

1 | Due to the great demand of our products in recent years,....
최근 몇 년간 저희 제품의 수요가 많아져서…

'…때문에'를 나타내는 전치사구(명사, 동명사와 결합)로 자주 쓰이는 것들로는 due to, owing to, thanks to, because of, on account of, as a result of 등이 있다. 뒤에 절과 결합하는 접속사 because, as, since, now that 등과 헷갈리지 않도록 주의해야 한다.

2 | I sincerely hope you can take it into consideration.
이를 진지하게 고려해 주시기를 진심으로 요청드리는 바입니다.

take ... into consideration은 '…를 고려하다, …를 감안하다'의 뜻을 가지며 take account of와 비슷하게 쓰인다.

예 Whatever you do, you should take the current situation into consideration.
네가 무엇을 하든, 너는 현재 상황을 고려해야 한다.

영문 E-mail 단어

- satisfy **V** 만족시키다, 만족하게 하다
- amount **n** 총액, 수량
- trade **n** 무역
- regular **a** 규칙적인, 정규적인
- involve **V** 포함하다, 수반하다
- win-win **a** 상호이익의, 윈윈의

요청 | Requesting

미팅 요청 ①

E-mail sample

From:	Helen
To:	Mark
Subject:	Request for an Appointment 미팅 요청

Dear Sir Mark,

I'm Helen, secretary of the manager, John. I'm writing to inform you that John, wants to have a meeting with you on December 13th.

In the next season, our company is not only going to deepen business relationship with your company, but also going to expand the scope of our business. So our manager **plans to make an appointment** with you on December 13th to discuss the plan. **We will be very honored** if you can come up with some instructive advice for us. We want to know whether you will be available for the meeting on that day. If it is not fine with you[1], **would you mind** letting me know the time convenient for you?

미팅을 계획함

매우 영광임

공손한 요구

We are looking forward to receiving your early reply.

Yours Sincerely,

Helen

친애하는 Mark 씨

저는 John 매니저님의 비서 Helen입니다. John 매니저님께서 12월 13일에 귀하와 미팅을 하고자 하심을 알리고자 메일 보내 드립니다.

다음 시즌에 당사는 귀사와의 사업 관계를 더욱 깊게 할 뿐만 아니라 저희의 사업 범위를 확장할 예정입니다. 그래서 저희 매니저님께서는 12월 13일에 이 계획에 대해 의논을 하고자 귀하와의 약속을 잡고 싶어 하십니다. 귀하께서 저희를 위해 유익한 조언을 주실 수 있으시다면 매우 영광일 것입니다. 그날에 미팅이 가능하실지 궁금합니다. 만약 그때 시간이 안 되신다면, 편하신 시간이 언제인지 알려 주실 수 있으실까요?

최대한 빠른 회신 받을 수 있길 기다리고 있겠습니다.

당신의 신실한
Helen

실용 구문

...plan to make an appointment...

Our manager plans to make an appointment **with you on December 13th[1] to discuss the plan[2].**

매니저님께서는 12월 13일에 이 계획에 대해 의논을 하고자 귀하와의 약속을 잡고 싶어 하십니다.

> **관련어구**
> ① next Tuesday 다음 주 화요일
>   tomorrow 내일
> ② talk about your salary
>   귀하의 봉급에 대해 이야기하다
>   ask you to leave 귀하께 떠나길
>   요청하다

We will be very honored...

We will be very honored[1] if you can come up with[2] some instructive advice for us.

귀하께서 저희를 위해 기발한 조언을 주실 수 있으시다면 매우 영광일 것입니다.

> **관련어구**
> ① It's our pleasure
>   저희의 영광입니다
>   Our company will benefit a lot
>   당사가 많은 이익을 볼 것이다
> ② share 공유하다
>   provide 제공하다

..., would you mind...

If it is not fine with you, would you mind letting me know the time[1] convenient[2] for you?

만약 그때 시간이 안 되신다면, 편하신 시간이 언제인지 알려 주실 수 있으실까요?

> **관련어구**
> ① place 장소
>   date 날짜
> ② suitable 적합한
>   appropriate 적절한

베껴 쓰기 좋은 문장

1 ⏐ If it is not fine with you, ... 만약 안 되신다면…

메일을 작성할 때는 보통 사전에 약속 시간을 정해 놓는다. 하지만 이 말을 붙이면 글쓴이의 성의를 표할 수 있을 뿐만 아니라, 상대방에게 편한 시간을 물어볼 수도 있다.

예 If it is not fine with you, you can inform us when you are available.
만약 안 되신다면, 저희에게 가능한 시간을 알려 주셔도 좋습니다.

영문 E-mail 단어

- secretary **n** 비서
- appointment **n** 약속, 임명
- deepen **v** 깊이를 더하다, 깊게 하다
- discuss **v** 토론하다
- relationship **n** 관계

- honored **a** 영광인
- expand **v** 확장하다
- instructive **a** 기발한, 유익한
- scope **n** 범위
- mind **v** 꺼리다, 개의하다

바로
베끼기

E-mail sample

From:	Beck
To:	Frank
Subject:	Request for Making an Appointment 미팅 요청

Dear Sir Frank,

미래
용법

I am going to have a business trip to Ohio state. Is it convenient for you[1] if I make an appointment with you on the second Friday of next month?

We have got a new partner recently who is also from Ohio and I have been appointed to open a negotiation with them about our cooperation in the days to come next month. Now, do you remember the proposal that involves both of us? It was put up a month ago. So **in order to** implement the proposal as soon as possible, I plan to have a meeting with you. If it is not convenient for you, we can reschedule our appointment **until** the date is convenient for both of us.

...를
위해

...할
때까지

I'm looking forward to hearing from you soon.

Yours Sincerely,

Beck

친애하는 Frank 선생님

저는 오하이오 주로 출장을 갈 예정입니다. 다음 달 둘째 주 금요일에 귀하와 약속을 잡기를 원하는데 괜찮으실까요?

저희는 최근에 오하이오 출신의 새 파트너를 구했습니다. 그리고 저는 다음 달에 그들과 협력에 대해 협상하도록 지명되었습니다. 혹 지금 저희 양측 모두와 연관된 그 제안 기억하시나요? 한 달 전에 제안된 것입니다. 그 제안을 가능한 빨리 시행하기 위해서 귀하와 미팅을 하고자 합니다. 만약 불편하시면 양측 모두에게 편한 시간으로 재조정하여도 좋습니다.

빠른 회신 기다리고 있겠습니다.

당신의 신실한
Beck

실용 구문

I am going to...

I am going to have a business trip[1] to Ohio state[2].

저는 오하이오 주로 출장을 갈 예정입니다.

관련어구
① go on a vacation 휴가를 가다
   backpack 배낭여행 가다
② to Paris 파리로
   around Asia 아시아를 순회하다

In order to...

In order to implement the proposal as soon as possible[1], I plan to have a meeting with you.

그 제안을 가능한 빨리 시행하기 위해서 귀하와 미팅을 하고자 합니다.

관련어구
① keep everything under control
   모든 것을 통제하다
   make the project stick to the schedule
   프로젝트를 계획대로 진행하게 하다

...until...

If it is not convenient for[1] you, we can reschedule our appointment[2] until the date is convenient for both of us.

만약 불편하시면 양측 모두에게 편한 시간으로 재조정하여도 좋습니다.

관련어구
① okay with 편한
   appropriate for 적합한
② the seminar 세미나
   the candlelit dinner 촛불 만찬

 베껴 쓰기 좋은 문장

1 | Is it convenient for you...? …하는 것 괜찮을까요?

이 문장은 일반의문문의 구조를 취하고 있다. 만약 문장에 be동사나 조동사가 있었다면 그 동사를 문두에 위치시키고 다른 성분들의 위치는 그대로 하며 문미에 물음표를 붙이는 것을 원칙으로 한다. 만약 문장에 사용된 동사가 일반동사라면 조동사 do/does/did를 문두에 위치시키고 동사를 원형으로 변형한 뒤 문미에 물음표를 붙인다.

예 Do you agree to this proposal?
이 제안에 동의하십니까?

 영문 E-mail 단어

- state n 주
- reschedule v 시간을 재조정하다
- appoint v 임명하다, 지명하다
- both n 양측 모두
- proposal n 제안, 계획

요청 | Requesting

기간 연장 요청

바로
베끼기

E-mail sample

From:	Francis Peters
To:	Bruce Wallis
Subject:	Request for an Extension of Time 기간 연장 요청

Dear Mr. Wallis,

I acknowledge with thanks receipt of your E-mail of January 26th.

First of all, please accept my sincere apology to you[1] for the unpleasant delay of the payment. I don't mean to make excuses for the delay, but the fact of the matter is that the invoice from you arrived three days later than anticipated. According to the courier, the invoice had been sent somewhere else in error[2]. On account of the delayed receipt of the invoice, **we are unable to** make the payment as per your request.

불가능
표현

공손한
요구

I'm wondering if we can get an extension of time and defer payment for three days. Your reply at your earliest convenience will be greatly appreciated.

Yours cordially,

Francis Peters

친애하는 Wallis 씨

귀하께서 1월 26일에 보내 주신 메일 받았으며 감사의 말씀 전합니다.

우선, 납입을 연기하게 되어 진심으로 사과드리니 제 진실한 사과를 받아 주시길 바랍니다. 연체에 대한 변명을 하고 싶지는 않지만 사건의 전말은 귀하의 송장이 예정보다 3일이나 늦게 도착했다는 것입니다. 배달부의 말을 따르면, 송장이 다른 곳으로 잘못 배송되었었다고 합니다. 송장을 늦게 받아 보게 되었기에 저희는 요청하신대로 송금해 드릴 수 없었습니다.

혹 저희에게 기간을 연장해 주시고 납부 날짜를 3일만 연기해 주실 수 있을는지요. 되는대로 빠른 회신 주시면 정말 감사드리겠습니다.

당신의 신실한
Francis Peters

실용 구문

We are unable to...

We are unable to① make the payment as per your request②.

저희는 요청하신대로 송금해 드릴 수 없었습니다.

> **관련어구**
> ①We are not willing to
> …하고 싶지 않습니다
> It's impossible for us to
> …하는 것은 저희에게 불가능합니다
> ②as the conditions in the contract dictate
> 계약의 조건에 따라
> within an hour 한 시간 내에

I'm wondering if...

I'm wondering if we can get an extension of time① and defer payment for three days②.

혹 저희에게 기간을 연장해 주시고 납부 날짜를 3일만 연기해 주실 수 있을는지요.

> **관련어구**
> ①an extra discount 추가 할인
> forgiveness 용서
> ②until this Sunday
> 이번 주 일요일까지
> for a week 일주일

베껴 쓰기 좋은 문장

1 | First of all, please accept my sincere apology to you...
우선 제 진실한 사과를 받아 주세요...

First 또는 First of all은 모두 순서 중 첫 번째를 나타내는 것으로, 다양한 항목들을 나열할 때 사용된다. 이외에 Second, Third 등의 서수가 있다. 혹은 Firstly, Secondly, Thirdly, Besides, In addition, More-over, Furthermore, What's more, Last but not least 등이 있다.

2 | ...in error   잘못 …하다

error는 가산명사로 사용될 때 '잘못, 오류'의 뜻을 가지며 불가산명사로 사용되었을 때는 '잘못된 행동/방식'을 나타낸다. in error는 by mistake에 해당한다.

> 예 You must have taken my report instead of your own in error.
> 당신은 분명 나의 레포트를 당신의 것으로 잘못 가져갔을 것이다.

영문 E-mail 단어

- **extension** n 연장, 연기
- **anticipate** v 기대하다, 예정하다
- **acknowledge** v 받았음을 알리다, 인정하다
- **courier** n 배달부, 배달원
- **excuse** n 변명, 이유
- **on account of** phr …때문에, …의 이유로
- **matter** n 문제, 사건
- **defer** v 연기하다, 미루다

Unit 9

요청 | Requesting

일자 변경 요청

E-mail sample

From:	Daniel Nixon
To:	Jacob Richards
Subject:	Request for a Change of Time 시간 변경 요청

Dear Mr. Richards,

I'm writing to request a change of time for our appointment.

If I'm not mistaken, you made an appointment with our general manager three days ago. The meeting is scheduled for 10 o'clock a.m. the day after tomorrow, to settle further details of our cooperation in the laboratory

research. **I regret to inform you that** the general manager will be unavailable then.

I'm genuinely sorry for the trouble. We hope you may come at three o'clock p.m. the day after tomorrow instead. **Or,** if you insist on the original

appointment[1], the deputy general manager will substitute for the general manager at the meeting. I'm looking forward to your reply at your earliest convenience.

Yours sincerely,

Daniel Nixon

친애하는 Richards 씨

저희 약속 시간 변경을 요청하고자 메일 보내 드립니다.

제가 기억이 틀리지 않았다면 저희 본부장님과 3일 전에 약속을 하셨습니다. 실험실 연구의 협력에 대해 세부 사항을 의논하고자 내일 모레 오전 10시에 미팅이 잡혀 있었지요. 하지만 본부장님께서 그때 시간이 안 되신다는 것을 알리게 되어 유감입니다.

이에 대해 진심으로 사죄드립니다. 그 대신에 귀하께서 내일 모레 오후 3시에 오시면 감사하겠습니다. 혹 귀하께서 원래 약속된 시간을 고수하신다면 부본부장님께서 본부장님을 대신해 미팅에 참석하실 것입니다. 되는대로 빠른 회신 받아 볼 수 있길 기대하고 있겠습니다.

당신의 신실한

Daniel Nixon

실용 구문

I'm writing to...

I'm writing to request a change of time for[1] our appointment[2].

저희 약속 시간 변경을 요청하고자 메일 보내 드립니다.

> **관련어구**
> [1] reschedule 시간을 재조정하다
> cancel 취소하다
> [2] my presentation 저의 프레젠테이션
> the director's speech
> 이사장님의 연설

I regret to inform you that...

I regret to inform you that the general manager[1] may be unavailable[2] then.

본부장님께서 그때 시간이 안 되신다는 것을 알리게 되어 유감입니다.

> **관련어구**
> [1] famous actor 유명한 배우
> President 대통령
> [2] inconvenient 불편한
> sleepy 졸린

Or, ...

Or[1], if you insist on the original appointment, the deputy general manager will substitute for the general manager at the meeting[2].

혹 귀하께서 원래 약속된 시간을 고수하신다면 부본부장님께서 본부장님을 대신해 미팅에 참석하실 것입니다.

> **관련어구**
> [1] However 그러나
> To tell the truth 사실
> [2] for the speech 연설을 진행하다
> during the discussion
> 토론하는 동안

베껴 쓰기 좋은 문장

1 | Or, if you insist on the original appointment,...
혹 원래 예정된 약속을 고수하신다면…

문두의 or는 다른 선택지를 제시할 때 사용할 수 있다. 문장 중의 insist on은 '…를 고집하다/ 고수하다'의 뜻을 가지며 목적어로는 명사 뿐 아니라 동명사가 와도 된다.

> **예** Or, if you insist on the original appointment, Christine will substitute for Amy to help you.
> 혹 원래 예정된 약속을 고수하신면 Christine이 Amy를 대신해 당신을 도와줄 것입니다.

영문 E-mail 단어

- laboratory **n** 실험실
- instead **ad** 대신에
- unavailable **a** 이용 불가한, 시간 없는
- insist **v** 고집하다

- genuinely **ad** 진실로, 신실히
- deputy **a** 대리의, 부의
- substitute **v** 관련하다, 대신하다

309

E-mail sample

바로 베끼기

From:	Taylor
To:	Simon
Subject:	Asking for a Sales Return 반품 요청

Dear Sir Simon,

안타까움 표현

I'm sorry that I've found the failure rate of these products is nearly 20%. Therefore, I'm writing to inform you we want to ask for a sales return.

이미 경고 했음

We had reminded you before the delivery of these products that they are delicate, and must be handled with great care, and that you should seek help from a reliable transport company. Unfortunately, **when the goods arrived, we found that** many of them were broken and some were distorted. Should we blame all the mistakes on the transport company[1]? And

발견함

…해야 할 것 같음

I am afraid that the contract also has to be canceled. I hope you can deal with the matter at the first opportunity.

We are looking forward to hearing from you soon.

Yours Sincerely,

Taylor

친애하는 Simon 선생님

　이번에 받은 제품들의 불량률이 거의 20%에 달한다는 것에 대해 매우 유감입니다. 그러므로 이 상품들에 대한 반환을 요청 드리고자 메일 보내 드립니다.

　이미 상품을 배송하기 전에 이것들이 매우 깨지기 쉬우니 조심히 다뤄 주셔야하며 그러니 귀하께서는 신뢰할 만한 운송 업체에 의뢰해야 한다고 말씀드렸습니다. 불행히도 이 상품들이 도착하였을 때, 그 중에 많은 것들이 부서졌으며 어떤 것들은 변형이 있다는 것을 발견하게 되었습니다. 저희가 이 모든 잘못에 대해 운송업체를 비난해야 하나요? 그래서 유감스럽게도 이번 계약 역시 취소해야 할 것 같습니다. 기회가 되는대로 이 문제를 처리해 주시길 바랍니다.

　빠른 회신 받을 수 있길 기다리고 있겠습니다.

당신의 신실한
Taylor

바로 배우기

실용 구문

I'm sorry that...

I'm sorry[1] **that I've found the failure rate of these products**[2] **is nearly 20%.**

이번에 받은 제품들의 불량률이 거의 20%에 달한다는 것에 대해 매우 유감입니다.

관련어구
[1] I'm furious 화가 납니다
    I can't believe 믿을 수 없습니다
[2] the unemployment rate 실업률
    the uninsured rate 무보험률

We had reminded you...

We had reminded you before the delivery of these products[1] **that they are delicate**[2].

이미 상품을 배송하기 전에 이것들이 매우 깨지기 쉬운 것들이라고 말씀드렸습니다.

관련어구
[1] valuables 귀중품
    mugs 머그잔
[2] are extremely fragile
    극히 깨지기 쉽다
    need to be frozen
    냉동 필수이다

When the goods arrived, we found that...

When the goods arrived[1], **we found that many products were broken and some were distorted**[2].

이 상품들이 도착하였을 때, 그중에 많은 것들이 부서졌으며 어떤 것들은 변형이 있다는 것을 발견하게 되었습니다.

관련어구
[1] we opened the package
    우리가 포장을 뜯다
    we checked for the goods
    우리가 상품을 확인하다
[2] dyed 염색된
    stuck together 달라붙어 있다

I am afraid that...

I am afraid[1] **that the contract**[2] **also has to be canceled.**

유감스럽게도 이번 계약 역시 취소해야 할 것 같습니다.

관련어구
[1] sorry 미안한
    sure 확실한
[2] deal 거래
    membership 회원자격

 바로 적용하기

베껴 쓰기 좋은 문장

1 | Should we blame all the mistakes on the transport company?
저희가 이 모든 잘못에 대해 운송업체를 비난해야 하나요?

blame은 타동사이다. 그러나 이 동사는 수동태로 사용되지 않는다. 자주 사용되는 패턴으로는 be to blame, blame sb. for sth. 그리고 blame sth. on sb.가 있다.

예 **It's irresponsible behavior to** blame the fault on others.
잘못을 남 탓하는 것은 책임감 없는 행동이다.

 바로 외우기

영문 E-mail 단어

- **failure** n 실패, 고장, 불량
- **transport** v 운송
- **nearly** ad 곧
- **distorted** v 변형된

Unit 9

요청 | Requesting

사건 해명 요청 ①

바로
베끼기

E-mail sample

From:	Abigail Lynn
To:	Bryant Marshall
Subject:	Request for a Clarification 해명 요청

Dear Mr. Marshall,

I'm writing to request an explanation.

이미
알고 있음을
상기

As you might be aware, we have received a lot of complaints from our customers about the defects in the new generation of intelligent mobile phones recently. Discontent among customers seems to be rapidly spreading. The problems undoubtedly need urgent attention. It does not take much imagination to guess[1] what will happen to us if we fail to find a practical solution **as soon as we can.**

최대한
빨리

If I'm not mistaken, **you once assured us that** these intelligent mobile phones were of the best quality. So I'm wondering if you can give us an adequate explanation for these problems. Your reply at your earliest convenience will be greatly appreciated.

상대방이
보장
했었음

Yours truly,

Abigail Lynn

친애하는 Marshall 씨

설명을 요청하고자 메일 보내 드립니다.

알고 계시는 바와 같이, 저희는 최근에 저희 고객님들로부터 신세대 스마트폰의 결함에 대한 불평불만을 많이 받아 왔습니다. 고객님들의 불만이 빠르게 확산되고 있는 것처럼 보입니다. 의심할 여지없이 이 문제는 즉각적인 조치가 필요합니다. 최대한 빨리 실질적인 해결책을 찾지 못한다면 저희에게 어떤 일이 발생할지는 보지 않아도 예측할 수 있습니다.

제 기억으로는 귀하께서 이번 스마트폰들은 최고의 품질을 자랑한다고 보증하셨습니다. 때문에 이런 문제들에 대해 충분한 해명을 해 주실 수 있는지요. 되는대로 최대한 빨리 회신 주시면 정말 감사하겠습니다.

당신의 진실한

Abigail Lynn

실용 구문

As you might be aware, ...

As you might be aware, **we have received a lot of complaints from our customers**①**about the defects**②**in the new generation of intelligent mobile phones recently.**

저희는 최근에 저희 고객님들로부터 신세대 스마트폰의 결함에 대한 컴플레인을 많이 받아 왔습니다.

관련어구
①in the market 시장에서
   through emails 메일을 통해
②explosion 폭발
   crash 사고

...as soon as we can

It does not take much imagination to guess① **what will happen to us if we fail to find a practical solution**②**as soon as we can.**

최대한 빨리 실질적인 해결책을 찾지 못한다면 저희에게 어떤 일이 발생할지는 보지 않아도 예측할 수 있습니다.

관련어구
①It's easy to expect
   예측하기 쉽습니다
   I'm afraid to imagine
   상상하기 두렵습니다
②figure it out 생각해 내다
   comfort the customers
   고객들을 안심시키다

You once assured us that...

You once assured us that these intelligent mobile phones①**were of the best quality**②**.**

귀하께서 이번 스마트폰들은 최고의 품질을 자랑한다고 보증하셨습니다.

관련어구
①these wine glasses 이 와인잔들
   the jewelry 보석
②a bargain 흥정가
   brand-new 최신의

베껴 쓰기 좋은 문장

1 ㅣ It does not take much imagination to guess...
겪지 않아도 예측할 수 있다.

후에 의문사가 이끄는 절을 목적어로 취할 때는 간접의문문으로 동사와 주어를 도치하지 않고 그대로 써야 한다. imagination은 '상상력'의 뜻을 가지며 가산명사로 사용할 수도 있고 불가산명사로도 사용할 수도 있다.

예 It does not take much imagination to guess **what they would do in the circumstances.**
이런 상황에서 그들이 어떻게 할지는 보지 않아도 알 수 있다.

영문 E-mail 단어

- explanation **n** 설명
- urgent **a** 긴급한, 긴박한
- rapidly **ad** 빠르게, 신속히, 즉시
- solution **n** 해결책, 해답
- spread **v** 전파하다, 산파하다
- quality **n** 품질
- undoubtedly **ad** 의심할 여지없이
- adequate **a** 충분한

E-mail sample

From:	Denny Peterson
To:	Travis McPherson
Subject:	Request for a Clarification of the Rumor about Poor Financial Situation 재정 상황 열악 소문에 대한 해명 요청

Dear Mr. McPherson,

I'm writing to request a clarification of the rumor about the poor financial situation in our company.

…라는 소문이 있음

A rumor has been circulating about the poor financial situation in our company in recent months. **Consequently,** there has been a feeling of gloom and depression among the employees. The groundless fear may lead to huge losses to our company.

원인 표현

With a good understanding of our monthly financial report, **no reasonable person would believe** the ridiculous rumor. All I request of you is that[1] you should call a meeting as soon as possible to announce the real financial situation of our company. Please let me know if you have come to any decision.

강한 어감

Cordially yours,

Denny Peterson

친애하는 McPherson

당사의 재정 상황이 열악하다는 소문에 대한 해명을 요청하고자 메일 보내 드립니다.

최근 몇 달 간 열악한 재정 상황에 대한 소문이 돌고 있습니다. 그 결과 직원들 사이에서 우울하고 침울한 기운이 있습니다. 이런 근거 없는 공포감이 저희 회사에 큰 손실이 될 수 있습니다.

저희 회사의 월별 재정 보고를 잘 이해한다면, 합리적인 사람인 이상 이런 황당한 소문을 믿지 않을 것입니다. 귀하께 요청하려는 것은 최대한 빠른 시일 내에 당사의 실제 재정 상황을 발표하는 회의를 열어 주시는 것입니다. 이미 결정되신 것이 있으시다면 알려 주시길 바랍니다.

당신의 신실한

Denny Peterson

실용 구문

A rumor has been circulating about...

A rumor has been circulating about **the poor financial situation**[1] **in our company in recent months**[2].

최근 몇 달간 당사의 열악한 재정 상황에 대한 소문이 당사에 돌고 있습니다.

관련어구
① Gossips about the manager
   사장님에 관한 소문
   News about the resignation of the CEO CEO 퇴임 소식
② recently 최근
   for a long time 오랫동안

Consequently, ...

Consequently[1], **there has been a feeling of gloom and depression among the employees**[2].

그 결과 직원들 사이에서 우울하고 침울한 기운이 있습니다.

관련어구
① Thus 그러므로
   As a result 그러므로
② his family 그의 가족
   the bad students 불량 학생들

.., no reasonable person would believe…

With a good understanding of our monthly financial report[1], no reasonable[2] person would believe the ridiculous rumor.

저희 회사의 월별 재정 보고를 잘 이해한다면, 합리적인 사람인 이상 이런 황당한 소문을 믿지 않을 것입니다.

관련어구
① our yearly plan 저희의 연간 계획
   great performance 좋은 성과
② calm 냉정한
   clever 현명한

베껴 쓰기 좋은 문장

1 | All I request of you is that... 내가 너에게 요구하는 것은…

request sth. (from / of sb.)은 비교적 공식적인 표현으로 사용되며, '(누군가가 어떤 일을 하도록)요구하다'의 뜻을 나타낸다. You are (kindly) requested (not) to...로도 사용 가능하다.

예 All I request of you is that **you tell me the whole truth.**
   내가 너에게 요구하는 것은 나에게 진실을 말하라는 것이다.

영문 E-mail 단어

- poor ⓐ 열악한, 좋지 않은
- depression ⓝ 우울
- financial ⓐ 재정의
- groundless ⓐ 근거 없는, 이유 없는
- circulate ⓥ 순환하다, 유포되다

- reasonable ⓐ 합리적인, 합당한
- gloom ⓝ 우울, 침울
- ridiculous ⓐ 황당한

재촉 | Hastening

Unit 10

샘플 발송 재촉

E-mail sample

From:	Robinson Williams
To:	Simon Richards
Subject:	Please Send Us the Samples ASAP 가능한 빨리 샘플을 보내 주세요.

Dear Mr. Richards,

I'm writing to urge you to send us the samples as soon as possible.[1]

 If memory serves, you promised to send us the latest samples of perfume for free as soon as they become available. We consequently decided to place a trial order, as an earnest expression of our good intentions.

However, we have not received any samples so far. **I don't mean to** rush you, but the fact of the matter is that we will have to work out a plan for the coming year by the end of the year. The plain truth is,[2] if you delay the samples for even more time, we may be unable to place an order with you.

 May I take the liberty of requesting you to send us the samples by next Tuesday? I'm looking forward to your reply at your earliest convenience.

Yours faithfully,

Robinson Williams

친애하는 Richards 씨

가능한 빨리 샘플을 보내 주시기를 촉구하고자 메일 보내 드립니다.

제가 기억하기로는 귀하께서 준비되는 대로 최신 향수 샘플들을 무료로 보내 주시기로 약속하셨습니다. 따라서 저희는 보여 주신 호의에 대한 성의 표시로 시범 주문하기로 결정했습니다.

그러나 저희는 아직까지도 어떤 샘플도 받아 보지 못했습니다. 재촉하고자 하는 의도는 없습니다만, 저희도 연말 전에 내년 계획을 세우는 작업을 시작해야 한다는 것이 사실입니다. 솔직하게 말씀드려서, 샘플이 계속해서 지체가 된다면, 저희는 귀하께 주문을 할 수 없게 될지도 모릅니다.

실례가 되지 않는다면 다음 주 화요일까지 샘플을 보내 주시는 것을 요청해도 될까요? 되는대로 빨리 회신 주시길 기대하고 있겠습니다.

당신의 신실한
Robinson Williams

316

실용 구문

If memory serves, ...

If memory serves, you promised to send us the latest samples of perfume for free① as soon as they become available②.

제가 기억하기로는 귀하께서 준비되는 대로 최신 향수 샘플들을 무료로 보내 주시기로 약속하셨습니다.

I don't mean to...

I don't mean to rush you, but the fact of the matter① is that we will have to work out a plan② for the coming year by the end of the year.

재촉하고자 하는 의도는 없습니다만, 저희도 연말 전에 내년 계획을 세우는 작업을 시작해야 한다는 것이 사실입니다.

May I take the liberty of requesting you...

May I take the liberty of requesting you to send us the samples① by next Tuesday②?

실례가 되지 않는다면 다음 주 화요일까지 샘플을 보내 주시는 것을 요청해도 될까요?

베껴 쓰기 좋은 문장

1 | I'm writing to urge you to send us the samples as soon as possible. 메일로 상대방에게 어떤 조치를 취해 달라고 재촉하기.

이런 유형의 메일은 보통 상대방의 실수나 지체, 또는 자신이 급한 상황이어서 상대방에게 일을 빨리 진행해 달라고 재촉하는 경우에 쓰인다. 본문을 작성할 때는 반드시 자신이 요청했던 바를 명시하고, 일이 진행돼야만 하는 원인을 밝혀 상대방에게 일의 중요성을 확실히 인식시켜야 한다. 하지만 어휘를 사용할 때 과도하게 재촉하는 표현은 삼가고 적당히 여지를 남겨야 한다.

2 | The plain truth is, ... 솔직히 말씀드려…

To tell the truth,... Truthfully speaking,... 등에 해당하는 어구로 형용사 plain은 생략 가능하다.

예 The plain truth is, we just have limited knowledge of civil engineering.
솔직하게 말씀드리면, 저희의 토목 공학에 대한 지식은 제한적입니다.

영문 E-mail 단어

- sample n 견본
- earnest a 성심의
- perfume n 향수

- intention n 목적, 의도
- available a 사용 가능한, 이용 가능한
- plain a 분명한, 확실한

317

재촉 | Hastening

계약서 반송 재촉

바로
베끼기

E-mail sample

From:	Monroe Harding
To:	Jeremy Faulkner
Subject:	Please Return the Revised Contract ASAP 가능한 빨리 수정된 계약서를 보내 주세요.

Dear Mr. Faulkner,

재촉
표현

I'm writing to urge you to return the revised contract as soon as possible.

First of all, please allow me to express my sincere gratitude to you for your decision to cooperate with us on the bridge renewal project. The project

임박
표현

is about to enter the implementation phase on December 19th. We speculate that[1] it might take around three months once commenced.

In order to avoid any possible dispute, we drafted a contract to explain the duties and responsibilities of both parties in detail. It has been almost a week since we sent the draft contract to you for your approval.

공손한
요구

You are kindly requested to return the revised contract to us by Friday. Please don't hesitate to contact me if you have any question.

Yours cordially,

Monroe Harding

친애하는 Faulkner 씨

가능한 빨리 수정된 계약서를 보내 주시기를 재촉하고자 메일 보내 드립니다.

우선, 저희와 이번 교량 재건 프로젝트에 협력해 주시기를 결정해 주셔서 진심으로 감사의 마음을 표하는 바입니다. 이번 프로젝트는 12월 19일에 시행 단계에 진입하게 될 것입니다. 시공 후 3달 정도 걸릴 것이라고 예상하고 있습니다.

발생할 수 있는 논쟁들을 피하기 위해서 저희는 저희 양측의 의무와 책임에 대해 상세히 설명된 계약 초안을 작성했습니다. 귀하께 승인을 받고자 계약 초안을 보내 드린 지 거의 일주일이 지났습니다. 저희에게 부디 금요일까지 수정된 계약서를 반송해 주시길 요청 드립니다. 궁금하신 점 있으시면 주저 말고 연락 주시길 바랍니다.

당신의 신실한

Monroe Harding

실용 구문

I'm writing to urge you...

I'm writing to urge[1] you to return the revised contract[2] as soon as possible.

가능한 빨리 수정된 계약서를 보내 주시기를 재촉하고자 메일 보내 드립니다.

[1] notify 알리다
    ask 요구하다
[2] hand in the term paper
    기말 보고를 제출하다
    register for the vote 등기 투표하다

...is about to...

The project is about to enter the implementation phase[1] on December 19th[2].

이번 프로젝트는 12월 19일에 시행 단계에 진입하게 될 것입니다.

[1] complete 완성하다
    restart 다시 시작하다
[2] next week 다음 주
    as long as you approve
    귀하께서 동의하자마자

You are kindly requested to...

You are kindly requested[1] to return the revised contract[2] to us by Friday.

저희에게 부디 금요일까지 수정된 계약서를 반송해 주시길 요청 드립니다.

[1] You are supposed
    …하셔야 합니다
    I'm asking you …를 요청합니다
[2] completed application form
    완성된 신청서
    books 도서

베껴 쓰기 좋은 문장

1 | We speculate that ...   …라고 예상합니다.

speculate는 '예상, 추측, 생각, 짐작하다'의 뜻을 갖는다. 타동사로 사용할 수도 있고(보통 목적어로는 that 절이 온다) 자동사로 쓰일 수도 있다(보통 전치사 about, on, upon, as to 등과 결합해서 쓰인다).

예 We speculate that he was forced to resign for some reason or other.
우리는 그가 어떤 이유로 퇴직을 강요당했다고 추측한다.

영문 E-mail 단어

- bridge **n** 교량
- dispute **n** 쟁론, 논쟁
- renewal **n** 갱신
- draft **v** 초안을 작성하다
- enter **v** 진입하다
- approval **n** 승인, 승낙

- implementation **n** 시행, 실행
- kindly **ad** 친절히, 부디, 좀
- phase **n** 단계, 시기
- revised **a** 수정된
- speculate **v** 추측하다, 짐작하다
- hesitate **v** 주저하다, 망설이다

재촉 | Hastening

상품 목록 발송 재촉

바로
베끼기 E-mail sample

From:	Johnny Mellon
To:	Kelly Hanson
Subject:	Please Send Us the Catalogue ASAP 최대한 빨리 상품 카탈로그를 보내 주세요.

Dear Mr. Hanson,

I'm writing to urge you to send us the latest catalogue as soon as possible. As one of the largest wholesale distributors in the district, we feel a great interest in your toys. **The pity of it is that** we fail to find an illustrated catalogue on your website. So I sent an e-mail on October 28th to request your latest catalogue.

안타까움
표현

Much to my regret,[1] no reply from you has been received yet. I can only speculate that[2] my last e-mail must have been sent to somewhere else by mistake. Therefore, I am writing you another e-mail now. You will never feel regret for your decision to establish a business relationship with us, **I promise.**

보장함

I'm looking forward to your prompt reply.

Sincerely yours,

Johnny Mellon

친애하는 Hanson

가능한 빨리 최신 카탈로그를 보내 줄 것을 촉구하고자 메일 보내 드립니다. 이 지역에서 가장 큰 도매업자 중 하나로서 저희는 귀사의 장난감에 대해 매우 관심이 있습니다. 하지만 안타까운 점은 저희가 귀하의 웹사이트에서 삽화가 그려진 카탈로그를 찾을 수 없었다는 것입니다. 때문에 저는 10월 28일에 귀하께 최신 카탈로그를 요청하는 메일을 보내 드렸습니다.

유감스럽게도 아직까지도 귀하로부터 회신을 받지 못했습니다. 저는 제가 보낸 메일이 어딘가 다른 곳으로 잘못 보내졌을 것이라 생각할 수밖에 없습니다. 그러므로 저는 지금 귀하께 메일을 한 통 더 보내 드립니다. 저희와 사업 관계를 맺는 결정에 대해 절대 후회하지 않을 것이라고 약속드립니다.

빠른 회신 기다리고 있겠습니다.

당신의 신실한
Johnny Mellon

바로 배우기

실용 구문

The pity of it is that...

The pity of it is that we fail to find an illustrated catalogue①on your website②.

안타까운 점은 저희가 귀하의 웹사이트에서 삽화가 그려진 카탈로그를 찾을 수 없었다는 것입니다.

관련어구
①any useful information
어떠한 유용한 정보
any working button
어떠한 작동하는 버튼
②on your facebook fan page
귀하의 페이스북 팬페이지에서
in the brochure 책자에서

..., I promise.

You will never feel regret at①your decision to establish a business relationship with us②, I promise.

저희와 사업 관계를 맺는 결정에 대해 절대 후회하지 않을 것이라고 약속드립니다.

관련어구
①disappointed with …에 실망하는
bad about …에 대해 기분 나쁜
②buy products from our company
우리 회사에서 제품을 구매하다
take this examination
이번 시험을 보다

 바로 적용하기

베껴 쓰기 좋은 문장

1 | Much to my regret,... 유감스럽게도…

regret은 '후회, 안타까움, 실망, 유감'의 뜻을 갖는다. 가산명사와 불가산명사로 모두 사용될 수 있다. Much to my regret, … 은 I regret that…, I feel regret at / (about)에 해당한다.

예 Much to my regret, I have no conception of her intention.
유감스럽게도 저는 그녀가 어떤 의도를 가지고 있는지 알 수 없습니다.

2 | I can only speculate that... …라고 생각할 수밖에 없습니다.

'생각, 사고하다'의 뜻을 가진 단어로는 think, consider, believe, count, deem, reckon, regard, study, ponder, weigh, contemplate, deliberate, meditate, muse, reason, reflect, speculate 등이 있다. 자동사와 타동사 구분 및 용법이 모두 다르니 독자들께서는 부디 본문에 사용된 예시를 따라 주길 바란다.

 바로 외우기

영문 E-mail 단어

- urge ⓥ 촉구하다, 재촉하다
- district ⓝ 구역, 영역
- wholesale ⓝ 도매

- pity ⓝ 안타까운 일
- distributor ⓝ 판매업자, 배급업자
- illustrated ⓐ 삽화가 있는, 도설이 있는

재촉 | Hastening

수송 촉구

바로
베끼기

E-mail sample

From:	Bryson Holmes
To:	Jamie Lucas
Subject:	Please Ship the Order ASAP 최대한 빨리 주문을 운송해 주세요.

Dear Mr. Lucas,

I'm writing to urge you to ship our order as soon as possible.

We placed an order for 200 tons of your cotton seed oil on August 27th. An irrevocable L/C in your favor was also opened on September 4th, **as per your request. You are expected to** ship our order within 7 days of the receipt of the L/C. However, it is to be regretted that we have not received your notification of shipment yet.

상대방의
요구에
따라서

상대방이
마땅히…
해야함

I would not like to speculate on the reasons why[1] you have failed to ship our order on time. But **may I take the liberty of requesting you** for the exact time and date of the shipment?

공손한
요구

I'm looking forward to your reply at your earliest convenience.

Faithfully yours,

Bryson Holmes

친애하는 Lucas 씨

가능한 빨리 저희의 주문을 운송해 주시길 재촉하고자 메일 보내 드립니다.

저희는 8월 27일에 귀하께 200톤의 목화 씨앗 기름을 주문했습니다. 9월 4일에 귀하께서 요청하신 바와 같이 귀하께 취소 불능 신용장을 개설해 드렸습니다. 귀하께서는 신용장을 받으신 지 7일 내에 저희 주문을 운송해 주셨어야 했습니다. 하지만 유감스럽게도 저희는 아직 귀하의 운송 통지를 받은 것이 없습니다.

귀하께서 어째서 제때에 운송을 해 주시지 못했는지에 대한 이유를 굳이 추측하고 싶지 않습니다. 하지만 실례가 되지 않는다면 정확한 운송 시간과 날짜를 요청 드려도 될까요?

되는대로 빨리 회신 받아 볼 수 있길 기다리겠습니다.

당신의 신실한
Bryson Holmes

바로
배우기

실용 구문

..., as per your request.

An irrevocable L/C in your favor was also opened on September 4th①, as per your request②.

9월 4일에 귀하께서 요청하신 바와 같이 귀하께 취소 불능 신용장을 개설해 드렸습니다.

관련어구
① on that day 그날에
   last Wednesday 지난 수요일
② according to the contract
   계약에 따르면
   as the rules required 규정에 따라

You are expected to...

You are expected to ship our order① within 7 days② of the receipt of the L/C.

귀하께서는 신용장을 받으신 지 7일 내에 저희 주문을 운송해 주셨어야 했습니다.

관련어구
① deliver the products
   상품을 배송하다
   send me the invoice
   송장을 발부하다
② before the deadline 마감일 전에
   within 24 hours 24시간 내에

May I take the liberty of requesting you...

May I take the liberty of requesting you for the exact time and date① of the shipment②?

실례가 되지 않는다면 정확한 운송 시간과 날짜를 요청 드려도 될까요?

관련어구
① assigned number 할당 번호
   size 치수
② physical checkup 신체 검사
   wedding ceremony 혼례, 결혼식

바로
적용하기

베껴 쓰기 좋은 문장

1 ㅣ I would not like to speculate on the reason why...
…한 이유를 굳이 추측하고 싶지 않습니다.

문장 중 speculate on...은 '추측, 짐작, 생각하다'의 뜻을 갖는다. 전치사 on 대신에 about이나 upon을 사용해도 된다. the reason why는 관계절로 the reason for (doing) sth.으로 바꿔 쓸 수 있다.

예 I would not like to speculate on the reasons why you suddenly decided to terminate our contract.
저희의 계약을 갑자기 중단하려 하시는 이유가 무엇인지 굳이 추측하고 싶지 않습니다.

바로
외우기

영문 E-mail 단어

- place **v** …을 주문하다
- seed **n** 씨, 씨앗
- ton **n** 톤(단위)

- August **n** 8월
- cotton **n** 목화
- within **prep** …이내에

재촉 | Hastening

Unit 10

납품 재촉

E-mail sample

From:	Cameron Hanson
To:	Scott Steele
Subject:	Please Send Us the Goods ASAP 가능한 빨리 상품을 보내 주세요.

Dear Mr. Steele,

I'm writing to urge you to send us the goods as soon as possible.

상대방
상기시키기 **You must be well aware that** we placed an order for your electrical appliances on November 17th. We opened the irrevocable L/C in your favor on November 26th, as per your request. **The sales contract specifies that** 계약 조건에 따르면 you should ship our goods on receipt of payment. Barring accidents, these appliances should have been received. However, it is not the case[1].

I don't mean to rush you, **but the fact of the matter is that** there is a great 사실 지적 need for these electrical appliances. We are going to run out of stock in a couple of days. You are kindly requested to[2] deliver the goods without delay.

Thanks in advance for your kind understanding.

Yours cordially,

Cameron Hanson

친애하는 Steele 씨

귀하께 저희의 상품을 최대한 빨리 보내 달라고 촉구하고자 메일 보내 드립니다.

귀하께서도 잘 알고 계시겠지만 저희는 11월 17일에 귀사의 전자기기를 주문했습니다. 저희는 11월 26일에 요청하신 대로 귀하 명의의 취소 불능 신용장을 개설해 드렸습니다. 구매 계약에는 분명히 귀하께서 지불금을 받으시면 저희에게 상품을 운송해 주셔야 한다고 명시되었습니다. 예외가 없었다면 저희는 상품들을 이미 받아 봤어야 합니다. 하지만 상황은 그렇지가 않습니다.

귀하를 재촉하고 싶지는 않습니다만, 그 전자기기들이 매우 필요한 것이 사실입니다. 이틀 후면 저희의 재고가 다 소진될 것입니다. 부디 지체 없이 상품들을 배송해 주시길 요청 드립니다.

이해해 주셔서 미리 감사의 말씀 전합니다.

당신의 신실한

Cameron Hanson

실용 구문

You must be well aware that...

You must be well aware[1] that **we placed an order for your electrical appliances[2] on November 17th.**

귀하께서도 잘 알고 계시겠지만 저희는 11월 17일에 귀사의 전자기기를 주문했었습니다.

관련어구
① noticed 알려진
   informed 고지된
② new software 새로운 소프트웨어
   minivan 소형 밴

The sales contract specifies that...

The sales contract[1] specifies that **you should ship our goods on receipt of payment[2].**

판매 계약서에는 지불 수령 시 물품을 선적해야 한다고 명시되어 있습니다.

관련어구
① your website 귀하의 웹사이트
   The advertisement 광고
② within a week 일주일 안에
   as soon as you can
   최대한 빨리

The fact of the matter is that...

The fact of the matter is that **there is a great need for[1] these electrical appliances[2].**

그 전자기기들이 매우 필요한 것이 사실입니다.

관련어구
① shortage of …가 부족한
   an urgent demand for
   급히 필요한
② medicines 약품
   tents 텐트

 베껴 쓰기 좋은 문장

1 ㅣ the case 사정, 상황

the case는 보통 단수 형태로 사용되며, fact에 해당한다. Is it the case (=Is it true) that ...등과 같은 일반의문문에 사용될 수 있고, If that is the case (=If the situation is as stated)...처럼 조건 부사구에 사용될 수도 있다.

2 ㅣ You are kindly requested to ... 부디…

수동태로 요청 표현을 나타내면 비교적 완곡하고 공손한 어감을 줄 수 있다. 이는 You are expected to...에 해당한다.

예 You are kindly requested to **send us a free copy of the leaflet.**
부디 저희에게 무료로 리플렛을 보내 주시길 바랍니다.

 영문 E-mail 단어

- electrical a 전기의, 전자의
- case n 케이스
- appliance n 도구, 기계, 기기
- run out of phr …를 소진하다
- contract n 계약
- stock n 재고, 재고품, 저장품

325

재촉 | Hastening

송장 발송 재촉

바로
베끼기

E-mail sample

From:	Haley McPherson
To:	Greg Harris
Subject:	Please Send Us the Invoice ASAP 최대한 빨리 송장을 보내 주세요.

Dear Mr. Harris,

I'm writing to urge you to send us the invoice as soon as possible.

알리게
되어
기쁨

It gives us great pleasure to inform you that we have received the canned food yesterday afternoon. Please accept our sincere gratitude for your earnest cooperation.

However, we failed to find the formal commercial invoice after a thorough search in the cartons. I'm wondering if you have forgotten the invoice. As far as I'm aware,[1] we came to an agreement that you would send us the invoice **along with** the goods. **You must be well aware that** we will run into trouble in customs clearance without the invoice.

...와
함께

상대방
상기
시키기

You are kindly requested to send us the invoice without delay. Thanks in advance.

Sincerely yours,

Haley McPherson

친애하는 Harris 씨

저희에게 최대한 빨리 송장을 보내 주실 것을 재촉하고자 메일 보내 드립니다.

어제 오후에 통조림 음식을 받아 보게 되었다는 것을 알리게 되어 기쁩니다. 진심 어린 협력에 진심으로 감사의 마음을 표하는 바입니다.

그러나 저희는 상자 전체를 면밀히 찾아 봐도 공식 상업 송장을 찾아볼 수 없었습니다. 귀하께서 혹 송장을 잊으신 것은 아닌지요. 제가 알고 있는 바로는, 저희는 상품과 함께 송장을 발부해 주시는 것으로 의견을 일치시켰습니다. 송장이 없으면 저희가 세관을 통과할 때 문제가 발생할 수 있다는 것을 인식하고 계셔야 합니다.

부디 지체 없이 송장을 발부해 주시길 바랍니다. 미리 감사의 말씀 전합니다.

당신의 신실한

Haley McPherson

실용 구문

It gives us great pleasure to inform you that...

It gives us great pleasure① to inform you that we have received the canned food② yesterday afternoon.

어제 오후에 통조림 음식을 받아 보게 되었다는 것을 알리게 되어 기쁩니다.

관련어구
① It is important 중요하다
I am pleased 매우 기쁩니다
② vaccination 예방접종
fresh vegetables 신선한 야채

... along with...

We came to an agreement① that you would send us the invoice② along with the goods.

저희는 상품과 함께 송장을 발부해 주시는 것으로 의견을 일치시켰습니다.

관련어구
① You have agreed
귀하께서 동의하셨습니다
You are expected
…해야 합니다
② coupon 할인권
free gift 사은품

You must be well aware that...

You must be well aware that we will run into trouble in customs clearance① without the invoice②.

송장이 없으면 저희가 세관을 통과할 때 문제가 발생할 수 있다는 것을 인식하고 계셔야 합니다.

관련어구
① can't reimburse the fee
상환할 수 없다
will unable to make a record
기록을 할 수 없다
② contract 계약
certification 증명서

 베껴 쓰기 좋은 문장

1 | As far as I'm aware, ... 제가 알기로는…

이 문구는 As far as I can see, ... , As I understand it ... 등에 해당한다.

예 As far as I'm aware, your expenses have not been paid yet.
제가 알기로는 귀하께서 아직 금액을 지불하지 않으셨습니다.

 영문 E-mail 단어

- receive **v** 받다
- throughout **a** 철저한, 완전한
- canned **a** 통조림으로 된
- carton **n** 종이상자
- formal **a** 공식의
- come to an agreement **phr** 의견을 합치다
- commercial **a** 상업의, 무역의
- clearance **n** 출항 허가증, 세관 수속을 마침

327

E-mail sample

바로
베끼기

From:	Fredrick Harris
To:	Kurt Cohen
Subject:	Please Prepare the Contract ASAP 가능한 빨리 계약을 준비해 주세요.

Dear Mr. Cohen,

I'm writing to urge you to prepare the contract as soon as possible.

We came across your latest motor vehicles online and expressed our interest in the E-mail of September 24th. And **it gives us great pleasure to learn that** you have finally agreed to our counter-offer and decided to take our order No. 1257. It's high time that[1] we both parties made ready for the contract.

알게
되어
기쁨

You are expected to prepare a draft sales contract, including[2] terms and conditions about the price, packing and delivery of the vehicles. **Once** we have confirmed our acceptance of the provisions, we can enter into the contract. Please feel free to contact me if you have further inquiry.

···하기만
하면

Truly yours,

Fredrick Harris

친애하는 Cohen 씨

계약 준비를 최대한 빨리 해 주시길 재촉하고자 메일 보내 드립니다.

저희는 귀하의 최신 자동차를 온라인상으로 접하게 되었으며 9월 24일에 귀하께 저희의 관심을 메일로 표현했습니다. 그리고 귀하께서 저희가 제공한 가격에 최종적으로 동의를 해 주시고 저희의 1257번 주문을 받아 주시기로 결정하셨다는 것을 알게 되어 진심으로 기쁩니다. 지금이 바로 귀하와 저희가 계약을 준비할 순간입니다.

귀하께서 자동차의 가격과 포장 그리고 운송에 대한 조항들을 포함한 판매 계약 초안을 준비해 주시길 바랍니다. 일단 이런 규정들을 저희가 수용하길 결정하면 저희는 바로 계약을 진행할 수 있을 것입니다. 더 문의하실 것 있으시면 편하게 연락 주시길 바랍니다.

당신의 진실한
Fredrick Harris

실용 구문

It gives us great pleasure to learn that...

It gives us great pleasure[1] to learn that **you have finally agreed to our counter-offer**[2] **and decided to take our order No. 1257.**

귀하께서 저희가 제공한 가격에 최종적으로 동의를 해 주시고 저희의 1257번 주문을 받아 주시기로 결정하셨다는 것을 알게 되어 진심으로 기쁩니다.

Once...

Once we have confirmed our acceptance of the provisions[1]**, we can enter into**[2] **the contract.**

일단 이런 규정들을 저희가 수용하길 결정하면 저희는 바로 계약을 진행할 수 있을 것입니다.

베껴 쓰기 좋은 문장

1 | It's the high time that...   …하는 순간입니다.

It's high time that의 문장은 보통 과거형으로 쓴다. 이는 It is about time that..., It is time to do... 등에 해당한다.

예 It's high time that we reached consensus on the provisions of the contract.
우리가 계약 규정에 대해 협의를 달성한 순간입니다.

2 | ..., including...   …를 포함하여

현재분사 including은 전치사로 '포함하여, 포함한'의 뜻을 갖는다. 후에는 명사나 대명사를 목적어로 취하며 excluding의 반의어이다. 그러나 과거분사 included는 명사나 대명사 뒤에 위치한다. including…은 ...included로 호환되어 사용될 수 있다.

영문 E-mail 단어

- prepare **v** 준비하다
- express **v** 표현하다
- motor **a** 모터가 달린, 자동차의
- counter-offer **phr** 카운터 오퍼, 제안한 가격
- vehicle **n** 차량, 운송수단
- acceptance **n** 받아들임, 수용
- online **ad** 온라인의, 온라인으로
- provision **n** 규정, 조약

재촉 | Hastening

계약 재촉 ②

바로
베끼기 **E-mail sample**

From:	Jorge Williams
To:	Robinson Richards
Subject:	Please Make Ready for the Contract ASAP 가능한 한 빨리 계약해 주십시오.

Dear Mr. Richards,

I'm writing to request you to make ready for the contract as soon as possible.

이미
시간이
지났음 **It has been almost a week since** we decided to place an order for your digital cameras. However, in contrast to[1] our readiness to make a contract with you, **you seem to be** tardy in response to our request for the draft contract.

상대방이
아마도… I will appreciate it if you can prepare the draft contract and send it to us for reference **without delay**.

곧, 바로 You are kindly reminded that you should take all factors into consideration and explain in detail the duties and responsibilities of both parties in the contract. Please don't hesitate to contact me, if need be. Thanks in advance.

Cordially yours,

Jorge Williams

친애하는 Richards 씨

　귀하께 최대한 빨리 계약 준비를 해 주시길 재촉 드리고자 메일 보내 드립니다.

　귀하께 디지털 카메라를 주문하기로 결정한 지 거의 일주일이 다 되어 갑니다. 그러나 저희가 귀하와 계약을 하고자 하는 것과는 반대로 귀하께서는 계약 초안을 보내 달라는 저희의 요청에 대한 회신이 다소 더딘 것 같아 보입니다. 귀하께서 지체 없이 저희가 참고할 수 있도록 계약 초안을 준비해 보내 주실 수 있다면 진심으로 감사드리겠습니다.

　귀하께서 부디 계약의 모든 요소들을 고려해 주시고 쌍방의 의무와 책임에 대해서 상세히 설명해 주시길 바랍니다. 필요하시다면 언제든 주저 없이 연락 주시길 바랍니다. 미리 감사의 말씀 전합니다.

당신의 신실한
Jorge Williams

실용 구문

It has been almost a week since...

It has been almost a week[1] since **we decided to place an order for your digital cameras[2]**.

귀하께 디지털 카메라를 주문하기로 결정한 지 거의 일주일이 다 되어 갑니다.

> **관련어구**
> [1] an extremely long time
> 매우 긴 시간
> nearly a month 거의 한 달
> [2] get involved in the program
> 이 프로그램에 참여하다
> apply for the position
> 그 직위에 신청하다

You seem to be...

However, in contrast to[1] our readiness to make a contract with you, you seem to be tardy in response[2] to our request for the draft contract[3].

그러나 저희가 귀하와 계약을 하고자 하는 것과는 반대로 귀하께서는 계약 초안을 보내 달라는 저희의 요청에 대한 회신이 다소 더딘 것 같아 보입니다.

> **관련어구**
> [1] regardless of ···와 상관없이
> different form ···와 다른
> [2] unwilling to reply
> 회신할 의향이 없는
> inactive to reply 회신에 소극적인
> [3] trade 교역
> cooperation 협력

... without delay.

I will appreciate it if you can prepare the draft contract[1] and send it to us for reference without delay[2].

귀하께서 지체 없이 저희가 참고할 수 있도록 계약 초안을 준비해 보내 주실 수 있다면 진심으로 감사드리겠습니다.

> **관련어구**
> [1] the manuscript 원고
> the sample pack 샘플팩
> [2] right away 즉시
> before Friday 금요일 전에

베껴 쓰기 좋은 문장

1 ‖ In contrast to... ···와 비교해서

본문의 in contrast to는 in contrast with에 해당하며 '···와 비교해서, ···에 비해'의 뜻을 갖는다.

예 In contrast to **your design, his design seems to lack imagination.**
당신의 디자인과 비교해서 그의 디자인은 상상력이 부족해 보입니다.

영문 E-mail 단어

- place **v** ···를 주문하다
- draft **n** 초안
- digital **a** 디지털의
- reference **n** 참고, 이해
- readiness **n** 기꺼이 하려는 상태, 준비
- consideration **n** 고려
- tardy **a** 느린, 더딘
- responsibility **n** 책임

재촉 | Hastening

신용장 개설 재촉

바로
베끼기

E-mail sample

From:	Colin Hastings
To:	Benny Wallis
Subject:	Please Establish the L/C ASAP 최대한 빨리 신용장을 개설해 주세요.

Dear Mr. Wallis,

I'm writing to urge you to establish the L/C as soon as possible.

지난
메일
에서

You were kindly requested in **our last E-mail of** June 15th to establish the irrevocable at-sight L/C in our favor. However, no reply from you has been received yet. I'm wondering if there is something wrong.

근거
표현

Your order of 200 sets of mountaineering equipment has been ready for shipment. **According to** the sales contract, which was signed on June 1st, we should arrange shipment on receipt of your irrevocable at-sight L/C. You are warned that[1] the shipment may be delayed **if we fail to** receive the L/C by

가정
표현

Friday.

I'm looking forward to your reply at your earliest convenience.

Yours sincerely,

Colin Hastings

친애하는 Wallis 씨

귀하께 최대한 빨리 신용장을 개설해 달라고 재촉 드리고자 메일 보내 드립니다.

저희는 귀하께 6월 15일에 저희 명의로 취소 불능 당기 신용장을 개설해 줄 것을 메일로 요청드렸습니다. 하지만, 아직까지도 귀하로부터 아무런 연락을 받지 못했습니다. 무슨 문제라도 생겼는지 궁금합니다.

귀하께서 주문해 주신 200세트의 등산 장비는 이미 운송 준비가 완료되었습니다. 저희가 6월 1일에 서명한 판매 계약에 따르면 저희는 귀하께서 보내 주시는 취소 불능 당기 신용장을 받는 대로 귀하께 상품 배송 준비를 해 드려야 합니다. 이번 주 금요일까지 저희가 신용장을 받지 못한다면 운송이 지연될 수 있다는 것을 기억해 주시길 바랍니다.

되는대로 최대한 빠른 회신 기다리고 있겠습니다.

당신의 신실한
Colin Hastings

실용 구문

... our last E-mail of...

You were kindly requested in our last E-mail① **of June 15**th② **to establish the irrevocable at-sight L/C in our favor.**

저희는 귀하께 6월 15일에 저희 명의로 취소 불능 당기 신용장을 개설해 줄 것을 메일로 요청드렸습니다.

> **관련어구**
> ① phone call 전화
>   notification 공지
> ② two days ago 이틀 전에
>   yesterday 어제

According to...

According to the sales contract, which was signed① **on June 1**st**, we should arrange shipment**② **on receipt of your irrevocable at-sight L/C.**

저희가 6월 1일에 서명한 판매 계약에 따르면 저희는 귀하께서 보내 주시는 취소 불능 당기 신용장을 받는 대로 귀하께 상품 배송 준비를 해 드려야 합니다.

> **관련어구**
> ① effective 유효한
>   valid 유효한
> ② deliver the product
>   상품을 배송하다
>   make a confirmation
>   확인을 하다

... if we fail to...

You are warned① **that the shipment may be delayed if we fail to receive the L/C by Friday**②**.**

이번 주 금요일까지 저희가 신용장을 받지 못한다면 운송이 지연될 수 있다는 것을 기억해 주시길 바랍니다.

> **관련어구**
> ① You should be aware
>   주의하셔야 합니다
>   You need to understand
>   이해해 주셔야 합니다
> ② tomorrow morning 내일 아침
>   November 11th 11월 11일

베껴 쓰기 좋은 문장

1 | You are warned that ...   …를 기억해 주시길 바랍니다.

본문의 수동태 표현을 능동 표현으로 바꾸면 warn sb. that/ (of) ...로 '누군가에게 …을 상기시키다/고지하다'의 뜻을 갖는다. You are warned that..,은 I warn you that..., Let me give you a word of warning... 등에 해당한다.

예 You are warned that you may make mistakes if you don't take warning from the matter.
이 문제에서 경고를 받지 못하셨다면 잘못될 수도 있다는 것을 기억해 주시길 바랍니다.

영문 E-mail 단어

- at-sight phr 보자마자, 보는 즉시
- shipment n 운송, 해운
- mountaineering n 등산, 등반
- contract n 계약
- warn v 경고하다, 알리다

재촉 | Hastening

상품 대금 지불 재촉 ①

바로
베끼기

E-mail sample

From:	Frank
To:	David
Subject:	Urging for Payment of Goods 상품 대금 지불 재촉

Dear David,

상대방
상기시키기

I'm writing to remind you to pay for the goods. I delivered goods to your company two months ago, but I haven't yet received any response from you, including the payment.

We have cooperated for a long time and this is the first time that I haven't received your payment on time. Therefore, I want to know why. If there is something wrong with the goods,[1] please let me know quickly and we can make compensation[2] in time. Otherwise, we hope that the payment will be

신뢰
표현

made within a week. **I believe** no one wants something like this to impede our cooperation in the future. So, I hope to deal with it in time.

I'm looking forward to our further cooperation.

Yours sincerely,

Frank

친애하는 David

상품 대금 지불을 상기시켜 드리고자 메일 보내 드립니다. 두 달 전에 귀사로 상품을 배달해 드렸습니다. 하지만 저는 아직까지도 지불을 포함하여 귀하께 아무런 회신도 받지 못했습니다.

저희는 오랜 시간 협력해 왔는데 이번에 처음으로 제때에 귀하의 대금 지급을 받지 못했습니다. 그러므로 어떤 이유인지 알고 싶습니다. 만약 상품에 문제가 있는 것이라면 저희에게 바로 말씀해 주셔서 저희가 바로 보상해 드릴 수 있게 해 주세요. 그런 것이 아니라면, 일주일 내에 대금을 지불해 주시기를 바랍니다. 이 일이 향후 저희의 협력을 방해하게 되는 것을 원하는 사람은 아무도 없을 것이라고 믿습니다. 때문에, 이를 바로 해결해 주시길 바랍니다.

향후의 상호 협력을 기대하고 있겠습니다.

당신의 신실한
Frank

실용 구문

I'm writing to remind you...

I'm writing to remind you to pay for the goods①

상품 대금 지불을 상기시켜 드리고자 메일 보내 드립니다.

①finish your assignment
당신의 과제를 완성하다
renew your driving license
귀하의 운전면허를 갱신하다

I believe...

I believee no one wants something like this① **to impede**② **our cooperation in the future.**

이 일이 향후 저희의 협력을 방해하게 되는 것을 원하는 사람은 아무도 없을 것이라고 믿습니다.

①any misunderstanding
어떠한 오해
the unpleasant experience
불쾌한 경험
② influence 영향을 미치다
stop 멈추다

 베껴 쓰기 좋은 문장

1ㅣmake compensation 보상하다

compensation은 가산명사로도 사용될 수 있고 불가산명사로도 사용될 수 있다. 보통 전치사 for와 함께 결합하여 '⋯의 보상'의 뜻을 갖는다. 숙어 in compensation for는 '⋯에 대한 보상으로'라는 뜻을 갖는다.

예 Who will make compensation for our losses?
누가 우리의 손실을 보상해 줄 것입니까?

2ㅣIf there is something wrong with goods... 부정대명사의 용법

본문의 something은 부정대명사이다. 유사한 것들로는 somebody, someone, anybody, anyone, anything, everybody, everyone, everything, nobody, nothing, something 등이 있다. 이런 단어들이 형용사와 함께 쓰일 때 형용사는 반드시 이들 뒤에 위치시켜야 한다. 예를 들어 someone handsome(잘생긴 누군가), something interesting(재밌는 무언가), nothing special(별 특별할 것 없는), anyone present(현장에 있는 누구든) 등이 있다.

 영문 E-mail 단어

- remind ☑ 상기시키다
- compensation ⋒ 보상
- response ⋒ 회답, 대답

- otherwise ad 그렇지 않으면
- including prep ⋯를 포함하여, 포함한
- impede ☑ 방해하다

재촉 | Hastening

상품 대금 지불 재촉 ②

바로
베끼기

E-mail sample

From:	John Smith
To:	Tom Donne
Subject:	Payment of Goods 대금 지불

Dear Donne,

I think it's necessary to remind you of the payment of the goods.
계약에
따라서
By contract, you are required to pay for the goods as soon as you receive
them. But it has been one month since we delivered the goods, and I haven't
원인
표현
received the payment. **So** I'd like to know your plans for paying the accounts .

Considering the good quality and sound price of our products, **I think**
견해
표현
you must feel great satisfaction with[1] them. On the other hand, we are in
urgent need of the payment to carry on the next project. So, please make
가정
표현
your payment as soon as possible. **If there is any** difficulty, you can pay on
monthly installments. In addition, please inform us if you change your payment
option. I'm looking forward to your prompt reply.

Yours sincerely,

John Smith

친애하는 Donne
　귀하께 상품 대금 지불을 상기시켜 드릴 필요가 있는 것 같습니다. 계약에 따르면 귀하께서는 상품을 받으시는 대로 상품의 대금을 지불해 주셔야 합니다. 하지만 저희가 상품을 배송해 드린 지 한 달이 되었는데도 아직 지불을 받지 못했습니다. 때문에 귀하의 지불 계획에 대해 알고 싶습니다.
　저희 제품의 좋은 품질과 합리적인 가격을 고려했을 때, 귀하께서 분명히 그들에 대해 매우 만족했을 것이라고 생각합니다. 다른 한편에, 저희는 다음 프로젝트를 진행하기 위해 대금 지불이 급히 필요합니다. 때문에 가능한 빨리 지불을 해 주시길 바랍니다. 어려움이 있으시다면, 매달 분할 납부로 지불해 주셔도 됩니다. 그리고 지불 방식을 변경하고자 하신다면 저희에게 알려 주시기 바랍니다. 신속한 회신 기대하고 있겠습니다.

당신의 신실한
John Smith

실용 구문

By contract, ...

By contract, you are required to pay for the goods① as soon as you receive them②.

계약에 따르면, 귀하께서는 상품을 받으시는 대로 상품의 대금을 지불해 주셔야 합니다.

① check the quality 품질을 확인하다
   email us 우리에게 메일을 주다
② place the order 주문을 하다
   have free time 시간이 나다

So...

So I'd like to know① your plans for paying the accounts②.

때문에 귀하의 지불 계획에 대해 알고 싶습니다.

관련어구
① understand 이해하다
   check 확인하다
② the vacation 휴가
   moving out 이사

I think...

I think you must feel great satisfaction wiht① our products②.

귀하께서 분명히 그들에 대해 매우 만족했을 것이라고 생각합니다.

관련어구
① reorder 재주문하다
   recommend 추천하다
② my service 저의 서비스
   the quality and price 품질과 가격

If there is any...

If there is any difficulty, you can pay on monthly installments②.

어려움이 있으시다면, 매달 분할 납부로 지불해 주셔도 됩니다.

관련어구
① problem with money
   금전상 문제가 있다
   budget issue 예산 문제
② with a credit card 신용카드로
   later 나중에

베껴 쓰기 좋은 문장

1 | feel satisfgaction with... 만족감을 느끼다…

feel satisfaction with는 관용어로 뒤에 명사 또는 동명사를 붙인다.

예 Alice feels satisfaction with the price of the cloth.
앨리스는 옷 가격에 만족감을 느낍니다.

영문 E-mail 단어

- account **n** 계좌
- difficulty **n** 어려움
- considering **prep** …를 고려해서
- monthly **a** 매달의, 월별의

- sound **a** 합리적인
- installment **n** 분할 납부
- on the other hand **phr** 다른 한편
- prompt **a** 즉각적인, 신속한

거절 | Rejection

Unit 11

주문 거절

바로 베끼기

E-mail sample

From:	Black
To:	Blair
Subject:	Request to Return an Order 주문 회수 요청

Dear Blair,

유감 표현 ← I'm writing to thank you for your appreciation of our products, and I'm glad to receive such a big order from you. But **I want to show my regret that** I can't deliver goods to you, because the stock is running out. I hope you can understand.

I have tried my best to restock, but it can't be done before the expected delivery time. Thus, I'm afraid that I have to return your order. **I apologize for** any inconvenience the return order may cause you. Of course, I will try to recommend some other companies to you and **hope you** can receive the goods that you are satisfied with from them. Finally, if there is anything I can do for you, please let me know. I hope that[1] we can cooperate in the future.

…에 사과

상대방 에게 바람

Yours sincerely,

Black

친애하는 Blair

저희 상품을 신뢰해 주셔서 감사하다는 말씀을 전하고자 메일 보내 드립니다. 그리고 이렇게 큰 주문을 귀하께 받을 수 있어 매우 기쁩니다. 하지만 유감스럽게도 재고가 소진되어 상품들을 배달해 드리지 못할 것 같습니다. 이해해 주시길 바랍니다.

재고를 다시 채워 넣으려 노력했습니다만, 예정된 배달 기간 안에 준비가 되지 않을 것 같습니다. 그리하여 안타깝게도 주문을 환불해 드려야 할 것 같습니다. 주문을 환불해 드림으로써 발생하게 되는 모든 불편함에 대해 사과드립니다. 물론 귀하께 몇몇 다른 회사들을 추천해 드릴 것이며, 그들로부터 만족스러운 상품을 받을 수 있길 바랍니다. 마지막으로, 제가 도와드릴 수 있는 것이 있다면 말씀해 주시길 바랍니다. 앞으로도 저희가 계속해서 함께할 수 있기를 고대하겠습니다.

당신의 신실한
Black

338

실용 구문

I want to show my regret that...

I want to show my regret[1] **that I can't deliver goods to you, because the stock is running out**[2].

유감스럽게도 재고가 소진되어 상품들을 배달해 드리지 못할 것 같습니다.

① It is a pity 안타깝게도
I'm sorry to inform you 알리게 되어 유감입니다
② it is snowing heavy 눈이 많이 오다
there is something wrong with our system 저희 시스템에 문제가 있습니다

I apologize for...

I apologize for any inconvenience[1] **the return order**[2] **may cause you.**

주문을 환불해 드림으로써 발생하게 되는 모든 불편함에 대해 사과드립니다.

관련어구
① problem 문제
bad outcome 안 좋은 결과
② our company 우리 회사
road reconstruction 도로 보수

... hope you...

I will try to recommend[1] **some other companies to you and hope you can receive the goods**[2] **that you are satisfied with from them.**

귀하께 몇몇 다른 회사들을 추천해 드릴 것이며, 그들로부터 만족스러운 상품을 받을 수 있길 바랍니다.

관련어구
① contact 연락하다
introduse 소개하다
② answer 대답
products 상품

 베껴 쓰기 좋은 문장

1 | I hope that ... ···이기를 바랍니다.

hope는 '희망하다'의 뜻을 갖는다. 후에 목적어로 that절 또는 to V를 취할 수 있다. wish와 혼동하지 않도록 주의해야 한다. wish 뒤는 보통 가정구가 오며 '사실은 그렇지만'의 뜻을 갖는다.

예 I hope to go to the party. = I hope that I can go to the party.
내가 파티에 갈 수 있기를 바란다.

예 I wish I were the richest man on earth.
내가 세상에서 가장 부자였으면 좋겠다(사실은 그렇지 않다).

 영문 E-mail 단어

- **appreciation** n 감사, 감상
- **apologize** v 사과하다
- **regret** n 사과, 유감
- **inconvenience** n 불편함, 번거로움
- **stock** n 재고, 주식

- **recommend** v 소개하다, 추천하다, 권고하다
- **restock** v 재고를 채우다
- **company** n 회사
- **sincerely** ad 신실하게

거절 | Rejection

상품 재고 부족

E-mail sample

바로 베끼기

From:	Cathy
To:	Anderson
Subject:	The Products are Out of Stock 상품 재고 부족

Dear Anderson,

 We are glad to **receive an order** from you and provide products for you, but many products in our company have been **in great demand** recently, so we are sorry to tell you that the products you ordered are out of stock[1]. Therefore, your order has to be canceled.

However, there is a piece of good news all the products will be restocked **in five days**. So, if you really want to order the products from our company, you can place an order five days from now. If you are **satisfied with** other products, please inform us how you would like to have them delivered.

We appreciate your interest in our products.

Yours Sincerely

Cathy

친애하는 Anderson

　귀하의 주문을 받고 상품을 제공해 드리게 되어 매우 기쁩니다. 하지만 최근에 당사의 많은 제품들의 수요가 급증하였습니다. 때문에 귀하께서 주문하신 상품의 재고가 소진되었음을 알리게 되어 매우 유감입니다. 그러므로 귀하의 주문이 취소되야 할 것 같습니다.

　그러나, 좋은 소식이 있습니다. 5일 뒤에 모든 상품들의 재고가 채워질 것입니다. 그러므로 당사에 상품을 주문하고자 하신다면, 오늘부터 5일 후에 다시 주문을 해 주시면 됩니다. 만약 귀하께서 당사의 다른 상품들에 만족하신다면, 저희에게 어떤 방식으로 배달을 받길 원하시는지 알려 주시길 바랍니다.

　저희 제품에 대한 관심에 진심으로 감사드립니다.

당신의 신실한

Cathy

실용 구문

바로 배우기

... receive an order...

We are glad[1] **to receive an order from you and provide products**[2] **for you.**

귀하의 주문을 받고 또 귀하께 상품을 제공해 드리게 되어 매우 기쁩니다.

관련어구
[1] It's our honor 저희의 영광입니다
I am pleased 매우 기쁩니다
[2] send flowers 꽃을 보내다
check the amount 수량을 확인하다

... in great demand...

Many products[1] **in our company have been in great demand recently**[2].

최근에 당사의 많은 제품들의 수요가 급증하였습니다.

관련어구
[1] All the new flavors 모든 새로운 맛
Both of the two mobiles
두 휴대폰 모두
[2] this month 이번 달
for a long time 긴 시간 동안

... in five days...

All the products will be restocked[1] **in five days**[2].

5일 뒤에 모든 상품들의 재고가 채워질 것입니다.

관련어구
[1] updated 갱신된
delivered 배달된
[2] the day after tomorrow 내일 모레
thoroughly 완전히

... satisfied with...

If you are satisfied with[1] **other products, please inform us how you would like to have them delivered**[2].

만약 귀하께서 당사의 다른 상품들에 만족하신다면, 저희에게 어떤 방식으로 배달을 받길 원하시는지 알려 주시길 바랍니다.

관련어구
[1] interested in ⋯에 흥미 있는
in need of ⋯를 필요로 하는
[2] of the number you want to
order 귀하께서 주문하고자
하시는 수량
if you need them to be wrapped
귀하께서 포장을 원하시는지

베껴 쓰기 좋은 문장

바로 적용하기

---

1 | out of stock 재고가 없는

out of stock은 보통 상품을 매매할 때 사용된다. 이의 반의어는 in stock이다.

예 **The cloth you ordered is out of stock.**
귀하께서 주문하신 원단은 이미 재고가 떨어졌습니다.

영문 E-mail 단어

바로 외우기

- **provide** ▼ 제공하다
- **news** ⓝ 소식
- **product** ⓝ 상품
- **satisfied** ⓐ 만족스러운

- **great** ⓐ 큰, 거대한
- **inform** ▼ 알리다, 통지하다
- **cancel** ▼ 취소하다, 없애다
- **deliver** ▼ 배달하다, 운송하다

거절 | Rejection

제시 가격 거절 ①

E-mail sample

From:	White
To:	Mr. Trump
Subject:	Declining the Offer 제안 거절

Dear Mr. Trump,

We are honored to[1] receive your letter, in which you quoted the products **in time**. We feel grateful about that. Unfortunately, we are sorry to tell you that our company cannot accept that price you offered.

시간
내에

First of all, **we can definitely say that** all our products are of such good quality that no other products[2] can compare with ours. So, our products are reckoned to be real bargains, compared with those of other companies. **Besides**, our company does not make an exception of any customer.

긍정
강조

이뿐만
아니라

Thanks to all that you want to choose our products. We will appreciate it if you make another offer. We are looking forward to your early reply at your convenience.

Yours sincerely,

White

친애하는 Trump 씨

귀하의 메일을 받아볼 수 있어서 영광입니다. 시간에 맞춰 상품의 견적을 내 주셨지요. 그에 대해 진심으로 감사드립니다. 하지만 안타깝게도 당사는 귀하께서 제안하신 가격을 받아들일 수 없다는 것을 알리게 되어 유감입니다.

우선 저희는 다른 어떤 제품들도 저희 제품들과 비교할 수 없을 정도로 높은 품질을 자랑하고 있다고 자신 있게 말씀드릴 수 있습니다. 때문에 저희 제품은 다른 회사들에 비해 염가 판매된다고 여겨지지요. 뿐만 아니라, 저희는 모든 고객님들을 동등하게 상대하고 있습니다.

저희 제품을 선택해 주셔서 감사드립니다. 다시 가격을 제안해 주시면 진심으로 감사드리겠습니다. 되는대로 빠른 회신 주실 수 있기를 기다리고 있겠습니다.

당신의 신실한
White

실용 구문

... in time.

We are honored to receive your letter,①in which you quoted the products② in time.

귀하의 메일을 받아볼 수 있어서 영광입니다. 시간에 맞춰 상품의 견적을 내 주셨지요.

관련어구
①request 요구
message 메시지
②mentioned a possibility of investment 투자의 가능성을 언급했다
placed an order 주문을 하다

We can definitely say that...

We can definitely say①that all our products are of such good quality② that no other products can compare with ours.

저희는 다른 어떤 제품들도 저희 제품들과 비교할 수 없을 정도로 높은 품질을 자랑하고 있다고 자신 있게 말씀드릴 수 있습니다.

관련어구
①It is well known 잘 알려졌듯이
The main aim of our company is 저희 회사의 궁극적인 목표는
②reasonable price 합리적인 가격
various colors 다양한 색상

Besides, ...

Besides①, our company does not make an exception of any customer.

뿐만 아니라, 저희는 모든 고객님들을 동등하게 상대하고 있습니다.

관련어구
①Most importantly 가장 중요한 것은
In addition 게다가

베껴 쓰기 좋은 문장

1 │ We are honored to...   …하게 되어 영광입니다.

'주어 + be동사 + honored + 부정사'는 '누군가가 무엇을 하게 되어 영광이다'의 뜻을 갖는다. 이런 문장은 보통 비교적 엄숙하고 중요한 장소에서 사용된다. honored 뒤에는 that절을 목적어로 취해도 되며 명사를 목적어로 받고 싶을 때는 전치사 with을 붙여야 한다.

예 I'm honored to be invited to give a speech here.
이곳에서 연설을 하게 되어 매우 영광입니다.

2 │ ...no other products...   부정대명사 none과 형용사 no의 용법

no는 '어떤…도 없는'의 뜻을 가진 형용사이다. 이는 사람을 칭하거나 사물을 칭할 수도 있으며, 단복수의 명사와 불가산명사 모두 수식할 수 있다. none은 '아무, 어떤…도'의 뜻을 가진 명사이다. 문장에서는 주어와 목적어 역할을 할 수 있으며, 숙어 none of로도 사용될 수 있다.

영문 E-mail 단어

- quote V 인용하다, 견적을 내다
- reckon V …라 생각하다, 여기다
- definitely ad 분명히, 긍정적으로

거절 | Rejection

제시 가격 거절 ②

바로 베끼기 E-mail sample

From:	John Smith
To:	Alexander
Subject:	Turning Down the Offer 제시 가격 거절

Dear Alexander,

I'm writing to inform you that we have received your offer. Thank you for your quotation. However, we want to express our regret that **we have to turn down your offer,** because we find other suppliers from whom we can get a quotation much lower than yours.

상대방 거절 표현

감사 표현

To be honest, **we do want to** cooperate with you, considering the former cooperation between us. But **taking the costs and profits into consideration,** we should choose the company which can give us a more favorable price. Of course, if you can offer the same price as other companies after your consideration, we will be happy to do business with you. What's more,[1] we will make the payment when we get the products.

고려해 볼 것임

Yours sincerely,

John Smith

친애하는 Alexander

귀하께서 제안해 주신 가격을 받아 보았음을 알리고자 메일 보내 드립니다. 견적서를 보내 주셔서 감사드립니다. 하지만 유감스럽게도 저희는 귀하의 제안을 거절하고자 합니다. 귀하께서 제안해 주신 가격보다 훨씬 낮은 가격을 제시해 주신 다른 공급자를 찾았기 때문입니다.

솔직하게 말씀드려서, 저희는 이전에 저희 간의 협력을 생각해서 귀하와 협업을 하고 싶었습니다. 하지만 자본과 이윤을 생각했을 때, 저희는 더 좋은 가격을 제시하는 회사를 선택할 수밖에 없습니다. 물론 고려하신 후에 다른 회사와 같은 가격을 제안해 주실 수 있으시다면 저희는 기꺼이 귀사와 사업을 함께 하겠습니다. 뿐만 아니라, 저희가 상품을 받아 보자마자 바로 대금을 지불하겠습니다.

당신의 신실한
John Smith

실용 구문

We have to turn down your offer, ...

We have to turn down your offer①, because we find other suppliers②from whom we can get a quotation much lower than yours.

저희는 귀하의 제안을 거절하고자 합니다. 귀하께서 제안해 주신 가격보다 훨씬 낮은 가격을 제시해 주신 다른 공급자를 찾았기 때문입니다.

We do want to...

We do want to cooperate with you①, considering the former cooperation② between us.

저희는 이전에 저희 간의 협력을 생각해서 귀하와 협업을 하고 싶었습니다.

Taking the costs and profits into consideration, ...

Taking the costs and profits①into consideration, we should choose the company which can give us a more favorable price②.

자본과 이윤을 생각했을 때, 저희는 더 좋은 가격을 제시하는 회사를 선택할 수밖에 없습니다.

베껴 쓰기 좋은 문장

1 | What's more,... 뿐만 아니라, 무엇보다도…

what's more는 보통 삽입어구로 사용되며 보충 설명을 할 때 자주 쓰인다. '무엇보다도'의 뜻을 가질 때는 above all과도 통용될 수 있다.

예 Bella was late; what's more, she lost the important file.
Bella는 늦었을 뿐만 아니라 그 중요한 파일을 잃어버렸다.

영문 E-mail 단어

- **offer** n 제안
- **choose** v 선택하다
- **quotation** n 견적서, 인용구
- **same** a 같은
- **supplier** n 공급자
- **happy** a 기쁜

바로
베끼기

E-mail sample

From:	Jack
To:	Kevin
Subject:	Refusing to Cut the Price 가격 인하 거절

Dear Kevin,

We want to show our appreciation for your interest in our products, and we are happy that you have the intention to make an order from our company. However, we are sorry to[1] inform you that we can't reduce the price as you suggested.

수신
표현

We believe you must have known our products before you want to purchase them. All products in our company are high quality. So, the price we offered is the most favorable price at present. **In addition,** we have already cut the price by 5% because you want to purchase goods in large quantities. Therefore, we sincerely hope you can reconsider our offer and make a decision on **whether you are able to** accept our price.

보충
설명

여부를
막론하고

We are looking forward to your early reply.

Yours sincerely,

Jack

친애하는 Kevin

저희 제품에 대한 관심에 감사의 말씀 전합니다. 그리고 당사의 제품을 주문할 의향이 있으시다는 것에 대해 매우 기쁩니다. 하지만 귀하께서 제안하신 가격으로 인하해 드릴 수 없음을 알리게 되어 유감입니다.

귀하께서 저희 회사의 제품을 구매하시기 전에 제품들에 대해 분명 미리 알고 계셨을 것이라고 생각합니다. 당사 내 모든 제품들은 고품질의 제품들입니다. 따라서 저희가 현재 제공하고 있는 가격은 이미 최적의 가격입니다. 게다가, 귀하께서 대량으로 구매하기를 원하시기 때문에 이미 5%나 할인을 해 드렸습니다. 그러므로 저희는 귀하께서 저희가 제공한 금액에 대해 재고를 공손히 요청드리며, 저희가 제시한 가격을 받아들이실 수 있으신지 결정을 내려 주시길 바랍니다.

빠른 회신 기다리고 있겠습니다.

당신의 신실한
Jack

실용 구문

We believe...

We believe you must have known our products before you want to purchase them①.

귀하께서 저희 회사의 제품을 구매하시기 전에 제품들에 대해 분명 미리 알고 계셨을 것이라고 생각합니다.

관련어구
① start to use them
그것들을 사용하기 시작하다
recommend them to your friends 귀하의 지인께 그것들을 추천하다

In addition, ...

In addition①, we have already cut the price by 5% because you want to purchase goods in large quantities②.

게다가, 귀하께서 대량으로 구매하기를 원하시기 때문에 이미 5%나 할인을 해 드렸습니다.

관련어구
① In fact 사실
As you may have noticed 알고 계실 수도 있듯이
② you are our member 귀하께서는 저희 회원이십니다
you have made the purchase during the annual sale 연간 세일에서 이미 구매를 해 주셨습니다

... whether you are able to...

We sincerely hope you can reconsider our offer and make a decision① on whether you are able to accept our price②.

저희는 귀하께서 저희가 제공한 금액에 대해 재고를 공손히 요청드리며, 저희가 제시한 가격을 받아들이실 수 있으신지 결정을 내려 주시길 바랍니다.

관련어구
① tell me your decision via email 메일로 결정을 말하다
reply soon 곧 회신하다
② buy our products 우리의 상품을 구매하다
give us positive review 우리에게 긍정적인 후기를 주다

베껴 쓰기 좋은 문장

1 | We are sorry to... …하게 되어 유감입니다.

'주어 + be동사 + sorry + to부정사'는 '…하게 되어 유감이다'의 뜻을 갖는다. sorry가 이곳에서는 형용사로 쓰였으며, 부정사와 결합할 수 있을 뿐만 아니라 that절 또는 전치사 for, about과도 결합할 수 있다.

예 Lily was sorry to resign without listening to Dora's advice.
Lily는 Dora의 조언을 듣지 않고 사임한 것에 대해 매우 유감으로 생각한다.

영문 E-mail 단어

- appreciation n 감사
- addition n 첨가, 첨가물
- intention n 의도, 의향, 목적
- already ad 이미
- price n 가격, 금액

- large a 큰
- favorable a 우호적인
- reconsider v 재고하다
- at present phr 현재에, 지금
- be able to phr …할 수 있는

거절 | Rejection

가격 인하 거절 ②

E-mail sample

From:	Benjamin
To:	Adam Smith
Subject:	Declining the Request for a Discount 할인 요청 거절

Dear Adam Smith,

I received your e-mail yesterday, in which you expressed the thought that you want to make an offer to our company, and that you want to ask for another 5% reduction on price. Unfortunately, we can't approve of the reduction you requested.

We have cooperated for several years, and **you must know that** we don't usually give any discount. **Considering** you are one of the regular customers of our company, we have already given a discount by 10%. The price we offered is the most favorable[1] to other companies. So, we can't make a better offer for you.

Please accept our truthful regret.

Yours sincerely,

Benjamin

친애하는 Adam Smith

어제 귀하께서 보내 주신 메일 받았습니다. 당사에 주문을 하실 의향이 있으시며 추가로 5%의 할인을 요청하셨지요. 안타깝게도, 저희는 귀하께서 요청하신 할인을 해 드릴 수 없을 것 같습니다.

다년간 협력을 해 왔으니 저희가 보통 할인을 해 드리지 않는다는 것에 대해 잘 알고 계실 것입니다. 귀하께서 당사의 단골 고객님 중 한 분이라는 것을 고려하여, 저희는 이미 10%의 할인을 적용해 드렸습니다. 저희가 제공해 드린 가격은 다른 회사들 입장에서 말하자면 최고로 혜택받은 가격입니다. 때문에 저희는 이보다 더 나은 제안을 제공해 드릴 수 없습니다.

저희의 진실한 사과를 받아 주시길 바랍니다.

당신의 신실한
Benjamin

실용 구문

I received your e-mail...

I received your e-mail **yesterday, in which you expressed**[1] **the thought that you want to make an offer to**[2] **our company.**

어제 귀하께서 보내 주신 메일 받았습니다. 당사에 주문을 하실 의향이 있으시다 했지요.

<table>
<tr><td>관련어구</td></tr>
<tr><td>① mentioned 언급한
conveyed 전달받은</td></tr>
<tr><td>② get a position at 직위를 얻다
complain about
…에 대해 불평하다</td></tr>
</table>

You must know that...

You must know[1] **that we don't usually give any discount**[2].

저희가 보통 할인을 해 드리지 않는다는 것에 대해 잘 알고 계실 것입니다.

<table>
<tr><td>관련어구</td></tr>
<tr><td>① It's our custom
이는 저희의 전통입니다
Everyone understand
모두가 이해하다</td></tr>
<tr><td>② make any changes 변경하다
set an annual goal
연간 목표를 설정하다</td></tr>
</table>

Considering...

Considering[1] **you are one of the regular customers of our company, we have already given a discount by 10%**[2].

귀하께서 저희 당사의 단골 고객님 중 한 분이라는 것을 고려하여, 저희는 이미 10%의 할인을 적용해 드렸습니다.

<table>
<tr><td>관련어구</td></tr>
<tr><td>① Because …때문에
Since …때문에</td></tr>
<tr><td>② send you a sample of our
new products 저희의 신제품
샘플을 보내 드리다
mailed you the catalogue
of next year
내년 카탈로그를 메일로 보내 드리다</td></tr>
</table>

베껴 쓰기 좋은 문장

1 | the most favorable 가장 …

다음 절의 형용사를 비교급으로 만들 때는 형용사 앞에 more를 붙이고 최상급으로 만들 때는 앞에 most를 붙인다.

예 The most important thing should be dealt with first.
가장 중요한 문제를 먼저 처리해야 합니다.

영문 E-mail 단어

- reduction **n** 하강, 감소
- regular customer **phr** 단골 고객
- request **v** 요청하다, 요구하다

- better **a** 보다 좋은
- usually **ad** 보통
- truthful **a** 진실한

E-mail sample

From:	Miller
To:	Tobey Maguire
Subject:	Rejection of the Request for Change of Conditions 조건 변경 요구 거절

Dear Tobey,

유감
표현

I'm sorry to hear that you asked that some changes should be made to the conditions. **To be exact,** you want to postpone the delivery of goods. I

정확히
말하자면

don't know the exact reason, but I'm afraid that I can't accept your request for change of conditions.

We have reached an agreement[1] on the contract, haven't we?[2] **Above all,** I have made a promise to our customers that they can receive products

보충
설명

on time. So, if you can't deliver goods at the expected time, I have to break my promise, which will affect the reputation of my company. Thus, I have to decline your request to change the conditions.

I hope we can abide by the contract.

Yours sincerely,

Miller

친애하는 Tobey

몇 가지 계약 조건 변경을 요청하신 것에 대해 매우 유감으로 생각합니다. 정확히 말씀드리자면, 귀하께서 상품 배송을 연기하고자 하셨지요. 정확한 이유는 모르겠습니다만, 귀하께서 조건을 변경하고자 하는 요청에 대해 승인해 드리지 못할 것 같습니다.

저희는 분명 계약에서 의견을 일치하였습니다. 그렇지 않나요? 무엇보다도, 저는 이미 저희 고객님들께 제때에 물건을 받아 보실 수 있으실 것이라고 약속드렸습니다. 때문에 귀하께서 예정된 시간에 상품을 배송해 주시지 않으시면 저는 약속을 깨야만 합니다. 그리고 이것은 당사의 평판에 영향을 미칠 것입니다. 그러므로 저는 귀하의 조건 변경에 대한 요청을 거절하는 바입니다.

우리가 계약을 이행할 수 있기를 바랍니다.

당신의 신실한
Miller

실용 구문

I'm sorry to hear that...

I'm sorry to hear[1] that **you asked that some changes should be made to the conditions**[2].

몇 가지 계약 조건 변경을 요청하신 것에 대해 매우 유감으로 생각합니다.

관련어구
①It's confusing 헷갈리게 합니다
I learn from your email
귀하의 메일로부터 알게 되다
②design 디자인
manuscript 원고

To be exact, ...

To be exact[1], **you want to postpone the delivery of goods**[2].

정확히 말씀드리자면, 귀하께서 상품 배송을 연기하고자 하셨지요.

관련어구
①In other words 다시 말해
In conclusion 결과적으로
②cancel this meeting
이번 미팅을 취소하다

Above all, ...

Above all, **I have made a promise to**[1] **our customers that they can receive products**[2] **on time.**

무엇보다도, 저는 이미 저희 고객님들께 제때에 물건을 받아 보실 수 있으실 것이라고 약속드렸습니다.

관련어구
①made a vow to 선서하다
notified 공지하다
② get the refund 환불 받다
get a notification 알림을 받다

 베껴 쓰기 좋은 문장

1 | reached an agreement 의견 합치를 보다, 의견을 일치시키다

reach an agreement는 관용어로 누군가와 의견 일치를 보았을 때는 전치사 with을 쓰고 어떤 일에 대해 의견 일치를 보았을 때는 전치사 on을 쓴다. reach는 make나 conclude와 바꿔 쓸 수 있다.

예 They reached an agreement on the final decision.
그들은 최종 결정에 대한 의견을 일치시켰다.

2 | ...haven't we? 부가의문문

부가의문문은 보통 구어적 표현에 많이 사용되는데, '서술문구, 의문문구'의 형태를 갖는다. 의문문의 주어와 be동사/조동사는 서술문구의 주어와 be동사/조동사와 일치를 시켜야 한다. 서술문구의 주어는 의문문에 사용될 때 그에 상응하는 대명사로 바꿔 써야 한다.

 영문 E—mail 단어

- condition n 조건, 조항
- expected a 예정된
- reason n 이유
- affect v 영향을 미치다
- promise n 약속
- reputation n 명성, 평판

거절 | Rejection

거래 조건 변경 불가 ②

바로
베끼기

E-mail sample

From:	George
To:	William Smith
Subject:	Re: Request to Alter Conditions 회신 : 조건 변경 요청

Dear William Smith,

I have received your e-mail, in which you said that it's necessary to[1] negotiate with us on some details of the deal, **such as** prices and purchase terms. But I don't think we need to, because this is the best deal that I can make; the transaction won't be relaxed any more.

예시
설명

You know that the deal involves many matters, and **if you insist that** the terms we offered should be changed, it may cause some unexpected and unbearable consequences. Therefore, the request to alter the conditions won't be accepted. I hope you can put yourself in my position. **Of course** if it's difficult for you to accept our terms, you're allowed to seek other suppliers.

상대방이
주장
한다면

마땅히
해야 함

Yours sincerely,

George

친애하는 William Smith 씨

보내 주신 메일 받았습니다. 가격과 구매 조건 등 몇 가지 계약의 세부 사항에 대해 협상할 것들이 조금 있다고 하셨지요. 하지만 저는 그럴 필요가 없다고 생각합니다. 이는 이미 제가 할 수 있는 최선의 계약이었으며, 여기서 더 이상의 완화는 없을 것이기 때문입니다.

알고 계시다시피 계약 내에는 많은 사항들을 다루고 있습니다. 그리고 만약 저희가 약속했던 계약 조건을 변경하기를 고집하신다면, 이는 예상치 못하거나 감당할 수 없는 결과를 초래할 수 있습니다. 그러므로 계약 조건을 변경하고자 하시는 요청을 저희는 받아들일 수 없습니다. 제 입장에서 생각해 주실 수 있기를 바랍니다. 물론 귀하께서는 저희의 조건들을 받아들이시기 힘드실 수 있습니다. 다른 공급자를 찾아 보셔도 괜찮습니다.

당신의 신실한
George

실용 구문

...such as ...

I have received your e-mail,[1] in which you said that it's necessary to negotiate with us on some details of the deal, such as prices and purchase terms[2].

보내 주신 메일 받았습니다. 가격과 구매 조건 등 몇 가지 계약의 세부 사항에 대해 협상할 것들이 조금 있다고 하셨지요.

If you insist that...

If you insist that the terms we offered should be changed[1], it may cause some unexpected and unbearable consequences[2].

저희가 약속했던 계약 조건을 변경하기를 고집하신다면, 이는 예상치 못하거나 감당할 수 없는 결과를 초래할 수 있습니다.

Of course...

Of course if it's difficult[1] for you to accept our terms, you're allowed to seek other suppliers[2].

물론 귀하께서는 저희의 조건들을 받아들이시기 힘드실 수 있습니다. 다른 공급자를 찾아 보셔도 괜찮습니다.

 베껴 쓰기 좋은 문장

1 | It's necessary to... …할 필요가 있다.

'It's + adj + 부정사'패턴의 문장은 for + sb.를 첨가해서 'It's + adj + 부정사 + for + sb.'패턴의 구문으로 만들 수도 있다.

예 It's impossible to finish the job in three days.
3일 만에 일을 끝내는 것은 불가능합니다.

영문 E-mail 단어

- negotiate **v** 상의하다, 협상하다
- insist **v** 고집하다
- purchase **n** 구매
- unbearable **a** 견딜 수 없는
- transaction **n** 교역
- consequence **n** 결과
- relax **v** 완화하다, 긴장을 풀다
- alter **v** 변경하다, 바꾸다
- matter **n** 사정, 문제, 사건
- allow **v** 허락하다

353

Unit 11

거절 | Rejection

제품 환불 거절

바로
베끼기

E-mail sample

From:	Thomas
To:	Francis
Subject:	Declining the Return of Goods 제품 반환 거절

Dear Mr. Francis,

I'm writing to inform you that I can't meet your request for the return of goods.

중요부분
짚기

Firstly, before making the purchase, you were reminded to examine the goods closely, and you said you were satisfied with everything. This proves that the products were intact before shipment. Secondly, the goods you ordered were china, which would be delicate during transportation. And

계약에
따르면

by contract, we are not required take any responsibility if the goods break during the transportation. Thirdly, I have informed you that I am unable take returns. So I hope you can read the contract again carefully. I am willing to[1] take responsibility if I'm to blame. Otherwise, I would never take the china back.

Thanks for understanding.

Yours sincerely,

Thomas

친애하는 Francis 씨

귀하께서 요청하신 제품 반환이 불가하다는 것을 알리고자 메일 보내 드립니다.

우선, 구매를 하시기 전에 귀하께 상품에 대해 면밀히 검토해 보실 것을 권유 드렸으며, 귀하께서 모든 것에 대해 만족하신다고 말씀하셨습니다. 이는 상품들이 운송이 되기 전에 확인되었다는 것을 증명합니다. 두 번째로, 귀하께서 주문하신 상품은 자기 제품입니다. 이는 운송 중에 파손되기 쉽습니다. 그리고 계약에 따르면, 저희는 운송 중에 제품 손상에 대해 아무런 책임을 지지 않는다고 명시되어있습니다. 세 번째로, 저는 귀하께 제품 반환을 해 드릴 수 없다고 미리 알려 드렸습니다. 귀하께서 계약을 다시 한번 자세히 읽어 보시기를 바랍니다. 제게 잘못이 있다면 책임지겠습니다. 그런 것이 아니라면 자기 제품을 다시 회수해 가지 않겠습니다.

이해해 주셔서 감사드립니다.

당신의 신실한

Thomas

실용 구문

Firstly, ...

Firstly, before making the purchase, you were reminded to examine the goods① closely②, and you said you were satisfied with everything.

우선, 구매를 하시기 전에 귀하께 상품에 대해 면밀히 검토해 보실 것을 권유 드렸으며, 귀하께서 모든 것에 대해 만족하신다고 말씀하셨습니다.

관련어구
①write down the products you need
귀하께 필요한 상품들을 적다
confirm your order with our clerk
저희 점원과 귀하의 주문을 확인하다
② carefully 자세히
thoroughly 완전히

By contract, ...

By contract①, we are not required taken any responsibility if the goods break② during the transportation.

계약에 따르면, 저희는 운송 중에 제품 손상에 대해 아무런 책임을 지지 않는다고 명시되어 있습니다.

관련어구
①According to our policy
저희 정책에 따르면
Due to previous experience
앞선 경험에 의해
②get lost 손해를 입다
are stolen 도둑맞다

 베껴 쓰기 좋은 문장

1 | I am willing to... …하고자 합니다

'주어 + be willing to + V'는 '…하길 원하다'의 뜻을 갖는다. 반대로 '원치 않다', '굳이'는 be unwilling to + V 또는 be reluctant to + V로 사용한다.

예 I am willing to help John, but he is reluctant to accept my help.
John을 돕고 싶지만 그는 내 도움을 받고 싶지 않아 한다.

 영문 E-mail 단어

- return **n** 환불, 귀환
- break **v** 깨지다
- secondly **ad** 둘째로
- thirdly **ad** 셋째로

- china **n** 도자기
- unable **a** 불가능한, 할 수 없는
- delicate **a** 깨지기 쉬운
- carefully **ad** 신중하게

거절 | Rejection

Unit 11

주문 취소 불가 ①

E-mail sample

바로 베끼기

From:	Frank
To:	Brown
Subject:	The Order Can't Be Cancelled 주문 취소 불가

Dear Mr. Brown,

In regard to[1] the e-mail in which you want us to cancel the order made one month ago, we are sorry to inform you that it can't be cancelled.[2]

상대방 환기시키기 → **You should know that** we started to make the goods in the production line as you requested right after we signed the contract. In addition to our efforts,

보충 설명 → **what about** the products that we have produced? We know what you want to do will violate our contract, and you should take some responsibilities. So, why do you have this kind of idea? **We sincerely hope** you can give up the idea ← 간절히 소망함 and abide by the contract, and we are sure that you can receive our products at the expected time.

We are looking forward to your reply after your reconsideration.

Sincerely yours,

Frank

친애하는 Mr. Brown 씨

귀하께서 한 달 전에 하신 주문을 취소하고자 하신다는 메일에 대해 죄송하지만 취소를 해 드릴 수 없다는 것을 알려 드립니다.

귀하께서는 저희가 계약에 사인을 한 직후에 바로 귀하께서 요청하신 대로 생산 라인에 귀하의 제품을 만들기 시작했다는 것을 아셔야 합니다. 저희의 노력도 노력이지만 이미 생산된 제품들은 어떻고요? 귀하께서 원하시는 것이 저희 계약을 위반한다는 것을 저희 모두 잘 알고 있습니다. 그러니 귀하께서는 책임을 지셔야 합니다. 때문에 왜 이런 생각을 하시게 되셨는지요? 저희는 진심으로 귀하께서 그 생각을 접으시고 계약을 이행하시기를 바랍니다. 그리고 저희는 귀하께서 제품들을 예정된 시간에 받아 보실 수 있을 것을 보장드립니다.

재고 후에 귀하의 회신을 기다리고 있겠습니다.

당신의 신실한 Frank

실용 구문

You should know that...
You should know that we started to make the goods in the production line as you requested① right after we signed the contract②.

귀하께서는 저희가 계약에 사인을 한 직후에 바로 귀하께서 요청하신 대로 생산 라인에 귀하의 제품을 만들기 시작했다는 것을 아셔야 합니다.

관련어구
① we started to design the new series
우리는 새로운 시리즈를 디자인했다
Our stock went up
우리 주식이 올랐다
② made the deal 거래를 성사시키다

What about...
What about① the products that we have produced②?

이미 생산된 제품들은 어떻고요?

관련어구
① who would buy 누가 살까?
What can be done with
할 수 있는 일
② are decayed 썩은
are out-of-date 낡은

We sincerely hope...
We sincerely hope you can give up the idea① and abide by the contract②.

저희는 진심으로 귀하께서 그 생각을 접으시고 계약을 이행하시기를 바랍니다.

관련어구
① folow the rules 규칙을 따르다
give us a hand 돕다
② law 법
deal 거래

베껴 쓰기 좋은 문장

1 | In regard to...   …에 관하여

in regard to 뒤에는 명사가 오며 regarding 또는 concerning에 해당한다. 메일의 시작 부분에 사용되었다면 메일의 주제를 나타내는 것이다.

예 In regard to your proposal, we will make a further discussion.
당신의 제안에 관해서 저희는 더 토론을 해 보겠습니다.

2 | We are sorry to inform you that the order can't be cancelled.
상업성 메일을 작성할 때 거절하기

이런 유형의 메일은 보통 자신이 상대방의 요구나 조건, 협의, 요청 등을 받아들일 수 없을 때 사용한다. 메일에 사용되는 어휘는 신중하고 공손해야 한다. 자신의 태도와 이유를 분명히 명시해야 할 뿐만 아니라, 상대방에게 어느 정도 여지를 남겨 받아들일 수 있게 해야 한다.

영문 E-mail 단어

- in regard to phr …에 관하여
- violate v 위반하다, 위배하다
- production line phr 생산라인
- reconsideration n 재고
- effort n 노력

357

바로
베끼기

E-mail sample

From:	David
To:	Beck
Subject:	We Can't Cancel the Order 주문 취소 불가

Dear Mr. Beck,

듣게
되어
유감임

I'm sorry to hear the news that you want to cancel the order. However, I'm writing to inform you that we can't meet your request.

이미
시간이
지남

Firstly, **it has been** two months since you placed the order; during this period we have tried our best to produce the goods that meet your demand. Secondly, the goods were shipped yesterday at the expected time. Thirdly, all products will be delivered on time. By contract, you are not allowed to[1] cancel

특수한
원인이
아닌 이상

the order **without special reason**. Furthermore, something like this has never happened between us during our cooperation. And I think the terms of the

강열한
어감

contract **must be** complied with by both parties.

We hope you can deal with it seriously.

Yours sincerely,

David

친애하는 Mr. Beck 씨

　귀하께서 주문을 취소하고자 하신다는 소식을 알게 되어 유감입니다. 그러나 저희는 귀하의 요청을 받아들일 수 없음을 알려 드리고자 메일 보내 드립니다.

　우선, 귀하께서 주문을 하신 지 이미 두 달이 지났습니다. 이 기간 동안 저희는 이미 최선을 다해 귀하의 요구에 맞추기 위한 제품을 생산했습니다. 둘째로, 제품들은 어제 예정된 시간에 배송되었습니다. 셋째로, 모든 제품들은 제시간에 도착할 것입니다. 계약에 따르면, 귀하께서는 특별한 이유 없이 주문을 취소하실 수 없습니다. 게다가, 저희가 협력하는 동안에 저희 사이에서는 이런 적이 단 한 번도 없었습니다. 그리고 저는 저희 양측 모두 계약의 내용을 준수해야 한다고 생각합니다.

　이를 신중하게 처리하시길 바랍니다.

당신의 신실한
David

바로
배우기

실용 구문

I'm sorry to hear the news that...

I'm sorry① to hear the news that **you want to cancel the order**②.

귀하께서 주문을 취소하고자 하신다는 소식을 알게 되어 유감입니다.

관련어구
① sad 슬픈
   depressed 우울한
② leave out team 우리 팀을 떠나다
   get a refund 환불을 받다

It has been...

It has been **two months**① since you placed the **order**②.

귀하께서 주문을 하신 지 이미 두 달이 지났습니다.

관련어구
① a while 한동안
   half a year 반년
② bought this pair of shoes
   이 신발을 샀다
   installed the software
   소프트웨어를 설치했다

... without special reason.

You are not allowed to① cancel the order without **special reason**②.

귀하께서는 특별한 이유 없이 주문을 취소하실 수 없습니다.

관련어구
① able to …할 수 있는
   entitled to …에 관한
② for any reason 어떤 이유로도
   after 30 days 30일 후에

... must be...

I think the terms of the contract① must be **complied with by both parties**②.

저는 저희 양측 모두 계약의 내용을 준수해야 한다고 생각합니다.

관련어구
① safety rules 안전 규정
   terms of insurance 보험 조건
② all the companies 모든 회사들
   customers and stores
   고객들과 상점들

 바로
적용하기

베껴 쓰기 좋은 문장

1 |You are not allowed to... 누군가에게 어떤 일을 못하게 하다.

'주어 + be동사 + not allowed + to do'는 be allowed to do의 부정형으로 누군가가 무엇을 못하게 하는 것을 나타낸다.

예 We are allowed to speak at the meeting, but not allowed to leave early.
저희가 미팅에서 발언하는 것은 괜찮지만, 자리를 일찍 뜨는 것은 불가능합니다.

 바로
외우기

영문 E-mail 단어

- cancel ⓥ ⓝ 취소, 취소하다
- between prep …사이에
- firstly ad 첫 번째로

- comply ⓥ 준수하다, 이행하다
- furthermore ad 게다가
- seriously ad 신중하게

거절 | Rejection

완곡한 제안 거절 ①

**바로
베끼기** **E-mail sample**

From:	Blake
To:	Donne
Subject:	Declining Your Offer 제안 거절

Dear Mr. Donne,

**내신
감사** **Thanks for your e-mail**, in which you put up your proposal to open a
negotiation with our manager about the price and delivery time of order. **We**
**…하게
되어
기쁨** **will be glad to** meet you, but we are sorry to inform you that we have to
decline your offer at present.

We believe that our manager would be pleased to[1] see you if he were to
be in the company. However, our manager has been to America for business,
and he won't be back until next week. So, **he will not be available** at the time
**그가
없을 것**
**긴급
상황** you suggested. If the negotiation is **a matter of urgency**, you can call our
manager at 0912-345-678.

We hope that you won't be upset by our rejection of your proposal.

Yours sincerely,

Blake

친애하는 Mr. Donne 씨
　저희 사장님과 주문 가격 및 배송 날짜에 대해 상의할 것을 제안한 메일을 보내 주셔서 감사드립니
다. 귀하를 뵐 수 있다면 기쁘겠지만, 안타깝게도 저희는 지금 귀하의 제안을 받아들일 수가 없습니다.
　저희 사장님께서도 만약 회사에 계셨다면 분명 기꺼이 귀하를 뵙고자 하셨을 것입니다. 하지만 저희
사장님께서 사업 때문에 미국에 가셨습니다. 다음 주까지 돌아오지 못하실 것입니다. 때문에 귀하께서
제안하신 시간에 계시지 못할 것 같습니다. 만약 급히 상의할 것이 있으시다면 0912-345-678번으로 저
희 사장님께 전화하시면 됩니다.
　귀하의 제안을 거절한 것이 기분을 많이 상하게 하지 않았으면 좋겠습니다.

당신의 신실한
Blake

실용 구문

Thanks for your e-mail, ...

Thanks for your e-mail, in which you put up proposal to open a negotiation[1] **with our manager about the price and delivery time**[2] **of order.**

저희 사장님과 주문 가격 및 배송 날짜에 대해 상의할 것을 제안한 메일을 보내 주셔서 감사드립니다.

> **관련어구**
> [1] have a meeting 미팅을 하다
> talk 말하다
> [2] shipping method 운송 방법
> payment 지불

We will be glad to...

We will be glad to meet you[1]**, but we are sorry to inform you that we have to decline your offer at present**[2]**.**

귀하를 뵐 수 있다면 기쁘겠지만, 안타깝게도 저희는 지금 귀하의 제안을 받아들일 수가 없습니다.

> **관련어구**
> [1] meet with you 귀하를 뵙다
> have a conversation with you 귀하와 대화를 나누다
> [2] this time 이번에
> for now 잠시

He will not be available...

He will not be available[1] **at the time you suggested.**

그는 귀하께서 제안하신 시간에 계시지 못할 것입니다.

> **관련어구**
> [1] convenient 편한
> okay 가능한

... a matter of urgency...

If the negotiation[1] **is a matter of urgency, you can call**[2] **our manager at 0912-345-678.**

만약 급히 상의할 것이 있으신 것이라면 0912-345-678번으로 저희 사장님께 전화하시면 됩니다.

> **관련어구**
> [1] request 요청
> demand 수요
> [2] contact 연락하다
> connect with 연결하다

베껴 쓰기 좋은 문장

1 | be pleased to... …하게 되어 기쁜

be pleased to는 be willing to에 해당하는 어구로 뒤에는 동사 원형이 온다.

> 예 We are pleased to invite Sam to come to the party.
> 저희는 Sam을 파티에 초대하게 되어 매우 기쁩니다.

영문 E-mail 단어

- **proposal** n 제안, 제의
- **urgency** n 긴급 상황
- **manager** n 관리자, 사장

- **upset** a 속상한, 마음이 상한
- **available** a 이용 가능한, 시간 있는
- **rejection** n 거절

거절 | Rejection

완곡한 제안 거절 ②

E-mail sample

From:	Franklin
To:	Grant
Subject:	A Rejection of Your Proposal 제안 거절

Dear Mr. Grant,

I have received your e-mail, in which you made a proposal about the sales planning. **I do appreciate** your courage and your loyalty to the company. Regretfully, as manager of the sales department, I am unable to accept your proposal.

Our company is still in its infancy. Although we have great confidence in our products,[1] we cannot be so eager to enter the main market and to make big profits. **To ensure** the long-term objective of our company, I have to reject your suggestion. But **it is an honor to** have employees like you in our company who have independent ideas and are willing to share them with us. Thanks for your proposal, and you can talk with me freely if you have any new idea.

Yours sincerely,

Franklin

친애하는 Mr. Grant 씨

　판매 계획에 대한 제안을 해 주신 메일 받았습니다. 회사에 대한 귀하의 용기와 충심에 대해서는 진심으로 감사드립니다. 하지만 안타깝게도 판매 부서의 관리인으로서 저는 귀하의 제안을 받아들일 수 없습니다.

　저희 회사는 아직 시작 단계에 있습니다. 비록 저희 제품에 대한 자신이 있지만, 저희는 주요 시장에 진입해 큰 이익을 남기길 기대할 수는 없습니다. 당사의 장기 목표를 보장하기 위해서 저는 귀하의 제안을 거절할 수밖에 없습니다. 하지만 귀하처럼 독립적인 아이디어를 가지고 함께 그것을 공유하고자 하는 직원을 저희 회사에 둔 것에 대해 매우 영광입니다. 제안해 주셔서 감사합니다. 또 다른 새로운 아이디어가 있으시면 편하게 말해 주세요.

당신의 신실한
Franklin

실용 구문

I do appreciate...

I do appreciate① your courage② and your loyalty to the company.

회사에 대한 귀하의 용기와 충심에 대해서는 진심으로 감사드립니다.

To ensure...

To ensure the long-term objective① of our company, I have to reject your suggestion②.

당사의 장기 목표를 보장하기 위해서 저는 귀하의 제안을 거절할 수밖에 없습니다.

It is an honor to...

It is be an honor to have employees like you in our company① who have independent ideas② and are willing to share them with us.

귀하처럼 독립적인 아이디어를 가지고 함께 그것을 공유하고자 하는 직원을 저희 회사에 둔 것에 대해 매우 영광입니다.

베껴 쓰기 좋은 문장

1 | Although we have great confidence in our product,...
비록 저희 제품에 매우 자신 있지만…

Although는 '비록, …임에도 불구하고'의 뜻을 갖는 접속사이며 but과 함께 쓸 수 없다.

예 Although it's cold, I have to go to work.
비록 날씨가 춥지만, 저는 일하러 가야 합니다.

영문 E-mail 단어

- planning n 계획
- profit n 이익, 이윤
- courage n 용기
- ensure v 보증하다, 담보하다
- loyalty n 충성, 충심

- objective n 목표
- regretfully ad 유감스럽게, 후회하게
- reject v 거절하다
- infancy n 초기, 유아기
- independent a 독립적인

거절 | Rejection

사전 배달 불가

E-mail sample

From:	Henry
To:	Irving
Subject:	Re: Request for Early Delivery 회신 : 사전 배송 요청

Dear Mr. Irving,

듣기로

We have heard the news that you want to ask for an early delivery of goods. But we are sorry we can't advance the delivery time.

We have the whole process proceed according to our contract. You said that you were in urgent need of the products[1], so we have shortened the production period during the negotiation. We have been trying our best to

보장하기
위해서

expedite the production schedule[2] **to make sure** we can deliver goods on time. If you request that we should deliver goods in advance, we are afraid we can't give consideration to the quality of goods, which will affect you and our reputation negatively. So, we can't advance the date of delivery. I hope you can understand and abide by the contract.

We are looking forward to your early reply.

Yours sincerely,

Henry

친애하는 Mr. Irving 씨

상품을 보다 빨리 받아 보시길 요청하신다는 소식을 들었습니다. 하지만 죄송하게도 저희는 사전에 배송을 해 드리지 못할 것 같습니다.

저희는 모든 공정을 계약에 따라 진행하고 있습니다. 귀하께서 급히 상품을 필요로 하신다고 하셨습니다. 때문에 저희는 협상을 진행하는 동안 생산 기간을 줄였었습니다. 저희도 제시간에 상품을 배송해 드리기 위해서 최선을 다해 생산 진도를 가속하고자 해 왔습니다. 만약 귀하께서 더 빨리 배송받기를 원하신다면, 저희는 상품의 질을 보장드릴 수가 없습니다. 그리고 이것은 귀하로 하여금 저희를 부정적으로 평가하게 할 것입니다. 때문에 저희는 배송 날짜를 미리 당겨 드릴 수가 없습니다. 이해해 주시길 바라며 계약에 따라 이행해 주시길 바랍니다.

빠른 회신 기다리고 있겠습니다.

당신의 신실한
Henry

실용 구문

We have heard the news that...

We have heard the news①that you want to ask for an early delivery of goods②.

상품을 보다 빨리 받아 보시길 요청하신다는 소식을 들었습니다.

관련어구
① got the email 메일을 받다
read your application
귀하의 신청서를 읽어보다
② participate in the activity
활동에 참가하다
join our study group
우리 스터디 그룹에 참여하다

... to make sure...

We have been trying our best to expedite the production schedule①to make sure we can deliver goods② on time.

저희도 제시간에 상품을 배송해 드리기 위해서 최선을 다해 생산 진도를 가속하고자 해 왔습니다.

관련어구
① follow the timetable
시간표를 따르다
find a shipping corporation
운송 회사를 찾다
② we will have enough products
우리는 충분한 상품을
갖게 될 것이다
you can have them
귀하께서 그들을 받아볼 수 있다

베껴 쓰기 좋은 문장

1 | You said you were in urgent need of the product.

당사자가 구어로 표현한 말은 'I am in urgent need of the product.'이다. 이는 직접인용이고 간접인용으로 바꿀 때는 '인칭'과 '시제'를 상황에 맞게 변형해야 한다. 본문의 문장으로 예를 들자면 'I'를 'You'로 바꾸고, 원래의 '현재형'을 '과거형'으로 바꿔야 한다.

2 | We have been trying our best to expedite the production schedule. 부정 대명사의 용법

have been doing은 현재완료진행형으로 과거에서부터 현재까지 멈추지 않고 계속해 왔으며 현재도 진행 중임을 나타낸다.

예 Susan has been working for a long time.
Susan은 오랫동안 일을 해 왔습니다.

영문 E-mail 단어

- advance **v** 제출하다, 나아가다
- expedite **v** 가속하다, 촉진하다
- proceed **v** 시작하다, 계속 진행하다

- schedule **n** 스케줄
- shorten **v** 줄이다, 감소시키다
- date **n** 날짜

Unit 11

거절 | Rejection

협조 요청 거절 ①

바로
베끼기

E-mail sample

From:	Tony
To:	Jackson
Subject:	We Can't Give You Assistance 협조해 드릴 수 없습니다.

Dear Jackson,

I have received your letter. Unfortunately, I'm afraid I can't help you there.

관심에
감사드림

Thanks for your attention to our company and the thought to work for our company. But we have been busy with[1] transaction recently, and we hardly hold any job interview this year. Last month, we wanted to hire some professional workers **because** our company was rapidly expanding. And

원인
표현

we have employed several excellent new workers. So, there won't be a job interview this week.

I'm sorry that I can't give you assistance. I sincerely hope you can find a job that suits you and expect that **there will be a chance for our cooperation in the future**.

향후
협조
기대

Yours sincerely,
Tony

친애하는 Jackson 씨

보내 주신 메일 받았습니다. 하지만 불행히도, 귀하를 도와드리지 못할 것 같습니다.

당사에 대한 관심과 저희와 함께 일하고자 고려해 주셔서 감사드립니다. 하지만 저희는 최근 업무로 매우 바쁩니다. 게다가 저희는 올해에 거의 채용 면접을 하지 않았습니다. 지난달에 저희는 사업이 급하게 확장되어서 전문적인 직원 몇 명을 고용하고자 했습니다. 그리고 저희는 몇 명의 출중한 새 직원들을 고용했습니다. 때문에 이번 주에는 채용 인터뷰가 없을 예정입니다.

도와드릴 수 없어 죄송합니다. 진심으로 귀하께 어울리는 직업을 찾기를 바라며, 미래에 저희가 함께 할 기회가 있기를 기대하겠습니다.

당신의 신실한
Tony

366

실용 구문

Thanks for your attention to...

Thanks for your attention to[1] **our company and the thought to work for our company**[2]**.**

당사에 대한 관심과 저희와 함께 일하고자 고려해 주셔서 감사드립니다.

... because...

Last month, we wanted to hire some professional workers[1] **because our company was rapidly expanding.**

지난달에 저희는 사업이 급하게 확장되어서 전문적인 직원 몇 명을 고용하고자 했습니다.

...there will be a chance for our cooperation in the future.

I sincerely hope you can find a job[1] **that suits you and expect that there will be a chance for our cooperation**[2] **in the future.**

진심으로 귀하께 어울리는 직업을 찾기를 바라며, 미래에 저희가 함께할 기회가 있기를 기대하겠습니다.

베껴 쓰기 좋은 문장

1 | have been busy with...   ...로 바쁘다

be busy 뒤에 명사를 붙이고 싶으면 전치사 with이나 at을 사용해야 한다. 동작을 나타내고 싶을 때는 Ving(동명사)를 사용한다.

예 My mother is busy with housework.
저희 어머니께서는 가사로 바쁩니다.

영문 E-mail 단어

- transaction **n** 교역
- excellent **a** 훌륭한, 뛰어난
- hardly **ad** 거의 …않는
- assistance **n** 원조, 도움
- professional **a** 전문적인, 직업의

- suit **a** 알맞은
- rapidly **ad** 신속하게, 빠르게
- cooperation **n** 합작, 협력
- expand **v** 확장하다, 확대하다

거절 | Rejection

협조 요청 거절 ②

바로
베끼기

E-mail sample

From:	Austin
To:	Adams
Subject:	I Can't Supply Assistance to You 도와드릴 수 없습니다.

Dear Adams,

   I'm sorry that I can't supply any assistance to you in asking George to deliver a speech in the seminar next month.

   George will have a full schedule next month. Because the goods we

수요가
큼

produced are **in great demand**, we have got several large orders again from regular customers. And George was expected to visit these business partners and negotiate the price and delivery time with them **in person**. Therefore,

스스로
직접

there is not enough time for him to prepare for the speech, and I am not sure whether I can find someone proficient in[1] French in such a short time. So

유감
표현

I'm very much regretful that I can't be of any assistance to you.

   I hope you will not be annoyed by my rejection.

   Yours sincerely,

   Austin

친애하는 Adams 씨

   다음 달에 있을 세미나에서 George 씨에게 강연을 요청하신 것에 대해 도움을 드릴 수 없음을 알리게 되어 유감입니다.

   George 씨께서는 다음 달에 일정이 꽉 차 있습니다. 저희가 생산하는 상품들의 수요가 매우 큰데다 저희가 단골 고객들로부터 몇몇의 대량 주문을 재차 받았기 때문입니다. 그리고 George 씨께서 직접 이 사업 파트너들을 방문하시고 가격과 운송 시간을 협상할 예정입니다. 때문에 그에게는 강연을 준비할 충분한 시간이 없으며, 이렇게 짧은 시간 내에 프랑스어에 유창한 사람을 찾을 수 있을지도 장담할 수 없습니다. 그래서 귀하께 도움을 드리지 못하게 되어 매우 유감으로 생각합니다.

   저의 거절이 귀하의 기분을 상하게 하지 않았으면 좋겠습니다.

당신의 신실한
Austin

실용 구문

... in great demand...

Because the goods we produced are in great demand[1], we have several large orders again from regular customers[2].

저희가 생산하는 상품들의 수요가 매우 큰데다 저희가 단골 고객들로부터 몇 몇의 대량 주문을 재차 받았기 때문입니다.

① out of stock 매진의
   sold out 매진의
② the coming promotion campaign 다가오는 판촉활동
   these potential clients 이런 잠재 고객들

... in person.

George was expected to visit these business partners[1] and negotiate the price and delivery time with them in person[2].

George 씨께서 직접 이 사업 파트너들을 방문하시고 가격과 운송 시간을 협상 할 예정입니다.

① meet with the customers 고객들을 만나다
   make an appointment with these clients
   이 고객님들과 약속을 잡다
② respectively 따로따로
   by himself 그 혼자서

I'm very much regretful that...

I'm very much regretful[1] that I can't be of any assistance to you[2].

귀하께 도움을 드리지 못하게 되어 매우 유감으로 생각합니다.

① I'm really sorry 매우 죄송합니다
   I'd like to express my apology 귀하께 사과드립니다
② I have to leave now 지금 떠나야 합니다
   I don't have money to lean you 귀하께 빌려 드릴 돈이 없습니다

베껴 쓰기 좋은 문장

1 | be proficient in... ...에 능통한

be proficient in...뒤에는 명사 또는 동명사가 올 수 있으며 be skilled in, be great at... 등에 해당한다.

예 It's difficult to be proficient in a language in a short time.
단기간에 하나의 언어에 능통하기란 어렵습니다.

영문 E—mail 단어

- supply ☑ 제공하다, 공급하다, 주다
- speech ⃞ 연설
- deliver ☑ (연설을)발표하다

- proficient ⓐ 능통한
- seminar ⃞ 세미나
- annoyed ⓐ 기분 상한

Unit 11

거절 | Rejection

고객 소개 거절

바로
베끼기

E-mail sample

From:	Jimmy
To:	Hill
Subject:	I Can't Refer You to Some Clients 고객 소개 불가

Dear Hill,

소식을
접하게 되어
기쁨

I'm so happy to hear from you and learn that you have started your own company recently, but in regard to your request for referring you to some potential customers, I'm sorry that I am unable to help you with that.

Firstly,[1] foreign trade is the main transaction in our company, so all our customers are foreigners. I'm afraid that they won't do business with you because they don't know your products at all. What's more, **I haven't been in touch with** the customers since I was transferred to the research and development department several years ago. Thirdly, your company is in its infancy, so **you should** pay more attention to quality of goods. Customers will find you and do business with you when you win their trust.

아직
연락을
취하지
못함

상대방이
마땅히
해야 함

Yours sincerely,

Jimmy

친애하는 Hill 씨

　　최근에 귀하의 회사를 차렸다는 소식을 듣게 되어 매우 기쁩니다. 하지만 잠재 고객 소개를 요청하신 것에 관해 말씀드리자면, 죄송하지만 그에 대해서는 도움을 드릴 수 없을 것 같습니다.

　　우선, 저희 회사의 주요 업무는 해외 무역입니다. 때문에 저희의 모든 고객님들께서는 외국분이십니다. 그들이 귀하의 제품에 대해 전혀 알지도 못하여 귀하와 함께 사업하기를 꺼리지 않을까 하는 우려가 있습니다. 뿐만 아니라, 제가 몇 년 전에 연구개발 부서로 전근 온 후로부터 저는 고객님들과 연락을 취하지 못했습니다. 세 번째로, 귀사는 현재 시작 단계에 머물고 있습니다. 그러니 귀하께서는 상품의 품질에 더욱 신경을 쓰셔야 합니다. 귀하께서 고객들의 신뢰를 얻으면 고객들은 귀하를 찾고 귀하와 함께 사업을 하고자 할 것입니다.

당신의 신실한
Jimmy

실용 구문

I'm so happy to hear from you...

I'm so happy to hear from you[1] **and learn that you have started your own company recently.**

최근에 귀하의 회사를 차렸다는 소식을 듣게 되어 매우 기쁩니다.

①get your email 귀하의 메일을 받다
have a chat with you
귀하와 대화를 나누다

I haven't been get in touch with...

I haven't been in touch with **the customers[1] since I was transferred to the research and development department[2] several years ago.**

제가 몇 년 전에 연구개발 부서로 전근 온 후로부터 저는 고객님들과 연락을 취하지 못했습니다.

관련어구
①colleagues 동료
suppliers 공급자들
②left the sales department
판매 부서를 떠나다
retired 은퇴하다

You should...

Your company is in its infancy[1], so you should pay more attention to quality of goods[2].

귀사는 현재 시작 단계에 머물고 있습니다. 그러니 귀하께서는 상품의 품질에 더욱 신경을 쓰셔야 합니다.

관련어구
①in phase one 첫 번째 단계의
just begun 갓 시작한
②good partnership
좋은 파트너십
attracting customers
손님을 모으다

베껴 쓰기 좋은 문장

1 | Firstly, ... What's more, ... Thirdly, ... 우선, …게다가, …셋째로…

상업성 메일을 작성할 때는 논리 순서에 주의해야 한다. 예를 들어 본문의 두 번째 문단에서는 내용이 논리적으로 보일 수 있게 논리 순서를 나타내는 연결사를 사용했다.

영문 E-mail 단어

- refer **v** 회부하다
- foreigner **n** 외국인
- potential **a** 잠재적인
- touch **n** 연락

- foreign **a** 외국의
- transfer **v** 전근하다
- transaction **n** 업무, 교역
- infancy **n** 초기, 영아기

거절 | Rejection

요청에 대한 완곡한 거절

E-mail sample

From:	Alice
To:	Jessica
Subject:	Refusing the Invitation 초대 거절

Dear Jessica,

I'm happy to receive your letter, in which you asked me to attend the celebration party of your company on Saturday night, 26th of Dec. **I'd love to,** but I have to refuse your kind invitation, for I'm not feeling well.

I know this is a monumental moment for you, and I also want to witness your success. However, **due to** improper diet, work, and rest, I am in hospital. Fortunately, there is nothing serious, and I will be discharged from the hospital in a week. I'm so regretful[1] that I will miss the celebration party. When I recover fully, I will celebrate your success with you.

Please accept my regrets. Hope you have a good time.

Yours sincerely,

Alice

친애하는 Jessica

　귀하께서 12월 26일 토요일 저녁에 있을 귀사의 축하 파티에 참석을 요청해 주신 메일을 받게 되어 매우 기쁩니다. 저도 정말 가고 싶지만, 몸 상태가 좋지 않아 귀하의 친절하신 초대를 거절해야 할 것 같습니다.

　저도 이게 귀하께 매우 중요한 순간인 것을 잘 알고 있으며, 귀하의 성공에 대한 증인이 되고 싶습니다. 하지만 불규칙적인 식습관, 업무, 그리고 휴식 시간 때문에 저는 지금 입원해 있습니다. 다행스럽게도 심각한 것은 아니며 일주일이면 퇴원을 할 수 있을 것입니다. 이번 축하 파티에 참석하지 못하게 되어 매우 유감입니다. 완전히 회복 된다면 귀하의 성공을 축하드리러 가겠습니다.

　제 사과를 받아 주시길 바라며, 좋은 시간 갖기를 바랍니다.

당신의 신실한
Alice

실용 구문

I'm happy to receive your letter, ...

I'm happy to receive your letter[1], in which you asked me to attend the celebration party of your company[2] on Saturday night, 26th of Dec.

귀하께서 12월 26일 토요일 저녁에 있을 귀사의 축하 파티에 참석을 요청해 주신 메일을 받게 되어 매우 기쁩니다.

> **관련어구**
> ① invitation 초대장
>   text message 문자 메시지
> ② your wedding ceremony 귀하의 결혼식
>   conference call 전화 회의

I'd love to...

I'd love to, but I have to refuse your kind invitation[1], for I'm not feeling well[2].

저도 정말 가고 싶지만, 몸 상태가 좋지 않아 귀하의 친절하신 요청을 거절해야 할 것 같습니다.

> **관련어구**
> ① couldn't make it 할 수 없다
>   am afraid I can't 못 할 것 같다
> ② being extremely busy recently 최근에 매우 바빴다
>   I have a date already 이미 약속이 있다

... due to...

However[1], due to improper diet, work, and rest[2], I am in hospital.

하지만 불규칙적인 식습관, 업무, 그리고 휴식 시간 때문에 저는 지금 입원해 있습니다.

> **관련어구**
> ① Unfortunately 불행히도
>   To be honest 솔직히 말하자면
> ② respiratory infection 호흡기 감염
>   working too hard 과로

베껴 쓰기 좋은 문장

1 | I'm so regretful... …에 대해 죄송하다.

be regretful for 뒤에는 문장과 명사 둘 다 목적어로 취할 수 있다.

예 I'm so regretful for what I have done to you.
내가 당신께 했던 것에 대해 진심으로 미안하다.

영문 E-mail 단어

- **attend** v 참석하다, 출석하다
- **improper** a 적절하지 않은, 예의에 어긋난
- **celebration** n 축하
- **diet** n 음식
- **refuse** v 거절하다
- **serious** a 심각한

- **invitation** n 초대
- **discharge** v 해방되다, 출소하다, 퇴원하다
- **monumental** a 기념적인
- **regretful** a 유감스러운, 후회하는
- **witness** v 증인하다, 증명하다
- **recover** v 회복하다, 쾌유하다

바로
베끼기

E-mail sample

From:	Shelly
To:	Shawn
Subject:	We Can't Change the Date 날짜 변경 불가

Dear Sir Shawn,

Thank you for your letter, in which you told us to change the fixed date of

공손한
거절

negotiation. **I'm sorry, but** the date you suggested inconvenient for us, so we can't accept your demand request fixed.

양보
표현

Though we have no idea what happened to your company, we arranged the date of negotiation last week on a set time which is suitable for us. Besides, you should know that all our staff have been swamped with[1] work recently[2], because we have received a big order from another company, and our manager has a full schedule this month. So **we sincerely hope** you can

진심으로
바람

keep the promise and arrive on the day appointed.

We are looking forward to your reply.

Yours sincerely,

Shelly

친애하는 Shawn 선생님

예정된 협상 날짜를 변경하고자 주신 메일 잘 받았으며, 감사의 말씀 전합니다. 하지만 죄송하게도, 저희는 귀하께서 제안하신 날짜에 맞추기가 힘들 것 같습니다. 때문에 저희는 귀하의 요청에 응해 드릴 수 없습니다.

귀사에 무슨 일이 발생했는지 저희는 알 수 없지만, 저희는 지난주에 이미 양측 모두에게 편리한 협상 날짜를 정했었습니다. 게다가 저희 회사의 모든 직원들은 최근에 다른 회사로부터 대량의 주문을 받아 업무로 매우 바빠 정신이 없다는 것을 알아 주셔야 합니다. 저희 사장님 역시 이번 달에 일정이 꽉 차 있습니다. 때문에 진실로 약속을 지켜 주시길 바라며 저희가 약속한 시간에 나와 주시길 바랍니다.

귀하의 회신 기다리고 있겠습니다.

당신의 신실한
Shelly

실용 구문

I'm sorry, but...

I'm sorry, but the date you suggested[1] inconvenient[2] for us.

죄송하지만 저희는 귀하께서 제안하신 날짜에 맞추기가 힘들 것 같습니다.

Though...

Though we have no idea[1] what happened to your company[2].

귀사에 무슨 일이 발생했는지 저희는 알 수 없지만

We sincerely hope...

We sincerely hope you can keep the promise[1] and arrive on the day appointed[2].

진실로 약속을 지켜 주시길 바라며 저희가 약속한 시간에 나와 주시길 바랍니다.

 베껴 쓰기 좋은 문장

1 | have been swamped with... …로 바빠 정신이 없다.

be swamped with는 명사를 목적어로 취한다.

예 Amy is swamped with the task of collecting data.
Amy는 자료 수집 업무로 바빠서 정신이 없다.

2 | recently 최근에, 근래에

'최근에, 근래에'의 뜻을 나타내는 단어로 자주 쓰이는 것들은 이외에도 in recent years/months/weeks...., these days, currently, lately, latterly, presently 등이 있다.

 영문 E-mail 단어

- fixed **a** 정해진, 고정된
- arrange **v** 배치하다
- inconvenient **a** 불편한
- swamp **v** 침몰하다, 곤경에 처하다
- idea **n** 생각
- promise **v** 약속하다, 지키다

거절 | Rejection

날짜 변경 불가 ②

바로
베끼기

E-mail sample

From:	Austin
To:	Betty
Subject:	We Can't Fix Another Appointment 날짜 변경 불가

Dear Betty,

I have received your letter, but I'm sorry, we can't fix another appointment.

준비
완료

In our company, many things **are brought into readiness** a week in advance. I think maybe something unexpected happened to your corporation, so[1] you want to change the fixed date. However, December 19th, the date you

불편함
표현

suggested, **is inconvenient for us**. Recently, **to expand the market**, we

목적
표현

have been seeking foreign trade partners to do business with. On that day, our manager is appointed to confer with the partner about the future development program of the two companies. So, please handle the thing well as soon as possible and contact us before it is too late.

We are looking forward to your reply.

Yours sincerely,

Austin

친애하는 Betty

보내 주신 메일 받았습니다. 하지만 죄송하게도 저희는 다른 날짜로 약속을 잡을 수 없습니다.

저희 회사에서는 많은 일들이 일주일 전이면 사전에 준비가 완료됩니다. 귀사에 무언가 예상치 못한 일이 일어난 것 같습니다 그래서 정해진 날짜를 변경하고자 하시는 것이겠지요. 그러나 제안해 주신 12월 19일은 저희가 맞춰 드릴 수 없습니다. 최근에 시장을 확장하기 위해 저희는 사업을 함께할 대외 무역 파트너를 구하고 있었습니다. 그날 저희 사장님께서는 2개 회사의 미래 개발 프로그램에 대한 파트너쉽 협상을 진행하기로 약속되어 있습니다. 때문에 이번 일을 가능한 빨리 잘 해결하시길 바라며, 너무 늦기 전에 저희에게 연락 주시길 바랍니다.

회신 기다리고 있겠습니다.

당신의 신실한
Austin

실용 구문

... are brought into readiness...

In our company[1], many things[2] are brought into readiness a week in advance.

저희 회사에서는 많은 일들이 일주일 전이면 사전에 준비가 완료됩니다.

관련어구
[1] As for my habit 제 습관에 관하여
  According to his order
  그의 지시에 따르면
[2] tasks 업무
  projects 프로젝트

... is inconvenient for us...

December 19th, the date you suggested[1], is inconvenient for us.

제안해 주신 12월 19일은 저희가 맞춰 드릴 수 없습니다.

관련어구
[1] the original meeting date
  원래의 회의 날짜
  the time of his speech
  그가 연설하는 시간

To expand the market...

Recently[1], to expand the market, we have been seeking foreign trade partners to do business[2] with.

최근에 시장을 확장하기 위해 저희는 사업을 함께할 대외 무역 파트너를 구하고 있었습니다.

관련어구
[1] This year 올해
  In the future 미래에
[2] expedite the production of
  our goods 상품 생산 속도를 올리다
  found factories abroad
  해외에 공장을 설립하다

베껴 쓰기 좋은 문장

1 | ..., so... ··· 때문에···

so는 '이 때문에'의 뜻을 갖는다. 뒤의 문장은 그 결과가 나온다. 다른 연결사 so that의 뜻은 '···하기 위해', '···할 수 있도록'의 뜻을 가지며 뒤의 문장은 목적을 나타낸다. 둘을 헷갈리지 말아야 한다.

예 I was ill, so I went to a doctor. I took the medicine so that I could get well sooner.
저는 아파서 병원에 갔습니다. 빨리 낫기 위해서 약을 먹었습니다.

영문 E-mail 단어

- readiness **n** 준비 완료, 의향
- market **n** 시장
- in advance **phr** 사전에
- appoint **v** 지명하다, 임명하다, 안배하다
- unexpected **a** 예상치 못한, 의외의

- confer **v** 협상하다, 수여하다
- corporation **n** 회사
- future **a** 미래의
- development **n** 발전

거절 | Rejection

납품 연기 거절 ①

바로
베끼기

E-mail sample

From:	Frank
To:	Blair
Subject:	I Can't Accept Delay in Delivery 배송 지연을 받아들일 수 없습니다.

Dear Blair,

상대방
환기시키기

I'm so sorry that we are informed that you can't deliver the goods on time. However, **you should know that** the delay will cause great inconvenience to us.

급히
필요함

I told you that we were **in urgent need** of the goods before we signed the contract, so you had to ensure that the goods could be delivered on time, and you promised us that. If you could understand our current situation,

기다릴
수 없음

you should know that **we can't wait any longer**. Otherwise, we can't **meet the customers' demand**, which will be bad for my company's reputation.

고객의
요구에
맞춤

Therefore, I have to decline your request for postponing the delivery. I sincerely hope you can understand and I hope to draw your attention to it before it is too late.

I'm looking forward to your reply.

Yours sincerely,

Frank

친애하는 Blair

귀하께서 제시간에 상품을 배송해 줄 수 없다는 소식을 알게 되어 매우 유감입니다. 하지만 귀하께서는 배송 지연이 저희에게 큰 불편을 야기하게 될 것을 알고 계셔야 합니다.

계약에 서명하기 전에 저희는 분명히 상품이 급히 필요하다고 말씀드렸습니다. 그래서 귀하께서는 제때에 상품 배송을 보장해 주셔야만 했고, 그것을 약속하셨습니다. 저희의 현재 상황을 이해하신다면, 귀하께서는 저희가 더 이상 기다릴 수 없다는 것을 알고 계셔야 합니다. 그렇지 않으면 저희는 고객들의 수요를 맞출 수가 없게 되고, 그것은 저희 회사 평판에 악영향을 미칠 것입니다. 그러므로 귀하께서 배송 지연을 요청하신 것에 대해 거절하는 바입니다. 진심으로 귀하께서 이해해 주시기를 바라며 너무 늦기 전에 이에 관심을 기울여 주시길 바랍니다.

회신 기다리고 있겠습니다.

당신의 신실한 Frank

바로 배우기 **실용 구문**

You should know that...
You should know that the delay[1] **will cause great inconvenience**[2] **to us.**

귀하께서는 배송 지연이 저희에게 큰 불편을 야기하게 될 것을 알고 계셔야 합니다.

> 관련어구
> ① cancellation 취소
>   paper work 문서 작업
> ② trouble 문제
>   deficit 손해

... in urgent need...
I told you that we were in urgent need[1] **of the goods before we signed the contract**[2]**.**

계약에 서명하기 전에 저희는 분명히 상품이 급히 필요하다고 말씀드렸습니다.

> 관련어구
> ① emergency demand 급한 수요
>   bad condition 안 좋은 상황
> ② you placed the order
>   당신이 주문하다
>   I bought them for you
>   귀하를 대신해 그것들을 사다

... we can't wait any longer.
You should know that we can't wait any longer[1]**.**

귀하께서는 저희가 더 이상 기다릴 수 없다는 것을 알고 계셔야 합니다.

> 관련어구
> ① finish it on time 제때에 완성하다
>   hire more people
>   더 많은 사람들을 고용하다

... meet the customers' demand...
We can't meet the customers' demand[1]**, which will be bad for**[2] **my company's reputation.**

저희는 고객님들의 수요를 맞출 수가 없게 되고, 그것은 저희 회사 평판에 악영향을 미칠 것입니다.

> 관련어구
> ① maintain the quality of our
>   goods 저희 상품의 품질을 유지하다
>   offer more choices
>   더 많은 선택지를 제공하다
> ② ruin 망치다
>   harm 해치다

 바로 적용하기 **베껴 쓰기 좋은 문장**

1 | I'm sorry that... …에 대해 죄송합니다.

이런 문장은 보통 메일의 도입부에 쓰이며 사과의 표현이다. 기쁨을 나타낼 때는 I'm glad that을 사용하면 된다.

예 I'm sorry that I can't join the party
파티에 참석할 수 없어 죄송합니다.

 바로 외우기 **영문 E-mail 단어**

- inform ⓥ 알리다, 통지하다
- current ⓐ 현재의, 당면한
- cause ⓥ 야기하다

- wait ⓥ 기다리다
- promise ⓥ ⓝ 약속하다, 약속
- postpone ⓥ 연기하다

E-mail sample

From:	John Smith
To:	Paul Walker
Subject:	Decline the Reguest for Postponing the Delivery 배송 지연 요청 거절

Dear Sir Paul Walker,

 I want to show my regret when I learnt that you want to postpone the delivery, but I'm afraid that we can't accept your request.

 Firstly, **since** we have signed the contract, both of us should abide by the terms of the contract. Secondly, **if you insist on** postponing the delivery, we have to stop production, which will make our company suffer losses. Thirdly, if you can't deliver the goods in time, we shall have no choice but to[1] decline the order and do business with other companies. **Thus,** we hope you can reconsider it and try to solve this problem as soon as possible.

We are looking forward to your early reply.

Yours sincerely,

John Smith

- -

친애하는 Pual Walker 선생님

귀하께서 상품 배송을 연기하고자 하신다는 것에 대해 매우 유감입니다. 하지만 안타깝게도 저희는 그 요청을 받아들일 수 없을 것 같습니다.

첫째, 이미 저희가 계약에 서명을 했으니, 양측은 모두 계약 조건을 준수해야만 합니다. 두 번째로, 귀하께서 만약 상품 배송 연기를 고수하신다면, 저희는 생산을 멈춰야 합니다. 그리고 그것은 저희 회사에게 손실을 초래하게 될 것입니다. 세 번째로, 귀하께서 만약 상품을 제때에 배송해 주시지 못하면, 저희는 주문을 취소하고 다른 회사와 사업을 할 수밖에 없습니다. 때문에 그에 대해 다시 한번 고려해 주실 것을 요청 드리는 바이며, 이 문제를 가능한 빨리 해결해 주시길 바랍니다.

빠른 회신 기다리고 있겠습니다.

당신의 신실한
John Smith

380

실용 구문

I want to show my regret...

I want to show my regret when I learnt^① that you want to postpone^② the delivery.

귀하께서 상품 배송을 연기하고자 하신다는 것에 대해 매우 유감입니다.

Since...

Since^① we have signed the contract, both of us should abide by^② the terms of the contract.

이미 저희가 계약에 서명을 했으니, 양측은 모두 계약 조건을 준수해야만 합니다.

If you insist on...

If you insist on postponing^① the delivery, we have to stop production, which will make our company suffer losses^②.

귀하께서 만약 상품 배송 연기를 고수하신다면, 저희는 생산을 멈춰야 합니다. 그리고 그것은 저희 회사에게 손실을 초래하게 될 것입니다.

Thus, ...

Thus, we hope you can reconsider it^① and try to solve this problem as soon as possible^②.

때문에 그에 대해 다시 한번 고려해 주실 것을 요청드리는 바이며, 이 문제를 가능한 빨리 해결해 주시길 바랍니다.

 베껴 쓰기 좋은 문장

1 | have no choice but... …외에 선택지가 없습니다.

have no choice but to do sth.의 주어는 사람이며 어쩔 수 없음을 나타낸다.

예 I had no choice but to leave in silence.
조용히 떠나는 것 말고는 선택지가 없었습니다.

영문 E-mail 단어

- postpone **v** 연기하다, 지연하다
- loss **n** 손실, 손해, 손상
- abide **v** 준수하다
- choice **n** 선택
- insist on **phr** …를 고집하다
- problem **n** 문제

Unit 11 거절 | Rejection

계약 이행 불가 ①

바로 베끼기 **E-mail sample**

From:	Beck
To:	Mike White
Subject:	We Can't Fulfill the Contract 계약을 이행할 수 없습니다.

Dear Mike White,

계속할 수 없음

We are sorry to inform you that **we can't continue to** fulfill the contract by virtue of the quality problem of the goods you have provided.

…에 안 좋은 영향을 미침

We hear many grumbles from customers that the products they purchased don't work well, **which is bad for** our company's reputation. People are **not willing to** purchase goods from our company, not only the goods you have provided, but[1] some others as well. Therefore, I hope you can take it seriously, and inspect the factory regularly. In the case of[2] the contract we have made, we want to cancel it for the problems mentioned above.

원치 않음

We're looking forward to your early reply and hope you can give us a solution to the problem.

Yours sincerely,

Beck

친애하는 Mike White

귀하께서 제공해 주신 상품들의 품질 문제 때문에 계속해서 계약을 이행할 수 없게 되었음을 알리게 되어 유감입니다.

저희는 고객님들로부터 그들이 구매한 상품이 잘 작동하지 않는다는 불평을 많이 들었습니다. 그리고 이것은 저희 회사 평판에 좋지 않은 영향을 미칩니다. 사람들은 귀하께서 제공한 상품뿐만 아니라 다른 상품들 역시 저희 회사에서 구매하고자 하지 않습니다. 그러므로 귀하께서 이를 심각하게 받아들여 주시길 바라며, 정기적으로 공장을 시찰하시길 바랍니다. 저희가 했던 계약에 관해서 저는 앞서 언급한 문제들을 이유로 취소하고자 합니다.

빠른 회신 기다리고 있겠으며, 귀하께서 이 문제에 대한 해결책을 제시해 주기를 바랍니다.

당신의 신실한
Beck

실용 구문

We can't continue to...

We can't continue to fulfill the contract by virtue of①the quality problem② of the goods you have provided.

귀하께서 제공해 주신 상품들의 품질 문제 때문에 계속해서 계약을 이행할 수 없게 되었습니다.

관련어구
① an account of …때문에
  owing to …때문에
② wrong price 잘못된 가격
  different color 다른 색상

...which is bad for...

We hear many grumbles①from customers that the products they purchased don't work well, which is bad for our company's reputation②.

저희는 고객님들로부터 그들이 구매한 상품이 잘 작동하지 않는다는 불평을 많이 들었습니다. 그리고 이것은 저희 회사 평판에 좋지 않은 영향을 미칩니다.

관련어구
① complaints 컴플레인, 불평
  reviews 평가
② credit 신용
  fame 명성

...not willing to...

People are not willing to purchase①goods from our company, not only the goods you have provided, but some others② as well.

사람들은 귀하께서 제공한 상품뿐만 아니라 다른 상품들 역시 저희 회사에서 구매하고자 하지 않습니다.

관련어구
① search for …를 찾다
  recommend 추천하다
② the new-released goods
  새로 출시된 상품들
  the goods from other
  departments 다른 부서의 상품들

베껴 쓰기 좋은 문장

1 | not only the goods you provided, but some others as well..
귀하께서 제공하신 상품들뿐만 아니라 다른 것들도…

선택관계 또는 병렬관계를 나타내는 연결사로 자주 쓰이는 것들은 either...or..., neither...nor...., as well as, and, both...and..., but also... 등이 있다.

2 | In the case of ... …에 대해서

in the case of는 '…에 대해서' 뿐만 아니라 '…한 상황에서'의 뜻도 가질 수 있으며, 보통 문두에 위치한다.
예 In the case of the result, I can't believe it at all
   이 결과에 대해서 저는 전혀 믿을 수가 없습니다.

영문 E-mail 단어

- continue ⓥ 계속하다, 지속하다
- willing ⓐ 원하는
- by virtue of phr …때문에, …덕에
- regularly ad 정기적으로
- grumble ⓝ 불평
- above ad 이상의, 위의

383

거절 | Rejection

계약 이행 불가 ②

바로
베끼기

E-mail sample

From:	Lucy
To:	Irving
Subject:	We Can't Perform the Contract 계약을 이행할 수 없습니다.

Dear Sir Irving,

I'm pleased to hear from you, and we are honored to **get your recognition** 인정
받음
by our products, but we are incapable of[1] fulfilling the terms of the contract. So
we have to decline to do business with you.

오랫
동안   **For a long time,** all our products have won customers' favor with their
excellent quality and reasonable price. And get, maybe you have noticed that
there is a recession in the whole economic environment now. And **you are** 상대방의
요구
also asking for a much higher discount in the contract to ensure your profits.
Unfortunately, we cannot perform the contract. In order to support our staff and
keep the company running normally, we have to abide by our principle. I hope
you can understand this.

We are sorry about it and we are waiting for your reply.

Yours sincerely,

Lucy

친애하는 Irving 선생님

귀하께 소식을 들어 매우 기쁩니다. 그리고 귀하께서 저희 상품을 인정해 주셔서 매우 영광입니다. 하지만 저희는 계약을 이행할 수가 없습니다. 때문에 귀하와의 사업을 취소해야 할 것 같습니다.

오랜 시간 동안 저희 제품은 훌륭한 품질과 합리적인 가격으로 고객님들의 사랑을 받아 왔습니다. 하지만 귀하께서도 알고 계실 수 있겠지만, 현재 전반적인 경제 환경이 쇠퇴기에 있습니다. 게다가 귀하께서는 귀하의 이익을 보장하기 위해 보다 높은 할인을 요청하셨습니다. 불행히도 저희는 계약을 이행할 수 없습니다. 저희 직원들을 지원하고 회사의 정상적인 운영을 위해서 저희는 저희의 원칙을 준수해야만 합니다. 이를 이해해 주시길 바랍니다.

이에 대해 죄송하게 생각하며, 귀하의 회신 기다리겠습니다.

당신의 신실한
Lucy

실용 구문

... get your recognition...

I'm pleased to hear from you and we are honored to get your recognition① by our products, but we are incapable of fulfilling the terms of the contract②.

귀하께 소식을 들어 매우 기쁩니다. 그리고 귀하께서 저희 상품을 인정해 주셔서 매우 영광입니다. 하지만 저희는 계약을 이행할 수가 없습니다.

> **관련어구**
> ① recommendation 추천
>   praise 칭찬
> ② giving you any discount
>   어떠한 할인을 제공하다
>   customization 주문 제작 서비스

For a long time, ...

For a long time, all our products① have won customers' favor with their excellent quality and reasonable② price.

오랜 시간동안 저희 제품은 훌륭한 품질과 합리적인 가격으로 고객님들의 사랑을 받아 왔습니다.

> **관련어구**
> ① mobile phones 휴대폰
>   services 서비스
> ② affordable 지불할 수 있는
>   inexpensive 비싸지 않은

You are also asking for...

You are also asking for a much lower discount① in the contract to ensure your profits②.

게다가 귀하께서는 귀하의 이익을 보장하기 위해 보다 높은 할인을 요청하셨습니다.

> **관련어구**
> ① expense 지출
>   cost 자본
> ② benefits 복리
>   right 권리

베껴 쓰기 좋은 문장

1 ㅣ We are incapable of.. 저희는 …를 할 수 없습니다.

incapable은 형용사로 보통 전치사 of와 자주 결합하여 쓰인다. 뒤에는 명사나 동명사를 목적어로 취한다.

예 Mary is incapable of telling a lie to her parents.
Mary는 그녀의 부모님께 거짓말을 할 수 없다.

영문 E-mail 단어

- recognition **n** 인정
- environment **n** 환경
- incapable **a** 무능한, 승임할 수 없는
- ensure **v** 보장하다
- fulfill **v** 완성하다, 이행하다, 집행하다
- perform **v** 완성하다, 집행하다

- favor **n** 편애, 선행
- support **v** 지지하다, 지원하다
- reasonable **a** 합리적인, 공도의
- normally **ad** 정상적으로
- recession **n** 쇠퇴, 쇠퇴기

385

Unit 12

사과 | Apologizing

샘플 발송 지연

E-mail sample

From:	Edmund Watson
To:	Jeffery Noel
Subject:	Sorry for the Delayed Delivery of Samples 샘플 발송 지연 사과

Dear Mr. Noel,

우선

First of all, please allow me to express my sincere apology to you for the unpleasant delay of the delivery of samples. It cannot be denied that[1] we should have carried out the promise and sent you the free samples earlier. However, we ran into trouble three days ago. The machines were out of order all of a sudden. The mechanic spent a whole day trying to find out the problem and solve it. **As a result,** the samples did not become available until two days later than scheduled.

이 때문에

It's patently obvious that the delivery of the samples has to be delayed for some time. I'm genuinely sorry for that. **Would it be possible** for us to send you the samples tomorrow morning? Thanks in advance for your understanding.

가능
여부
문의

Yours sincerely,
Edmund Watson

친애하는 Mr. Noel 씨

우선 샘플 발송 지연에 대해 신실한 사과를 표하는 바이며 제 사과를 받아 주시길 바랍니다. 귀하와의 약속을 지키고 더 일찍 무료 샘플을 보내 줘야만 했다는 것은 부정할 수 없는 사실입니다. 하지만 3일 전에 저희는 문제에 봉착하게 되었습니다. 기계가 갑자기 고장 나버린 것입니다. 기사님께서 무엇이 문제인지 찾아내고 해결하는 데까지 꼬박 하루가 걸렸습니다. 결과적으로 샘플은 예정되었던 날짜가 지난 이틀 후에야 준비가 되었습니다.

그에 따라 당연히 샘플 배송도 어쩔 수 없이 어느 정도 지연될 수밖에 없었습니다. 진심으로 이에 대해 사과드립니다. 내일 오전에 샘플을 보내 드려도 될까요? 이해해 주셔서 미리 감사의 말씀 전합니다.

당신의 신실한
Edmund Watson

실용 구문

First of all, ...

First of all, please allow me to express my sincere apology to you for the unpleasant delay① of the delivery of samples②.

우선 샘플 발송 지연에 대해 신실한 사과를 표하는 바이며 제 사과를 받아 주시길 바랍니다.

관련어구
① accidental missing 사고로 분실
   breaking 파손
② magazine 잡지
   flight 항공편

As a result, ...

As a result, the samples did not become available① until two days later than scheduled②.

결과적으로 샘플은 예정되었던 날짜가 지난 이틀 후에야 준비가 되었습니다.

관련어구
① ready 준비된
   sufficient 충분한
② after the day we expected
   예정된 날짜 이후에
   yesterday 어제

Would it be possible...

Would it be possible for us① to send you the samples② tomorrow morning?

내일 오전까지 샘플을 보내 드려도 될까요?

관련어구
① Are we allowed …해도 될까요?
   Is it acceptable
   받아들일 수 있나요?
② furniture 가구
   goods 상품

 베껴 쓰기 좋은 문장

1 | It cannot be denied that...   …를 부정할 수 없다.

이는 화자가 진리 또는 사실이라고 믿는 것을 표현하기 위해 사용되는 문구로 There is no denying (the fact) that..., No one can deny that... 등에 해당한다.

예 It cannot be denied that they have good reason to refuse to make an exception in your case.
그들은 당신의 상황을 예외로 두며 거절할 충분한 이유가 있다는 것에 대해 부정할 수 없습니다.

영문 E-mail 단어

- deny ☑ 부정하다, 부인하다
- sudden ⓝ 갑자기 발생한 일
- carry out phr 실행하다, 집행하다
- mechanic ⓝ 기계공, 기사
- run into phr 완성하다, 이행하다, 집행하다

- find out phr 찾아내다
- genuinely ad 진심으로, 성실히
- patently ad 명확하게, 두드러지게
- out of order phr 고장 나다
- obvious ⓐ 분명한, 명확한, 확실한

사과 | **Apologizing**

회신 지연

E-mail sample

바로
베끼기

From:	Jeremy Faulkner
To:	Monroe Harding
Subject:	Sorry for the Delayed Delivery of Revised Contract 계약 수정본 배송 지연에 대한 사과

Dear Mr. Harding,

사과
표현

Please accept my sincere apology for the unpleasant delay in returning the revised contract. However, there is still some doubt as to[1] the terms and conditions of the draft contract.

If I'm not mistaken, the bridge renewal project **is expected to** complete the structural upgrade and the preservation of the stone facing of the bridge. Thus we should manage to take all factors into consideration in the project. **It seems that** you do not put great emphasis on this point in the contract. Would it possible for me to get a clear idea of your point of view ?

···해야
함

···인 것
같음

Attached, please find the revised contract. Please feel free to contact me, if need be.

Yours faithfully,

Jeremy Faulkner

친애하는 Harding 씨

귀하께 수정된 계약서를 보내는 것이 연기된 것에 대해 진심으로 사과드립니다. 그러나 계약 초안의 조건들에 관해서는 아직 몇 가지 의문이 있습니다.

제가 잘못 안 것이 아니라면, 이번 교량 재건 프로젝트는 이미 구조 업그레이드와 교량 석재 표면의 보수 작업이 모두 완성되어야 합니다. 그러므로 귀하께서는 프로젝트의 모든 요소들을 고려하셔야 합니다. 하지만 귀하께서는 계약에서 이 부분에 대해 크게 강조를 하지 않으신 것으로 보입니다. 귀하의 관점을 제게 조금 더 명확히 설명해 주실 수 있을까요?

수정된 계약서 첨부합니다. 필요하시다면 편하게 연락 주세요.

당신의 신실한
Jeremy Faulkner

실용 구문

Please accept my sincere apology for...

Please accept my sincere apology for the unpleasant^① delay in returning the revised contract^②.

귀하께 수정된 계약서를 보내 드리는 것이 연기된 것에 대해 진심으로 사과드립니다.

관련어구
① serious 심각한
   unexpected 예상치 못한
② new product 신제품
   updated manuscript 최신의 원고

... is expected to...

The bridge renewal project is expected to^① complete the structural upgrade and the preservation of the stone facing^② of the bridge.

이번 교량 재건 프로젝트는 이미 구조 업그레이드와 교량 석재 표면의 보수 작업이 모두 완성되어야 합니다.

관련어구
① is aimed to ⋯를 지향하다
   is supposed to ⋯해야 한다
② colored glass 컬러 유리
   decorations 장식품

It seems that...

It seems that you do not put great emphasis on^① this point in the contract^②.

귀하께서는 계약에서 이 부분에 대해 크게 강조를 하지 않으신 것으로 보입니다.

관련어구
① try to describe 설명하려 하다
   write down 쓰다
② discussion 토론
   previous meeting 사전 미팅

베껴 쓰기 좋은 문장

1 | However, there is still some doubt as to⋯
하지만 ⋯에 관한 의문이 아직 남아있습니다.

doubt는 '의문, 의구심'을 나타내며 가산명사나 불가산명사로 쓰일 수 있다. 보통은 전치사 about, as to(뒤에 명사구 또는 whether이 이끄는 절을 목적어로 취한다)와 결합한다.

예 However, there is still some doubt as to **whether the draft amendment will meet with their approval.**
그러나 수정된 초안이 그의 승인을 받을 수 있을지는 아직 의문이 남아있습니다.

영문 E-mail 단어

- **unpleasant** a 기분 상하게 하는
- **preservation** n 보호
- **doubt** n 의심, 의구심
- **facing** n 표면, 외장
- **complete** v 완성하다, 완성시키다

- **thus** ad 그러므로
- **structural** a 구조의, 구조적인
- **emphasis** n v 강조하다, 강조
- **upgrade** n 갱신, 승급
- **point of view** phr 관점, 견해

Unit 12

사과 | **Apologizing**

운송 지연

E-mail sample

From:	Antonio Johnson
To:	Billy Edwards
Subject:	Sorry for the Delayed Shipment 운송 지연 사과

Dear Mr. Edwards,

First of all, please accept my sincere apology to you for the delayed shipment. We received your irrevocable L/C in our favor a week before. **Accordingly,** we should ship your order No. 0976 immediately. However, we regret to inform you that the shipment has to be delayed for some time.

> 앞서 언급한 듯이

The weather forecast says that[1] there will be a dense fog in the following week. As a result, all the delivering and receiving operations at the dock have been suspended. We have no option but to wait for the foggy weather to pass. **I'm genuinely sorry for** the inevitable unpleasant delay. **You can rest assured that** we will ship your order as soon as the dense fog dissipates.

> 진심으로 죄송함

> 상대방 안심 시키기

Thanks in advance for your kind understanding.

Truly yours,

Antonio Johnson

친애하는 Mr. Edwards 씨

우선 운송이 지연된 것에 대해 진심으로 사과드립니다. 저희는 귀하께서 저희 명의로 개설해 주신 취소 불능 신용장을 일주일 전에 받아 보았습니다. 이에 따라 저희는 귀하의 0976번 주문을 바로 보내 드렸어야 합니다. 하지만 운송이 어느 정도 지연될 것임을 알리게 되어 매우 유감입니다.

일기예보에 따르면 다음 주에 짙은 안개가 있을 것이라 하였습니다. 결과적으로 부두에서의 운송과 수령 작업이 잠시 불가능한 상태입니다. 저희는 안개가 갤 때까지 기다릴 수밖에 없습니다. 불가피한 운송 지연에 대해 진심으로 사과드립니다. 안개가 사라지자마자 귀하의 주문을 배송해 드릴 테니 안심하셔도 됩니다.

이해해 주셔서 미리 감사의 말씀 올리겠습니다.

당신의 진실한

Antonio Johnson

실용 구문

Accordingly, ...

Accordingly, we should ship your order No. 0976[1] immediately[2].

이에 따라 저희는 귀하의 0976번 주문을 바로 보내 드렸어야 합니다.

> **관련어구**
> ① give you a reply 회신 주다
>   fix the machine 기계를 고치다
> ② as soon as possible 가능한 빨리
>   by Monday 월요일까지

I'm genuinely sorry for...

I'm genuinely[1] sorry for the inevitable unpleasant delay[2].

불가피한 운송 지연에 대해 진심으로 사과드립니다.

> **관련어구**
> ① quite 상당한, 꽤
>   extremely 극도의
> ② accident 사고
>   natural disaster 천재지변

You can rest assured that...

You can rest assured that we will ship your order[1] as soon as the dense fog dissipates[2].

안개가 사라지자마자 귀하의 주문을 배송해 드릴 테니 안심하셔도 됩니다.

> **관련어구**
> ① be on our way 가는 길에
>   send you the goods
>   상품을 보내 드리다
> ② the shipment company opens
>   운송 회사가 열다
>   we find a suitable container
>   적당한 컨테이너를 찾다

베껴 쓰기 좋은 문장

1 | The weather forecast says that...   일기예보가 말하길…

The (weather) forecast says that은 According to the (weather) forecast, it...에 해당하는 어구이다. fore-cast는 '예측, 예보'의 뜻을 가지며 가산명사나 타동사로 사용될 수 있다.

> 예 The (weather) forecast says that the heavy snow is likely to last for two days.
> 일기예보가 말하길 이번 폭설은 이틀 정도 지속될 것이라고 하였습니다.

영문 E-mail 단어

- shipment **n** 운송, 해운
- operation **n** 동작, 활동, 작업
- accordingly **ad** 따라서
- dock **n** 부두
- dense **a** 농도가 높은, 진한

- foggy **a** 안개 낀
- fog **n** 안개
- inevitable **a** 피할 수 없는
- following **a** 이어지는
- dissipate **v** 사라지다, 소멸되다

사과 | **Apologizing**

납품 지연 ①

E-mail sample

From:	Martin
To:	Nick
Subject:	Apology for Delayed Delivery 배송 지연 사과문

Dear Sir Nick,

I'm sorry to inform you that we have to delay the delivery date.[1]

We should have completed the task on time. However, something unexpected happened. Several machines stopped working yesterday.[2] Though we have ordered some new machines, they will not arrive until the end of the week. **During this time,** besides all the rest of the machines, all the employees are forced to work day and night to finish your order. **You can rest assured that** we will manage to reduce your loss and compensate for it.

이 시기에

상대방
안심
시키기

We will try our best to meet the deadlines when the machines arrive. Finally, we hope you can continue to purchase items from our company, because we have confidence in the quality of our products.

Yours sincerely,

Martin

친애하는 Nick 선생님

배송 일자를 미뤄야 하게 되었음을 알리게 되어 진심으로 사과드립니다.

저희는 제때에 일을 마쳤어야 했습니다. 하지만 예상치 못한 일이 발생했습니다. 어제 몇몇의 기계들이 작동을 멈췄습니다. 새 기계들을 몇 대 주문했었지만 이번 주가 지나야 물건을 받아 볼 수 있습니다. 이 기간 동안에 남은 기계들 외에도 저희 모든 직원들이 밤낮없이 귀하의 주문을 맞추고자 열심히 일했습니다. 저희는 최선을 다해 귀하의 손실을 줄일 것이며, 그에 대한 보상을 해 드릴 테니 안심해 주세요.

기계가 도착하자마자 저희는 최선을 다해 마감일을 맞춰 볼 것입니다. 마지막으로, 저희는 제품의 품질에 대해 자신이 있으니 계속해서 저희 회사의 제품들을 구매해 주시길 바랍니다.

당신의 신실한
Martin

실용 구문

During this time, ...

During this time, besides all the rest of the machines, all the employees are forced to work day and night① **to finish your order**②.

이 기간 동안에 남은 기계들 외에도 저희 모든 직원들이 밤낮없이 귀하의 주문을 맞추고자 열심히 일했습니다.

관련어구
① restlessly 쉬지 않고
   eighteen hours a day
   하루에 18시간
② prepare for new products
   신제품들을 준비하다
   fulfill the demand
   수요를 맞추다

You can rest assured that...

You can rest assured that we will manage to reduce your losses① **and compensate for it**②.

저희는 최선을 다해 귀하의 손실을 줄일 것이며, 그에 대한 보상해 드릴 테니 안심해 주세요.

관련어구
① minimize the deficit
   손실을 최소화하다
   finish our work
   우리의 일을 마치다

베껴 쓰기 좋은 문장

1 | I'm sorry to inform you that we have to delay the delivery.
상업성 메일을 작성할 때 사과하기

사과문을 쓸 때와 비슷하며, 궁극적인 목표는 상대방에게 사과를 하는 데에 있다. 자신의 실수나 과오를 회피하려 하지 말고 잘못을 인정해야 하며 상대방에게 사과를 하고 용서를 구해야 한다. 만약 가능하다면 자신의 잘못에 대해 보상할 수 있는 대책이나 방법 또는 그 노력을 서술하고 개선할 것이라는 성의를 표해야 한다.

2 | Several machines stopped working yesterday.
어제 몇몇의 기계가 작동을 멈췄습니다.

stop 뒤에는 부정사가 올 수도 있고 동명사가 올 수도 있다. 전자는 무언가를 하기 위해 멈췄음을 나타내고, 후자는 하던 동작을 멈추는 것을 나타낸다.

예 Please stop talking.
대화를 멈춰 주세요.

영문 E-mail 단어

- **task** n 업무, 과업, 작업
- **reduce** v 줄이다, 감소시키다, …로 회귀하다
- **unexpected** a 예상치 못한
- **compensate** v 보상하다

- **the rest** phr 남은 부분, 나머지
- **deadline** n 마감 기한
- **day and night** phr 밤낮없이
- **have confidence in** phr …에 자신 있다

사과 | Apologizing

납품 지연 ②

바로
베끼기

E-mail sample

From:	Robert
To:	Simon
Subject:	Apology for the Late Delivery 늦은 배송에 대한 사과

Dear Sir Simon,

We are sorry that we can't deliver your products on time. Please accept our profound apologies for the delay.

너무
많은...
때문에

On account of[1] the great demand of the products you ordered, we have received **so many orders of them that** they are out of stock at the moment. So **we are unable to** fulfill your order on December 26th by the requested delivery date. We have tried to replenish our stock as soon as possible, but the products are not expected to arrive until three days from now. We will deliver your products when they arrive, and you are expected to receive your order within a week. We are sorry for the undesirable inconvenience caused by the delay. I hope you can understand. In addition, **we honestly hope** to continue serving you in the future.

불가능
함

희망
표현

Yours sincerely,

Robert

친애하는 Simon 선생님

저희가 제시간에 귀하의 상품들을 배송해 드리지 못해 죄송합니다. 지연에 대해 깊은 사과드립니다.

귀하께서 대량으로 상품을 주문해 주셨기 때문에 저희는 너무 많은 주문을 받아 현재 재고가 없는 상태입니다. 때문에 요청하신 배송 일자인 12월 26일까지 귀하의 주문을 완성하지 못하게 되었습니다. 저희는 최대한 빨리 재고를 다시 채워 보려 했습니다. 하지만 제품들은 지금으로부터 3일 후에야 도착합니다. 상품들이 도착하자마자 귀하께 상품을 보내 드리겠습니다. 그리고 귀하께서는 일주일 내에 주문하신 상품들을 받아 보실 수 있을 것입니다. 배송 지연으로 인해 원치 않은 불편을 초래하게 되어 진심으로 죄송합니다. 이해해 주시길 바랍니다. 그리고 앞으로도 귀하께 계속해서 서비스를 제공할 수 있기를 진심으로 희망합니다.

당신의 신실한
Robert

실용 구문

... so many orders of the products that...

On account of[1] **the great demond of the products you ordered, we have received** so many orders of them that **they are out of stock**[2] **at the moment.**

귀하께서 대량으로 상품을 주문해 주셨기 때문에 저희는 너무 많은 주문을 받아 현재 재고가 없는 상태입니다.

관련어구
① As a result of …의 결과로
   Due to …때문에
② insufficient 불충분한
   not available 공급할 수 없는

We are unable to...

We are unable to fulfill[1] **your order on December 26**[th] **by the requested**[2] **delivery date.**

요청하신 배송일자인 12월 26일까지 귀하의 주문을 완성하지 못하게 되었습니다.

관련어구
① send 보내다
   complete 완성하다
② specified 특정한
   mentioned 언급한

We honestly hope...

In addition[1]**, we honestly hope to continue serving you**[2] **in the future.**

그리고 앞으로도 귀하께 계속해서 서비스를 제공할 수 있기를 진심으로 희망합니다.

관련어구
① To tell the truth 솔직히 말씀드리면
   Therefore 그러므로
② cooperate with you
   귀사와 협력하다
   offer you materials
   귀하께 재료를 제공하다

 베껴 쓰기 좋은 문장

1 | On account of... …때문에

on account of는 because of, due to... 등에 해당하는 어구로 명사를 목적어로 취하며 '이유'를 나타낸다.

예 On account of the bad weather, the meeting has to be put off.
날씨가 좋지 않아 미팅을 미룰 수밖에 없습니다.

 영문 E-mail 단어

- profound a 농후한, 심오한
- replenish v 보충하다, …를 채우다
- at the moment phr 지금, 이때, 현재에

- undesirable a 원치 않은
- request v 요청하다
- honestly ad 정직하게

사과 | **Apologizing**

발송 지연

E-mail sample

From:	Ralph Mellon
To:	Thomas Jefferson
Subject:	Sorry for the Delayed Invoice 송장 발송 지연에 대한 사과

Dear Mr. Jefferson,

진심으로
사죄드림

상대방이
말했듯이

First of all, **please accept our sincere apology to you** for the delayed commercial invoice. **As you have mentioned** in your last E-mail, the formal commercial invoice for the jewelry was somehow missing when you received the goods. However, I remember we did send you the formal commercial invoice along with the goods. I just cannot understand[1] what on earth was wrong. Maybe the invoice was misplaced with another set of goods. Or it might have got lost in the shipment. Anyway, we are genuinely sorry for the mistake.

예외가
없다면

A new commercial invoice was issued and sent to you this morning by courier. **Barring accidents,** you will receive it in two days. Please feel free to contact me if need be.

Yours faithfully,

Ralph Mellon

친애하는 Mr. Jefferson 씨

우선, 상업 송장 발송이 지연된 것에 대해 진심으로 사과드립니다. 귀하께서 지난 메일에서 언급하셨던 것과 같이 상품들을 받아 보셨을 때 왜인지 모르겠지만 보석의 공식 상업 송장이 사라졌었습니다. 그러나 저는 분명 공식 상업 송장을 상품들과 함께 보내 드렸던 것으로 기억합니다. 무엇이 잘못되었는지 도무지 이해를 할 수가 없습니다. 어쩌면 송장이 다른 상품 세트에 잘못 놓인 것일지도 모르겠습니다. 아니면 운송 중에 잃어버리게 된 것일지도 모르겠네요. 어쨌든 이번 실수에 대해 진심으로 사과드립니다.

새 상업 송장을 발행했으며 귀하께 오늘 오전에 택배로 보내 드렸습니다. 별다른 일이 없다면, 귀하께서는 이틀 뒤에 받아 보시게 될 것입니다. 필요하시다면 편하게 연락 주시길 바랍니다.

당신의 충실한

Ralph Mellon

실용 구문

Please accept our sincere apology to you...

Please accept our sincere① apology to you for the delayed commercial invoice②.

상업 송장 발송이 지연된 것에 대해 진심으로 사과드립니다.

> 관련어구
> ① deep 깊은
> genuine 진짜의
> ② response 대답
> monthly report 월별 보고

As you have mentioned...

As you have mentioned in your last E-mail, the formal commercial invoice① for the jewelry was somehow missing② when you received the goods.

귀하께서 지난 메일에서 언급하셨던 것과 같이 상품들을 받아 보셨을 때 왜인지 모르겠지만 보석의 공식 상업 송장이 사라졌었습니다.

> 관련어구
> ① cleaning tool 청소 도구
> protective case 보호 상자
> ② absent 없는
> dampened 젖은

Barring accidents, ...

Barring accidents, you will receive it in two days①. Please feel free② to contact me if need be.

별다른 일이 없다면, 귀하께서는 이틀 뒤에 받아 보시게 될 것입니다. 필요하시 다면 편하게 연락 주시길 바랍니다.

> 관련어구
> ① by tomorrow 내일
> soon 곧
> ② okay 문제 없는
> comfortable 편안한

베껴 쓰기 좋은 문장

1 | I just cannot understand... ···를 도무지 이해할 수가 없습니다.

뒤에 what, why, how 등이 이끄는 절을 목적어로 취하여 I don't know와 같은 뜻을 갖는다. 반대 의미의 문 구로는 I quite understand that...이 있다.

> 예 I just cannot understand why you came to such a foolish decision.
> 당신께서 어째서 이렇게 우둔한 결정을 내리셨는지 저는 도무지 이해를 할 수가 없습니다.

영문 E-mail 단어

- jewelry **n** 보석
- on earth **phr** 도무지
- somehow **ad** 왜 그런지

- misplace **v** ···을 잘못 두다
- missing **a** 사라진
- lost **a** 잃어버린, 사라진

Unit 12

사과 | Apologizing

신용장 개설 지연

바로 베끼기 **E-mail sample**

From:	Andy Hanson
To:	Kevin Steele
Subject:	Sorry for the Delayed L/C 신용장 개설 지연에 대한 사과

Dear Mr. Steele,

I'm writing in reply to your E-mail of October 19th.

First of all, thanks a lot for your kind warning. It's strange that[1] I did not receive your E-mail of October 11th. Maybe it was sent to someone else

잘못 전하다

by mistake. Anyway, **it's my fault that** I failed to inquire you about the L/C

잘못 승인

beforehand. Please accept my sincere apology.

I have asked the international commercial bank to establish the irrevocable at-sight L/C in your favor, as per your request. You are expected to ship the

시간에 맞춰

order of the water-saving devices **on schedule**. Thanks in advance.

첨부 파일

Attached, please find the detailed packing specifications for your reference.

Yours faithfully,

Andy Hanson

친애하는 Steele 씨

10월 19일에 보내 주신 메일에 대한 회신입니다.

우선, 친절하게 저희를 일깨워 주신 것에 대해 정말 감사드립니다. 이상하게도 귀하가 10월 11일에 보내 주신 메일을 받아 보지 못했습니다. 아마 어딘가 다른 곳으로 잘못 보내진 것 같습니다. 아무튼, 미리 귀하께 신용장에 대해 문의 드리지 못한 것은 제 잘못입니다. 진심으로 사과드립니다.

귀하께서 요구하신 바와 같이 국제 상업 은행에 당기 취소 불능 신용장을 귀하의 명의로 개설해 줄 것을 요청했습니다. 제때 절수 기계 주문을 운송해 주시길 바랍니다. 미리 감사의 말씀 전합니다.

참고하시라고 상세한 포장 규격 설명서 첨부했습니다.

당신의 신실한

Andy Hanson

실용 구문

... by mistake.

Maybe it was sent to someone else①by mistake②.

아마 어딘가 다른 곳으로 잘못 보내진 것 같습니다.

관련어구
① another place 다른 곳
his office 그의 사무실
② accidentally 우연히
for no reason 아무 이유 없이

It's my fault that...

It's my fault①that I failed to inquire you about the L/C②beforehand.

미리 귀하께 신용장에 대해 문의 드리지 못한 것은 제 잘못입니다.

관련어구
① problem 문제
mistake 실수
② your willingness 귀하의 뜻
the contract 계약

...on schedule.

You are expected to ship the order of the water-saving devices①on schedule②.

제때에 절수 기계 주문을 운송해 주시길 바랍니다.

관련어구
① heater 난방기
washing machine 세탁기
② on time 제때에
today 오늘

Attached, please find...

Attached, please find the detailed packing specifications①for your reference②.

참고하시라고 상세한 포장 규격 설명서 첨부했습니다.

관련어구
① user manual 사용 설명서
product information 상품 정보
② in case you need them
혹 필요하실까

베껴 쓰기 좋은 문장

1 | It's strange that... 이상한 점은···

문두의 it은 가주어로 진주어는 that이 이끄는 문장이다. It's strange that...은 strange to say...에 해당한다.

예 It's strange that the negotiation between the two companies broke down all of a sudden.
이상한 점은 두 회사의 협상이 갑자기 깨졌다는 것입니다.

영문 E-mail 단어

- warning **n** 경고, 일깨움
- device **n** 기계, 장치
- fault **n** 잘못, 과오

- packing **n** 포장
- water-saving **a** 절수의
- specification **n** 설명, 규격 설명

E-mail sample

From:	Mark Andrew
To:	Nate Brian
Subject:	Apology for Late Payment 대금 연체에 대한 사과

Dear Mr. Brian,

We feel terribly sorry for the late payment of the loan from your company. **It is supposed that** we should have made a payment of $ 70,000 with a 2% interest on it on the 16th of last month. But **due to** the sluggish economy and market downturn, we could not collect our account. Thus we failed to pay you as scheduled[1]. We promise that we will try our best to make the due payments in the coming month. And the late payment fees as well as the interest would also be paid.

Please accept our sincerest apology for the tardiness in the payment and the inconvenience it may have caused you. Thanks for your understanding. And we will spare no effort to make sure that all payments are made on time during the cooperation with you in later days.

Sincerely yours,

Mark Andrew

원래는 …되어야 했음

원인 표현

사과 표현

친애하는 Brian 씨

귀사께 대출받은 것에 대한 상환이 연체된 것에 대해 매우 죄송합니다. 저희는 지난 달 16일까지 70,000달러와 2%의 이자를 지불했어야 했습니다. 하지만 부진한 경기와 시장 침체 때문에 저희는 자금을 모으지 못했습니다. 때문에 저희는 예정대로 대금 납부를 할 수 없었습니다. 다음 달까지 최선을 다해 납부할 것을 약속드립니다. 그리고 이자와 연체료 역시 지불하겠습니다.

저희의 상환 연체와 그것이 귀하께 초래할 수 있는 번거로움에 대해 진심으로 사과드립니다. 이해해 주셔서 감사드립니다. 그리고 저희는 앞으로 귀하와 협력하는 동안에 최선을 다해 제때에 납부를 할 수 있도록 노력하겠습니다.

당신의 신실한
Mark Andrew

400

실용 구문

It is supposed that...

It is supposed that **we should have made a payment of**① **$ 70,000 with a 2% interest on it on the 16th of last month**②.

저희는 지난달 16일까지 70,000달러와 2%의 이자를 지불했어야 했습니다.

관련어구
①paid our debt of …의 빚을 갚다
  paid back 상환하다
②todays ago 오늘
  last week 지난주

Due to...

Due to **the sluggish economy**① **and market downturn, we could not collect our account**②.

하지만 부진한 경기와 시장이 침체가 되어 저희는 자금을 모으지 못했습니다.

관련어구
①economy recession 경기 침체
  large disaster 대재난
②avoid bankruptcy 파산을 피하다
  make profit 이익을 창출하다

Please accept our sincerest apology for...

Please accept our sincerest apology for **the tardiness in the payment**① **and the inconvenience**② **it may have caused you**.

저희의 상환 연체와 그것이 귀하께 초래할 수 있는 번거로움에 대해 진심으로 사과드립니다.

관련어구
①late reply 늦은 회신
  failing to be there 불참
②trouble 문제
  bad consequence 안 좋은 결과

베껴 쓰기 좋은 문장

1 | ...as scheduled   예정대로, 예정된 시간에

as scheduled는 부사 숙어 관용어로 볼 수 있으며 '예정대로, 예정된 시간에 따라'의 뜻을 갖는다.

예 I am sure that she will turn out as scheduled.
   저는 그녀가 예정대로 나타날 것이라고 확신합니다.

영문 E-mail 단어

- terribly **ad** 매우
- downturn **n** 하락, 침체
- payment **n** 납부, 지불
- collect **v** 모으다, 수금하다
- loan **n** 대출, 융자

- payment **n** 지불, 납부
- interest **n** 이자
- tardiness **n** 느림, 완만함
- sluggish **a** 부진한, 더딘
- spare no efforts to **phr** 최선을 다해

사과 | Apologizing

지불 체납에 대한 회신

바로
베끼기

E-mail sample

From:	Nate Brian
To:	Mark Andrew
Subject:	RE: Apology for Late Payment 지불 체납 사과문에 대한 회신

Dear Mr. Andrew,

솔직히
말해

I'm writing to inform you that we have received your letter clarifying the delayed payment of account. **To be honest,** it really put us in a very awkward position.

희망
표현

We would like to get more specific information about it before we accept your request for delay. **To make sure that** the payment will be endorsed and supported by your bank, a meeting with your bank guarantee in the near future is very necessary for us. Since we are confronted with[1] financial difficulties too, please also be understanding of our situation.

확인하기
위해

We are looking forward to hearing from you as soon as possible.

Sincerely yours,

Nate Brian

친애하는 Mr. Andrew 씨

귀하께서 대금을 체납하신다는 메일을 받았음을 알려 드리고자 메일 보내 드립니다. 솔직히 말씀드려서, 이것이 저희의 상황을 참 난처하게 만들었습니다.

귀하의 체납 요청을 받아들이기 전에 그에 대해 보다 구체적인 정보를 얻고자 합니다. 귀하의 은행이 납부를 승인하고 지원해 준다는 것을 확실히 하기 위해, 저희는 가까운 미래에 귀하의 은행 담보인과의 미팅이 매우 필요합니다. 저희 역시 재정상의 어려움을 직면하고 있기에 저희의 상황을 이해해 주시길 바랍니다.

최대한 빠른 회신 받아 볼 수 있기를 기대하겠습니다.

당신의 신실한
Nate Brian

실용 구문

To be honest, ...

To be honest①, it really put us in a very awkward position②.

솔직히 말씀드려서, 이것이 저희의 상황을 참 난처하게 만들었습니다.

관련어구
① As a matter of fact 사실은
In my opinion 제 의견으로는
② quite difficult situation
상당히 어려운 상황
dilemma 딜레마

We would like to...

We would like to get more specific information① about it before we accept your request for delay②.

귀하의 체납 요청을 받아들이기 전에 그에 대해 보다 구체적인 정보를 얻고자 합니다.

관련어구
① details 세부 사항
reasonable explanation
합당한 설명
② cancellation 취소
rescheduling 시간 재조정

To make sure that...

To make sure that the payment will be endorsed and supported① by your bank, a meeting with your bank guarantee② in the near future is very necessary③ for us.

귀하의 은행이 납부를 승인하고 지원해 준다는 것을 확실히 하기 위해, 저희는 가까운 미래에 귀하의 은행 담보인과의 미팅이 매우 필요합니다.

관련어구
① approved 승인
certificated 증명
② accounting manager
회계 관리자
person in charge 책임자
③ crucial 중요한
inevitable 불가피한

베껴 쓰기 좋은 문장

1 | ... are confronted with... …을 맞닥뜨리다, …에 대면하다.

be confronted with은 동사 숙어 관용어로 '맞닥뜨리다'의 뜻을 가지며 be faced (up) with와 호환해서 사용 가능하다.

예 Mr. Henry was confronted with hardships in his career.
Henry 씨께서는 그의 사업에서 역경에 맞닥뜨렸다.

영문 E-mail 단어

- clarify **v** 확실히 하다
- specific **a** 명확한, 구체적인
- put **v** 두다, …을 놓다
- request **n** 요청, 요구

- awkward **a** 난처한, 어색한
- bank **n** 은행
- position **n** 위치, 상황
- guarantee **n** 보증인, 담보인

Unit 12

사과 | Apologizing

출고 실수

E-mail sample

From:	William
To:	Smith
Subject:	Apology for the Error in Processing Your Order 출고 실수에 대한 사과

Dear Sir Smith,

We want to apologize for the error in the shipment of your order.

We were very glad to receive your order, but we are sorry for having delivered the wrong goods. During the holiday, because many products are sold at a discount, there are many orders. So we delivered the items, but they were the wrong color. We are sorry for[1] the trouble we brought you. **To show our sincere apology,** we have changed the color as you requested, and the goods will be delivered for free. But the correct items **won't be shipped until** we receive the returnedgoods. The freight of returning goods will be paid by us. But the date to confirm your receipt will be delayed. We are deeply apologetic about that. **Please forgive us,** and we assure you that such an error will not happen again.

사과를
표하기
위해

…해서야
비로소

용서를
구함

Yours sincerely,

William

친애하는 Smith 선생님
　　상품 출고 실수에 대해서 사과드리고자 합니다.
　　귀하께 주문을 받을 수 있어 매우 기뻤습니다. 하지만 다른 상품을 배송해 드려서 죄송합니다. 휴일 동안에 많은 상품들이 할인되어 팔렸기 때문에 많은 주문들이 있었습니다. 때문에 저희가 상품을 보내 드리긴 했습니다만 다른 색상으로 보내 드렸습니다. 저희 때문에 발생한 문제에 대해 죄송합니다. 저희의 진실한 사과를 표하기 위해서 귀하께서 요청하신 색상으로 변경해 드렸으며 상품은 무료로 배달될 것입니다. 그러나 저희가 제품을 반송받은 후에야 현재의 상품이 배송될 것입니다. 반송에 대한 배송 비용은 저희가 부담할 것입니다. 하지만 귀하께서 상품을 받아 보시게 될 날짜는 연기될 수밖에 없습니다. 이에 대해 깊이 사과드립니다. 부디 저희를 용서해 주시길 바라며, 다시는 이런 실수가 발생하지 않도록 약속드리겠습니다.

당신의 신실한
William

실용 구문

To show our sincere apology, ...

To show our sincere apology, we have changed the color[1] **as you requested and the goods will be delivered for free**[2]**.**

저희의 성실한 사과를 표하기 위해서 귀하께서 요청하신 색상으로 변경해 드렸으며 상품은 무료로 배달될 것입니다.

관련어구
① size 치수
  item 항목, 물건
② today 오늘
  soon 곧

...won't be shipped until...

The correct[1] **items won't be shipped until we receive the returned goods**[2]**.**

그러나 저희가 제품을 반송받은 후에야 현재의 상품이 배송될 것입니다.

관련어구
① renewed 갱신된
  real 진짜의
② get your confirmation
  귀하의 확인을 받다
  get the shipping fee 운송비를 받다

Please forgive us...

Please forgive us, and we assure you[1] **that such an error**[2] **will not happen again.**

부디 저희를 용서해 주시길 바라며, 다시는 이런 실수가 발생하지 않도록 약속드리겠습니다.

관련어구
① promise 보장하다
  will be more careful
  보다 조심할 것이다
② a mistake 실수
  inconvenience 불편

 베껴 쓰기 좋은 문장

1 | We are sorry for... …에 대해 죄송합니다.

be sorry for 뒤에는 명사나 대명사를 목적어로 취한다. be동사는 feel로도 바꿔 쓸 수 있다.

예 We are sorry for the trouble we brought you.
저희 때문에 발생한 문제에 대해 죄송합니다.

 영문 E-mail 단어

- error n 잘못
- item n 물건
- holiday n 휴일
- return v 반송하다, 되돌리다

- color n 색상
- freight n 운송비, 화운
- for free phr 무료로
- apologetic a 사과하는, 사죄하는

Unit 12

사과 | Apologizing

주문 실수

E-mail sample

From:	Brown
To:	Blair
Subject:	Apology for Error in My order 주문 실수에 대한 사과

Dear Sir Blair,

I am sorry for an error in my order and the trouble I've caused you. 〔사과 표현〕

I'm exceedingly fond of[1] some goods in your store, and **this is a good time for** shopping because some of them are at discount prices. But there was a mistake when I made the order. I wanted to purchase the goods in large quantities, but I forgot to change the number, so I ended up checking out only one unit of each item, which is a pity. So I want to know whether you have delivered my goods. **If not,** would you mind letting me replace the order of goods in correct numbers and delivering them as soon as possible? I want to show my regret for any trouble my mistake has caused you. 〔만약 아니라면〕〔좋은 기회〕

I'm looking forward to your reply.

Yours sincerely,

Brown

친애하는 Blair 선생님

제 주문 실수로 인해 귀하에게 야기된 문제들에 대해 사과드립니다.

저는 귀하의 상점의 상품 몇 개를 매우 좋아합니다. 그리고 그것들 중 몇 개가 할인 판매 중이었기에 이번이 구매하기 좋은 기회라고 생각했습니다. 하지만 제가 주문할 때 실수가 있었습니다. 저는 상품들을 대량으로 구매를 하고 싶었습니다만 제가 수량을 바꾸는 것을 잊었습니다. 때문에 제가 구매한 수량이 오직 한 개뿐이었다는 것을 확인하게 되었고 매우 유감이었지요. 그래서 제 상품을 이미 배송해 주셨는지 알고 싶습니다. 만약 아니라면 제가 상품을 정확한 수량으로 재주문하고 그것들을 최대한 빨리 배송해 주실 수 있으실까요? 제 실수가 귀하께 초래할 수 있었던 문제들에 대해 사죄의 마음을 표합니다.

회신 기다리겠습니다.

당신의 신실한

Brown

실용 구문

바로 배우기

I am sorry for...

I am sorry for an error①in my order and the trouble I've caused you.

제 주문 실수로 인해 귀하에게 야기된 문제들에 대해 사과드립니다.

관련어구
①problem 문제
complain 불평

This is a good time for...

This is a good time for shopping①because some of them are at discount prices②.

그것들 중 몇 개가 할인 판매 중이었기에 이번이 구매하기 좋은 기회라고 생각했습니다.

관련어구
①buying gift 선물을 사다
buying a large number of them
그것들을 대량 구매하다
②the store offers discounts
상점에서 할인해 주다
you may get extra samples
당신은 추가 샘플을 받을 것이다

If not, ...

If not, would you mind letting me replace the order of goods①in correct numbers and delivering②them as soon as possible?

만약 아니라면 제가 상품을 정확한 수량으로 재주문하고 그것들을 최대한 빨리 배송해 주실 수 있으실까요?

관련어구
①getting the package ready
포장 준비를 끝내다
updating it 그것을 업데이트하다
②processing 처리하다
dealing with 처리하다

베껴 쓰기 좋은 문장

1 | I'm exceedingly fond of 저는 …를 매우 좋아합니다.

be fond of의 목적어는 사람과 사물 모두 올 수 있다. 목적어로는 명사 또는 동명사가 온다.

예 I was fond of painting when I was young.
저는 젊었을 때 그림 그리는 것을 매우 좋아했습니다.

영문 E-mail 단어

- exceedingly **ad** 극히
- change **v** 변경하다
- fond **a** 좋아하는
- pity **n** 유감

- store **n** 상점
- replace **v** 다시 주문하다
- forget **v** 잊다
- show **v** 표하다

사과 | Apologizing

불량품

바로 베끼기 E-mail sample

From:	Francis
To:	Sam
Subject:	Apology for Faulty Products 불량품에 대한 사과

Dear Sir Sam,

매우
죄송함 → **I'm so sorry that** you found faulty goods in our shipment. Please accept our apology for this unpleasant incident, which has caused much trouble for you.

감사
표현 → **We want to show our appreciation that** our products could win recognition from you. In regard to[2] the faulty products you found in our shipment, it might have been mistakenly placed by quality control personnel during the shipment. **We admit that it was an error on our part,** and we ← 잘못 인정
promise that something like this won't happen again. So, to show our sincere apology, of course, we'd like to accept the return of these faulty items. We will package replacements and deliver them as soon as possible. We will take this incident seriously and hope that it won't affect our cooperation in the future.

Yours sincerely,

Francis

친애하는 Sam 선생님

저희 화물에서 불량품을 발견하셨다는 것에 대해 사과드립니다. 귀하께 많은 문제를 일으키게 된 이번 불쾌한 사건에 대해 진심으로 사과드립니다.

저희 제품이 귀하께 인정을 받게 된 것에 대해 매우 감사하다는 말씀 전하고 싶습니다. 귀하께서 저희 물건들 중에서 발견하신 불량품에 관해 말씀드리자면, 아마 품질 관리인께서 물건을 담으실 때 실수로 잘못 넣으신 것일 겁니다. 이것은 저희 측의 잘못임을 인정하는 바이며 다시는 이런 일이 발생하지 않도록 할 것을 약속드립니다. 그래서 저희의 잘못을 진심으로 사과드리면서 불량품들에 대해서는 당연히 환불 접수를 받을 것입니다. 다른 상품으로 포장해 드리고 가능한 빨리 배송해 드리겠습니다. 저희는 이 문제를 신중히 다룰 것이며 이것이 향후 저희 간의 협력에 영향을 미치지 않았기를 바랍니다.

당신의 신실한
Francis

실용 구문

I'm so sorry that...

I'm so sorry that **you found faulty**① **goods in our shipment**②.

저희 화물에서 불량품을 발견하셨다는 것에 대해 사과드립니다.

> **관련어구**
> ① wrong 잘못된
>   other 다른
> ② in the parcel 소포 안에서
>   on the shelf 선반 위에

We want to show our appreciation that...

We want to show our appreciation① that **our products could win recognition**② **from you.**

저희 제품이 귀하께 인정을 받게 된 것에 대해 매우 감사하다는 말씀 전하고 싶습니다.

> **관련어구**
> ① It's our great honor
>   저희의 큰 영광입니다
>   We are so pleased
>   저희는 매우 기쁩니다
> ② get trust 신뢰를 얻다
>   be chosen 선택받다

We admit that it was an error on our part...

We admit① that it was an error on our part, and we promise that **something like this**② **won't happen again.**

이것은 저희 측의 잘못임을 인정하는 바이며 다시는 이런 일이 발생하지 않도록 할 것을 약속드립니다.

> **관련어구**
> ① understand 이해하다
>   recognize 승인하다
> ② this inconvenience 이런 불편
>   the carelessness 부주의함

베껴 쓰기 좋은 문장

1 | In regard to... ···에 관하여, 대하여

'···에 관하여, 대하여'의 뜻을 가진 어구로 자주 쓰이는 것들은 as to..., as for.., as regards..., in/(with) regard to..., in this/(that/one) regard, in respect of..., with respect to..., in/(with) reference to..., in(the) light of..., in view of..., regarding..., considering... 등이 있다.

영문 E-mail 단어

- **faulty** a 잘못된, 결함 있는
- **control** v 관리하다, 통제하다
- **incident** n 사건
- **personnel** n 인원, 직원
- **mistakenly** ad 실수로
- **package** v 포장하다

E-mail sample

From:	Andrew
To:	Bruce
Subject:	Apology for Defective Goods 불량품에 대한 사과

Dear Sir Bruce,

I want to show my regret for delivering the defective goods, and I'm sorry for the error in the color of the products.

To be honest, there are some differences **between online stores and physical stores**. You can see, touch, even try the goods you like in physical stores, but you can only[1] see pictures when you buy something in online shops. However, for optical reasons, **there are likely to be differences** between what you see in pictures and what you get when the product is delivered to you. It is OK if you still want to return the goods for the difference in color, and we are sorry for the trouble.

있을 수 있음

관심을 기울임 I hope you can **continue to be interested in** our products, and we will provide more beautiful goods for you.

Yours sincerely,

Andrew

친애하는 Bruce 씨

불량품을 배송해 드린 것에 대해 진심으로 사과드리는 바이며, 제품의 색상에 대한 실수에 대해서도 사과 드립니다.

솔직하게 말씀드려서, 온라인 상점과 오프라인 상점 간에는 다소 차이가 존재합니다. 귀하께서는 오프라인 상점에서 원하시는 물건들을 직접 보시고, 만져 보시고 심지어는 사용해 보실 수도 있습니다. 하지만 온라인 상 점에서 제품을 구매할 때 귀하께서는 오직 사진으로 보실 수 있습니다. 그러나 광학적인 원인으로 사진으로 보 신 것과 귀하께 배달되어 받아 보시는 상품 간에는 차이가 있을 수 있습니다. 만약 귀하께서 여전히 색상 차이 로 제품 반환을 원하신다면 그에 대해서 사과드리는 바입니다.

귀하께서 저희 제품에 계속해서 관심을 가져 주시길 바랍니다. 그리고 저희는 귀하께 더욱 아름다운 상품 들을 제공하겠습니다.

당신의 신실한
Andrew

실용 구문

...between online stores and physical stores.

There are some differences①**between online stores and physical stores**②**.**

온라인 상점과 오프라인 상점 간에는 다소 차이가 존재합니다.

There are likely to be differences...

There are likely to be differences between what you see in pictures①**and what you get when the product is delivered**②**to you.**

귀하께서 사진으로 보신 것과 귀하께 배달되어 받아 보시는 상품 간에는 차이가 있을 수 있습니다.

...continue to be interested in...

I hope you can continue to be interested in①**our products, and we will provide more beautiful**②**goods for you.**

귀하께서 저희 제품에 계속해서 관심을 가져 주시길 바랍니다. 그리고 저희는 귀하께 더욱 아름다운 상품들을 제공하겠습니다.

베껴 쓰기 좋은 문장

1 | You can only see pictures... …귀하께서는 오직 사진만 볼 수 있습니다.

only는 부사로 '오직'의 뜻을 나타낸다. 만약 뒤에 부사구가 오고 문장의 맨 앞에 위치했을 시에는 주어와 동사를 도치시켜야 한다.

예 Only with hard work, you can expect to get promoted.
오직 노력해서 일해야만 승진을 할 수 있다.

영문 E-mail 단어

- defective **a** 불완전한, 하자 있는
- even **ad** 심지어
- difference **n** 차이, 다름
- picture **n** 그림, 사진
- online **a** 온라인상의
- optical **a** 광학의
- physical **a** 물질적인
- provide **v** 제공하다
- touch **v** 접촉하다, 만져 보다
- beautiful **a** 아름다운

사과 | **Apologizing**

제품 훼손 ①

E-mail sample

From:	Daniel
To:	George
Subject:	Apology for Damaging Products 제품 훼손 사과문

Dear Sir George,

We have received your e-mail. **We are sorry for** having damaged the products you ordered.

> 사과
> 표현

What you ordered from our company is[1] made of glass, I did remind the delivery company to be careful, but they were still careless enough to cause the damage. Fortunately, we had bought insurance for the shipment. We will **negotiate with** the company for the matter. **We will handle the thing** as soon as possible and arrange shipment again.

> …와
> 협의하여

> 처리할
> 것임

Please accept our sincere apology. If there is any other problem, please contact us.

Yours sincerely,

Daniel

친애하는 George 선생님

보내 주신 메일 받았습니다. 주문하신 제품이 훼손되어 정말 죄송합니다.

귀하께서 저희 회사에 주문해 주신 것은 유리로 만들어졌습니다. 저도 분명 운송 업체에 조심해 달라고 말씀드렸는데 여전히 제품에 손상이 갈 정도로 부주의했네요. 다행히도 저희는 운송에 보험을 들어 놨습니다. 저희는 업체와 이 문제에 대해 협상할 것입니다. 문제를 최대한 빨리 처리한 후 다시 물건을 발송해 드리겠습니다.

저희의 신실한 사과를 받아 주시길 바랍니다. 또 다른 문제 있으시면 연락 주세요.

당신의 신실한
Daniel

실용 구문

We are sorry for...
We are sorry for having damaged①the products②
you ordered.
주문하신 제품이 훼손되어 정말 죄송합니다.

관련어구
①dampened 젖은
broken 고장 낸
②laptop 노트북 컴퓨터
watches 손목시계

...negotiate with...
We will negotiate with①the company②for the
matter.
저희는 업체와 이 문제에 대해 협상할 것입니다.

관련어구
①talk with ⋯와 토의하다
be responsible along with
⋯와 함께 책임지다
②the other team 다른 팀
his teacher 그의 스승

We will handle the thing...
We will handle the thing①as soon as possible and
arrange shipment②again.
문제를 최대한 빨리 처리한 후 다시 물건을 발송해 드리겠습니다.

관련어구
①make a decision 결정을 내리다
get it done 완성하다
②make an announcement
발표하다
hold a meeting 회의를 개최하다

베껴 쓰기 좋은 문장

1 | What you ordered from our company is...
귀하께서 저희 회사에 주문하신 상품들은⋯

관계대명사 what이 이끄는 명사구는 전체 문장의 주어가 될 수 있다.

예 What you said was **totally a slander.**
당신이 한 말은 완전 험담이다.

영문 E-mail 단어

- glass n 유리
- insurance n 보험
- still ad 아직, 여전히
- negotiate v 협상하다, 담판짓다
- careless a 부주의한, 조심성 없는
- arrange v 배열하다, 정돈하다
- damage n 손해, 손실
- sincere a 성실한, 신실한

바로
베끼기

E-mail sample

From:	Linda
To:	Grant
Subject:	Apology for Impairing Your Products 상품 하자 사과문

Dear Sir Grant,

고지
감사

   Thanks for informing us in the letter that some products were severely damaged when the shipment arrived. We hereby make an apology for impairing your products.

매우
주의를
기울임

   We took this matter very seriously when we received your letter, and we found that we should take full responsibility for it after checking the shipment record. So, we will compensate you for your losses. We are sorry that our staff didn't pick these damaged products out and caused much trouble to you. **We will certainly** exchange goods for you as soon as possible when we receive 반드시 the returned products. It may take several days.[1] I hope you can wait with patience.

   Please accept our apology for our carelessness during the shipment.

Yours sincerely,

Linda

친애하는 Grant 선생님

   메일로 저희에게 상품을 받아 보실 때 몇몇의 제품들이 심각하게 훼손되었음을 알려 주셔서 감사드립니다. 이번 상품 훼손에 대해 사과드리는 바입니다.

   저희는 귀하께 메일을 받았을 때 이 문제를 매우 심각하게 다뤘습니다. 그리고 저희는 운송 기록을 확인한 후에 저희가 이 모든 책임을 져야 한다는 것을 알았습니다. 그래서 저희는 귀하의 손해에 대한 보상을 해 드리도록 하겠습니다. 저희 직원이 훼손된 상품을 선별해 내지 않고 귀하께 번거로움을 끼친 것에 대해 진심으로 죄송합니다. 저희는 반드시 상품 반환을 받자마자 최대한 빨리 귀하께 상품을 교체해 드리겠습니다. 아마 며칠이 걸릴 수 있습니다. 부디 인내를 갖고 기다려 주시길 바랍니다.

   운송 중 저희의 부주의함에 대한 사과를 받아 주시길 바랍니다.

당신의 신실한

414   Linda

실용 구문

Thanks for informing us in the letter that...

Thanks for informing us in the letter[1] that **some products were severely damaged**[2] **when the shipment arrived.**

메일로 저희에게 상품을 받아 보실 때 몇몇의 제품들이 심각하게 훼손되었음을 알려 주셔서 감사드립니다.

> **관련어구**
> [1] call 전화
> e-mail 메일
> [2] broken 훼손된
> missing 사라진

We took this matter very seriously...

We took this matter very seriously **when we received your letter, and we found that we should take full responsibilities for it**[1] **after checking the shipment record.**

저희는 귀하께 메일을 받았을 때 이 문제를 매우 심각하게 다뤘습니다. 그리고 저희는 운송 기록을 확인한 후에 저희가 이 모든 책임을 져야 한다는 것을 알았습니다.

> **관련어구**
> [1] one of our broken machines was the cause 저희의 고장 난 기계 하나가 원인이었습니다.
> it was all an accident 사고였습니다

We will certainly...

We will certainly **exchange goods for you**[1] **as soon as possible when we receive the returned products**[2].

저희는 반드시 상품 환불을 받자마자 최대한 빨리 귀하께 상품을 교체해 드리겠습니다.

> **관련어구**
> [1] give you payment back 환불해 주다
> give you the refund 환불해 주다
> [2] you get to our store 당신이 우리 가게로 오다
> you fill out the form 당신이 양식을 채우다

 베껴 쓰기 좋은 문장

1 | It may take several days. 며칠이 걸릴 수 있습니다.

take, cost, spend는 모두 '쓰다'의 뜻을 가질 수 있다. take는 주어로 사람과 사물 둘 다 올 수 있으나 cost는 오직 사물만 주어로 취하며, spend는 사람만 주어로 취한다.

예 It may take **half an hour to cook the dishes.**
요리를 하는 데는 아마 30분 정도 걸릴 것입니다.

 영문 E-mail 단어

- severely **ad** 엄중하게
- certainly **ad** 확실히, 반드시, 의심할 여지없이
- impair **v** 손상을 입히다, 해치다
- patience **n** 인내심, 인내
- responsibility **n** 책임
- carelessness **n** 부주의함

415

사과 | **Apologizing**

Unit 12

송장 발송 착오

 E-mail sample

From:	Frank
To:	Tom Smith
Subject:	Apology for Invoice Error 송장 착오에 대한 사과문

Dear Sir Tom Smith,

We feel terribly sorry[1] for having issued the wrong invoice.

We have been busy with commodity transaction. Several new workers were employed in our company, and one of them is in charge of issuing invoices. **I guess it was** the new employee that made the mistake as he was inexperienced and nervous. In any event,[2] **we shouldn't have made the mistake** at work, and we do apologize for the inconvenience we caused you. In addition, we have delivered the right invoice to you and you are expected to receive it in three days.

추측
표현

착오
발생
지양

We sincerely hope you can continue to buy our products, and we promise that such a mistake won't happen again.

Yours sincerely,

Frank

친애하는 Tom Smith 선생님

송장을 잘못 발행해 드려서 매우 죄송합니다.

저희는 최근에 상품 교역으로 매우 바빴습니다. 때문에 저희 회사에 새 직원 몇 명이 고용되었는데 그중 한 명이 송장 발행을 책임지고 있습니다. 제 생각으론 새 직원이 경험도 부족하고 긴장해서 실수를 한 것 같습니다. 일이야 어찌 되었건, 저희는 업무에서 실수를 저지르면 안 됐습니다. 저희가 초래한 불편에 대해 사과드리는 바입니다. 그리고 저희는 정확한 송장을 보내 드렸으며 귀하께서는 3일 후면 받아 보실 수 있으실 것입니다.

귀하께서 저희 제품을 계속해서 구매해 주시길 진심으로 바라겠습니다. 그리고 다시는 이런 실수가 일어나지 않을 것임을 약속드립니다.

당신의 신실한
Frank

실용 구문

I guess it was...

I guess it was the new employee[1] **that made the mistake as he was inexperienced and nervous**[2].

제 생각으론 새 직원이 경험도 부족하고 긴장해서 실수를 한 것 같습니다.

> **관련어구**
> [1] secretary 비서
>   accountant 회계사
> [2] just started to work today
>   오늘 막 일을 시작했다
>   has already vanished
>   이미 사라졌다

We shouldn't have made the mistake...

We shouldn't have made the mistake[1] **at work and we do apologize**[2] **for the inconvenience we caused you.**

저희는 업무에서 실수를 저지르면 안 됐습니다. 저희가 초래한 불편에 대해 사과드리는 바입니다.

> **관련어구**
> [1] taken any chance 모험하다
>   been careless 부주의하다
> [2] feel really sorry 정말로 미안하다
>   are regretful 유감이다

 베껴 쓰기 좋은 문장

1 | We feel terribly sorry ... …에 대해 매우 죄송하게 생각합니다.

이 문장에서 terribly는 부사로, 부사는 문장의 동사, 형용사, 다른 부사, 문장 전체를 수식하는 역할을 한다. 부사는 장소, 시간, 정도, 방식, 개념 등을 나타낼 수 있다.

2 | In any event, ... …어찌 되었건

in any event는 보통 문두에 위치하며 쉼표로 주절과 분리시키지만 문장 맨 끝에 위치해도 된다. 이는 anyway, in any case 등에 해당한다.

> 예 In any event, you shouldn't have given up so early.
> 어찌 되었건 너는 그렇게 빨리 포기하지 말았어야 했다.

 영문 E-mail 단어

- issue **v** 발행하다, 발표하다
- in charge of **phr** …를 책임지다
- commodity **n** 상품

- inexperienced **a** 경험이 부족한
- worker **n** 직원
- nervous **a** 긴장된

417

Unit 12 사과 | Apologizing
송금 지연

바로 베끼기 E-mail sample

From:	Hill
To:	James
Subject:	Apology for the Delay of Remittance 송금 지연 사과문

Dear Sir James,

We are sorry that we have to delay the remittance. We hope you can forgive us for the inconvenience that we brought to you.

We received the goods yesterday, intact and in good condition. Unluckily, **we were informed by** bank clerks that there was a fault with the banking system when we were going to transfer the money from an account. Therefore, the remittance couldn't arrive at the expected time. **The worker said that** three days would be taken to repair the banking system. We told them that it was urgent, and they asked us to leave our contact number **so as to** inform us **as soon as** the system is fixed. We will transfer the money when we hear from the bank. Please accept our sincere apology and wait.

…라 알려지다

전술 표현

…하자 마자

Yours sincerely,

Hill

친애하는 James 선생님

송금을 지연할 수밖에 없게 되어 죄송합니다. 저희로 인해 생긴 불편들에 대해 용서해 주시길 바랍니다.

저희는 어제 상품을 받아 보았습니다. 그리고 모든 상품들의 상태는 좋았습니다. 하지만 불행히도 저희가 송금을 하러 갔을 때 은행 시스템이 고장 났다는 것을 은행원으로부터 듣게 되었습니다. 그러므로 예정된 시간에 송금을 해 드리지 못할 것 같습니다. 직원께서는 은행 시스템이 복구되는 데까지는 3일 정도의 시간이 걸린다고 하였습니다. 저희는 그들에게 매우 급한 것이라고 말씀드렸고 그들은 시스템이 복구되자마자 저희에게 알려 주신다며 연락처를 남기라고 하셨습니다. 은행으로부터 소식이 오면 바로 송금해 드리겠습니다. 저희의 신실한 사과를 받아 주시길 바라며, 기다려 주시기 바랍니다.

당신의 신실한
Hill

실용 구문

We were informed by...

We were informed by bank clerks[①] **that there was a fault with the banking system when we were going to transfer the money from an account**[②].

저희가 송금을 하러 갔을 때 은행 시스템이 고장 났다는 것을 은행원으로부터 듣게 되었습니다.

> **관련어구**
> ① a specialist 전문가
>   a police officer 경찰
> ② cash our checks
>   수표를 현금화하다
>   exchange the currency
>   환전하다

The worker said that...

The worker said that three days[①] **would be taken to repair the banking system**[②].

직원께서는 은행 시스템이 복구되는 데까지는 3일 정도의 시간이 걸린다고 하였습니다.

> **관련어구**
> ① one week 일주일
>   half a day 반나절
> ② make a product
>   제품 하나를 만들다
>   finish his job 그의 일을 끝내다

...as soon as...

They asked us to leave our contact number[①] **so as to inform us as soon as the system is fixed.**

그들은 시스템이 복구되자마자 저희에게 알려 주신다며 연락처를 남기라고 하셨습니다.

> **관련어구**
> ① phone number 전화번호
>   extension 내선 번호

 베껴 쓰기 좋은 문장

1 | ... so as to... ···하기 위하여

so as to는 목적을 나타내는 부정사로 보통 주절 뒤에 위치하며 쉼표로 주절과 분리시킨다. 같은 뜻을 가진 숙어로는 in order to, in an attempt to가 있다.

> 예 Bella has been working overtime these days so as to complete the task on time.
> Bella는 제시간 내에 일을 끝내기 위해서 최근 계속해서 추가 근무를 하고 있다.

 영문 E-mail 단어

- remittance **n** 송금, 송금액
- system **n** 체계, 시스템
- in good condition **phr** 좋은 상태로
- transfer **v** 송금하다
- unluckily **ad** 불행히도
- repair **v n** 고치다, 수리
- clerk **n** 점원
- leave **v** 남기다

E-mail sample

From:	Ultra Co.
To:	Mr. Adam
Subject:	Apology for Forgetting to Cancel an Order 주문 취소 망각 사과문

Dear Mr. Adam,

사과 표현 ◄— **I'm writing to make an apology for** the failure to cancel your latest order in time. We are deeply sorry for[1] the inconvenience that we brought you by forgetting to cancel the order. It was all our negligence and **I am sure that** we will deal well with the follow-up issues. You can choose to return the goods at your convenience if you have no objection, and we will process your application for refund instantly. **보장 표현**

The related personnel in our company also have been instructed[2] to be more cautious and responsible in the future. We promise that we will preclude things like this from happening again.

Please accept our heart-felt apologies. I am looking forward to hearing from you very soon.

Yours sincerely,
Ultra Co.

친애하는 Adam 씨

가장 최근에 해 주신 주문을 제때 취소해 드리지 못해 사과를 드리고자 메일 보내 드립니다. 저희가 귀하의 주문 취소를 잊어 귀하께 발생한 불편들에 대해 깊이 사과드립니다. 이는 저희의 부주의함이었으며 향후의 문제들에 대해 저희가 잘 처리할 것을 보장드립니다. 이의가 없으시다면 편하실 때에 상품반환을 선택해 주시면 됩니다. 그럼 저희가 즉시 귀하의 환불 처리를 진행하겠습니다.

저희 회사의 관련 직원에게는 앞으로 더욱 주의하고 책임감을 가져 달라고 경고했습니다. 다시는 이런 일이 발생하지 않도록 할 것을 약속드립니다.

저희의 진실한 사과를 받아 주시길 바랍니다. 곧 귀하로부터 소식 들을 수 있길 고대하고 있겠습니다.

당신의 신실한
Ultra Co.

실용 구문

I'm writing to make an apology for...

I'm writing to make an apology[1] for **the failure to cancel your latest order**[2] **in time.**

가장 최근에 해 주신 주문을 제때 취소해 드리지 못해 사과를 드리고자 메일 보내 드립니다.

관련어구
① say sorry 사과하다
  apologize 사과하다
② deliver your furniture
  당신의 가구를 운송하다
  have your dinner ready
  귀하의 저녁 준비를 마치다

I am sure that...

It was all our negligence[1] **and I am sure that we will deal well with the follow-up issues**[2]**.**

이는 저희의 부주의함이었으며 향후의 문제들에 대해 저희가 잘 처리할 것을 보장드립니다.

관련어구
① fault 잘못
  responsibility 책임
② do our best to compensate you
  최선을 다해 보상하다
  make up for everything
  모든 것을 메우다

베껴 쓰기 좋은 문장

1 ㅣ We are deeply sorry for... …에 대해 매우 죄송하게 생각합니다.

be deeply sorry for은 관용어로 어떤 일 때문에 사과할 때 사용된다.

2 ㅣ ...also have been instructed... 현재완료수동태 용법

이 문장의 시제는 현재완료형이고 태는 수동태인 현재완료수동태 문장이다. 현재완료형이 능동태일 때는 has/have + done의 구조를 갖지만 수동태일 때는 has/have + been done의 구조를 취한다.

영문 E-mail 단어

- latest a 최신의
- instruct v 지도하다, 지시하다
- forget v 잊다
- cautious a 조심하는, 근신하는
- negligence n 과실, 소홀함
- future n 미래
- instantly ad 바로, 즉각적으로
- preclude v 예방하다, 방지하다

사과 | **Apologizing**

상품 목록 개정

E-mail sample

From:	Future Distribution Center
To:	Textile Retailer
Subject:	Apology for Error in Catalogue 상품 목록 착오 사과문

Dear Textile Retailer,

I'm so deeply sorry to inform you that there was an error in the textile products catalogue we sent to you last Tuesday. In the Net Weight column, the weight of the pure cotton towel **is confused with** the weight of the bamboo fiber and flax towel. The correct figures are: pure cotton towel (120g) and bamboo fiber and flax towel (110g). It was our oversight. **We will do our best** to avoid the mistakes of this sort in the future. Much more attention should be paid[1] to the product information hereafter. Sorry for bringing you such inconvenience.

As we value the business with you, we'd like to offer you a favorable discount on your next order. **Attached please kindly check** the revised catalogue.

Yours cordially,

Future Distribution Center

헷갈림

최선을
다하여

첨부파일
확인

친애하는 직물 소매상

지난 화요일에 저희가 귀하께 보내 드린 직물 상품 카탈로그에 문제가 있음을 알리게 되어 진심으로 죄송합니다. 중량 열에서, 순면 수건의 무게와 대나무 섬유 아마 수건의 무게를 혼동했습니다. 정확한 자료는 순면 수건(120g), 대나무 섬유 아마 수건(110g)입니다. 저희가 실수했습니다. 앞으로는 이런 실수를 줄이도록 최선을 다하겠습니다. 앞으로 상품 정보에 대해 훨씬 더 많은 관심을 기울이겠습니다. 이런 불편을 가져다 드려서 죄송합니다.

귀하와의 사업 관계를 매우 소중하게 생각하고 있기에, 다음 주문에서 귀하께 할인을 해 드리고자 합니다. 수정된 카탈로그 첨부합니다. 확인해 주시길 바랍니다.

당신의 신실한
Future 유통 센터

실용 구문

...is confused with...

The weight① of the pure cotton towel is confused with② the weight of the bamboo fiber and flax towel.

순면 수건의 무게와 대나무 섬유 아마 수건의 무게를 혼동했습니다.

> **관련어구**
> ① size 치수
> color 색상
> ② is different from …와 다르다
> is the same as …와 같다

We will do our best...

We will do our best① to avoid the mistakes of this sort② in the future.

앞으로는 이런 실수를 줄이도록 최선을 다하겠습니다.

> **관련어구**
> ① do whatever we can
> 최선을 다하다
> set some rules
> 몇 가지 규칙을 정하다
> ② any noise 어떠한 소음이라도
> misunderstanding 오해

Attached please kindly check...

Attached please kindly check the revised① catalogue②.

수정된 카탈로그 첨부합니다. 확인해 주시길 바랍니다.

> **관련어구**
> ① latest 최신의
> updated 갱신된
> ② design 디자인
> manuscript 원고

베껴 쓰기 좋은 문장

1 | Much more attention should be paid... …에 대해 훨씬 더 주의를 하겠습니다.

이 문장에서는 수동태 표현을 사용했다. 수동태는 'be동사 + 타동사의 과거분사' 구조를 갖는다.

예 **These goods** should be delivered **in one week.**
이 물건들은 일주일 뒤에 배송이 되어야 합니다.

영문 E-mail 단어

- textile **n** 직물
- flax **n** 아마
- weight **n** 무게
- oversight **n** 경시, 간과
- column **n** 열
- avoid **v** 피하다, 회피하다
- cotton **n** 솜

- sort **n** 종류, 유형
- confuse **v** 혼동하다, 헷갈리다
- hereafter **ad** 지금부터
- bamboo **n** 대나무
- value **v** 중시하다
- fiber **n** 직물
- favorable **a** 유익한

Unit 12 | 사과 | Apologizing

상품 수량 착오

E-mail sample

From:	RS Company
To:	John Keats
Subject:	Apology for Error in Quantity 상품 수량 착오에 대한 사과문

Dear Keats,

Please allow me to use this opportunity to[1] make a sincere apology for the error in quantity of the energy saving lamps we sent in the last shipment. The rest of the lamps have been all packed up and will be delivered **right away**. They will reach you safely in one week.

I have acknowledged that our mistake must have caused you much inconvenience. Hereby I sincerely apologize for our carelessness. And we will do our best to ensure that this won't happen again. Thanks very much for your understanding and patience. **It will be much appreciated** if you can give us a chance to make up for it. Please do not hesitate to contact us if you need any further assistance.

Respectfully yours,
RS Company

친애하는 Keats

이번 기회에 지난번 귀하께 배송해 드린 에너지 절약 전등의 수량 착오에 대해 진실한 사과를 드리고자 합니다. 나머지 전등들은 모두 포장이 완료되었으며 곧 배송될 것입니다. 이는 일주일 뒤에 귀하께 도착할 것입니다.

저희의 실수가 귀하께 많은 불편을 초래했을 것임을 인지하고 있습니다. 이에 저희의 부주의함에 대해 진실로 사과드리는 바입니다. 그리고 저희는 최선을 다해 다시는 이런 일이 생기지 않도록 할 것입니다. 이해해 주시고 인내해 주셔서 정말 감사드립니다. 저희가 보상해 드릴 수 있게 해 주신다면 정말 감사하겠습니다. 어떠한 도움이라도 필요하시다면 주저 마시고 연락 주시길 바랍니다.

RS 회사 올림

실용 구문

...right away.

The rest of the lamps① have been all packed up and will be delivered right away②.

나머지 전등들은 모두 포장이 완료되었으며 곧 배송될 것입니다.

> 관련어구
> ① Your order of wine glasses
> 귀하께서 주문한 와인잔
> The new released books
> 새로 출간된 책
> ② this afternoon 오늘 오후
> by express 택배로

I have acknowledged that...

I have acknowledged that our mistake① must have caused you much inconvenience②.

저희의 실수가 귀하께 많은 불편을 초래했을 것임을 인지하고 있습니다.

> 관련어구
> ① negligence 간과
> laziness 나태함
> ② much trouble 많은 문제
> many complaints 많은 불평

It will be much appreciated...

It will be much appreciated① if you can give us a chance to make up for it②.

저희가 보상해 드릴 수 있도록 해 주신다면 정말 감사하겠습니다.

> 관련어구
> ① gratifying 감사하는
> nice 좋은
> ② complete our job
> 우리의 일을 끝내다
> do a better job 개선하다

 베껴 쓰기 좋은 문장

1 | Please allow me to use this opportunity to... 이번 기회에 …하게 해 주세요.

use this opportunity는 관용어로 볼 수 있으며, 보통 공식 문서 또는 연설할 때 사용한다.

> 예 I'd like to use this great opportunity to express my thanks to my colleagues.
> 이번 기회에 제 동료들에 대한 감사의 마음을 표현하고자 합니다.

 영문 E-mail 단어

- quantity **n** 양, 수량
- acknowledge **v** 승인하다, 답사하다
- energy **n** 에너지, 자원

- patience **n** 인내심
- lamp **n** 등, 전등
- hesitate **v** 주저하다, 머뭇거리다

사과 | Apologizing

배송지 착오

바로
베끼기

E-mail sample

From:	Rapid Delivery
To:	Jerry Smith
Subject:	Apology for Mistake in Delivery 배송 착오 사과문

Dear Smith,

Please let me make an apology[1] to you for[2] the mistake we've made in the delivery of goods. On account of the carelessness of our customer service personnel, the consignee's address was wrongly recorded. **So** the goods have been sent to the wrong place. Please do not worry about that. **We have already arranged** for the reshipping to the correct address you told us yesterday.

이어진
결과

이미
처리
했음

화제
제기

For the great trouble we brought to you, We would like to express our sincere apology. We will be much more careful and responsible in later days. Please forgive us this time and we will appreciate it if this problem can be resolved. Thanks for your understanding.

Regards,

Rapid Delivery

친애하는 Smith

저희가 상품을 배달하면서 저지른 실수에 대해 사과드립니다. 저희 고객 서비스 직원의 부주의함으로 수취인의 주소를 잘못 적어 상품이 다른 곳으로 잘못 보내졌습니다. 그에 대해서는 걱정하지 말아주세요. 저희는 귀하께서 어제 말씀해 주신 정확한 주소로 상품을 다시 배송할 것을 안배해 놓았습니다.

저희 때문에 발생한 이번 문제에 대해 저희는 깊은 사죄를 표하는 바입니다. 저희는 앞으로 훨씬 더 주의하고 책임감을 가지겠습니다. 부디 이번에 저희를 용서해 주세요. 문제가 잘 해결된다면 매우 감사드리겠습니다. 이해해 주셔서 감사합니다.

Rapid Delivery 올림

실용 구문

So...
So the goods have been sent to the wrong place①.
때문에 상품이 다른 곳으로 잘못 보내졌습니다.

관련어구
①the former office
이전의 사무실
a different apartment
다른 아파트

We have already arranged ...
We have already arranged① for the reshipping to the correct address you told us yesterday②.
저희는 귀하께서 어제 말씀해 주신 정확한 주소로 상품을 다시 배송할 것을 안배해 놓았습니다.

관련어구
①wrapped up 포장된
gotten things ready 준비된
②sent us by text message
문자 메시지로 보내 준
looked up online 온라인에서 본

For...
For the great trouble① we brought to you, We would like to express our sincere apology②.
저희 때문에 발생한 이번 문제에 대해 저희는 깊은 사죄를 표하는 바입니다.

관련어구
①bad result 안 좋은 결과
pain 고통
②say sorry 사과하다
give you some compensation
보상을 드리다

베껴 쓰기 좋은 문장

1 | Please let me make an apology... 부드러운 명령문 사용법

예문에서는 Please let me make an apology ..., Please forgive us this time 이렇게 두 문장의 명령문이 사용되어서 용서를 구한다는 표현으로 쓰였다. 명령문은 명령을 하거나 요구, 또는 건의를 할 때 사용할 수 있으며 동사 원형으로 시작하고 주어 You는 생략이 가능하다. 문장은 보통 마침표로 마무리를 하는데, 강조의 어감을 주고 싶으면 느낌표를 사용해도 된다.

2 | ... for ... …의 원인은, …때문에

for는 원인을 이끄는 전치사이다. '원인은, 때문에'의 뜻을 갖는다. for + 명사가 나오면 전치사로 쓰인 것이며, for + 주어 + 동사 절이나오면 접속사로 쓰인다.

예 **We have to wait for another one week for the delay of delivery.**
배송이 지연되었기 때문에 우리는 일주일 더 기다려야만 합니다.

영문 E-mail 단어

- **carelessness** n 부주의함
- **reship** v 배에 다시 옮겨 싣다
- **consignee** n 수취인, 위탁 대상
- **forgive** v 용서하다
- **record** v 기록하다, 기재하다
- **resolve** v 해결하다, 결의하다

Unit 13

항의 | Complaining

화물 수량 착오

E-mail sample

바로 베끼기

From:	Josh
To:	Mandy
Subject:	Wrong Quantity in Shipment 화물 수량 착오

Dear Mandy,

I am writing to inform you that we have received your delivery of order NO. 62889. **Here is** one mistake you made during your work that I want to **complain about**[1]. **When** our staff checked the goods, we found that there was a shortage in quantity of sneakers for men. We only received 200 pairs, but the correct quantity should be 300 pairs.

> ...가 있음
>
> ...할 때

The shortage of shipment has caused delay in delivery to our customers, **which affects our business heavily**. I do hope this situation will not happen again. I also want to know the exact time when we will receive another 100 pairs of sneakers for men.

> 영향이 매우 큼

I am looking forward to your earliest reply.

Sincerely yours,

Josh

친애하는 Mandy

주문 번호 62889번의 화물 배송을 받아 보았음을 알려 드리고자 메일 보내 드립니다. 귀하께서 일을 처리하시면서 한 가지 실수가 있었으며 저는 그에 대해 불평하고자 합니다. 저희 직원이 제품을 확인했을 때, 남성 운동화의 수량이 부족하다는 것을 발견했습니다. 저희는 오직 200켤레의 운동화밖에 받아 보지 못했습니다만, 원래의 수량대로라면 300켤레였어야 했습니다.

배송 수량 착오는 저희로 하여금 고객님들께 배송을 지연시키도록 만들었습니다. 그리고 이는 저희의 사업에 큰 영향을 미쳤습니다. 이런 상황이 다신 일어나지 않기를 바랍니다. 그리고 저희가 나머지 100켤레의 남성 운동화를 언제쯤 받아 볼 수 있는지 정확한 시간을 알고 싶습니다.

최대한 빠른 회신 주시기를 기다리겠습니다.

당신의 신실한
Josh

실용 구문

Here is…

Here is one mistake you made during your work[1] that I want to complain about[2].

귀하께서 일을 처리하시면서 한 가지 실수가 있었으며 저는 그에 대해 불평하고자 합니다.

① in this report 이번 보고에서
on the phone 전화로
② warn you about
…에 대해 경고하다
remind you of …를 상기시키다

When…

When our staff checked the goods[1], we found that there was a shortage in quantity of sneakers for men[2].

저희 직원이 제품을 확인했을 때, 남성 운동화의 수량이 부족하다는 것을 발견했습니다.

관련어구
① we made an inventory
재고 수량을 조사하다
we randomly checked the shipment 무작위로 운송을 확인하다
② alkaline batteries 알칼리 충전지
striped T-shirts 줄무늬 티셔츠

…which affects our business heavily.

The shortage of shipment has caused delay[1] in delivering to our customers, which affects our business[2] heavily.

배송 수량 착오는 저희로 하여금 고객님들께 배송을 지연시키도록 만들었습니다. 그리고 이는 저희의 사업에 큰 영향을 미쳤습니다.

관련어구
① tardiness 지연
cancellation 취소
② decreases our profits
이윤을 감소시키다
harms our reputation 평판을 해치다

베껴 쓰기 좋은 문장

1 | complain about 불평하다

complain about은 관용어로 볼 수 있으며 '…한 일에 대해 원망, 불평, 고소하다'의 뜻을 갖는다. 이는 complain (to sb.) at sth.으로 표현할 수도 있다.

예 You should not complain to him about the transference.
당신은 양도에 대해 그에게 불평하지 않으셔야 합니다.

영문 E-mail 단어

- mistake **n** 과오
- customer **n** 고객
- complain **v** 불평하다, 고소하다
- affect **v** 영향을 미치다
- shortage **n** 결여, 부족

- heavily **ad** 무겁게, 신중히
- sneaker **n** 운동화
- happene **v** 발생하다
- pair **n** 한 켤레
- another **a** 또 다른, 또 하나의

429

E-mail sample

바로
베끼기

From:	Prosper Export Company
To:	Mr. Bowman
Subject:	RE: Shortage of Quantity in Shipment 화물 수량 부족에 대한 회신

Dear Mr. Bowman,

답장함

승인할
필요가
있음

I'm writing to respond to your complaint in the letter of September 15, 2016. **We have to admit that** the shortage of this cargo in the yoga mats shipment was due to our negligence. We have been reflecting on your complaint. The shortage of quantity is indeed caused by the oversight of our staff. We should have checked the number of products again before we sent them.

화제
제시

In regard to the shortage, we will deliver the remaining shipment as soon as possible. And, of course, the shipping fee will be on us[1]. We hope you will be satisfied with our solution.

Yours truly,

Prosper Export Company

친애하는 Bowman 씨

2016년 9월 15일에 보내 주신 컴플레인 메일에 대한 회신 드리고자 메일 보내 드립니다. 요가 매트의 이번 화물 수량 부족은 저희 측의 부주의함이었음을 인정할 수밖에 없습니다. 저희는 계속해서 귀하의 컴플레인을 재고하고 있습니다. 수량 부족은 확실히 저희 직원이 간과해서 생긴 일입니다. 저희가 보내 드리기 전에 수량을 다시 한번 확인했었어야 했습니다.

부족한 상품에 대해서 저희는 최대한 빨리 나머지 상품들을 보내 드리도록 하겠습니다. 그리고 운송비는 당연히 저희 측이 지불할 것입니다. 저희의 해결 방안에 대해 만족하시길 바랍니다.

당신의 진실한
Prosper 수출 회사

실용 구문

I'm writing to respond to…

I'm writing to respond to **your complaint**[1] **in the letter**[2] **of September 15, 2016.**

2016년 9월 15일에 보내 주신 컴플레인 메일에 대한 회신 드리고자 메일 보내 드립니다.

관련어구
[1] inquiry 문의
 request 요청
[2] fax 팩스
 mail 메일

We have to admit that…

We have to admit[1] that **the shortage of this cargo in the yoga mats shipment was due to our negligence**[2]**.**

요가 매트의 이번 화물 수량 부족은 저희 측의 부주의함이었음을 인정할 수밖에 없습니다.

관련어구
[1] acknowledge 승인하다
 confess 승인하다
[2] carelessness 부주의함
 new employee 새 직원

In regard to the shortage, …

In regard to[1] the shortage, **we deliver the remaining shipment as soon as possible**[2]**.**

부족한 상품에 대해서 저희는 최대한 빨리 나머지 상품들을 보내 드리도록 하겠습니다.

관련어구
[1] As for …에 관해서는
 To make up for 보상하기 위해
[2] right away 즉시
 this afternoon 오늘 오후

베껴 쓰기 좋은 문장

1 | ...be on us... …는 저희가 지불하겠습니다.

be on us는 관용어로 볼 수 있으며 '누군가가 지불하다'의 뜻을 갖는다.

예 **This bottle of brandy** is on me.
이 브랜디는 제가 내겠습니다.

영문 E-mail 단어

- respond **v** 대답하다
- quantity **n** 수량
- cargo **n** 화운, 화물
- indeed **ad** 확실히, 실로
- yoga **n** 요가
- oversight **n** 시찰, 간과

- mat **n** 매트
- in regard to **phr** …에 대해서
- negligence **n** 간과, 부주의
- remaining **a** 남은, 나머지의
- reflect **v** 반영하다, 사고하다
- solution **n** 해결책

Unit 13 항의 | Complaining

상품 불량 ①

E-mail sample

바로 베끼기

From:	Richard
To:	Neil
Subject:	Shipment of Defective Merchandise 불량품 배송

Dear Neil,

알리게 되어 기쁨

I am glad to inform you that the goods reached here safely yesterday afternoon. However, we found that there are defective merchandise in the shipment this time.

…에 문제가 있음

There is **something wrong with** two of the ten dishwashers as some parts loosened off. And we **tried to** fix them according to the instruction book, but we failed in the end[1]. Since they cannot work normally, the customers have complained about the poor quality of this shipment. Now we have to send back these two defective dishwashers to your RMA dept. The cost of the two dishwashers should be returned to us as well. We are all looking forward to your high quality products. I hope our next cooperation will be pleasant.

시도 표현

Regards,

Richard

친애하는 Neil

어제 오후에 상품들이 안전하게 이곳에 도착했다는 것을 알리게 되어 기쁩니다. 하지만 저희는 이번에 화물 중에서 불량품이 있다는 것을 발견했습니다.

10개 중에 2개의 식기세척기가 부속품이 느슨해져 문제가 생겼습니다. 그리고 저희는 그것을 설명 책자에 따라 고치려 노력했으나 결국엔 실패했습니다. 그것들이 정상적으로 작동하지 않아 고객님들은 이번 화물의 품질에 대해 불평했습니다. 지금 저희는 이 두 불량 식기세척기를 귀사의 수리 부서에 돌려보낼 수밖에 없습니다. 두 식기세척기의 금액 역시 저희에게 환불해 주시길 바랍니다. 저희 모두는 귀사의 고품질 제품을 기대하고 있습니다. 다음 협력은 즐겁게 진행되길 바랍니다.

Richard 올림

실용 구문

I am glad to inform you that…
I am glad to inform you that the goods[①] **reached here safely**[②] **yesterday afternoon.**

어제 오후에 상품들이 안전하게 이곳에 도착했다는 것을 알리게 되어 기쁩니다.

> **관련어구**
> ① Christmas gift 크리스마스 선물
>   delicate products 깨지기 쉬운 제품
> ② without harm 손상 없이
>   directly 직접적으로

…something wrong with…
There is something wrong[①] **with two of the ten dishwashers as some parts loosened off**[②]**.**

10개 중에 2개의 식기세척기가 부속품이 느슨해져 문제가 생겼습니다.

> **관련어구**
> ① are some flaws 결함이 있는
>   are some problems 문제가 있는
> ② the color faded 퇴색
>   they couldn't operate 작동하지 않다

…tried to…
We tried to fix them[①] **according to the instruction book**[②]**, but we failed in the end.**

저희는 그것을 설명 책자에 따라 고치려 노력했으나 결국엔 실패했습니다.

> **관련어구**
> ① put the materials together 재료들을 모아 두다
>   get them done 그것들을 끝내다
> ② user manual 사용 설명서
>   pamphlet 소책자

베껴 쓰기 좋은 문장

1 | …in the end… 결국…

in the end은 관용어로 볼 수 있으며 '결국, 최종적으로'의 뜻을 갖는다. 비슷한 용법으로는 'at last/length' 등이 있다.

> 예 **They had to give up the idea** in the end.
>   그들은 결국 그 아이디어를 포기할 수밖에 없었다.

영문 E-mail 단어

- **reach** ⓥ 도달하다, 도착하다
- **loosen** ⓥ 느슨하게 하다, 헐겁게 하다
- **safely** ad 안전하게
- **instruction** ⓝ 설명
- **merchandise** ⓝ 화물, 상품

- **normally** ad 정상적으로
- **dishwasher** ⓝ 식기세척기
- **complain** ⓥ 불평하다
- **part** ⓝ 부속품
- **dept.** abbr 부서(=department)

433

바로
베끼기

E-mail sample

From:	Peter
To:	Allan
Subject:	Shipment of Defective Merchandise 불량품 운송

Dear Allan,

I am very glad to inform you that your delivery of order NO. 59642 arrived in good condition[1] on July 25th, 2016. **On the other hand,** we discovered 동시에
that there were some defective merchandise, which left me questioning your product quality and enterprise reputation .

The manual rotary switch of the defective merchandise are broken. **We** 심지어
even couldn't operate the machine, which caused great inconvenience to us.
 원인을 이끄는 접속사
Since we have spent a lot of money, we should get the products that match their price. **Please give us an explanation** promptly and put forward possible 상대방에게 설명 요청
solutions. Attached here are some pictures of the defective merchandise for your reference. We are looking forward to hearing from you soon.

Yours sincerely,

Peter

친애하는 Allan
　　2016년 7월 25일에 한 주문번호 59642번 주문 배송이 좋은 상태로 도착했다는 것을 알리게 되어 기쁩니다. 하지만 다른 한편, 저희는 몇몇의 불량품을 발견했습니다. 그리고 이것이 저로 하여금 귀사의 상품 품질과 회사 평판에 대해 의문을 갖게 되었습니다.
　　이 불량품들은 수동 회전 스위치가 고장 났습니다. 저희는 심지어 기계를 작동시킬 수조차 없으며, 이는 저희에게 큰 불편을 야기했습니다. 저희가 많은 돈을 들였기 때문에 저희는 그 값에 상응하는 물건을 받아야겠습니다. 저희에게 즉시 해명해 주시고 해결 가능한 방법을 제시해 주시길 바랍니다. 참고하시라고 불량품의 사진 몇 장 첨부했습니다. 곧 귀하로부터 회신 받을 수 있길 기대하겠습니다.

당신의 신실한
Peter

실용 구문

On the other hand, ...

On the other hand①, **we discovered that there were some defective② merchandise.**

하지만 다른 한편, 저희는 몇몇의 불량품을 발견했습니다.

관련어구
① However 그러나
　 Unfortunately 불행히도
② other 다른
　 broken 깨진

We even...

We even **couldn't operate① the machine, which caused great inconvenience② to us.**

저희는 심지어 기계를 작동시킬 수조차 없으며, 이는 저희에게 큰 불편을 야기했습니다.

관련어구
① turn on 가동하다, 켜다
　 hold 쥐다
② problem 문제
　 trouble 번거로움

Since...

Since① **we have spent a lot of money, we should get the products② that match their price.**

저희가 많은 돈을 들였기 때문에 저희는 그 값에 상응하는 물건을 받아야겠습니다.

관련어구
① Now that 기왕 …한 것
　 Because …때문에
② service 서비스
　 treatment 대우

Please give us an explanation...

Please give us an explanation① **promptly and put forward possible solutions②.**

저희에게 즉시 해명해 주시고 해결 가능한 방법을 제시해 주시길 바랍니다.

관련어구
① apologize to us 우리에게 사과하다
　 stop making noises 소음을 멈추다
② compensation 보상
　 answer 해결 방법

 베껴 쓰기 좋은 문장

1 | in good condition 상태가 좋은

in good condition은 '상태가 좋은'의 뜻을 갖는다.

예 **The cargo received on April 16th, 2016, was** in good condition.
저희가 2016년 4월 16일에 받아 본 화물의 상태는 매우 좋았습니다.

 영문 E-mail 단어

- question **v** 질문하다, 의문을 갖다
- rotary **a** 회전의, 전동의
- enterprise **n** 기업, 사업
- switch **n** 스위치
- reputation **n** 명성
- match **v** 어울리다, 맞추다

항의 | Complaining

상품이 설명과 다름 ①

E-mail sample

From:	Nanthan
To:	Ms. Anne
Subject:	Merchandise Different from Their Descriptions 제품이 설명과 다름

Dear Ms. Anne,

불평
표현

I am writing to complain about the incongruity between the products and their descriptions. This cargo arrived in our office in good condition on March

사실
진술

28th, 2016. However, **in fact** we were disappointed to find that the rotating mop you sent to us is not in line with that described in the product description. They can't rotate automatically. And the size of the pail is too large.

I want to know if you[1] sent the wrong merchandises to me. Since **what we want is** the automatically rotating mop with proper-sized pail, I have sent them back to you for replacement. Please resolve this matter responsibly[2].

중점
강조

We are all looking forward to the correct items you are going to send.

Your truly,

Nake

친애하는 Anne 여사님

상품과 그것의 설명이 부합하지 않는 것에 대해 불평하고자 메일 보내 드립니다. 이번 화물은 2016년 3월 28일에 저희 사무실에 좋은 상태로 도착했습니다. 하지만 사실 저희는 귀하께서 보내 주신 회전 대걸레가 그 상품의 설명과 부합하지 않다는 것을 알고 실망했습니다. 그것들은 자동으로 회전하지 않으며 물통의 크기 역시 너무 큽니다.

귀하께서 저희에게 상품을 잘못 보내 주신 것인지 궁금합니다. 저희가 원했던 것은 적당한 크기의 물통을 가진 자동 회전 대걸레였기 때문에 교체하고자 귀하께 제품을 되돌려 보내 드렸습니다. 책임지고 이 문제를 해결해 주세요.

귀하께서 정확한 상품을 보내 주시길 기다리고 있겠습니다.

당신의 진실한
Nake

실용 구문

I am writing to complain about...

I am writing to complain① about **the incongruity between the products and their descriptions②.**

상품과 그것의 설명이 부합하지 않는 것에 대해 불평하고자 메일 보내 드립니다.

> **관련어구**
> ① inform you 당신께 통지하다
> enquire 문의하다
> ② on your website
> 당신의 웹사이트에서
> on the package 포장에서

In fact...

In fact **we were disappointed① to find that the rotating mop you sent to us is not in line with② that described in the product description.**

사실 저희는 귀하께서 보내주신 회전 대걸레가 그 상품의 설명과 부합하지 않다는 것을 알고 실망했습니다.

> **관련어구**
> ① confused 곤혹한
> upset 기분 상한
> ② the one 이것
> the same with …와 똑같은

What we want is...

What we want① is **the automatically rotating mop with proper-sized pail②.**

저희가 원했던 것은 적당한 크기의 물통을 가진 자동 회전 대걸레였습니다.

> **관련어구**
> ① order 주문하다
> try to get 얻고자 함
> ② WIFI connection 무선인터넷 연결
> anti-allergen function
> 항알러지 기능

 베껴 쓰기 좋은 문장

1 | I want to know if you... 귀하께서…인지 알고 싶습니다.

이는 간접의문문 중 하나로 if가 이끄는 절이 know의 목적어이다.

예 He wants to know if you **would like to go with him.**
그는 당신이 그와 함께 가고자 하는지 알고 싶어 한다.

2 | Please resolve this matter responsibly. 명령문

이 문장은 긍정명령문에 강조 표현을 더한 문장으로 명령문은 보통 명령의 대상이 주어가 되고 명령 대상인 You는 일반적으로 생략한다. 동사원형을 문두에 두고 please로 완곡한 어감을 줄 수 있다.

 영문 E-mail 단어

- incongruity **n** 불일치
- pail **n** 물통
- description **n** 묘사, 설명
- automatically **ad** 자동적으로
- rotating **a** 순환하는
- proper **a** 적절한, 합당한

437

항의 | Complaining

상품이 설명과 다름 ②

바로
베끼기

E-mail sample

From:	Jerry
To:	David
Subject:	Merchandises Different from the Descriptions 제품이 설명과 다름

Dear David,

We regret to inform you that we have to **make a complaint about** the

불평
표현

merchandise we bought on your website last Tuesday. You describe on your

website that the children's underwear that you are selling is made of pure

…에
매료됨

cotton. I was so **attracted** by this feature that I ordered one hundred articles.

However, to my deep disappointment, when they reached me I found that they

only contained 50% cotton.

I think it is a manifestation of dishonesty in business conduct. It is **not only**

…할뿐만
아니라
…도

unfair to customers **but also** harmful to your business in the long run[1]. And

please come up with a feasible solution.

I look forward to hearing from you soon.

Yours truly,

Jerry

친애하는 David

지난 화요일 귀하의 웹사이트에서 구매한 제품에 대해 불평을 할 수밖에 없다는 것을 알리게 되어 유감입니다. 귀하의 웹사이트에서는 귀하께서 판매하시는 유아용 속옷이 순면으로 만들어진 것이라고 설명하고 있습니다. 저는 이 특징에 매우 매료되었기 때문에 100벌을 주문한 것입니다. 하지만 정말 실망스럽게도, 제가 물건을 받아 보았을 때, 그들은 오직 50%만 면으로 만들어졌다는 것을 발견하게 되었습니다.

저는 이것이 일종의 불성실한 상업 행위의 표현이라고 생각합니다. 이는 고객들에게 불공평할 뿐만 아니라 장기적으로 보았을 때 귀하의 사업에 해를 끼칩니다. 합리적인 해결책을 제시해 주시길 바랍니다.

곧 회신받을 수 있길 고대하겠습니다.

당신의 진실한
Jerry

실용 구문

...make a complaint about...

We regret to inform you that we have to make a complaint about[1] **the merchandise we bought on your website**[2] **last Tuesday.**

지난 화요일 귀하의 웹사이트에서 구매한 제품에 대해 불평을 할 수밖에 없다는 것을 알리게 되어 유감입니다.

> 관련어구
> ① give a bad review to
> ···에 대한 혹평을 하다
> return 반환하다
> ② from your store 귀하의 상점에서
> during the anniversary sale
> 연간 세일 기간에

...attracted by...

I was so attracted by[1] **this feature that I ordered one hundred articles**[2]**.**

저는 이 특징에 매우 매료되었기 때문에 100벌을 주문한 것입니다.

> 관련어구
> ① pleased with ···에 만족하는
> interested in ···에 흥미 있는
> ② a dozen 12개
> buy them for all my family
> 우리 가족을 위해 사다

....not only...but also...

It is not only unfair to customers[1] **but also harmful to your business in the long run**[2]**.**

이는 고객들에게 불공평할 뿐만 아니라 장기적으로 보았을 때 귀하의 사업에 해를 끼칩니다.

> 관련어구
> ① our prestige 우리의 명예
> our annual goal 우리의 연간 목표
> ② tremendously 크게
> in every aspect 모든 양상에서

베껴 쓰기 좋은 문장

1 | ... in the long run 장기적으로 볼 때···

in the long run은 관용어로 볼 수 있으며 '장기적으로 봤을 때, 최종적으로'의 뜻을 갖는다.

예 The plan he proposed yesterday will not bring economic growth in the long run.
어제 그가 제안한 계획은 장기적으로 볼 때 경제 성장을 가져다 주지 못할 것입니다.

영문 E-mail 단어

- describe **V** 묘사하다
- manifestation **n** 표현, 징후
- underwear **n** 속옷
- dishonesty **n** 불성실함
- attract **V** 매료하다
- conduct **n** 행위

- feature **n** 특징, 특성
- harmful **a** 유해한
- disappointment **n** 실망
- feasible **V** 실행할 수 있는, 가능한
- contain **V** 포함하다, 함유되어 있다

항의 | Complaining

샘플과 차이가 큼 ①

바로
베끼기

E-mail sample

From:	Mr. Carson
To:	Mr. Dylon
Subject:	Merchandise Different from Samples 물건이 샘플과 다름

Dear Mr. Dylon,

I am writing to inform you that my order NO.79658 arrived in our company this morning. But there is one thing **I am quite confused with**. What we have → 곤혹함 표현
received is different from the sample you sent to us last month.

…를 제외하고 ←
Besides the wrong color of the fishing rod, the material is also different. We ordered the black color one which is made of wood instead of the silver
말할 수 밖에 없음 ←
one made of metal. **I have to say that** we noted in our order that we wanted ones exactly the same as the sample. If you did **not have** this particular type → 상품 부족
of rod **in stock**, you should have informed us in advance[1]. Apparently, it was your fault that led to this situation. You can recheck the order to verify my statement.

Best regards,

Mr. Carson

친애하는 Dylon 씨

오늘 아침에 저의 79658번 주문이 저희 회사에 도착했음을 알려 드리고자 메일 보내 드립니다. 그러나 저를 매우 당황스럽게 하는 것이 한 가지 있습니다. 저희가 받은 것은 귀하께서 지난달 보내 주셨던 샘플과 다릅니다.

낚싯대의 색상이 다를 뿐만 아니라, 원자재 역시 다릅니다. 저희는 금속으로 만들어진 은색 제품이 아닌 나무로 만들어진 검정색 제품을 주문했었습니다. 저희는 분명 주문서에 샘플과 똑같은 것을 원한다고 명시했었습니다. 만약 귀하께서 이 종류의 낚싯대 재고가 없었다면, 저희에게 미리 알려 주셨어야 했습니다. 분명히 귀하의 잘못이 이 상황을 초래한 것입니다. 제 주장을 입증하길 원하신다면 주문서를 다시 확인해 보셔도 좋습니다.

Carson 올림

실용 구문

I am quite confused with...

There is one thing I am quite confused with[1]. What we have received is different from the sample[2] you sent to us last month.

저를 매우 당황스럽게 하는 것이 한 가지 있습니다. 저희가 받은 것은 귀하께서 지난달 보내 주셨던 샘플과 다릅니다.

> **관련어구**
> [1] am quite annoyed by
> 꽤 곤란해진
> have to inform you of
> …에 대해 통지해야 한다
> [2] goods 상품
> picture in the catalogue
> 목록의 그림

Besides...

Besides[1] the wrong color of the fishing rod, the material[2] is also different.

낚싯대의 색상이 다를 뿐만 아니라, 원자재 역시 다릅니다.

> **관련어구**
> [1] In addition to 뿐만 아니라
> [2] length 길이
> hook 고리

I have to say that...

I have to say that we noted in our order[1] that we wanted ones exactly the same as the sample.

저희는 분명 주문에 샘플과 똑같은 것을 원한다고 명시했었습니다.

> **관련어구**
> [1] called to tell you
> 알려 주려 전화했다
> emphasized 강조했다

Please give us an explanation...

Please give us an explanation[1] promptly and put forward possible solutions[2].

만약 귀하께서 당시에 이 종류의 낚싯대 재고가 없었다면, 저희에게 미리 알려 주셨어야 했습니다.

> **관련어구**
> [1] your stocks 귀사의 재고
> your factory 귀사의 공장
> [2] when we ordered
> 우리가 주문했을 때
> by email 메일을 통해

베껴 쓰기 좋은 문장

1 | ... in advance 사전에…

in advance는 관용어로 볼 수 있으며 부사 숙어로 '사전에, 미리'의 뜻을 갖는다.

예 If there is any change to the date of the meeting, please inform the conventioneer in advance.
미팅 일자에 어떠한 변경이라도 있으면 참석자들에게 사전에 말씀해 주시길 바랍니다.

영문 E-mail 단어

- rod **n** 장대, 막대
- recheck **v** 다시 맞춰 보다, 다시 검토하다
- metal **n a** 금속, 금속의
- verify **v** 입증하다, 확증하다

E-mail sample

From:	Helen
To:	Mr. Collin
Subject:	Complaint about Merchandise Different from Samples 상품이 샘플과 다른 것에 대한 불평

Dear Mr. Collin,

I am glad to inform you that your delivery of wireless mouses arrived in my office ahead of time[1] on October 17th, 2016. **I'm quite satisfied with** the efficient logistics service. But I have to make a complaint about the merchandise itself.

…에 대해 만족함

…와 다름

견해 표현

Unlike the samples you showed us last time, these wireless mouses are G602 instead of G700S. In regard to this, I feel very dissatisfied. **I think** it was because of your dereliction of duty that you sent out the wrong merchandise. You'd better have a recheck of the order we placed on October 10th, 2016. Please explain this case to me soon.

We are looking forward to hearing from you as soon as possible.

Best regards,

Helen

친애하는 Collin 씨

귀사의 무선 마우스 배송이 2016년 10월 17일에 제 사무실로 예정보다 빨리 도착했음을 알리게 되어 매우 기쁩니다. 저는 효율적인 물류 서비스에 대해 매우 만족합니다. 하지만 저는 상품 그 자체에 대해 불평해야만 하겠습니다.

저희에게 지난번에 보여 주셨던 샘플과 다르게 이번 무선 마우스들은 G700S가 아닌 G602입니다. 이에 대해서 저는 매우 불만족스럽습니다. 귀하께서 부주의하셔서 상품을 잘못 보내신 것 같습니다. 저희가 2016년 10월 10일에 했던 주문을 다시 한번 확인해 주시길 바랍니다. 그리고 최대한 빨리 이에 대해 제게 해명해 주세요.

가능한 빨리 귀하로부터 소식을 들을 수 있길 기다리고 있겠습니다.

친애하는
Helen

실용 구문

I'm quite satisfied with...

I'm quite satisfied with① the efficient logistics② service.

저는 효율적인 물류 서비스에 대해 매우 만족합니다.

관련어구
① surprised at …에 놀라다
　 used to …하는데 익숙하다
② delivery 운송
　 metro 지하철

Unlike...

Unlike the samples① you showed us last time②, these wireless mouses are G602 instead of G700S.

저희에게 지난번에 보여 주셨던 샘플과 다르게 이번 무선 마우스들은 G700S 가 아닌 G602입니다.

관련어구
① ones 그것들
　 photos 사진
② yesterday 어제
　 at the video conference
　 화상 회의에서

I think...

I think it was because of your dereliction of duty① that you sent out the wrong merchandise②.

귀하께서 부주의하셔서 상품을 잘못 보내신 것 같습니다.

관련어구
① carelessness 부주의함
　 negligence 간과
② sent it to a wrong place
　 다른 곳으로 잘못 보냈다
　 sent it without the invoice
　 송장 없이 보냈다

베껴 쓰기 좋은 문장

1 | ahead of time 미리

ahead of time은 관용어로 볼 수 있으며 '사전에, 미리'의 뜻을 갖는다.

예 She finished all the college courses ahead of time.
그녀는 미리 모든 대학 과정을 끝내 놓았다.

영문 E-mail 단어

- wireless **a** 무선의
- unlike **v** …와 다르다
- mouse **n** 컴퓨터 마우스
- dereliction **n** 유기, 태만

- logistics **n** 물류
- duty **n** 책임
- itself **pron** 그 자체
- explain **v** 설명하다, 해명하다

주문 취소

E-mail sample

바로
베끼기

From:	Sam
To:	Mr. Blair
Subject:	Complaint and the Cancellation of the Order 불평과 주문 취소

Dear Mr. Blair,

I do feel regretful to inform you that[1] we have to cancel the order NO. 57693 for child safety seats. **To our great discontent,** when they arrived in our company this morning most of the safety seats had been distorted.

불만
표현

The truth is that both of us have suffered great loss because of this cargo. So **please understand that** we did not expect things like this to happen either. It may be caused by force majeure[2] or other factors. However, I have to say that we still can't take the goods due to the present situation. We have been in steady cooperation for almost eight years and **you know very well that** we have principles. Thanks for your understanding. I hope we will have a pleasant cooperation next time.

상대방께
이해 요청

상대방이
이미
알고 있음

Yours truly,

Sam

친애하는 Blair 씨

저희가 주문번호 57693번의 유아용 안전 시트 주문을 취소할 것임을 알리게 되어 매우 유감입니다. 매우 불만족스럽게도, 오늘 아침에 그것들이 저희 회사에 도착했을 때, 대부분의 안전 시트가 변형되어 있었습니다.

이번 화물로 저희 양측 모두 큰 손실을 얻게 될 것이 사실입니다. 그러니 저희도 이런 일이 생길 것이라고 예상하지 못했음을 이해해 주시길 바랍니다. 이는 아마 불가항력이나 무언가 다른 어떤 요소 때문일 것입니다. 그러나 저희는 현재 상황 때문에 상품을 받을 수 없다는 것을 말씀드리는 바입니다. 저희는 거의 8년간 꾸준한 협업을 해 왔으며 귀하께서도 저희가 원칙이 있다는 것에 대해 잘 알고 계실 것입니다. 이해해 주셔서 감사합니다. 다음번에는 즐거운 협업이 되길 바랍니다.

당신의 진실한
Sam

실용 구문

To our great discontent, ...

To our great discontent, when they arrived in our company①**this morning most of the safety seats**②**had been distorted.**

매우 불만족스럽게도, 오늘 아침에 그것들이 저희 회사에 도착했을 때, 대부분의 안전 시트가 변형되어 있었습니다.

관련어구
① at my house 우리 집으로
in the office 사무실로
② all the sofa beds
모든 소파 침대
some of the lamps
몇 개의 전등

Please understand that...

Please understand①**that we did not expect**②**things like this to happen either.**

저희도 이런 일이 생길 것이라고 예상하지 못했음을 이해해 주시길 바랍니다.

관련어구
① forgive us 저희를 용서해 주다
accept our apology
저희의 사과를 받다
② hope 희망하다
purposely make 일부러 만들다

You know very well that...

We have been in steady cooperation for almost eight years①**and you know very well that we have principles**②**.**

저희는 거의 8년간 꾸준한 협업을 해 왔으며 귀하께서도 저희가 원칙이 있다는 것에 대해 잘 알고 계실 것입니다.

관련어구
① for a long time 오랜 시간
since the company was
founded 회사가 설립된 이후로
② take responsibility 책임을 지다
have good development
좋은 발전을 이루다

 베껴 쓰기 좋은 문장

1 | I do feel regretful to inform you that... …을 알리게 되어 유감이다

조동사 do, does, did 등을 동사 앞에 위치시켜 강조 표현을 만들 수 있다. 본문에서는 조동사 do로 동사 feel을 강조했다.

2 | force majeure 불가항력

force majeure은 관용어로 볼 수 있으며 '불가항력(지진, 폭발, 해일 등)'의 뜻을 갖는다.

예 The delivery were delayed in the consequence of force majeure.
배송은 불가항력 때문에 지연되었습니다.

 영문 E-mail 단어

- safety n 안전, 안전성
- truth n 진실, 진상
- discontent n 불만

- steady a 꾸준한, 안정적인
- distort v 변형하다, 왜곡하다
- principle n 원칙

445

E-mail sample

From:	Linda Liu
To:	Mr. Mark
Subject:	RE: Complaint and the Cancellation of the Order 불평과 주문 취소에 대한 회신

Dear Mr. Mark,

We do **feel terribly anxious to** find that you want to cancel the order for barcode printers. We have cooperated harmoniously with each other for more than three years. And **as you know,** our company always puts a high priority on product quality. So our products must have been checked strictly before they were sent out to customers. Regarding your complaint and request to cancel the order for barcode printers, we were totally at a loss[1]. Please coordinate with us and tell us the real reason for cancelation frankly. Then **we can see** what we can do to minimize the loss for both of us without damaging our business relationship.

We are looking forward to your prompt reply.

Your sincerely,

Linda Liu

친애하는 Mr. Mark 씨

바코드 프린터에 대한 주문을 취소하고자 하신다는 것을 알고 매우 불안했습니다. 저희는 3년이 넘도록 서로 매우 조화롭게 협력해 왔습니다. 그리고 귀하께서도 아시다시피 저희 회사는 항상 우선순위를 상품의 품질에 두어 왔습니다. 그러니 저희 제품들은 그것들이 고객님들께 배송되기 전에 분명히 엄격하게 확인된 후 발송됩니다. 귀하의 불평과 바코드 프린터에 대한 주문 취소 요청에 대해서는 저희가 도무지 어찌할 바를 모르겠습니다. 부디 저희와 협조해 주시고 저희에게 취소를 하시려는 이유를 솔직하게 말씀해 주시길 바랍니다. 그러면 저희는 상호 간의 사업 관계를 해치지 않으면서 양측 모두의 손실을 최소화하는 방법을 찾을 수 있을지도 모릅니다.

신속한 답변 기대하겠습니다.

당신의 신실한
Linda Liu

실용 구문

...feel terribly anxious to...

We do feel terribly anxious[1] to find that you want to cancel[2] the order for barcode printers.

바코드 프린터에 대한 주문을 취소하고자 하신다는 것을 알고 매우 불안했습니다.

> 관련어구
> ① It's terrible 끔찍하다
>   We are shocked
>   우리는 충격받았다
> ② change 개정하다
>   put off 연기하다

As you know, ...

As you know[1], our company always puts a high priority on product quality[2].

귀하께서도 아시다시피 저희 회사는 항상 우선순위를 상품의 품질에 두어 왔습니다.

> 관련어구
> ① Believe it or not 믿거나 말거나
>   It is a fact that …이 사실이다
> ② customers' needs 고객의 요구
>   affordable prices
>   부담 가능한 가격

We can see...

We can see what we can do to minimize the loss[1] for both of us without damaging[2] our business relationship[3].

저희는 상호 간의 사업 관계를 해치지 않으면서 양측 모두의 손실을 최소화하는 방법을 찾을 수 있을지도 모릅니다.

> 관련어구
> ① lower the deficit 손해를 줄이다
>   deal with the problems
>   문제를 처리하다
> ② stopping 중지
>   ruining 망침
> ③ partnership 파트너십
>   trade 교역

 베껴 쓰기 좋은 문장

1 | at a loss 어찌할 바를 모르는

at a loss는 관용어로 볼 수 있으며 '어찌할 바를 모르는, 막연한, 어쩔 줄 모르는'의 뜻을 갖는다.

예 He was overwhelmed by the news and stood there quietly at a loss.
그는 그 소식에 압도당했고 어찌할 바를 모르며 조용히 서 있었다.

 영문 E-mail 단어

- anxious **a** 걱정스러운, 불안한
- strictly **ad** 엄격하게, 엄하게
- barcode **n** 바코드
- coordinate **v** 협조하다, 조정하다
- printer **n** 프린터

- reason **n** 이유
- harmoniously **ad** 조화롭게
- cancelation **n** 취소
- priority **n** 우선, 우선순위
- minimize **v** 최소화하다

바로
베끼기

E-mail sample

From:	Adam
To:	Bill
Subject:	Complaint about Overcharge Amount 금액 과다 청구에 대한 불평

Dear Bill,

I'm writing to inform you that we received your cash requisition form for our last order attached in your letter of September.18th, 2016. However, **we were quite surprised at** the overcharge, which does not match that of our last order.

…에
놀라다

…의
원칙에
따라

By the principle of fair dealing, we will not settle the payment until you send us the corrected cash requirement. **We hereby also notify that** we are not going to be liable for any consequences caused by the late payment. In consideration of[1] the possibility that this is just an honest mistake on your part of yours, we hope you can make a positive and prompt response to our complaint as soon as possible.

이에
선언함

We are looking forward to receiving the corrected cash requirement very soon.

Best regards,

Adam

친애하는 Bill

2016년 9월 18일에 보내 주신 메일에 첨부된 저희의 최근 주문의 금액 청구서를 받아 보았음을 알리고자 메일 보내 드립니다. 그러나 저희는 금액이 과다 청구된 것에 대해 매우 놀랐습니다. 이는 저희가 지난번에 주문한 것과 맞지 않습니다.

공정 거래 원칙에 따르면 저희는 귀하께서 저희에게 정확한 금액 청구서를 보내 주실 때까지 지불을 하지 않아도 됩니다. 이에 저희는 대금 연체로 일어나게 되는 어떠한 결과에도 법적인 책임이 없다는 것을 통지드리는 바입니다. 이것이 단지 귀사의 의도치 않은 실수일 가능성을 고려해서, 저희는 귀하께서 최대한 빨리 저희 불평에 대한 긍정적이고 즉각적인 회신을 주시길 바랍니다.

빠른 시일 내에 정확한 금액 청구서를 받아 볼 수 있길 기다리고 있겠습니다.

친애하는

Adam 올림

실용 구문

We were quite surprised at...

We were quite surprised[1] **at the overcharge, which does not match that of our last order**[2].

저희는 금액이 과다 청구된 것에 대해 매우 놀랐습니다. 이는 저희가 지난번에 주문한 것과 맞지 않습니다.

관련어구
① confused 의혹인
astonished 놀라운
② that lists on your website
귀하의 웹사이트에 나열된
its value 그것의 가치

By the principle of...

By the principle of[1] **fair dealing, we will not settle the payment**[2] **until you send us the corrected cash requirement.**

공정 거래 원칙에 따르면 저희는 귀하께서 저희에게 정확한 금액 청구서를 보내 주실 때까지 지불을 하지 않아도 됩니다.

관련어구
① Following the rule of
…의 규칙을 따르다
According to …를 따라서
② pay for the bill 결산하다
complete the payment
지불을 완료하다

We hereby also notify that...

We hereby also notify that we are not going to be liable[1] **for any consequences caused by the late payment**[2].

이에 저희는 대금 연체로 일어나게 되는 어떠한 결과에도 법적인 책임이 없다는 것을 통지드리는 바입니다.

관련어구
① responsiblet 책임지는
② accident 사고
damage 상해

 베껴 쓰기 좋은 문장

1 ㅣ in consideration of...   …를 고려해서, …를 감안하여

in consideration of는 관용어로 볼 수 있으며 '…를 고려해서, …를 감안하여'의 뜻을 갖는다.

예 In consideration of the force majeure during the long haul, we advise you have an insurance policy.
장거리 운송 동안의 불가항력을 고려하여 저희는 귀하께 보험 정책을 조언합니다.

 영문 E-mail 단어

- **overcharge** n v 과다청구의, 과다청구
- **liable** a 의무적인, 책임이 있는
- **principle** n 원칙, 원리
- **consequence** n 결과, 결말

- **fair** a 공평한
- **honest mistake** phr 의도치 않은 실수
- **notify** v 통지하다, 공고하다

바로
베끼기

E-mail sample

From:	Catherine
To:	Mr. Goulding
Subject:	RE: Complaint about Overcharge 금액 과다 청구 불평에 대한 회신

Dear Mr. Goulding,

We just received your letter informing us that the billable amount on the

맞지
않는

cash requisition for your latest order **was not matchable with** that of the

order. Having made a thorough inspection of the records about this order,

we were certain that[1] **it is we that are to blame** and we also correct the

잘못
인정

cash requisition accordingly. Our finance department mailed the new cash

requisition this afternoon. In addition, some relevant documents were mailed

to you as well. And you are expected to receive them the day after tomorrow.

Please note to check.

평가
표현

We value the cooperation with you very much and we can assure you that

much care will be taken in the future when orders are executed.

Sincerely yours,

Catherine

친애하는 Goulding

귀하께서 저희에게 최근 주문에 대한 금액 청구서에 청구된 요금이 귀하께서 하신 주문과 맞지 않다고 알려 주신 메일 받아 보았습니다. 이 주문에 대한 기록을 자세히 살펴보았습니다. 이는 분명 저희의 책임이며 저희는 또한 그에 따라 금액 청구서를 수정하였습니다. 오늘 오후 저희 재정부서는 귀하께 새로운 금액 청구서를 보내 드렸습니다. 뿐만 아니라 몇 가지 관련 서류 역시 귀하께 보내 드렸습니다. 귀하께서는 내일 모레쯤 그들을 받아 보실 수 있을 것입니다. 확인해 주시길 바랍니다.

저희는 귀하와의 협력 관계를 매우 소중히 생각하는 바이며, 앞으로 주문을 처리할 때 보다 많은 관심을 기울일 것임을 보장하겠습니다.

당신의 신실한
Catherine

실용 구문

...was not matchable with...

The billable amount on the cash requisition①for your latest order was not matchable with②that of the order.

최근 주문에 대한 금액 청구서에 청구된 요금이 귀하께서 하신 주문과 맞지 않습니다.

관련어구
① receipt 영수증
　invoice 송장
② the same with 똑같은
　corresponding with 일치하는

It is we that are to blame...

It is we that are to blame①and we also correct②the cash requisition accordingly.

이는 분명 저희의 책임이며 저희는 또한 그에 따라 금액 청구서를 수정하였습니다.

관련어구
① It's our responsibility
　저희의 책임입니다
　I'm afraid this is our problem
　저희 문제인 것 같습니다
② revise 수정하다
　change 개정하다

We value...

We value the cooperation with you①very much and we can assure you that much care will be taken in the future when orders are executed②.

저희는 귀하와의 협력 관계를 매우 소중히 생각하는 바이며, 앞으로 주문을 처리할 때 보다 많은 관심을 기울일 것임을 보장하겠습니다.

관련어구
① your trust 당신의 신임
　client's need 고객의 요구
② we receive your orders
　귀하의 주문을 받았습니다
　processing your orders
　귀하의 주문을 처리하다

 베껴 쓰기 좋은 문장

1 | We were certain that...　…라 확신합니다.

be certain that...은 be certain of/about에 해당하는 어구로 '확신, 긍정, 의심할 여지없다'의 뜻을 갖는다.

예 We were certain that they could finish the cleaning work within an hour.
그들이 한 시간 내에 청소 작업을 끝낼 수 있을 것이라 확신합니다.

 영문 E-mail 단어

- billable ⓐ 계산할 수 있는
- to blame ⓟⓗⓡ 책임져야 하는
- matchable ⓐ 알맞은, 필적하는
- correct ⓥ 개정하다
- thorough ⓐ 주도면밀한, 철저한

- relevant ⓐ 관련된
- inspection ⓝ 검사, 시찰
- document ⓝ 문서
- certain ⓐ 정확한
- execute ⓥ 집행하다, 실행하다

E-mail sample

From:	Jim White
To:	Mr. Heman
Subject:	Complaint about Not Issuing the Invoice 송장 미발행에 대한 불평

Dear Mr. Heman,

I am much delighted to inform you of the arrival of goods in London in good condition yesterday afternoon. But to my bewilderment, I couldn't find the formal commercial invoice[1], which is often in the envelope pasted on one of the cartons.

어찌
되었건
간에

간절히
바람

In any case, for the sake of customs clearance, please mail the invoice to me instantly. **I do sincerely hope that** this state of affair will never occur again, because it has caused me great trouble in customs clearance[2] and will do harm to your corporate image. Thank you very much for your understanding and cooperation.

I'm looking forward to receiving the commercial invoice.

Yours sincerely,

Jim White

친애하는 Mr. Heman 씨

어제 오후에 런던에서 상품을 좋은 상태로 받아 보았음을 알리게 되어 매우 기쁩니다. 하지만 당황스럽게도 저는 보통 종이 상자 중 하나에 붙어 있는 편지 봉투에 들어 있어야 할 공식적인 상업 송장을 찾아볼 수 없었습니다.

어찌 되었건, 통관을 위해서 제게 즉시 송장을 메일로 보내 주시길 바랍니다. 이런 상황이 다시는 일어나지 않기를 간절히 바랍니다. 이는 제게 통관할 때 큰 문제를 야기하며 귀하의 회사 이미지를 해칠 수 있기 때문입니다. 이해해 주시고 협조해 주셔서 매우 감사드립니다.

상업 송장을 받아 볼 수 있길 기다리고 있겠습니다.

당신의 신실한
Jim White

실용 구문

| In any case, ...

In any case, **for the sake of customs clearance**[1], **please mail the invoice to me instantly**[2].

어찌 되었건, 통관을 위해서 제게 즉시 송장을 메일로 보내 주시길 바랍니다.

[1] successful reimbursement 성공적인 상환
passing the customs quickly 세관을 빨리 통과함
[2] within three days 3일 내에
at your convenience 귀하께서 편하실 때

| I do sincerely hope that...

I do sincerely **hope**[1] that **this state of affair will never occur**[2] again.

이런 상황이 다시는 일어나지 않기를 간절히 바랍니다.

[1] can make sure 확실히 하다
need you to promise 당신의 약속이 필요하다
[2] happen 일어나다
come off 발생하다

 베껴 쓰기 좋은 문장

1 | commercial invoice 상업 송장

commercial invoice는 '상업 송장'의 뜻으로 상업 영어 용어이다. 영수증과 용도가 비슷하며 통관할 때 쓰인다.

2 | customs clearance 통관

customs clearance는 '통관'의 뜻으로 상업 영어 용어이다. 화물이 순조롭게 통관을 해야만 국경을 통과할 수 있다.

예 The customs officer demanded a commercial invoice for customs clearance.
세관원은 통관을 위해 상업 송장을 요구했다.

 영문 E-mail 단어

- arrival n 도착, 도래
- paste v 붙이다, 붙게 하다
- commercial a 영리의, 상업의

- carton n 종이상자
- envelope n 편지 봉투
- corporate a 법인의, 회사의

Unit 13

항의 | Complaining

송장 미발행 ②

바로 베끼기

E-mail sample

From:	Jenny
To:	Mr. Steven
Subject:	Complaint about Not Issuing the Invoice 송장 미발행에 대한 불평

Dear Mr. Steven,

알리게 되어 유감임

　　We regret to inform you that your delivery of order NO. 39862 arrived in our company without the necessary commercial invoice. I am writing to make an inquiry about[1] what happened then. Since the customs official won't clear the cargos without the legal invoice, **it will be much appreciated** if you can deal with this matter without delay and give us a reasonable explanation. If you had forgot to issue the invoice or misplaced it with another order, please take immediate action to issue a new one and send it to us by express delivery. We don't want this cargo of goods to be delayed too long for any reason. In order to **stabilize our long-term cooperation**, I hope you can make sure that all the orders will be processed more carefully in the future.

상대방 에게 감사할 것

장기간 협력 유지

Your truly,

Jenny

친애하는 Mr. Steven 씨

　　귀하께서 배송해 주신 39862번 주문이 필요한 상업 송장 없이 저희 회사에 도착했다는 것을 알리게 되어 유감입니다. 무슨 일이 일어난 것인지 문의하고자 메일 보내 드립니다. 합법적인 송장 없이는 세관을 정상적으로 통과할 수 없기 때문에 귀하께서 이 문제를 즉시 처리해 주시고 합당한 설명을 해 주실 수 있다면 감사드리겠습니다. 만약 귀하께서 송장을 발행하는 것을 잊으신 것이거나 다른 주문에 잘못 놓으신 것이라면 새 송장을 발행해 주시고 저희에게 퀵으로 배송해 주시는 즉각적인 조치를 취해 주시길 바랍니다. 어떤 이유든 저희의 상품 화물이 너무 오래 지연되는 것을 원하지 않습니다. 장기간의 협력을 안정시키기 위해서 앞으로 모든 주문을 보다 주의 깊게 처리해 주시길 바랍니다.

당신의 진실한
Jenny

실용 구문

We regret to inform you that...

We regret to inform you that your delivery[1] **of order NO. 39862 arrived in our company without the necessary commercial invoice**[2].

귀하께서 배송해 주신 39862번 주문이 필요한 상업 송장 없이 저희 회사에 도착했다는 것을 알리게 되어 유감입니다.

① parcel 패키지, 꾸러미
　shipment 선적
② appendixes 부록
　related certificate 관련 증명서

It will be much appreciated...

It will be much appreciated[1] **if you can deal with this matter without delay and give us a reasonable explanation**[2].

귀하께서 이 문제를 즉시 처리해 주시고 합당한 설명을 해 주실 수 있다면 감사드리겠습니다.

① I'm asking you 요청합니다
　You are supposed
　…하셔야 합니다
② an apology without excuse
　변명 없는 사과
　some compensation 일정한 보상

...stabilize our long-term cooperation...

In order to stabilize our long-term cooperation, I hope you can make sure[1] **that all the orders will be processed more carefully**[2] **in the future.**

장기간의 협력을 안정시키기 위해서 앞으로 모든 주문을 보다 주의 깊게 처리해 주시길 바랍니다.

① promise 약속하다
　ensure 보장하다
② you won't make such a
　mistake again 당신이 다시는 이런
　실수를 하지 않을 것이다
　you offer us the best price
　당신이 최고의 가격을 우리에게 제안하다

베껴 쓰기 좋은 문장

1 | make an inquiry about　문의하다, 알아보다

make an inquiry about은 관용어로 볼 수 있으며 '문의하다, 알아보다'의 뜻을 갖는다. 상업 영어에서 '가격을 문의하다'의 뜻으로 쓰일 수도 있다.

예 This customer wants to make an inquiry about treadmills.
이 고객님께서 러닝머신 가격을 문의하고자 하십니다.

영문 E-mail 단어

- **necessary** a 필수의, 필요한
- **misplace** v 잘못 두다
- **without** prep …없이
- **immediate** a 즉시의, 직접적인

- **legal** a 합법의, 법률의
- **action** n 활동, 행동, 조치
- **without delay** phr 즉시
- **stabilize** v 안정되다, 안정시키다

항의 | Complaining

업체 측 주문 취소 ①

E-mail sample

From:	Grant
To:	Ms. Taylor
Subject:	Complaint about Canceling Our Order 저희 주문 취소에 관한 불평

Dear Ms. Taylor,

매우 당황함 **We were awfully anxious** to hear that you canceled our order for sifting machines placed on August 16th, 2016. There was not any **evidence showing that** the order itself was erroneous. You also told us that our order could be normally processed and that you would arrange for the delivery soon after we placed the order. So we had been waiting for the delivery these days, only to[1] be informed that our order was canceled. **We deeply felt that** it was unacceptable for us that you canceled the order unilaterally. We are not satisfied with this unreasonable behavior on your part, which caused us a lot of trouble to our regular work.

보장해 주길 바람 **Please be sure to** give us a satisfactory explanation. We are looking forward to hearing from you soon.

Yours sincerely

Grant

친애하는 Ms. Taylor

　저희가 2016년 8월 16일에 했던 분리 기계 주문을 취소하셨다는 소식을 들어 매우 불안했습니다. 주문 자체에 문제가 있었다는 증거는 하나도 없습니다. 귀하께서도 저희에게 주문은 정상적으로 처리될 것이며 저희가 주문하는 대로 배송을 안내해 줄 것이라고 말씀해 주셨습니다. 때문에 저희는 최근 배송을 기다리고 있었는데 주문이 취소되었다는 것을 통보받았을 뿐입니다. 저희는 귀하께서 일방적으로 주문을 취소하셨다는 것에 대해 전혀 받아들일 수가 없습니다. 귀하 측의 이런 불합리한 행동에 대해 불만족스러우며 이는 저희의 정상적인 작업에 많은 문제를 초래했습니다.

　저희가 만족할 수 있는 해명을 반드시 해 주시길 바랍니다. 곧 회신을 받아 볼 수 있기를 기대하겠습니다.

당신의 신실한

Grant

바로
배우기

실용 구문

We were awfully anxious...

We were awfully anxious① **to hear that you canceled**② **our order for sifting machines placed on August 16th, 2016.**

저희가 2016년 8월 16일에 했던 분리 기계 주문을 취소하셨다는 소식을 들어 매우 불안했습니다.

① I was startled 나는 놀랐다
It was hard to believe
믿기 힘들다
② delayed 연기했다
refused 거절했다

...evidence showing that...

There was not any evidence① **showing that the order**② **itself was erroneous.**

주문 자체에 문제가 있었다는 증거는 하나도 없습니다.

① sign 단서
indication 지시, 지표
② itinerary 공정
contract 계약

We deeply felt that...

We deeply felt that it was unacceptable① **for us that you canceled the order unilaterally**②**.**

저희는 귀하께서 일방적으로 주문을 취소하셨다는 것에 대해 전혀 받아들일 수가 없습니다.

① unbearable
참을 수 없는
not fair 불공평한
② directly 직접적으로
without asking 문의 없이

Please be sure to...

Please be sure to① **give us a satisfactory**② **explanation.**

저희가 만족할 수 있는 해명을 반드시 해 주시길 바랍니다.

① take this seriously to
이 사건을 중시하다
make no excuse and
변명하지 말고
② reasonable 합리적인
perfect 완벽한

바로
적용하기

베껴 쓰기 좋은 문장

1 ｜ only to... 생각지도 못했는데, 오직 …할 뿐이었다.

only to는 관용어로 볼 수 있으며 '오직 …했을 뿐이다'의 뜻을 갖는다. 뒤에 오는 동사는 주어로 하여금 실망하게 한 결과를 나타낸다.

예 **She made an application for a raise and** only to **be turned down by her boss.**
그녀는 임금 인상을 신청했지만 그녀의 사장으로 인해 거절됐을 뿐이었다.

바로
외우기

영문 E-mail 단어

- awfully ad 매우
- unilaterally ad 일방적으로
- sift v 분리하다
- unreasonable a 불합리한, 불합당한
- evidence n 증거, 흔적
- satisfactory a 만족스러운
- unacceptable a 받아들일 수 없는

457

항의 | Complaining

업체 측 주문 취소 ②

바로베끼기 E-mail sample

From:	Jonathan
To:	Mr. Clark
Subject:	Complaint about Canceling Our Order 주문 취소에 관한 불평

Dear Mr. Clark,

I am writing to inform you that **we are very dissatisfied with** your cancellation of our purchase order for mobile chargers. We have told our customers that we have found a supply of mobile chargers with good quantity and favorable price. **However,** your sudden cancellation of the order left us on the horns of a dilemma. Canceling the order will not only damage your image of good faith management but also force us to break our promise to our customers. In other words, it will hurt the customers as well as[1] the brand name.

I think, **as a company with long history**, you should know quite well about the disadvantages of this decision. Please give us an explanation and come up with a resolution to this matter. I'm looking forward to your earliest reply.

Yours sincerely,

Jonathan

매우
불만임

전환
어구

신분
표현

친애하는 Mr. Clark
　귀사께서 저희 이동식 충전기 구매 주문을 취소한 것에 대해 매우 불만임을 표현하고자 메일 보내 드립니다. 저희는 이미 고객님께 좋은 품질과 합리적인 가격의 이동식 충전기 공급원을 구했다고 말씀드렸습니다. 그러나 귀하께서 갑자기 저희의 주문을 취소한 것이 저희로 하여금 딜레마에 빠지게 하였습니다. 주문을 취소하신 것은 귀하의 훌륭한 신용 경영의 이미지를 훼손할 뿐만 아니라 저희로 하여금 저희 고객들과의 약속을 깨게 만듭니다. 다시 말해 이는 브랜드 명성뿐만 아니라 고객들까지도 손해가 되게 할 것입니다.
　오랜 역사를 가진 회사로서, 이런 결정이 어떤 불리함을 가져다 줄 것인지 잘 아실 것이라 생각합니다. 저희에게 해명해 주시고 이 문제에 대한 해결책을 제시해 주세요. 최대한 빠른 회신 기다리고 있겠습니다.
당신의 신실한
Jonathan

실용 구문

We are very dissatisfied with...

I am writing to inform you that we are very dissatisfied with[1] your cancellation of our purchase order for mobile chargers[2].

귀사께서 저희 이동식 충전기 구매 주문을 취소한 것에 대해 매우 불만임을 표하고자 메일 보내 드립니다.

관련어구
①annoyed at …에 짜증난
furious about …에 대해 화난
②new dictionary 새 사전
tables and chairs 책상과 의자

However, ...

However[1], your sudden cancellation of the order left us on the horns of a dilemma[2].

그러나 귀하께서 갑자기 저희의 주문을 취소한 것이 저희로 하여금 딜레마에 빠지게 하였습니다.

관련어구
①Sadly 슬프게도
In fact 사실
②in trouble 문제가 생긴
clueless 알 수 없는

As a company with long history...

As a company with long history[1], you should know quite well about the disadvantages[2] of this decision.

오랜 역사를 가진 회사로서, 이런 결정이 어떤 불리함을 가져다 줄 것인지 잘 아실 것이라 생각합니다.

관련어구
①abundant experiences
풍부한 경험
a good fame 좋은 명성
②pros and cons 장단점
consequences 결과, 결말

베껴 쓰기 좋은 문장

1 | ...as well as... …뿐만 아니라 …도

as well as는 연결사로 두 개의 병렬 구조를 나타내며 '…뿐만 아니라 …도'의 뜻을 갖는다.

예 The little girl can speak French as well as Spanish.
그 소녀는 스페인어뿐만 아니라 프랑스어도 할 줄 안다.

영문 E-mail 단어

- dissatisfied a 불만인
- on the horns of a dilemma phr 딜레마의 상황
- mobile a 이동 가능한
- charger n 충전기
- image n 이미지
- supply n 공급, 제공(량)

- faith n 신용
- favorable a 유리한, 특혜의
- management n 경영, 관리
- sudden a 예외의, 돌연의
- disadvantage n 불리함

항의 | Complaining

Unit 13

계약 위반 ①

E-mail sample

바로
베끼기

From:	Malone
To:	Joseph
Subject:	Complaint about Violating the Contract 계약 위반에 대한 불평

Dear Joseph,

We are disappointed to find that you have not abided by the contract which we signed on November 22nd, 2016. **As the contract specifies,** you should have shipped us two hundred sponge mattresses. As a matter of fact, we only received one hundred and eighty-nine pieces yesterday. What's worse, they were not the type we had ordered. This made us very upset.

계약에
따르면

Attached are the pictures of the sponge mattresses we received yesterday[1] and the copy of the contract of purchase for your reference. **We sincerely recommend that** you investigate this matter seriously and give us a reasonable explanation.

진심으로
조언함

Yours truly,

Malone

친애하는 Joseph

저희가 2016년 11월 22일에 서명한 계약을 귀하께서 준수하지 않으신 것을 알게 되어 매우 실망했습니다. 계약에서 명시하고 있는 것과 같이, 귀하께서는 200개의 스펀지 매트리스를 저희에게 운송해 주셨어야 했습니다. 하지만 저희는 어제 오직 189장의 매트리스밖에 받지 못한 것이 사실입니다. 설상가상으로 이는 저희가 주문한 종류가 아니었습니다. 저희는 이에 대해 매우 기분이 상했습니다.

참고하시라고 어제 저희가 받은 스펀지 매트리스 사진과 구매 계약 사본을 첨부했습니다. 귀하께서 이 문제에 대해 신중히 검토하시고 저희에게 합당한 해명을 해 주시길 진심으로 권고드립니다.

당신의 진실한

Malone

바로 배우기

실용 구문

As the contract specifies, ...
As the contract specifies[1], you should have shipped us two hundred sponge mattresses[2].

계약에서 명시하고 있는 것과 같이, 귀하께서는 200개의 스펀지 매트리스를 저희에게 운송해 주셨어야 했습니다.

관련어구
① According to the order
주문에 따르면
Undoubtedly 의심할 여지없이
② a dozen pads 12대의 패드
three boxes of tomatoes
토마토 세 상자

We sincerely recommend that...
We sincerely recommend that you investigate this matter seriously[1] and give us a reasonable[2] explanation.

귀하께서 이 문제에 대해 신중히 검토하시고 저희에게 합당한 해명을 해 주시길 진심으로 권고드립니다.

관련어구
① figure the problem out
문제를 찾아내다
take the responsibility
책임을 지다
② good 좋은
thorough 완전한

 바로 적용하기

베껴 쓰기 좋은 문장

1 | Attached are the pictures of the sponge mattress we received yesterday... 도치구문

주어와 동사는 문장의 핵심이다. 주어가 동사 앞에 위치한 것을 자연어순 또는 일반어순이라고 한다. 만약 주어가 동사 뒤에 위치하거나 정상적인 순서와 다른 순서로 나왔다면 이를 도치어순(도치구문)이라고 한다. 예문의 문장은 문장의 동사 전체를 주어 앞에 위치시켜 완전한 도치구문을 만들어 냈다.

 바로 외우기

영문 E-mail 단어

- **violate** v 위반하다, 위배하다
- **hundred** n 백, 백 개
- **abide by** phr 따르다, 준수하다
- **picture** n 사진, 그림
- **sponge** n 스펀지
- **copy** n 사본, 복제품
- **mattress** n 매트리스
- **investigate** v 검사하다

항의 | Complaining

계약 위반 ②

바로
베끼기

E-mail sample

From:	Kent Lin
To:	William
Subject:	Complaint about Violating the Contract 계약 위반에 대한 불평

Dear William,

불평해야 함 ← **I have to make a complaint about** your infringement of the contract regarding the purchase order for liquid crystal display televisions. The order arrived in our company yesterday afternoon. **To our astonishment,** this 놀라운 것은

cargo had quality problems, which was in breach of the related clause of the contract we signed on January 25th, 2016. According to it, **we can refuse to** 거절할 수 있음

settle for the order for the purpose of protecting our rights. Thanks for your understanding.

In regard to the present situation, please account for[1] the quality problems and propose solutions. We do hope you can pay much more attention to your business practice and abide by the contract **lest you should** bear the …를 방지하기 위해

consequences in the future. I'm looking forward to hearing from you as soon as possible.

Yours sincerely,

Kent Lin

친애하는 William

액정 디스플레이 TV 주문과 관련된 계약을 위반하신 것에 대해 불평을 할 수밖에 없습니다. 주문은 어제 오후에 저희 회사에 도착했습니다. 놀랍게도 이번 화물들은 품질의 문제가 있었습니다. 이는 2016년 1월 25일에 저희가 서명한 계약 관련 조건에 위배되는 것입니다. 계약에 따르면 저희는 저희의 권리를 보호하기 위해 주문을 거절할 수 있습니다. 이해해 주셔서 감사드립니다.

현재 상황에 관해서 품질 문제에 대해 책임져 주시고 해결책을 제시해 주시길 바랍니다. 귀하의 업무에 조금 더 관심을 기울여 주시길 바라며 미래의 책임을 부담하지 않기 위해 계약을 준수해 주시길 바랍니다. 가능한 빨리 회신 받을 수 있기를 기다리겠습니다.

당신의 신실한

Kent Lin

실용 구문

I have to make a complaint about...
I have to make a complaint about your infringement[1] **of the contract regarding the purchase order for liquid crystal display televisions**[2].

액정 디스플레이 TV 주문과 관련된 계약을 위반하신 것에 대해 불평을 할 수밖에 없습니다.

관련어구
①violation 위반
disobedience 불복종
②road construction 도로 건설
the order for robotic dogs
로봇견 주문

To our astonishment, ...
To our astonishment, this cargo had quality[1] **problems.**

놀랍게도 이번 화물들은 품질의 문제가 있었습니다.

관련어구
①imbalance 불균형
bug (컴퓨터)오류

We can refuse to...
We can refuse to settle for the order[1] **for the purpose of protecting our rights**[2].

저희는 저희의 권리를 보호하기 위해 주문을 거절할 수 있습니다.

관련어구
①buy these products
이런 상품들을 사다
pay the bill 결산하다
②our company 저희 회사
the manager's righteousness
관리자의 공정

... lest you should...
We do hope you can pay much more attention to your business practice[1] **lest you should bear the consequences in the future.**

귀하의 업무에 조금 더 관심을 기울여 주시길 바라며 미래의 책임을 부담하지 않기 위해 계약을 준수해 주시길 바랍니다.

관련어구
①take responsibilities for your
behavior 귀하의 행동에 책임을 지다
esteem your profession
귀하의 전문성을 존중하다

베껴 쓰기 좋은 문장

1 | account for... …에 대해 해명하다

account for sth.은 관용어로 볼 수 있으며 '…에 대해 해명하다, …에 대한 책임을 지다'의 뜻을 갖는다. '…에 대한 책임을 지다'로 해석되었을 때는 bear responsibility for 또는 be obligated to와 호환하여 사용할 수 있다.

예 The production line manager is going to account for the accident.
생산 라인 관리자가 이번 사고를 책임질 것입니다.

영문 E-mail 단어

- infringement ⑪ 위반, 침범
- breach ⑪ 위반, 위배
- display ⑪ 전시, 전시품
- clause ⑪ 조항

463

항의 | Complaining

납품 지연 ①

바로
베끼기

E-mail sample

From:	Richard
To:	Smith
Subject:	Complaint about Delayed Shipment 배송 지연에 대한 불평

Dear Smith,

지금
까지

In regard to our order for 1,500 bars of handmade natural scented soap from you, we have received 1,000 bars **up to now**. There are still another 500 bars much overdue .

명확하게
지시함

We clearly pointed out that timely delivery was of great significance[1] to us when we placed the order. Last time you postponed the shipment of the 500 bars because of the shortage of raw material in your factory. **No matter what** excuse you will use for your delaying this time, we never accept it.

어떻게
되었건
간에

상대방
에게
처리 요청

Please put your hand to the shipment in no time and inform us when the 500 bars will arrive at our company. We are looking forward to your earliest delivery.

Yours sincerely,

Richard

친애하는 Smith

저희가 귀하께 주문한 수공 천연 비누 1,500개에 대해 말씀드리자면 저희는 지금까지 1,000개의 비누를 받았으며 아직 500개의 비누가 연착되어 있습니다.

저희는 주문을 할 때 분명히 제때 배송해 주는 것이 매우 중요하다고 지적했었습니다. 지난번에 귀하께서는 공장의 원자재 부족으로 500개의 배송을 연기하였습니다. 이번에 귀하께서 지연에 대한 어떤 변명을 하시던 간에 저희는 받아들이지 않겠습니다.

당장 배송을 해 주시고 500개가 언제 저희 회사에 도착할지 알려 주세요. 최대한 빠른 배송 기다리고 있겠습니다.

당신의 신실한
Richard

실용 구문

...up to now...
We have received 1,000 bars[1] up to now.

저희는 지금까지 1,000개를 받았습니다.

관련어구
①pair of shoes …켤레의 신발
copies of the book …권의 책

We clearly pointed out that...
We clearly pointed out[1] that timely delivery was of great significance to[2] us when we placed the order.

저희는 주문을 할 때 분명히 제때 배송해 주는 것이 매우 중요하다고 지적했었습니다.

관련어구
①informed you 당신에게 알렸다
stated 명시했다
②highly important to
매우 중요하다
the top rule for 최우선 규범

No matter what...
No matter what excuse[1] you will use for your delaying this time, we never accept it[2].

이번에 귀하께서 지연에 대한 어떤 변명을 하시건 간에 저희는 받아들이지 않겠습니다.

관련어구
①explanation 해명
method 방법
②won't take it 받아들이지 않다
won't forgive you 용서하지 않다

Please put your hand to...
Please put your hand to the shipment in no time[1] and inform us when the 500 bars will arrive at our company[2].

당장 배송을 해 주시고 500개가 언제 저희 회사에 도착할지 알려 주세요. 최대한 빠른 배송 기다리고 있겠습니다.

관련어구
①right now 지금 바로
instantly 즉시
②the factory 공장
our store 우리 상점

 베껴 쓰기 좋은 문장

1 | be of great significance 극도로 중요하다, 매우 중요하다

'be of + 추상명사'는 '…한 성질을 가지다'의 뜻을 갖는다. 이는 'be + 추상명사와 어원이 같은 형용사'에 해당한다.

예 Her attending the seminar is of special significance to our academic research.
그녀가 세미나에 참석한 것은 우리 학술 연구에 매우 의미가 있다.

 영문 E-mail 단어

- handmade **a** 수공의
- significance **n** 중요성, 의미
- bar **n** 줄, 바

- postpone **v** 연기하다
- overdue **a** 만기의, 기간이 지난
- raw **a** 원상태의, 가공하지 않은

465

항의 | Complaining

납품 지연 ②

바로
베끼기

E-mail sample

From:	Amanda
To:	Victor
Subject:	Complaint about Delayed Shipment 운송 지연에 대한 불평

Dear Victor,

인내심
을 잃음

설상가상
으로

   We are almost **out of patience** waiting so long for your delayed shipment of goods. **Worse still,** you informed us of yet another delay, saying that the defective machine in your factory has caused disorder in production, so you have no choice but to[1] postpone the date of shipment again. I have to complain that we're strongly discontented with your behavior, which has brought us great inconvenience and also affected the business relationship between us.

관심
표현

   In order to **show your concern for** this matter, please take immediate action to resolve the problem and inform us with certainty by return of mail when the goods will be shipped.

   Your prompt reply and appropriate solution will be much appreciated.

Best regards,

Amanda

친애하는 Victor

   귀하의 상품 배송이 너무 오래 지연되어 저희는 거의 인내심을 잃을 지경입니다. 설상가상으로 귀사는 귀사 공장의 기계가 고장 나 생산의 혼란이 생겼다며 배송 날짜를 미룰 수밖에 없다고 저희에게 또 한 번의 연기를 통지하셨습니다. 저희는 귀사의 이런 행동에 대해 매우 불만족스럽다고 불평하는 바입니다. 이는 저희에게 큰 불편을 가져다 줄 뿐만 아니라 저희 간의 사업 관계에도 영향을 미칩니다.

   이 문제에 대한 귀하의 관심을 표하기 위해서 즉각적인 해결 조치를 취해 주시고 언제 물건을 배송할 것인지 정확한 날짜를 메일로 회신해 알려 주세요.

   빠른 회신과 적절한 조치를 취해 주시면 감사하겠습니다.

Amanda 올림

실용 구문

...out of patience ...

We are almost out of patience① waiting so long for your delayed shipment of goods②.

귀하의 상품 배송이 너무 오래 지연되어 저희는 거의 인내심을 잃을 지경입니다.

> 관련어구
> ① outrageous 매우 화난
>   crazy 광분한
> ② the magazine 잡지
>   our stationary 우리의 문구

Worse still, ...

Worse still, you informed us of yet another delay, saying that the defective machine① in your factory has caused disorder in production②.

설상가상으로 귀사는 귀사 공장의 기계가 고장 나 생산의 혼란이 생겼다며 배송 날짜를 미룰 수밖에 없다고 저희에게 또 한 번의 연기를 통지하셨습니다.

> 관련어구
> ① new employees 새 직원
>   broken system 고장 난 시스템
> ② delivery 운송
>   customer information 고객 정보

...show your concern for...

In order to show your concern for this matter, please take immediate action to resolve① the problem and inform us with certainty by return mail when the goods② will be shipped.

이 문제에 대한 귀하의 관심을 표하기 위해서 즉각적인 해결 조치를 취해 주시고 언제 물건을 배송할 것인지 정확한 날짜를 메일로 회신해 알려 주세요.

> 관련어구
> ① deal with 처리하다
>   handle 처리하다
> ② the rest of our products 남은 저희 제품들
>   the industrial materials 공업 재료

베껴 쓰기 좋은 문장

1 | ...have no choice but to... …할 수밖에 없다

have no choice but to는 관용표현으로 '…말고는 선택권이 없다, …할 수밖에 없다'의 뜻을 갖는다.

예 He had no choice but to rely on himself at that time.
그는 그때 스스로에게 의지할 수밖에 없었다.

영문 E-mail 단어

- **patience** n 인내심
- **concern** n 관심, 걱정
- **worse** a 더 나쁜, 더 심각한
- **certainty** n 확실성, 필연

- **disorder** n 엉망, 어수선함, 무질서
- **by return** phr 즉시, 최대한 빨리
- **strongly** ad 강렬하게, 견고하게
- **appropriate** a 적절한

항의 | Complaining

애프터 서비스 불친절

바로
베끼기

E-mail sample

From:	Helen
To:	After-sales Service Department
Subject:	Complaint about Poor After-sales Service 애프터 서비스 불친절 불평

Dear Sir / Madam,

…할 것
같음

We bought three air-conditioners of your brand this November on your official website. However, **I'm afraid that** I have to complain about the bad after-sales[1] service of your company.

구매 후
일주일

In the first week after we bought them, one of the air-conditioners couldn't function well as the heat-dissipation button was out of order. **For this problem,** I asked your after-sales service staff for help, and they promised me to come here for a check in three days. I have waited for a week now, and yet no after-sales staff has come over yet. It is your perfunctory attitude that[2] makes your after-sales service poorly reviewed by your customers and damages your brand image.

화제
제시

Please reply soon and take further action.

Yours sincerely,

Helen

친애하는 선생님/여사님
    저희는 귀사의 공식 웹사이트에서 귀하 브랜드의 에어컨 세 대를 구매했습니다. 그러나 귀사의 불친절한 애프터 서비스에 대해 불평을 할 수밖에 없겠네요.
    저희가 그것을 구매한 첫째 주에, 에어컨 중 한 대의 제열 버튼이 고장 나면서 제대로 작동하지 않았습니다. 이 문제로 저는 귀하의 서비스 센터 직원에게 도움을 요청했으며, 그들은 3일 후에 와서 검토를 해 보겠다고 약속했습니다. 저는 지금까지 일주일을 기다렸지만 아직 어떠한 애프터 서비스 직원도 오지 않았습니다. 당신의 고객들이 애프터 서비스에 대해 안 좋은 평가를 하게 만들고 귀하의 브랜드 이미지에 손상을 입히는 것은 바로 당신들의 형식적인 태도입니다.
    빠른 회신 주시고 대책을 마련해 주세요.
당신의 신실한
Helen

실용 구문

I'm afraid that...

I'm afraid[1] that I have to complain about the bad after-sales service[2] of your company.

귀사의 불친절한 에프터 서비스에 대해 불평을 할 수밖에 없겠네요.

관련어구
[1] I feel mad 화가 나다
It is necessary 필요하다
[2] website 웹사이트
ordering system 주문 체계

In the first week after we bought them, ...

In the first week after[1] we bought them, one of the air-conditioners couldn't function well[2] as the heat-dissipation button was out of order.

저희가 그것을 구매한 첫째 주에, 에어컨 중 한 대의 제열 버튼이 고장 나면서 제대로 작동하지 않았습니다.

관련어구
[1] On the day 그날
Soon after 얼마 지나지 않아
[2] turn on 켜다
operate normally
정상적으로 작동하다

For this problem, ...

For this problem, I asked your after-sales service staff[1] for help, and they promised me to come here for a check in three days[2].

이 문제로 저는 귀하의 서비스 센터 직원에게 도움을 요청했으며, 그들은 3일 후에 와서 검토를 해 보겠다고 약속했습니다.

관련어구
[1] customer service 고객 서비스
men in charge 책임자
[2] as soon as they can
그들이 가능한 빨리
the next day 다음날

 베껴 쓰기 좋은 문장

1 | after-sales, air-conditioners 합성어

영어 단어에서는 단어 두 개를 합쳐서 하나의 단어로 사용할 때가 있다. 앞의 단어는 수식하거나 뒤의 단어를 한정한다. 이런 방법이 합성법이다. 어떤 합성어는 ' - '로 두 단어를 연결하기도 한다. 본문의 after-sales 는 합성 형용사이고, air-conditioners는 합성 명사이다.

2 | It is your perfunctory attitude that ... …는 바로 당신들의 형식적인 태도 때문이다.

'It + is/was + 강조어구 + that/who + 기타성분'은 강조구문이다. 다른 구문들과 강조구문을 비교하는 방법은 문장의 'It + is/was + that'을 지워 봤을 때 문장이 성립 되면 강조구문이고 그렇지 않으면 다른 구문인 것이다.

예 It was you who violated the contract.
계약을 위반한 것은 바로 당신입니다.

 영문 E-mail 단어

- official **a** 공식의, 공적인
- button **n** 버튼, 단추
- after-sales **a** 판매 후의
- review **v** 비평하다

469

Part 2 영문 E-mail 실용 작문

Chapter 2

일상생활 용법

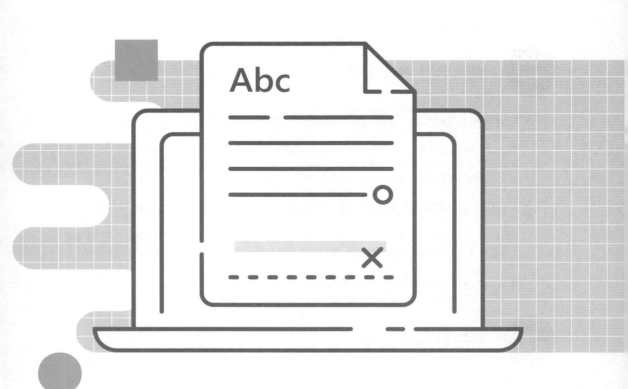

The Best English E-mail

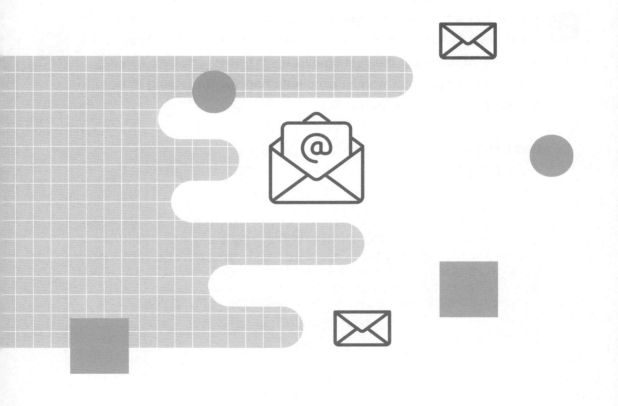

이주 | Moving

집 구경 요청

E-mail sample

From:	Jessica Chen
To:	Joyce
Subject:	Request for Looking Around the Apartment 아파트 구경 요청

Dear Joyce,

인터넷
에서

I saw your house rental information **on the Internet** this morning. **I am looking for** an apartment with a big window and a clean kitchen. After seeing your rental information and pictures posted on the Internet, I am quite interested in your apartment. It is exactly the right type of apartment that I want to rent. So **I am writing to inquire about** detailed information such as rent and deposit. I also want to make an appointment[1] to check it out. **Please write back and inform me of the best time** for me to go over and have a look.

…를
찾고
있음

서신
문의

회신
요청

I sincerely hope that we can cooperate happily. I'm looking forward to hearing from you as soon as possible.

Best Regards,

Jessica Chen

친애하는 Joyce

　　오늘 오전에 인터넷에서 귀하의 주택 임대 정보를 보았습니다. 저는 큰 창문이 있고 깨끗한 주방이 있는 아파트를 찾고 있습니다. 귀하께서 게시하신 임대 정보와 사진을 보고 난 후 저는 귀하의 아파트에 꽤 관심이 생겼습니다. 제가 임대하고자 하는 바로 그런 종류의 아파트였습니다. 때문에 임대비와 보증금 같은 상세 정보를 요청 드리고자 메일 보내 드립니다. 또한 집을 좀 둘러 볼 약속을 잡고 싶습니다. 부디 회신 주셔서 제가 가서 둘러 보기 가장 좋은 시간을 알려 주시길 바랍니다.

　　진실로 저희가 즐겁게 협력하기를 바랍니다. 가능한 빠른 시일 내에 회신 받기를 기다리겠습니다.

Jessica Chen

실용 구문

...on the Internet...

I saw your house rental information[1] on the Internet[2] this morning.

오늘 오전에 인터넷에서 귀하의 주택 임대 정보를 보았습니다.

① new advertisement 새로운 광고
job vacancy list 직업 공석 리스트
② bulletin board 게시판
house rental website
주택 임대 사이트

I am looking for...

I am looking for an apartment[1] with a big window and a clean kitchen[2].

저는 큰 창문이 있고 깨끗한 주방이 있는 아파트를 찾고 있습니다.

관련어구
① a one-bedroom apartment
방 한 칸짜리 아파트
a suite 스위트 하우스
② massage tub 마사지 튜브
study room 스터디 룸

I am writing to inquire about...

I am writing to inquire about[1] detailed information such as rent and deposit[2].

임대비와 보증금 같은 상세 정보를 요청 드리고자 메일 보내 드립니다.

관련어구
① ask for …을 요구하다
get 얻다
② parking lot 주차장
WIFI access 무선 공유기 사용

 베껴 쓰기 좋은 문장

1 | make an appointment ...   …의 약속을 잡다

make an appointment (with sb.)는 관용어로 볼 수 있으며 '…할 시간, 약속을 잡다'의 뜻이다.

예 You'd better make an appointment with Doctor Andre.
Andre 의사 선생님께 예약을 하는 것이 좋을 거예요.

영문 E-mail 단어

- rental n a 임대, 임대의
- post v 붙이다, 게시하다
- apartment n 아파트
- type n 종류

- window n 창문
- deposit n 보증금, 보증
- kitchen n 주방
- happily ad 즐겁게

E-mail sample

From:	Mike
To:	Mr. William
Subject:	Request for Signing the Lease 계약 요청

Dear Mr. William,

I'm Mike. I visited of your apartment several days ago. I am writing to you with the special intention of **asking whether** the apartment is still available for rent.

Last time I wasn't sure that the apartment was exactly the one that I want to rent. I'm sorry for that. After having seen so many residence options, to be honest,[1] I find that your apartment is the most suitable one for me on the whole. So I want to **make a request for** signing the lease with you. Since I have all of the necessary materials ready, please feel free to contact me whenever you'd like.

I do sincerely hope we can have a pleasant cooperation.

Yours sincerely,

Mike

친애하는 Mr. William

저는 며칠 전에 귀하의 아파트를 방문했던 Mike입니다. 그 아파트 임대가 아직 유효한지 여쭤고자 메일 보내 드립니다.

지난번에 저는 그 아파트가 정확히 제가 원하는 그런 아파트인지를 확신하지 못했습니다 그에 대해 정말 죄송하게 생각합니다. 많은 주거 옵션을 본 후, 솔직히 말씀드려서, 귀하의 아파트가 제게 전체적으로 가장 적합한 아파트라는 것을 알았습니다. 때문에 귀하께 임대 계약 체결을 요청드리는 바입니다. 모든 필요한 서류는 이미 준비되어 있으니, 언제든 편하게 연락 주시길 바랍니다.

진심으로 우리가 즐겁게 협력했으면 좋겠습니다.

당신의 신실한
Mike

실용 구문

I'm Mike...

I'm Mike. I visited[1] **your apartment several days ago**[2].

저는 며칠 전에 귀하의 아파트를 방문했던 Mike입니다.

...asking whether...

I am writing to you with the special intention[1] **of asking whether the apartment**[2] **is still available for rent.**

그 아파트 임대가 아직 유효한지 여쭈고자 메일 보내 드립니다.

...make a request...

I want to make a request[1] **for signing the lease**[2] **with you.**

때문에 귀하께 계약 체결을 요청 드리는 바입니다.

베껴 쓰기 좋은 문장

1 | To be honest, 솔직하게 말해서, 솔직히…

부정어 숙어 삽입어구로 자주 쓰이는 어구로는 to tell the truth, to be sure, to put it briefly 등이 있다.

예 To be honest, I don't think you are the most suitable candidate.
솔직하게 말씀드려서, 귀하께서 최적의 후보자라고 생각하지 않습니다.

영문 E-mail 단어

- intention n 의도, 의향
- sign v 서명하다
- exactly ad 정확히, 딱 맞게
- material v 재료, 자료
- suitable a 딱 맞는, 알맞은
- on the whole phr 전반적으로, 일반적으로

바로
베끼기

E-mail sample

From:	You-young Skin Care Center
To:	All Our Customers
Subject:	Moving Notice 이사 알림

Dear Customers,

목적
표현

In order to provide you with a better environment and more accessible service, we are very pleased to make an announcement that our skin care center **is going to move to** a new site. From May 1st, 2016, you can come to Room 2506 in Sunshine Building at 18 Oak Street. We have introduced the most advanced beauty apparatus and offered a lot of beauty and skincare courses to the VIPs. Our service hotline numbers and e-mail address remain unchanged for your convenience.

...로
이주할 것

감사
표현

We hereby express our deep gratitude to all of you for your continued attention and support. We are bound to work as hard as ever and provide you with the most satisfactory service. Wish you and your family happiness every day![1]

Yours sincerely,
You-young Skin Care Center

친애하는 고객님
　　귀하께 보다 나은 환경과 편리한 서비스를 제공하기 위해, 저희 스킨케어 센터가 새로운 장소로 이사를 하게 되었다는 것을 알리게 되어 기쁩니다. 2016년 5월 1일부터 Oak 18길 Sunshine 빌딩 2506호로 오시면 됩니다. 저희는 VIP 고객님들을 위해 최신 미용 설비를 들였으며, 많은 뷰티와 스킨케어 코스를 제공합니다. 편의를 위해 저희 서비스 센터의 핫라인 번호와 메일 주소는 그대로 두었습니다.
　　이에 저희는 모든 고객님들의 지속적인 관심과 지원에 깊은 감사를 표현하는 바입니다. 저희는 반드시 늘 그래왔듯이 열심히 노력할 것이며, 고객님께 가장 만족스러운 서비스를 제공할 것입니다. 고객님과 고객님의 가족들께서 늘 행복하시길 바랍니다.

당신의 신실한
You-young 스킨케어 센터

실용 구문

In order to...

In order to provide you with a better[①] environment and more accessible[②] service, ...

귀하께 보다 나은 환경과 편리한 서비스를 제공하기 위해, ...

관련어구
① more comfortable
　더 편안한
　fancier 더 화려한, 더 고급의
② personalized 개인적인
　comprehensive 포괄적인, 종합적인

...is going to move to...

We are very pleased[①] to make an announcement that our skin care center is going to move to the new site[②].

저희 스킨케어 센터가 새로운 장소로 이사를 하게 되었다는 것을 알리게 되어 기쁩니다.

관련어구
① so excited 매우 흥분한
　here 여기
② open grandly next Monday
　다음 주 월요일에 성대하게 열리다
　have a sales promotion on
　December 24th 12월 24일에
　판매 촉진 활동이 있다

We hereby express our deep gratitude...

We hereby express our deep gratitude to all of you[①] for your continued attention and support[②].

이에 저희는 모든 고객님들의 지속적인 관심과 지원에 깊은 감사를 표현하는 바입니다.

관련어구
① the customers 고객
　our members 우리 회원들
② selfless dedication
　헌신적인 봉헌
　generous donation 후한 기부

베껴 쓰기 좋은 문장

1 | Wish you and your family happiness every day!

귀하와 귀하의 가족들이 늘 행복하길 바랍니다.

'wish sb. + 형용사/명사'는 '누군가가 ...하기를 바라다'의 뜻을 갖는다.

예 I wish you a promising future.
귀하의 밝은 미래를 바랍니다.

영문 E-mail 단어

- moving [n] 이사
- apparatus [n] 설비, 기계
- accessible [a] 사용할 수 있는
- skincare [a] 스킨케어의
- announcement [n] 공고, 통지
- course [n] 과정, 과목
- sunshine [n] 햇빛
- hotline [n] 핫라인
- beauty [n] 아름다움
- be bound to [phr] 반드시 …할 것이다

이주 | **Moving**

이사 축하

E-mail sample

From:	Amelia
To:	Sandra
Subject:	Congratulations on Moving to the New House 새 주택에 이사 축하

Dear Sandra,

감사
표현

축하
표현

Thanks for your letter dated September 25th, 2016, inviting me to attend your housewarming party. **Congratulations on** moving to the new home on Sunshine Avenue on October 6th, 2016. **I will feel honored and privileged to** pay a visit to[1] your new house someday.

···하게
되어
영광인

I heard that your new house is very big and well-situated. The surrounding environment is also quite awesome. You really have good taste. I'm sure you will enjoy your new life in the new house.

Please accept an oil painting from me as a gift. I hope you will like it. Maybe it can be an ornament in one of your rooms.

Best wishes for all of you.

Truly yours,

Amelia

친애하는 Sandra

　　2016년 9월 25일에 제게 메일로 귀하의 집들이에 초대해 주셔서 감사드립니다. 2016년 10월 6일부로 Sunshine 거리의 새집으로 이사하게 된 것을 축하드립니다. 귀하의 집에 방문할 수 있는 특권을 얻게 되어 매우 영광입니다.

　　귀하의 새집이 매우 넓고 입지가 좋다는 이야기를 들었습니다. 주변 환경 역시 꽤 멋지고요. 정말로 보는 눈이 있으십니다. 새집에서 새로운 삶을 즐기실 것이라고 확신합니다.

　　선물로 유화를 보내 드리니, 받아 주시길 바랍니다. 좋아하셨으면 좋겠습니다. 방 한편의 장식이 될 수 있을 것입니다.

　　모두들 항상 행복하시길 바랍니다.

당신의 진실한
Amelia

실용 구문

Thanks for...

Thanks for your letter[1] **dated September 25th, 2016, inviting me to attend your housewarming party**[2]**.**

2016년 9월 25일에 제게 메일로 귀하의 집들이에 초대해 주셔서 감사드립니다.

> **관련어구**
> ① e-mail 전자우편
>   invitation 초대
> ② speech 연설
>   the Christmas ball
>   크리스마스 무도회

Congratulations on...

Congratulations on moving to the new home[1] **on Sunshine Avenue on October 6th, 2016**[2]**.**

2016년 10월 6일부로 Sunshine 거리의 새집으로 이사를 하게 된 것을 축하드립니다.

> **관련어구**
> ① new office 새로운 사무실
>   bigger house 더 큰 집
> ② January 13th 1월 13일
>   next weekend 다음 주말

I will feel honored and privileged to...

I will feel honored and privileged to pay a visit to[1] **your new house someday**[2]**.**

귀하의 집에 방문을 할 수 있는 특권을 얻게 되어 매우 영광입니다.

> **관련어구**
> ① attend the party at
>   …의 파티에 참석하다
>   decorate 장식하다
> ② on that day 그 날에
>   in the near future 가까운 미래에

베껴 쓰기 좋은 문장

1 | pay a visit to   …에 방문하다

pay a visit to는 관용어로 볼 수 있으며, 뒤에 사람을 목적어로 취해 '사람을 방문하다, 찾아가다'의 뜻을 갖는다. 목적어로 장소를 취했을 때는 '장소를 방문, 참관하다'의 뜻을 갖는다.

예 The president will pay a visit to the United States of America.
대통령님께서는 미국에 방문할 것입니다.

영문 E-mail 단어

- **avenue** n 거리, 대로
- **ornament** a 장식품, 장식
- **privileged** a 특권을 가진

- **someday** n 어느 날
- **surrounding** ad 주변의, 부근의
- **taste** n 취향

이주 | Moving

협조 요청

E-mail sample

From:	Paul Moore
To:	Mike
Subject:	Request for Assistance[1] 협조 요청

Dear Mike,

···때문에

Since the rent of my present residence has soared up recently, I am going to move to a new apartment I found in Fortune Building, Oak Street 16, where the rent is lower. It is much closer to our company too! **In consideration of** my belongings accumulated over the years, I would like to ask you for your kind help. If you do not have a plan for this weekend by lucky coincidence[2], **could you please help me** to tidy my belongings and move them to the new apartment? The tenancy term of the new apartment starts from next Tuesday. Time is so limited that I cannot handle all the things by myself. If you are willing to offer me assistance in this, I will be very appreciative.

이유
표현

공손한
협조
요구

I look forward to your prompt reply. Thanks!

Yours truly,

Paul Moore

친애하는 Mike

　　제가 현재 주거하고 있는 거주지의 임대비가 최근에 급증하였기 때문에, 저는 제가 Oak 16길의 Fortune 빌딩에서 찾은, 비교적 임대비가 싼 새 아파트로 이사를 갈 예정입니다. 그리고 이 아파트가 제 회사와도 훨씬 가깝습니다. 수년 동안 쌓인 제 짐들 때문에 귀하께 도움을 요청 드리고자 합니다. 운 좋게도 이번 주말에 계획이 없으시다면, 제 짐정리와 이것들을 새집으로 옮기는 것을 도와주실 수 있으실까요? 새 아파트의 임차 기간은 다음 주 화요일부터 시작됩니다. 시간이 너무 촉박해서 제가 모든 것들을 혼자 해결할 수가 없습니다. 만약 저를 도와주실 수 있으시다면 정말 감사드릴 것입니다.

　　빠른 회신 기다리겠습니다. 감사합니다.

당신의 진실한
Paul Moore

실용 구문

Since...

Since the rent of my present residence has soared up recently[1], I am going to move to a new apartment[2].

제가 현재 주거하고 있는 거주지의 임대비가 최근에 급증하였기 때문에, 저는 새 아파트로 이사 갈 예정입니다.

In consideration of...

In consideration of my belongings[1] accumulated over the years, I would like to ask you for your kind help[2].

수년 동안 쌓인 제 짐들 때문에 귀하께 도움을 요청 드리고자 합니다.

Could you please help me...

Could you please help me to tidy my belongings[1] and move them to the new apartment[2]?

제 짐정리와 이것들을 새집으로 옮기는 것을 도와주실 수 있으실까요?

베껴 쓰기 좋은 문장

1 | Request for Assistance 도움 요청

공식적인 상업성 메일과 비교해서 비상업목적의 메일은 비교적 형식이나 문장의 어휘 사용 제약이 엄격하지 않다. 또 어느 정도는 부탁할 때 편하고 가벼운 말투를 사용하는 것이 좋다. 공식적이거나 생소하고 서면적인 어휘는 오히려 상대방에게 고리타분해 보이고 거리감을 느끼게 할 수 있기에 삼가야 한다.

2 | ...by lucky coincidence 운 좋게도

by lucky coincidence는 관용어로 볼 수 있으며, 부사 숙어로 '마침, 운 좋게도'의 뜻을 갖는다. by chance / accidence와 비슷한 의미로 사용된다.

예 I met my old friend last week by lucky coincidence.
지난주에 운 좋게 오래된 친구를 만났다.

영문 E-mail 단어

- residence n 거주지, 주거 공간
- belongings n 소유물
- soar v 급증하다, 급등하다, 치솟다
- accumulate v 축적하다

입학 신청 | Enrolling

유학 신청

E-mail sample

From:	Shirly
To:	Mr. Smith
Subject:	Application for Studying Abroad 유학 신청

Dear Mr. Smith,

I am a history major in my senior year in university. This June I will be conferred a Bachelor of Arts Degree. **I would like to apply for** admission to your university as a postgraduate in linguistics next semester. The preeminent faculty and excellent students in your university are **of great charm to me**. **I believe that** I will benefit a lot from[1] your university in its academic and cultural ambience .

신청
표현

매우
매력적인

…라
믿다

A copy of my TOEFL report card, an original copy of my university transcript, and two letters of recommendation have been sent to you as requested. You will also find attached my completed application form.

Thanks very much for your consideration. I'm looking forward to your early reply.

Yours sincerely,
Shirly

친애하는 Mr. Smith 씨

저는 대학교에서 역사를 전공하는 4학년 학생입니다. 오는 6월에 문학사 학위를 얻게 됩니다. 다음 학기에 귀교의 언어학 전공 대학원생으로 입학을 신청하고자 합니다. 귀교의 우수한 교수진과 뛰어난 학생들은 제게 큰 매력으로 다가왔습니다. 저는 귀교의 학술적인, 그리고 문화적인 분위기 속에서 많은 것들을 얻을 것이라고 확신합니다.

귀교의 요청에 따라 제 토플 성적표와 대학 성적표 원본, 그리고 두 부의 추천서를 귀교로 부쳤습니다. 또한 제 입학 신청서 역시 첨부 파일에서 확인하실 수 있으실 것입니다.

사려해 주셔서 정말 감사드립니다. 빠른 회신 기다리고 있겠습니다.

당신의 신실한
Shirly

실용 구문

I would like to apply for...

I would like to apply for admission for your university as a postgraduate[①] **in linguistics**[②] **next semester.**

다음 학기에 귀교의 언어학 전공 대학원생으로 입학을 신청하고자 합니다.

> **관련어구**
> ① freshman 신입생, 1학년생
>   graduate student 대학원생
> ② Philosophy 철학
>   Medicine 의학

...of great charm to me.

The preeminent[①] **faculty and excellent students**[②] **in your university are of great charm to me.**

귀교의 우수한 교수진과 뛰어난 학생들은 제게 큰 매력으로 다가왔습니다.

> **관련어구**
> ① prestigious 명성 있는
>   friendly 우호적인
> ② abundant resources
>   풍부한 자원
>   various courses 다양한 과정

I believe that...

I believe that I will benefit a lot[①] **from your university in its academic and cultural**[②] **ambience.**

저는 귀교의 학술적인 그리고 문화적인 분위기 속에서 많은 것들을 얻을 것이라고 확신합니다.

> **관련어구**
> ① learn more 더 많이 배우다
>   achieve my goal 목표를 성취하다
> ② research 연구
>   competitive 경쟁의

 베껴 쓰기 좋은 문장

1 | ...benefit a lot from... …로부터 많은 것을 배우다.

benefit a lot from은 관형어로 볼 수 있으며 '…로부터 이익을 얻다'의 뜻을 갖는다.

> **예** He benefited a lot from the previous bad experiences and failures.
> 그는 이전의 나쁜 경험과 실패로부터 많은 것을 배웠습니다.

영문 E-mail 단어

- major **n** 전공생, 전공
- linguistics **n** 언어학
- confer **n** 수여하다, 증여하다
- preeminent **a** 우수한, 뛰어난
- bachelor **n** 학사
- faculty **n** 교수진

- degree **n** 학위
- cultural **a** 문화의, 인문의
- admission **n** 입학, 입장
- ambience **n** 환경, 분위기, 기운
- postgraduate **n** 대학원생
- transcript **n** 성적 증명서, 사본

입학 신청 | Enrolling

장학금 신청

**바로
베끼기**

E-mail sample

From:	Alice Cheng
To:	Ms. Sophia
Subject:	Application for Full Scholarship 전액 장학금 신청

Dear Ms. Sophia,

**매우
감사함**

Many thanks for your letter dated January 6th, 2016. I'm very happy to have the chance to[1] apply for the full scholarship provided by your university. I received both the admission application form and the scholarship application forms attached in your last letter and filled them out. **As you've required,** I have also got the following documents ready: my financial certification form, two copies of my TOEFL[2] and GRE[2] certificates as well as two recommendation letters.

**상대방의
요구에
따라서**

**미리
감사**

Thanks very much in advance for your assistance in my application. Attached please find all the application materials. If you want any other document I shall be very pleased to send it to you.

I am looking forward to hearing from you soon.

Yours sincerely,

Alice Cheng

친애하는 Ms. Sophia

　　2016년 1월 6일에 보내 주신 서신에 대해 진심으로 감사드립니다. 귀교에서 제공해 주신 전액 장학금에 신청할 기회를 얻게 되어 정말 기쁩니다. 여사님께서 지난번에 보내 주신 메일에서 입학 신청서와 장학금 신청서를 모두 받아 보았으며, 작성을 완료했습니다. 여사님께서 요구하신대로 저는 재정 증명서, 토플과 GRE 성적표 사본 2부 역시 모두 준비를 마쳤습니다

　　제가 신청하는 데 도와주셔서 미리 감사의 말씀 전하겠습니다. 신청 자료들을 모두 첨부했습니다. 다른 문서가 또 필요하시다면 저는 기꺼이 보내 드리겠습니다.

　　곧 회신 받을 수 있기를 기대하겠습니다.

당신의 신실한
Alice Cheng

실용 구문

Many thanks for...

Many thanks① for your letter dated January 6ᵗʰ, 2016.

2016년 1월 6일에 보내 주신 서신에 대해 진심으로 감사드립니다.

> **관련어구**
> ① I want to thank you
> 감사를 표하고 싶다
> Much appreciation 극한의 감사

As you've required, ...

As you've required①, I have also got the following documents ready②.

여사님께서 요구하신대로 저는 다음 서류들 역시 모두 준비를 마쳤습니다.

> **관련어구**
> ① asked 요구했다
> demand 요구
> ② our transcripts 우리의 성적표
> our graduation certificates
> 우리의 졸업 증명서

Thanks very much in advance...

Thanks very much in advance for your assistance① in my application②.

제가 신청하는 데 도와주셔서 미리 감사의 말씀 전하겠습니다.

> **관련어구**
> ① support 지지하다
> sponsorship 후원, 협찬
> ② tuition 학비
> allowance 비용

베껴 쓰기 좋은 문장

1 ｜ have the chance to ... …할 기회가 있다.

have the chance to do sth.은 관용어로 '…할 기회가 있다'의 뜻을 갖는다.

> 예 Mr. Henry said that I have the chance to win the award.
> Henry 씨께서 제가 그 상을 받을 기회가 있다고 하셨습니다.

2 ｜ TOEFL, GRE 영단어의 축약형

영어 단어에서는 몇 가지 자주 사용하는 숙어 단어들의 첫 문자를 따 하나의 단어로 사용할 때가 있다. 이를 영어 약어라고 한다. 이렇게 축약형으로 쓰인 약어는 구성된 단어 개별로 발음을 하며 그 알파벳 배열에 따라 하나의 단어처럼 발음할 수도 있다. 예문의 TOEFL은 Test of English as a Foreign Language의 축약형이며, GRE는 Graduate Record Examination의 약어이다.

영문 E-mail 단어

- date n …날짜, …일
- certification n 증명서, 보증
- scholarship n 장학금
- as well as phr 뿐만 아니라
- fill out phr 채우다(서식을)
- material n 자료

E-mail sample

바로
베끼기

From:	Henry
To:	Mr. Max
Subject:	Visa Application 비자 신청

Dear Mr. Max,

I am going to study at School of the Art Institute of Chicago as a master's student in Art Design Department this September. So I have to get the visa as soon as possible for fear of delaying enrollment. Since I don't know the specific procedure involved, and you are an expert in[1] application for studying overseas, I would like to **ask you for some advice**. **If you are willing to** give me some guidance about applying for the visa, I will be very happy. And I also want to know what materials **are required** so that I can get them ready in advance.

조언
요구

만약
당신이
원하신다면

필요
조건

I'll appreciate your immediate reply!

Yours truly,

Henry

친애하는 Mr. Max

저는 오는 9월 시카고의 예술대학원에서 예술디자인학부 대학원생으로 진학할 예정입니다. 때문에 저는 등록 기간을 놓치지 않기 위해 비자를 최대한 빨리 발급 받아야 합니다. 제가 관련된 특정 절차에 대해 잘 알지를 못하고, 선생님께서 유학 신청 방면의 전문가이시기에, 몇 가지 조언을 좀 받고자 합니다. 비자 신청에 관련해서 제게 지도를 좀 주실 수 있으시다면 정말 기쁠 것입니다. 그리고 저는 또 어떤 서류들을 준비해야 하는지 알려 주셨으면 합니다. 그래야 제가 미리 준비를 할 수 있으니까요.

빠른 회신 감사합니다!

당신의 충실한
Henry

실용 구문

...ask you for some advice.

You are an expert in application for① studying overseas, I would like to ask you for some advice②

선생님께서 유학 신청 방면의 전문가이시기에, 몇 가지 조언을 좀 받고자 합니다.

> 관련어구
> ① preparation for …에 대한 준비
>   information about …에 관한 정보
> ② some tips 몇 가지 팁
>   a recommendation 추천서

If you are willing to...

If you are willing to give me some guidance about applying for the visa①, I will be very happy②.

비자 신청에 관련해서 제게 지도를 좀 주실 수 있으시다면 정말 기쁠 것입니다.

> 관련어구
> ① writing a cover letter
>   첨부 편지를 쓰다
>   preparing for the TOEFL exam
>   토플 시험을 준비하다
> ② grateful 감사하는
>   pleased 기쁜

...are required

I also want to know what materials① are required② so that I can get them ready in advance.

그리고 저는 또 어떤 서류들을 준비해야 하는지 알려 주셨으면 합니다. 그래야 제가 미리 준비를 할 수 있으니까요.

> 관련어구
> ① certificates 자격증
>   copies 사본
> ② necessary 필요한
>   essential 필수적인

 베껴 쓰기 좋은 문장

1 | ...are an expert in... …분야에서 전문가이다.

be an expert in…은 관용어로 볼 수 있으며 그 뜻은 '…분야의 전문가/고수이다, …에 능하다'의 뜻을 갖는다.

예 Ms. Knightley is an expert in keeping in shape.
  Knightley 씨는 몸매 관리의 전문가이다.

영문 E-mail 단어

- institute **n** 기관, 연구소
- enrollment **n** 등록
- Chicago **n** 시카고
- specific **a** 구체적인, 특수한
- master **n** 석사

- involve **v** 포함하다, 수반하다
- visa **n** 비자
- overseas **ad** 해외의, 해외에서의
- for fear of **phr** …를 삼가기 위해
- guidance **n** 지도, 인도

487

입학 신청 | Enrolling

학자금 대출 신청

E-mail sample

바로
베끼기

From:	James Wang
To:	Loan Section Manager
Subject:	Application for a Student Loan[1] 학자금 대출 신청

Dear Loan Section Manager,

    I'm writing to apply for a $30,000 student loan from your bank to continue my master's program in Accounting and Finance, in Cornell University.

경과
표현

    Through years of assiduous study, I have got a bachelor's degree from my university. I want to go for further study at Cornell University **as a master's** 신분을
나타냄

…에
대해
자신 있는

student in Accounting and Finance. **I am quite confident that** I can repay the loan within 5 years. And my parents are going to be my guarantors. Attached please find the application documents.

    Thank you very much for your consideration about my application. I am looking forward to your earliest reply.

Sincerely yours,

James Wang

친애하는 대출 부서 책임자님
    제가 이 메일을 쓰는 이유는 Cornell 대학의 회계금융 전공의 석사 과정을 계속해서 수료하기 위해 귀하의 은행에 30,000달러의 학자금 대출을 신청하기 위해서입니다.
    다년간의 근면한 연구를 거쳐 저는 제 대학에서 학사 학위를 취득했습니다. 저는 Cornell 대학에서 회계금융 전공의 석사로 계속해서 공부를 하고자 합니다. 저는 제가 5년 안에 대출을 갚을 수 있을 것이라고 확신합니다. 그리고 제 부모님께서 제 보증인이 되어 주실 것입니다. 신청 서류 첨부했으니 확인해 주시길 바랍니다.
    제 신청에 대해 사려해 주셔서 매우 감사드립니다. 최대한 빠른 회신 받을 수 있길 고대하겠습니다.

당신의 신실한
James Wang

실용 구문

Through...

Through years of assiduous study[1], I have got a bachelor's degree[2] from my university.

다년간의 근한한 연구를 거쳐 저는 제 대학에서 학사 학위를 취득했습니다.

> **관련어구**
> [1] hard work 노력
> research 연구
> [2] master's degree 석사 학위
> PhD 박사 학위

...as a master's student...

I want to go for further[1] study at Cornell University as a master's student in Accounting and Finance[2]

저는 Cornell 대학에서 회계금융 전공의 석사로 계속해서 공부를 하고자 합니다.

> **관련어구**
> [1] advanced 심화의, 고급의
> postgraduate 대학원의
> [2] Public Health 공중 위생
> Engineering 공학

I am quite confident that...

I am quite confident that I can repay the loan[1] within 5 years[2].

저는 제가 5년 안에 대출을 갚을 수 있을 것이라고 확신합니다.

> **관련어구**
> [1] get the diploma 학위 수여증을 얻다
> publish my research
> 자신의 연구를 발표하다
> [2] soon after I graduate
> 졸업하고 바로
> this year 올해

 베껴 쓰기 좋은 문장

1 │ Application for Student Loan 학자금 대출 신청

이런 종류의 메일을 쓸 때는 전체 문장의 문체가 상업용 메일을 작성할 때처럼 비교적 공식적이어야 한다. 어휘 사용에 있어 편안한 구어체적 말투를 삼가야 하며 간단명료하게, 그리고 설득력 있게 상대방이 자신의 요구를 받아들일 수 있도록 문장을 작성해야 한다.

 영문 E-mail 단어

- loan ⓝ 대출
- assiduous ⓐ 근면한, 면밀한
- continue ⓥ 계속하다
- repay ⓥ 갚다, 상환하다

- program ⓝ 과정
- guarantor ⓝ 보증인
- accounting ⓝ 회계학
- consideration ⓝ 고려

489

입학 신청 | Enrolling

Unit 2

기숙사 신청

바로 베끼기

E-mail sample

From:	Vivian Li
To:	Dean of Master Studies
Subject:	Application for Living in the Dormitory 기숙사 신청

Dear Dean of Master Studies,

    I am a master's student in Business Management. My name is Vivian Li. I am writing to apply to live in the student dormitory. Now **I am living with** my homestay family, but they are going to move to San Francisco next month. I don't have any other acquaintance here, so before they move I have to find a new place to live. The average rent of apartments in the university neighborhood is pretty high. I can't afford it **in** my present financial situation. So I would like to apply for an accommodation in the student dormitory. In this way,[1] I can save a lot of time on traffic **as well as** some money.

    Thanks in advance for your consideration. I am looking forward to your approval.

Yours sincerely,

Vivian Li

···와 살고 있는

···를 두고 얘기하자면

뿐만 아니라

친애하는 대학원 교무장님

    저는 경영학 전공의 석사 과정을 밟고 있는 Vivian Li입니다. 학생 기숙사를 신청하고자 메일 보내 드립니다. 저는 지금 홈스테이 식구들과 살고 있습니다. 하지만 그들은 다음 달에 샌프란시스코로 이사를 갑니다. 저는 이곳에서 아는 지인이 한 명도 없습니다. 때문에 저는 그들이 이사를 가기 전에 살 곳을 찾아야만 합니다. 학교 근처의 아파트 임대료는 꽤 비싼 편이고, 저는 지금 재정 상태로 지불할 능력이 되지 않습니다. 때문에 저는 학생 기숙사를 신청하고자 합니다. 그렇게 된다면 저는 돈 뿐만 아니라 교통에 소요되는 많은 시간을 절약할 수 있습니다.

    사려해 주셔서 미리 감사의 말씀 전하겠습니다. 승인해 주시기를 고대하고 있겠습니다.

당신의 신실한
Vivian Li

바로 배우기

실용 구문

I am living with...

Now I am living with **my homestay family**①**, but they are going to move to San Francisco**② **next month.**

저는 지금 홈스테이 식구들과 살고 있습니다. 하지만 그들은 다음 달에 샌 프란시스코로 이사를 갑니다.

관련어구
① aunt 이모
   classmate 급우
② Korea 한국
   Japan 일본

...in...

I can't afford it①**in my present financial situation**②**.**

저는 지금 재정 상태로 지불할 능력이 되지 않습니다.

관련어구
① pay for my tuition 내 학비를 내다
   live on my own 독립해서 생활하다
② with my savings
   제가 모아 둔 돈으로
   as I am a student 제가 학생이기에

... as well as...

In this way①**, I can save a lot of**② **time on traffic as well as some**③ **money.**

그렇게 된다면 저는 돈 뿐만 아니라 교통에 소요되는 많은 시간을 절약할 수 있습니다.

관련어구
① As a result 결과적으로
   Luckily 행운스럽게도
② lots of 많은
   some 몇몇의
③ a large amount of 한 뭉텅이의
   pretty much 꽤 많은

 바로 적용하기

베껴 쓰기 좋은 문장

1 | In this way, ... 이런 식으로

In this way는 관용어로 볼 수 있으며 '이런 방식/수법으로, 이렇게'의 뜻을 갖는다

예 I'm sure that you can get some new experience in this way.
이런 식으로 당신이 새로운 경험을 할 수 있을 것이라고 확신합니다.

 바로 외우기

영문 E-mail 단어

- management **n** 관리
- acquaintance **n** 지인
- dormitory **n** 기숙사
- average **a** 평균의

- homestay **n** 홈스테이
- neighborhood **n** 근처
- move **v** 옮기다, 이사하다
- traffic **n** 교통

E-mail sample

From:	Peter
To:	Mr. Fraker
Subject:	Inquiry about Room Reservation 객실 예약 현황 문의

Dear Mr. Fraker,

I am a regular customer of your hotel. **Soon I will** be going on a business trip to your city with two of my colleagues. We will stay from May 10th, 2016, to May 13th, 2016. Now **I'm writing to inquire about** the room reservation in your hotel. I want to know if there is **any business suite available** in your hotel then. And do you serve breakfast for the business suite? **I would like to** make a reservation for[1] three of this kind under my name. If you can reserve them for us, it will be very much appreciated. Thank you in advance.

I am looking forward to your earliest reply.

Yours sincerely,

Peter

곧
...할 것

서신
문의

자리가
있는지
문의

희망
표현

친애하는 Mr. Franker 씨

저는 귀하의 호텔의 단골 고객입니다. 저는 조만간 제 동료 2명과 그쪽 도시로 출장을 갈 것입니다. 저희는 2016년 5월 10일부터 2016년 5월 13일까지 머물 것입니다. 때문에 저는 지금 귀하의 호텔 예약에 관해 문의하고자 메일 보내 드립니다. 그때 이용 가능한 비즈니스 스위트룸이 있는지 궁금합니다. 그리고 비즈니스 스위트룸에 조찬이 제공이 되는지요? 제 이름으로 그런 방 3개를 예약하고자 합니다. 예약해 주실 수 있다면 매우 감사드리겠습니다. 미리 감사의 말씀 전합니다.

최대한 빨리 회신 주실 수 있기를 기다리겠습니다.

당신의 신실한
Peter

실용 구문

바로 배우기

Soon I will...

Soon I will be going on a business trip①to your city with two of my colleagues.

저는 조만간 제 동료 2명과 그쪽 도시로 출장을 갈 것입니다.

> 관련어구
> ① vacation 휴가
> picnic 야영

I'm writing to inquire about...

I'm writing to inquire about the room reservation① in your hotel②.

저는 지금 귀하의 호텔 예약에 관해 문의하고자 메일 보내 드립니다.

> 관련어구
> ① room prices 방값
> laundry services 세탁 서비스
> ② motel 모텔
> B&B 민박(Breakfast and Bed)

...any... available...

I want to know if there is any business suite① available② in your hotel then.

그때 이용 가능한 비즈니스 스위트룸이 있는지 궁금합니다.

> 관련어구
> ① single-bed room 싱글베드룸
> twin-bed room 트윈베드룸
> ② vacant 여석이 있는
> left 남은

I would like to...

I would like to make a reservation for① three of this kind under my name②.

제 이름으로 그런 방 3개를 예약하고자 합니다.

> 관련어구
> ① book 예약하다
> reserve 예약하다
> ② with this credit card 이 신용카드로
> on October 16th 10월 16일에

베껴 쓰기 좋은 문장

바로 적용하기

1 | make a reservation for... ···를 예약하다

make a reservation for는 관용어로 볼 수 있으며, '···를 예약하다'의 뜻을 갖는다.

> 예 I want to make a reservation for a single room for three nights.
> 저는 싱글룸 3일을 예약하고자 합니다.

영문 E-mail 단어

바로 외우기

- regular a 규칙적인, 정기적인
- suite n 스위트룸
- hotel n 호텔, 여관
- reservation n 예약, 예약실
- trip n 여행, 유람
- reserve v 예약하다
- inquire v 문의하다
- in advance phr 미리, 사전에

예약 | Booking

고객 서비스 문의

E-mail sample

From:	Mark Ashley
To:	Mr. Davis
Subject:	Consult about Services 고객 서비스 문의

Dear Mr. Davis,

My family and I will go on a trip[1] to Greece next week. Before we set off, we want to make a room reservation in your hotel. Since **it is the first time for us** to go to Greece, we are totally unfamiliar with everything there. So we are in need of various service items to avoid possible inconveniences.

처음임을
나타냄

I am not sure if you provide customers with the free airport pick-up and luggage storage service. And other services like free Internet connection, self-help laundry and tickets booking are also very important for us.

여부
확인

If you can reply to me as soon as possible **concerning** the things above, it would be very much appreciated. Thank you in advance.

…에
관하여

Yours sincerely,
Mark Ashley

친애하는 Mr. Davis 씨

저와 제 가족들은 다음 주에 그리스로 여행을 갈 예정입니다. 저희가 출발하기 전에 저는 귀하의 호텔에 예약을 하고자 합니다. 그리스로 여행을 가는 것이 처음이기 때문에, 저는 그곳의 모든 것에 대해 전혀 익숙하지가 않습니다. 때문에 저희는 발생 가능한 불편들을 피하기 위해 다양한 서비스를 필요로 합니다.

귀하의 호텔에서 무료로 공항에서의 픽업 서비스와 물품 보관 서비스를 제공하는지 궁금합니다. 그리고 무료 인터넷, 셀프 세탁, 티켓 예약 등의 서비스도 저희에게 매우 중요합니다.

위에 말씀드린 사항들에 대해 최대한 빠른 회신 주시면 정말 감사드리겠습니다. 미리 감사의 말씀 전합니다.

당신의 신실한
Mark Ashley

실용 구문

It is the first time for us...

Since it is the first time for us to go to Greece[1], we are totally unfamiliar with[2] everything there.

그리스로 여행을 가는 것이 처음이기 때문에, 저는 그곳에 모든 것에 대해 전혀 익숙하지가 않습니다.

> **관련어구**
> [1] another country 또 다른 국가
> the capital 수도
> [2] excited about …에 흥분한
> curious about …에 대해 호기심 있는

I am not sure if...

I am not sure if you provide customers with the free airport pick-up[1] and luggage storage[2] service.

귀하의 호텔에서 무료로 공항에서의 픽업 서비스와 물품 보관 서비스를 제공하는지 궁금합니다.

> **관련어구**
> [1] shuttle bus 셔틀버스
> WIFI 무선 인터넷
> [2] massage 마사지
> morning call 모닝콜(서비스)

...concerning...

If you can reply to me[1] as soon as possible concerning the things above[2], it would be very much appreciated.

위에 말씀드린 사항들에 대해 최대한 빠른 회신 주시면 정말 감사드리겠습니다.

> **관련어구**
> [1] write me an e-mail 메일 주세요
> give me answers 회신 주세요
> [2] my questions 나의 질문
> the room prices 방값

베껴 쓰기 좋은 문장

1 | go on a trip ... …로 여행가다

go on a trip은 관용어로 볼 수 있으며 '…로 여행, 놀러 가다'의 뜻을 갖는다.

예 Mandy and her family are going to go on a trip this summer vacation.
Mandy와 그녀의 가족들은 이번 여름휴가 때 여행을 갈 예정이다.

영문 E-mail 단어

- Greece n 그리스
- storage n 저장, 보관
- set off phr 출발하다
- connection n 연결, 결합
- unfamiliar a 익숙하지 않은
- self-help n 셀프

- airport n 공항
- laundry n 세탁물, 세탁실
- pick-up n 편승
- ticket n 표
- luggage n 짐
- above ad 위의, 상기한 바와 같이

E-mail sample

From:	Rachael
To:	Mr. Bond
Subject:	Inquiry about Price 가격 문의

Dear Mr. Bond,

I am very interested in staying at your hotel during my visit to Holland. Since I cannot find enough information about your hotel on the Internet[1], I am writing directly to ask for your help. Would you please send me a brochure of your hotel **at your earliest convenience**? It will be better if the brochure provides detailed information about the rate per night for different rooms. **I also want to know whether** and how much[2] you charge for other service items such as babysitting and laundry.

Please give me a reply as soon as possible. I will be very much appreciative of your kind help.

Sincerely yours,

Rachael

친애하는 Bond 씨

제가 네덜란드에 방문하는 동안에 귀하의 호텔에 머물고 싶습니다. 제가 인터넷에서 귀하의 호텔에 관한 충분한 정보를 찾을 수 없어 직접적으로 도움을 요청하고자 메일 보내 드립니다. 되는대로 빠른 시일 내에 제게 귀하의 호텔 책자를 보내 주실 수 있으실까요? 책자 내에 각 방의 1박 요금에 관한 상세 정보가 포함되었으면 좋겠습니다. 또한 저는 아이 돌봄 서비스와 세탁 서비스 등 다른 서비스의 가격이 어떻게 되는지도 알고 싶습니다.

가능한 빨리 회신 주시길 바랍니다. 귀하의 호의에 대해 매우 감사드립니다.

당신의 신실한
Rachael

실용 구문

I am very interested in...

I am very interested in **staying at your hotel**[1] **during my visit**[2] **to Holland.**

저는 제가 네덜란드에 방문하는 동안에 귀하의 호텔에 머물고 싶습니다.

관련어구
[1] visiting the small town
작은 마을 방문하기
[2] vacation 휴가
business trip 출장

- -

...at your earliest convenience.

Would you please send me a brochure[1] **of your hotel at your earliest convenience**[2]**?**

되는대로 빠른 시일 내에 제게 귀하의 호텔 책자를 보내 주실 수 있으실까요?

관련어구
[1] a map 지도
some information 몇몇 정보
[2] as soon as possible 가능한 빨리
by Sunday 일요일까지

- -

I also want to know whether...

I also want to know whether and how much you charge for[1] **other service items such as babysitting**[2] **and laundry.**

또한 저는 아이 돌봄 서비스와 세탁 서비스 등 다른 서비스의 가격이 어떻게 되는지도 알고 싶습니다.

관련어구
[1] provide 제공하다
offer 제안하다
[2] restaurant reservation 식당 예약
wedding planning 결혼식 계획

 베껴 쓰기 좋은 문장

1 ㅣ on the Internet 인터넷에서

on the Internet은 관용어로 볼 수 있으며, 뜻은 '인터넷에서'로 online과 같다.

예 You can post the house rental information on the Internet so that more people can read it.
더 많은 사람들이 읽을 수 있도록 주거 임대 정보를 인터넷에 게시해도 좋습니다.

2 ㅣ how much 의문사

의문사로는 who, whose, what, which, where, when, why, how 등이 있다. 의문사 how와 결합된 의문사로는 또 how many, how much, how old, how far, how often, how long, how soon, how many times 등이 있으며, 특수의문구절을 이끌거나 명사구를 도치 없이 받을 수 있다.

 영문 E-mail 단어

- Holland n 네덜란드
- charge v 청구하다
- brochure n 브로셔, 소책자
- babysitting n 아이를 돌봄, 애보기
- rate n 가격
- appreciative a 감사하는, 감상하는

497

예약 | Booking

식당 예약

E-mail sample

From:	Nick
To:	Ms. Ann
Subject:	Reservation for a Table 식당 예약

Dear Ms. Ann,

I would like to book a table[1] for two **from** seven **to** nine this evening in your restaurant to celebrate my girlfriend's birthday. If you can arrange a table by the window in a relatively quiet place for us, we will be much appreciative for your thoughtfulness. And please do remember to make sure that the table must be in the non-smoking area.

기간
표현

Since I am a regular customer, I also would like to ask for the free violin performance. And would you please order a bouquet of flowers for my girlfriend?[2] I think we will arrive around 6:50 p.m.

All the expenses for food, drinks, and gratuities **will be charged on my credit card**. Thank you very much.

카드로
결제

Yours sincerely,

Nick

친애하는 Ms. Ann

오늘 오후 7시부터 9시까지 귀하의 레스토랑에서 제 여자 친구의 생일을 축하하기 위해 2인용 테이블을 예약하고자 합니다. 만약 저희를 위해 창가 쪽 비교적 조용한 자리로 예약해 주실 수 있다면 진심으로 귀하의 호의에 감사드리겠습니다. 그리고 저희 테이블을 금연구역 쪽에 잡아 주시는 것 잊지 말아 주시길 바랍니다.

제가 귀하의 단골 고객이기에 무료로 바이올린 연주를 요청드리고 싶습니다. 그리고 제 여자 친구를 위해 꽃 한 다발 주문해 주실 수 있을까요? 저희는 6시 50분쯤 도착할 것 같습니다.

모든 음식과 음료, 기타 비용들은 제 신용카드로 결제해 주세요. 정말 감사드립니다.

당신의 신실한
Nick

바로 배우기

실용 구문

...from... to...

I would like to book a table for two① from seven to nine this evening in your restaurant to celebrate my girlfriend's birthday②.

오늘 오후 7시부터 9시까지 귀하의 레스토랑에서 제 여자 친구의 생일을 축하하기 위해 2인용 테이블을 예약하고자 합니다.

관련어구

① a booth 부스
two seats at the counter
카운터 측의 두 자리

② our wedding anniversary
우리의 결혼기념일
Mother's Day 어머니의 날

...will be charged on my credit card.

All the expenses for food, drinks, and gratuities① will be charged on my credit card②.

모든 음식과 음료, 기타 비용들은 제 신용카드로 결제해 주세요.

관련어구

① taxes 세금
tips 팁

② on my bill 제 계산서로
on my debit card
제 직불카드로

바로 적용하기

베껴 쓰기 좋은 문장

1 | book a table 식당 자리를 예약하다

book a table은 관용어로 볼 수 있으며 '테이블, 자리를 예약하다'의 뜻을 갖는다.

예 Excuse me, I would like to book a table for tomorrow evening.
실례합니다만 내일 저녁을 위한 테이블을 예약하고자 합니다.

2 | Would you please order a bouquet of flowers for my girlfriend? 일반의문문으로 완곡한 요청, 건의 표현

일반의문문은 보통 사건이나 상황의 사실 여부를 확인할 때 사용한다. 보통 yes 또는 no 등의 뜻을 가진 단어가 그에 대한 대답이 된다. 때문에 이를 여부의문문이라고도 부른다. 뿐만 아니라 강조의문문의 대답 강요가 아닌 완곡한 요구, 건의 등의 표현으로도 사용할 수 있다.

바로 외우기

영문 E-mail 단어

- book v 예약하다, 기록하다
- performance n 연주, 공연
- relatively ad 상대적으로, 비교적으로
- bouquet n 꽃다발
- thoughtfulnes n 사려 깊음, 호의
- gratuity n 팁, 봉사료
- customer n 고객

예약 | Booking

Unit 3

호텔 대리 예약 서비스

E-mail sample

From:	Fiona
To:	Mr. Alexander
Subject:	Make an Online Order 온라인 주문

Dear Mr. Alexander,

I noticed on your hotel website that you work in cooperation with some famous local product companies in your city. And people lodging in your hotel can make an online order with a discount. **This is a great thing for** your guests since we can buy local products from reliable sources and save some money at the same time[1].

Since you offer such services, I would like to make an online order. But I have a question about the delivery address. Do they deliver the purchase to the hotel only? Or can I ask them to deliver it to my home? **I hope you can give me a definite answer** so that I can make plan in advance.

I'm looking forward to hearing from you soon.

Sincerely yours,

Fiona

친애하는 Mr. Alexander

　귀하의 호텔 웹사이트에서 귀하가 몇몇 유명한 지역 특산품 회사와 협력하고 있다는 것을 알게 되었습니다. 그리고 귀하의 호텔에 머무는 손님들은 온라인 주문으로 할인을 받을 수 있다는 것도요. 이는 믿을 만한 경로로 지역 특산품 구매가 가능한 동시에 돈을 절약할 수 있다는 점에서 손님들에게 매우 이익이 되는 부분입니다.

　귀하의 호텔에서 이런 서비스를 제공하고 있으니 온라인 주문을 하고자 합니다. 하지만 운송 주소에 관해 문의드릴 것이 있습니다. 구매한 상품을 오직 호텔로만 운송해 주나요? 아니면 제가 그것을 집으로 운송 요청하는 것도 가능한가요? 정확한 답변 주시길 바랍니다. 그래야 제가 사전에 계획을 세울 수 있으니까요.

　빠른 시일 내에 소식 들을 수 있길 기다리겠습니다.

당신의 신실한
Fiona

500

실용 구문

I noticed...

I noticed on your hotel website①that you work in cooperation with some famous local product companies②in your city.

귀하의 호텔 웹사이트에서 귀하가 몇몇 유명한 지역 특산품 회사와 협력하고 있다는 것을 알게 되었습니다.

This is a great thing for...

This is a great thing for your guests since we can buy local products from reliable sources①and save some money at the same time②.

이는 믿을 만한 경로로 지역 상품 구매가 가능한 동시에 돈을 절약할 수 있다는 점에서 손님들에게 매우 이익이 되는 부분입니다.

I hope you can give me a definite answer...

I hope you can give me a definite answer①so that I can make plan②in advance.

정확한 답변 주시길 바랍니다. 그래야 제가 사전에 계획을 세울 수 있으니까요.

 베껴 쓰기 좋은 문장

1 | at the same time 동시에

at the same time은 관용어로 볼 수 있으며 '이와 동시에'를 나타낸다.

예 By seeing such a good movie, you can have fun and learn something at the same time.
이렇게 좋은 영화를 봄으로써 당신은 재미와 교훈을 동시에 얻을 수 있습니다.

 영문 E-mail 단어

- local a 지역의, 현지의
- source n 원천
- lodge v 잠시 머물다, 임시로 투숙하다
- address n 주소
- reliable a 믿을 만한
- definite a 명확한, 정확한

바로 베끼기 E-mail sample

From:	Tom Lehnert, Chairman of the Board
To:	All the Colleagues
Subject:	Greetings the Holidays 명절 문안

Dear Colleagues,

On the occasion of[1] Christmas and New Year and on behalf of the board, I would like to extend my warmest greetings to all of you. Merry Christmas and happy New Year!

매우 긍정 Thank you so much for your great endeavor and unselfish dedication in the past year. **We know for sure that** our company couldn't achieve the present development and growth without your unrelenting efforts. In addition, **I deeply appreciate** the togetherness that you have displayed to help our company out of the unfavorable effect of the economic crisis. **깊은 감사**

다시 한번 **Once again,** I would like to give you my best wishes for Christmas and New Year.

Yours sincerely,

Tom Lehnert, Chairman of the Board

친애하는 동료들께

크리스마스와 새해를 맞이해, 이사회를 대표하여 여러분 모두에게 따뜻한 인사말을 전해 드리고 싶습니다. 즐거운 성탄절 되길 바라며, 새해 복 많이 받으세요!

지난 일 년 동안 귀하의 훌륭한 노고와 사심 없는 헌신에 대해 진심으로 감사드립니다. 귀하의 견고한 노력 없이는 당사가 현재와 같은 발전과 성장을 이룰 수 없었을 것이라는 것을 잘 알고 있습니다. 뿐만 아니라, 경제 위기가 당사에 불리한 영향을 끼쳤을 때, 귀하께서 회사가 어려움을 극복할 수 있도록 단합을 보여 주신 것에 대해서 진심으로 감사의 말씀 전합니다.

다시 한번 즐거운 크리스마스와 행복한 한 해 되시기를 진심으로 바랍니다.

당신의 신실한
이사장 Tom Lehnert

502

실용 구문

We know for sure that...

We know for sure that our company couldn't achieve the present development and growth[1] without your unrelenting efforts[2].

귀하의 견고한 노력 없이는 당사가 현재와 같은 발전과 성장을 이룰 수 없었을 것이라는 것을 잘 알고 있습니다.

관련어구
① attain our annual goals 올해 목표를 달성하다
make a fortune 큰 돈을 벌다
② hard work 노력
creativity and intelligence 창의력과 지성

I deeply appreciate...

I deeply appreciate the togetherness[1] that you have displayed to help our company out of the unfavorable effect[2] of the economic crisis.

경제 위기가 당사에 불리한 영향을 끼쳤을 때, 귀하께서 회사가 어려움을 극복할 수 있도록 단합을 보여 주신 것에 대해서 진심으로 감사의 말씀 전합니다.

관련어구
① unity 단합
confidence 자신감
② pain 고통
mire 역경

Once again, ...

Once again, I would like to give you[1] my best[2] wishes for Christmas and New Year[3].

다시 한번 즐거운 크리스마스와 행복한 한 해 되시기를 진심으로 바랍니다.

관련어구
① you and your family 귀하와 귀하의 가족들
② deep 깊은
sincere 신실한
③ the coming year 다음 해

베껴 쓰기 좋은 문장

1 | On the occasion of... …를 맞이해

on the occasion of는 관용어로 볼 수 있으며 '어떤 행사를 맞이해'의 뜻을 갖는다. 보통 공식적인 연설이나 글에 사용된다.

예 On the occasion of New Year, I would like to extend my sincere wishes for you.
새해를 맞이하여, 귀하께 제 가장 신실한 축복을 표현하고 싶습니다.

영문 E-mail 단어

- on behalf of phr …를 대표하여
- unrelenting a 견고한
- greeting n 문안, 축하
- togetherness n 단결
- endeavor n 노력, 근면
- display v 전시, 진열
- unselfish a 이타적인, 사심 없는
- unfavorable a 불리한
- dedication n 공헌, 봉헌
- crisis n 위기

Unit 4

안부, 감사 | Greeting & Acknowledgement

보살핌 감사

E-mail sample

From:	Alex Chen
To:	Mr. Jone
Subject:	Thanks for Having Taught Me So Much 제게 많은 것들을 가르쳐 주셔서 감사드립니다.

Dear Mr. Jone,

    I am writing to express my deep appreciation for your kindness and helpfulness during my internship at your company. This internship experience **has benefited me a lot** both in competence and life attitude. When I was abroad, your generous guidance and support gave me strength and courage to **face up to difficulties** and frustrations. Even though I have to leave your company,[1] I will always remember what you have taught me and try to be a confident person.

    Thank you again for your kind attention! I would like to invite you to visit Paris **if time permits**. Please kindly consider my invitation.

    I am looking forward to your prompt reply.

Truly yours,
Alex Chen

수확이 많음

어려움에 맞섬

시간이 된다면

친애하는 Mr. Jone 씨

    제가 귀하의 회사에서 인턴 생활을 하는 동안 귀하의 호의와 도움에 대해 제 깊은 감사의 마음을 표하고자 메일 보내 드립니다. 이번 인턴 경험은 제게 능력과 생활의 태도 모두에 큰 도움이 되었습니다. 제가 해외에 있을 때 귀하의 관대한 지도와 지지는 제게 어려움과 좌절을 맞설 용기와 힘을 주었습니다. 제가 비록 귀하의 회사를 떠나게 되었지만, 저는 항상 귀하께서 가르쳐 준 것을 항상 잊지 않을 것이며, 자신감 있는 사람이 되도록 노력하겠습니다.

    신경써 주셔서 다시 한번 감사드립니다. 시간이 되신다면 언제 한번 파리로 초대 드리고 싶습니다. 한번 고려해 주시길 바랍니다.

    빠른 회신 기다리고 있겠습니다.

당신의 진실한
Alex Chen

실용 구문

...has benefited me a lot...

This internship experience① has benefited me a lot both in competence and life attitude②.

이번 인턴 경험은 제게 능력과 생활의 태도 모두에 큰 도움이 되었습니다.

> **관련어구**
> ①working holiday experience
> 워킹 홀리데이 경험
> part-time job 아르바이트
> ②view of life 인생에 대한 견해
> communication skills
> 의사소통 기술

...face up to difficulties...

Your generous① guidance and support gave me strength and courage to face up to difficulties and frustrations②.

귀하의 관대한 지도와 지지는 제게 어려움과 좌절을 맞설 용기와 힘을 주었습니다.

> **관련어구**
> ①professional 전문적인
> specific 구체적인
> ②obstacles 장애물
> setbacks 좌절

...if time permits

I would like to invite you to visit Paris① if time permits②.

시간이 되신다면 언제 한번 파리로 초대 드리고 싶습니다.

> **관련어구**
> ①my hometown 나의 고향
> my new studio 나의 새 작업실
> ②you are available 시간 나실 때
> you'd love to 원하신다면

베껴 쓰기 좋은 문장

1 | Even though I have to leave your company, ... 양보 부사구절

even if, even though는 '비록…지만, …임에도 불구하고'의 뜻을 가지며, 양보 부사구절을 이끈다. 문두 또는 문장의 중간에 위치할 때는 쉼표로 주절과 분리를 시키며, 문미에 위치했을 때는 쉼표로 나눌 필요가 없다.

영문 E-mail 단어

- kindness **n** 친절함
- competence **n** 능력, 적성
- helpfulness **n** 남 돕기를 좋아함

- generous **a** 관대한, 아량 있는
- internship **n** 실습 기간, 인턴
- frustration **n** 좌절, 실망

505

E—mail sample

From:	Henry Li
To:	Mr. Joseph
Subject:	Thanks for Hospitality 환대에 감사드립니다.

Dear Mr. Joseph,

I'm writing to show my earnest gratitude to you for your warm hospitality during my visit to Michigan. You and your family gave me warm welcome and **offered me a lot of help**, which made my visit to Michigan a pleasant and unforgettable experience. The visit there has broadened my horizons[1] and also given me new ideas about people and things. **Hereby** I would like to express my heart-felt appreciation to you and your family.

I do feel grateful that you could take time out of your busy schedule to show me around the automobile manufacturers. So I sincerely invite you and your family to come to Sydney and have a visit here **at your convenience**.

I am looking forward to seeing you again soon.

Truly yours,

Henry Li

큰 도움을
제공함

신중함

감사
표현

상대방이
편할 때

친애하는 Joseph 씨

제가 미시간에 방문한 동안에 귀하께서 제게 해 주신 따뜻한 접대에 진심으로 감사를 표하고자 메일 보내 드립니다. 귀하의 가족들과 귀하께서는 저를 따뜻하게 환영해 주셨고, 제게 많은 도움을 주셨습니다. 그리고 그것이 제가 미시간에 방문한 것을 정말 기쁘고 잊을 수 없는 경험으로 만들어 주었습니다. 그곳으로 방문한 것은 제 시야를 넓혀 주었을 뿐 아니라 사람과 사물을 보는 새로운 견해를 주었습니다. 이로써 귀하와 귀하의 가족들께 제 성심의 감사를 표하는 바입니다.

귀하께서 바쁜 와중에도 시간을 내어 제게 자동차 생산 공장에 데려가 주셔서 진심으로 감사드립니다. 때문에 저는 귀하와 귀하의 가족들이 편하실 때에 이곳 시드니로 방문하는 것을 진심으로 권합니다.

조만간 다시 뵐 수 있기를 진심으로 바랍니다.

당신의 진실한
Henry Li

실용 구문

...offered me a lot of help.
You and your family[1] gave me warm welcome and offered me a lot of help[2].

귀하의 가족들과 귀하께서는 저를 따뜻하게 환영해 주셨고, 제게 많은 도움을 주셨습니다.

관련어구
① colleagues 동료
   roommates 룸메이트
② lot of guidance 많은 지도
   many suggestions 많은 제안

Hereby...
Hereby[1] I would like to express my heart-felt[2] appreciation to you and your family.

이로써 귀하와 귀하의 가족들께 제 성심의 감사를 표하는 바입니다.

관련어구
① From the bottom of my heart
   가슴 깊은 곳에서부터
   As a result 이로 인하여
② deep 깊은
   great 거대한

I do feel grateful that...
I do feel grateful[1] that you could take time out of your busy schedule to show me around the automobile manufacturers[2].

귀하께서 바쁜 와중에도 시간을 내어 제게 자동차 생산 공장에 데려가 주셔서 진심으로 감사드립니다.

관련어구
① appreciative 감사
   thankful 감격한
② flagship store 플래그십 스토어
   chocolate factory 초콜릿 공장

...at your convenience.
I sincerely invite you and your family to come to Sydney[1] and have a visit here at your convenience[2].

저는 귀하와 귀하의 가족들이 편하실 때에 이곳 시드니로 방문하는 것을 진심으로 권합니다.

관련어구
① Singapore 싱가폴
   Korea 한국
② anytime 아무 때나
   when you are available
   시간이 있을 때

 베껴 쓰기 좋은 문장

1 | ...broadened my horizons 나의 시야를 넓혀 주었다

broadened one's horizons은 관용어로 '누군가의 시야를 넓히다, 누군가의 시야를 확장하다'의 뜻을 갖는다.

예 Her three years' overseas study broadened her horizons.
3년간의 유학 생활은 그녀의 시야를 넓혔다.

 영문 E-mail 단어

- earnest **a** 열성의, 진심의
- heart-felt **a** 성심성의의, 신실한
- gratitude **n** 감사, 감격
- appreciation **n** 감사
- hospitality **n** 환대, 접대
- schedule **n** 스케줄, 시간표
- unforgettable **a** 잊을 수 없는
- automobile **n** 자동차

507

안부, 감사 | Greeting & Acknowledgement

가격 문의

E-mail sample

From:	Kate Wang
To:	Mr. Arthur
Subject:	Thanks for Assistance 도움에 감사드립니다.

Dear Mr. Arthur,

I am writing this letter to express my gratitude to you for your kind help during my overseas study in your country. **I was so lucky to** make the acquaintance of you[1] and have you by my side. **With the help** of you, I quickly overcame the difficulties in English learning and got a better understanding of your culture. My life and study there were productive and meaningful that I often recollect days we spent together.

행운
표현

…가
있어

Had it not been for your help and support,[2] **I have no idea** how much longer it would have taken me to integrate into the society and overcome culture shock. Thank you so much for everything you have done for me! Please do let me know if you need any help in the future. I would be very much delighted to return your favor.

알지
못함

Yours truly,

Kate Wang

친애하는 Mr. Arthur 씨

귀하의 국가에서 제가 해외 연수를 하는 동안 귀하의 친절하신 도움에 대해 감사의 마음을 표하고자 메일 보내 드립니다. 귀하를 알게 되고 귀하 곁에 있을 수 있어 정말 큰 행운이었습니다. 귀하의 도움으로 저는 영어를 배우는 데 어려움을 빨리 극복할 수 있었고, 귀국의 문화에 대해 보다 나은 이해를 할 수 있었습니다. 그곳에서 제 생활과 학업은 제가 지금까지도 함께 했던 순간들을 종종 떠올릴 만큼 생산적이고 의미 있었습니다.

귀하의 도움과 지원이 없었다면 저는 그곳의 문화를 받아들이고 문화 충격을 극복하는 데 얼마나 걸렸을지 모르겠습니다. 제게 해 주신 모든 것들에 대해 진심으로 감사드립니다. 앞으로 제가 도와드릴 수 있는 것이 있다면 알려 주시길 바랍니다. 당신께 빚을 갚을 수 있게 된다면 정말 기쁠 것입니다.

당신의 진실한

Kate Wang

바로 배우기

실용 구문

I was so lucky to...

I was so lucky to make the acquaintance of[1] **you and have you by my side**[2].

당신을 알게 되고 당신 곁에 있을 수 있어 정말 큰 행운이었습니다.

> **관련어구**
> ① make friends with
> …와 친구가 되다
> get to know 알게 되다
> ② all the time 줄곧
> around me 내 주변에

With the help...

With the help of you, I quickly overcame the difficulties[1] **in English learning and got a better**[2] **understanding of your culture.**

당신의 도움으로 저는 영어를 배우는 데 어려움을 빨리 극복할 수 있었고, 귀국의 문화에 대해 보다 나은 이해를 할 수 있었습니다.

> **관련어구**
> ① built self-confidence
> 자신감을 기르다
> made a process 발전했다
> ② deeper 보다 깊은
> multi-dimensional 다방면의

I have no idea...

I have no idea[1] **how much longer it would have taken me to integrate into the society and overcome culture shock**[2].

저는 그곳의 문화를 받아 들이고 문화 충격을 극복하는데 얼마나 걸렸을지 모르겠습니다.

> **관련어구**
> ① can't imagine 상상할 수 없다
> don't know 모르다
> ② make friends with the locals
> 현지인과 친구가 되다
> walk on the streets without fear 무서워하지 않고 거리를 걷다

 바로 적용하기

베껴 쓰기 좋은 문장

1 | make the acquaintance of you   알게 되다

make the acquaintance of sb.는 관용어로 볼 수 있으며 '누군가를 알게 되다'의 뜻을 갖는다.

예 It was in Paris that she made the acquaintance of her present husband.
그녀가 현재 남편을 알게 된 곳은 바로 파리였다.

2 | Had it not been for your help and support, ...   가정법

가정법은 보통 가상이나 소망 등의 뜻을 내포하고 있으며, 내용은 사실과 반대다.

 바로 외우기

영문 E-mail 단어

- **productive** a 충실한
- **integrate** v 결합하다, 합치다
- **meaningful** a 의미 있는
- **overcome** v 극복하다
- **recollect** v 생각해 내다, 회상하다
- **culture shock** phr 문화 충격

Unit 4 안부, 감사 | Greeting & Acknowledgement
화재 위문

 E-mail sample

From:	Howard
To:	Alan
Subject:	Consolation for the Fire Disaster 화재 관련 위문

Dear Alan,

 I was terribly sorry to hear that your company warehouse caught fire last night. So I am writing to express my consolation for the disaster. Is everyone fine there? I hope that no one was hurt in the fire. Safety of the personnel **is** **the most important thing**, especially in an accident.

As to the goods stored in the warehouse, did you suffer great losses? Prompt responses of the fire personnel could minimize the property damage[1]. The firefighters must have arrived in time and evacuated as many goods as they could. This fire accident must have given you a shock, but you need to recover from it quickly. **If you need any help**, please do let me know. The fire has also taught us to pay more attention to fire hazards.

Yours truly,

Howard

친애하는 Alan

　지난밤 귀하의 회사 창고에 불이 났다는 소식을 듣게 되어 매우 유감입니다. 때문에 저는 재난에 대한 위문을 표하고자 메일 보내 드립니다. 그곳에 있었던 사람들 모두 괜찮나요? 화재로 아무도 다치지 않았기를 바랍니다. 특히 사고가 났을 때 임원들의 안전이 가장 중요한 것입니다.

　창고 안 화물들의 손실은 큰가요? 소방관들의 즉각적인 대응이 재산 피해를 최소화했을 것입니다. 소방관들은 제때 도착했을 것이며 그들이 가능한 많은 상품들을 구했을 것입니다. 이번 화재 사고가 귀하께 충격적이었을 수 있지만 그것으로부터 빨리 회복하셔야 합니다. 만약 어떤 도움이라도 필요하시다면, 제게 말씀해 주세요. 이번 화재는 어쩌면 앞으로의 화재의 위험에 조금 더 신경을 쓰라고 가르친 것일 수 있습니다.

당신의 진실한
Howard

실용 구문

I was terribly sorry to hear that...

I was terribly sorry[1] to hear that **your company warehouse caught fire**[2] **last night.**

지난밤 귀하의 회사 창고에 불이 났다는 소식을 듣게 되어 매우 유감입니다.

> 관련어구
> [1] extremely shocked 매우 충격 받은
> so horrified 매우 놀란
> [2] was broken into …가 털린
> collapsed 붕괴한

...is the most important thing...

Safety[1] **of the personnel is the most important thing, especially in an accident**[2].

특히 사고가 났을 때 임원들의 안전이 가장 중요한 것입니다.

> 관련어구
> [1] Health 건강
> World peace 세계 평화
> [2] in daily life 일상생활 중
> in the world 세계에서

If you need any help...

If you need any help[1], **please do let me know**[2].

만약 어떤 도움이라도 필요하시다면, 제게 말씀해 주세요.

> 관련어구
> [1] assistance 협조
> support 지지
> [2] don't hesitate to tell me
> 말하는 것을 주저하지 마라
> I'll be there for you 곁에 있겠다

 베껴 쓰기 좋은 문장

1 | property damage 재산 피해

'property damage'는 관용어로 볼 수 있으며 '재산 피해, 재산 손실' 등의 뜻을 갖는다.

예 He suffered great property damage as well as invisible mental pressure.
그는 큰 재산 피해와 정신적 스트레스로 괴로워했다.

 영문 E-mail 단어

- warehouse **n** 창고
- firefighter **n** 소방관
- consolation **n** 위로
- evacuate **v** 피난시키다, 철수시키다
- safety **n** 안전

- accident **n** 사고
- prompt **a** 민첩한, 즉각적인
- recover **v** 회복하다
- response **n** 응답
- hazard **n** 위험

연회, 축하 | Celebrating

Unit 5

결혼 축하

E-mail sample

바로 베끼기

From:	Shirley
To:	Jane
Subject:	Congratulations on Your Wedding 결혼 축하

Dear Jane,

소식을 듣게 되어 기쁨

Congratulations! **I am so delighted to hear** the good news that you and Peter are going to get married on August 16th. It is such delightful news[1]. You guys are so well-matched. You love each other very deeply, and you can understand and **help each other** in life. These are important elements for a happy marriage. All the friends around you can feel the deepest love between you. We do feel happy for your union.

신실한 축복

Please accept our wholehearted congratulations on your happy wedding! We wish you happiness and good health.

My husband and I are looking forward to attending your wedding.

Truly yours,
Shirley

친애하는 Jane

축하드립니다! 당신과 Peter가 8월 16일에 결혼할 것이라는 좋은 소식을 듣게 되어 너무 기쁩니다. 이는 정말 사람을 기쁘게 하는 소식입니다. 두 분께서는 너무 잘 어울리십니다. 두 분은 서로를 매우 깊이 사랑하시고, 살아가면서 서로를 이해하고, 도울 것입니다. 이런 것들은 행복한 결혼 생활의 중요한 요소이지요. 당신 주위의 모든 지인들은 당신들 사이의 깊은 사랑을 느낄 수 있습니다. 저희는 두 분이 하나가 된 것에 대해 정말 기쁩니다.

당신의 행복한 결혼에 대한 저의 신실한 축복을 받아 주시길 바랍니다. 두 분께서 행복하시고, 건강하시길 바랍니다.

저와 남편은 결혼식에 참석하길 고대하고 있겠습니다.

당신의 신실한
Shirley

실용 구문

I am so delighted to hear...

I am so delighted①to hear the good news that you and Peter are going to get married② on August 16ᵗʰ.

당신과 Peter가 8월 16일에 결혼할 것이라는 좋은 소식을 듣게 되어 너무 기쁩니다.

> **관련어구**
> ① cheerful 쾌활한
>   glad 기쁜
> ② hold the wedding ceremony
>   결혼식을 거행하다
>   get engaged 약혼하다

...help each other...

You love each other very deeply①, and you can understand and help② each other in life.

두 분은 서로를 매우 깊이 사랑하시고, 살아가면서 서로를 이해하고, 도울 것입니다.

> **관련어구**
> ① sincerely 진심으로
>   so much 매우 많이
> ② accompany 동행하다
>   be there for 동행하다

Please accept our wholehearted congratulations on...

Please accept our wholehearted① congratulations on your happy wedding②!

당신의 행복한 결혼에 대한 저의 신실한 축복을 받아 주시길 바랍니다.

> **관련어구**
> ① great 훌륭한
>   deepest 가장 깊은
> ② graduation 졸업
>   birthday 생일

베껴 쓰기 좋은 문장

1 │ such delightful news 이런 기쁜 소식

such + a/an + adj. + n 같은 문장 구조에서 'such'는 형용사로 뒤에 오는 명사를 수식하는 역할을 한다. so + adj. + a/an + n의 문장 구조에서 'so'는 부사로 뒤에 오는 형용사를 수식하는 역할을 한다. 주의해야 할 점은 such가 이끄는 구조는 단수명사, 복수명사, 불가산명사 모두 명사 자리에 위치할 수 있으나, so가 이끄는 구조는 단수명사와 가산명사만 결합할 수 있다는 것이다.

영문 E-mail 단어

- delightful **a** 기쁘게 하는, 기쁜
- wholehearted **a** 성심성의의, 성의 있는
- well-matched **a** 잘 어울리는, 잘 맞는
- health **n** 건강

- element **n** 요소, 요인
- husband **n** 남편
- union **n** 결합, 연합, 합치

E-mail sample

From:	Felicity
To:	Bob
Subject:	Congratulations on Winning the Award 수상 축하

Dear Bob,

Congratulations! I couldn't be happier[1] to hear that you have **got first prize** 최우수상 을 받음
in the Young Designers Competition this year. All of our friends are proud of
you for your talent in and enthusiasm for the apparel design. **Even though** you …임에도 불구하고
have not received any professional training in this field, you have had greater
achievement than those who have.

Now I understand that interest is the best teacher. **It has proved** …할 가치 가 있음
worthwhile to work so hard for so long! You realized your value on it and also
got happiness and satisfaction from it. Those are what really matters.

I hope you can keep in mind the dream you have always had in the days to
come. And I hope you will create better works. Congratulations again!

Yours sincerely,

Felicity

친애하는 Bob

축하드립니다! 올해에 청년 디자이너 시합에서 최우수상을 수상하셨다는 소식을 듣게 되어 이보다 더
기쁠 수 없을 것입니다. 저희 친구들 모두가 귀하의 의류 디자인에 대한 재능과 열정에 대해 자랑스럽게
생각하고 있습니다. 귀하께서 이 분야에서 어떠한 전문적인 훈련도 받지 않았음에도 불구하고, 받았던 그
누구보다도 훌륭한 업적을 이뤄 내셨습니다.

이제야 흥미가 가장 좋은 스승이라는 말을 이해하게 되었습니다. 그렇게 오랜 시간을 들여 노력할 가
치가 있다는 것이 증명되었네요. 귀하께서는 그것으로부터 귀하의 가치를 실현시켰으며, 그것으로부터 행
복과 만족을 얻게 되었습니다. 이것들이 진정으로 중요한 것들이지요.

앞으로 다가올 날들 동안 귀하께서 품고 계셨던 꿈을 계속해서 고집하시길 바랍니다. 그리고 보다 훌
륭한 작품들을 기대하겠습니다. 다시 한번 축하드립니다!

당신의 신실한

514   Felicity

실용 구문

> **...got first prize...**
>
> **I couldn't be happier to hear that you have** got first prize[①] **in the Young Designers Competition**[②] **this year.**
>
> 올해에 청년 디자이너 시합에서 최우수상을 수상하셨다는 소식을 듣게 되어 이보다 더 기쁠 수 없을 것입니다.

관련어구
①won a gold medal 금메달을 따다
②singing contest 노래 콘테스트
International Mathematical Olympiad 국제 수학 올림피아드

> **Even though...**
>
> **Even though you have not received any** professional[①] **training in this field, you have had greater achievement**[②] **than those who have.**
>
> 귀하께서 이 분야에서 어떠한 전문적인 훈련도 받지 않았음에도 불구하고, 받았던 그 누구보다도 훌륭한 업적을 이뤄 내셨습니다.

관련어구
①long-term 긴 시간의
strict 엄격한
②did even better 훨씬 잘 해냈다
looked more like an expert 보다 전문가 같이 보였다

> **It has proved worthwhile...**
>
> **It has proved worthwhile** to work[①] **so hard for so long!**
>
> 그렇게 오랜 시간을 들여 노력할 가치가 있다는 것이 증명되었네요.

관련어구
①study physics 물리학을 공부하다
practice playing the piano 피아노 치는 것을 연습하다

 베껴 쓰기 좋은 문장

1 | couldn't be happier 이보다 행복할 수 없다, 최고로 행복하다

'can't / couldn't + 비교급'은 '부정어 + 비교급' 형식 중 하나로 긍정의 의미 즉, 최상의 뜻을 내포하고 있다. 이는 '이보다 더 …할 수 없다' 또는 '매우 …하다'로 번역된다.

 영문 E-mail 단어

- **prize** n 상, 상품
- **training** n 훈련, 단련
- **designer** n 디자이너, 설계사
- **achievement** n 성취
- **competition** n 경쟁, 시합
- **worthwhile** a 가치 있는

- **talent** n 재능, 천부
- **value** n 가치, 중요성
- **enthusiasm** n 열정, 열의
- **satisfaction** n 만족감
- **apparel** n 의복, 복장

연회, 축하 | Celebrating

시상식 참석 요청

E-mail sample

From:	Thomas
To:	Thackray
Subject:	Invitation to Attend the Awards Ceremony 시상식 참석 초대

Dear Thackray,

On behalf of the Home Design Contest Committee, hereby **I feel greatly honored to** invite you to the 6th Home Design Awards Ceremony.

영광 표현

…에서 열리다

The Award Ceremony is **to be held on** April 16th at studio No.7. We will announce the Golden, Silver and Bronze Awards then, and the prize-winners will receive the awards and certificates. In order to show gratitude for your great support to the contest, the organizers have prepared a wonderful performance and a grand banquet for you to enjoy. It is the organizers'[1] hope that everyone will have a good time during the ceremony.

Please kindly be present at[2] the ceremony on time. We all look forward to your arrival.

Yours sincerely,

Thomas

친애하는 Thackray

주거 디자인 콘테스트 위원회를 대표하여 6번째 주거 디자인 시상식에 귀하를 초대할 수 있어 매우 영광입니다.

시상식은 4월 16일 7번 스튜디오에서 거행될 예정입니다. 저희는 금상, 은상과 동상을 발표할 것이며, 시상자분들께서는 상과 증명서를 받게 될 것입니다. 콘테스트에 대한 귀하의 큰 지지에 감사하기 위하여 주최 측은 귀하께서 즐기실 수 있는 재미있는 공연과 훌륭한 만찬을 준비했습니다. 시상식 내내 즐거운 시간 가지시길 바랍니다.

부디 행사가 시작되는 제시간에 도착해 주시길 바랍니다. 참석해 주시길 기대하겠습니다.

당신의 신실한
Thomas

실용 구문

I feel greatly honored to...

On behalf of the Home Design Contest Committee, hereby I feel greatly honored[1] to invite you to the 6th Home Design Awards Ceremony[2].

주거 디자인 콘테스트 위원회를 대표하여 6번째 주거 디자인 시상식에 귀하를 초대할 수 있어 매우 영광입니다.

...to be held on...

The Award Ceremony is to be held on April 16[th][1] at studio No.7[2].

시상식은 4월 16일 7번 스튜디오에서 거행될 예정입니다.

 베껴 쓰기 좋은 문장

1 | organizer's gratitude 소유격 형태

's는 생명이 있는 명사를 소유격 형태로 만들어 준다. 보통 단수명사 뒤에 바로 's(예: the kid's), s로 끝나는 복수 명사 뒤에 '하나만(예: the kids'), s로 끝나지 않는 복수명사 뒤에 's(예: children's)를 붙여 주는 방식으로 소유격 형태를 만들 수 있다.

2 | be present at 출석하다

be present at은 동사 숙어로 관용어의 일종으로 볼 수 있으며 '참석하다, 출석하다'의 뜻을 갖는다.

예 It is said that the tycoon will be present at the Financial Services Conference.
재정 서비스 컨퍼런스에 그 거물이 출석할 것이라는 소문이 있다.

 영문 E-mail 단어

- committee n 위원회
- announce v 알리다, 발표하다
- ceremony n 의례, 행사

- certificate n 증명서
- studio n 촬영장, 녹음실, (예술)작업실
- banquet n 만찬, 연회

연회, 축하 | Celebrating

Unit 5

파티 참석 요청

E-mail sample

바로
베끼기

From:	Olivia
To:	Pratt
Subject:	Invitation to a Party[1] 파티 초대

Dear Pratt,

Thanks so much for your letter of congratulations on my promotion. It was really a little beyond my expectations[2] that I could get promoted in such a short time. Our director said that my performance had been **the best in the company** during the first half year and that I deserved the promotion. Anyway, **I will continue to** work hard and undertake the responsibilities of a supervisor.

최고의

계속될
것임

My family is going to hold a celebration party at home for me on Sunday, August 10th. We would **be very pleased to have you** here with us. The party will begin at half past seven that night, with excellent beverages and a lavish buffet.

초대하게
되어 기쁨

I'm looking forward to your affirmative reply very soon.

Yours sincerely,

Olivia

친애하는 Pratt

승진 축하 편지 잘 받았습니다. 감사드립니다. 이렇게 짧은 시간 내에 제가 승진할 수 있을 것이라고는 정말 예상치 못했습니다. 관리자님께서 제가 상반기 동안 업적이 사내에서 가장 좋았으며 승진할 만하다고 말씀해 주셨습니다. 아무튼 저는 계속해서 열심히 일할 것이며, 감독관으로서의 책임을 계속해서 다할 것입니다.

오는 8월 10일 일요일에 제 가족들이 저를 위해 집에서 파티를 열 예정입니다. 저희와 함께해 주신다면 정말 기쁠 것입니다. 파티는 저녁 7시 반부터 진행될 것입니다. 또한 맛있는 음료와 풍성한 뷔페를 제공해 드릴 것입니다.

긍정적인 답변 기다리고 있겠습니다.

당신의 신실한
Olivia

실용 구문

...the best in the company...

Our director said that my performance had been the best in the company during the first half year[1] **and that I deserved the promotion**[2].

관리자님께서 제가 상반기 동안 업적이 사내에서 가장 좋았으며 승진할 만하다 고 말씀해 주셨습니다.

> 관련어구
> [1] the first three quarters 첫 3분기
> last month 지난달
> [2] an extra bonus 추가 보너스
> a long vacation 긴 휴가

I will continue to...

I will continue to work hard[1] **and undertake the responsibility of a supervisor**[2].

저는 계속해서 열심히 일할 것이며, 감독관으로서의 책임을 다할 것입니다.

> 관련어구
> [1] dedicate myself to work 일에 헌신하다
> perform well 잘 수행하다
> [2] project manager 프로젝트 매니저
> accountant 회계사

...be very pleased to have you...

We would be very pleased[1] **to have you here with**[2] **us.**

저희와 함께해 주신다면 정말 기쁠 것입니다.

> 관련어구
> [1] honored 영광의
> delighted 유쾌한
> [2] visit 방문하다
> have lunch with …와 점심을 먹다

 베껴 쓰기 좋은 문장

1 ㅣ invitation to a Party 비상업 용도의 초대 메일 보내기

수신자는 보통 비교적 친밀한 관계의 지인이기 때문에 친근하고 편안한 용어를 선택해도 된다. 만약 너무 공식적인 어휘를 선택하게 된다면 상대가 도리어 낯설게 느끼게 되어 실례를 범하는 것일 수 있다. 간단하 게 초대하는 원인과 정확한 시간 및 장소를 명시하고 상대방에게 요청을 하거나 자신의 성의를 비추는 것 이 좋다.

2 ㅣ beyond my expectations 예상하지 못한

beyond one's expectations은 관용어로 볼 수 있으며 '예상을 뛰어넘는, 예상하지 못한' 등의 뜻을 갖는다.

 영문 E-mail 단어

- promote ⓥ 승진하다, 승급하다
- beverage ⓝ 음료
- undertake ⓥ 수행하다, 종사하다
- lavish ⓐ 풍성한, 성대한
- celebration ⓝ 기념행사, 축하 행사
- affirmative ⓐ 긍정의, 칭찬하는

E-mail sample

From:	Nelson
To:	Mr. Berman
Subject:	Congratulations on Your Promotion[1] 승진 축하

Dear Mr. Berman,

I am quite pleased to hear that you have been promoted to the position of the Sales Director by the headquarters. It is an outstanding achievement in such a competitive field. Hereby I would like to offer my sincere congratulations on your promotion.

I know very well that you are diligent and have an earnest attitude towards work. And you are competent and outstanding, which is evident in your work performance. **Most worthy of mention is that** your mastery of leadership is obvious to all[2]. I believe that you are perfect for this position. We all think that you really deserve it more than anyone else.

I wish you every success in your new position as Sales Director.

Yours sincerely,

Nelson

친애하는 Mr. Berman 씨

회사 본부에서 판매 감독으로 승진하셨다는 소식들 듣게 되어서 정말 기쁩니다. 이는 이런 경쟁적인 현장에서 매우 훌륭한 성취입니다. 그리하여 귀하의 승진에 대해 제 신실한 축하를 드리는 바입니다.

귀하께서 매우 근면하게 작업하시고, 일에 대해 매우 큰 책임감을 가지고 계신다는 것을 잘 알고 있습니다. 또한 귀하께서는 매우 유능하시고 훌륭하시며, 이는 귀하의 근무 실적이 증명합니다. 가장 언급할 만한 것은 모두가 인정하는 귀하의 리더십입니다. 저는 귀하께서 이 직위에 가장 걸맞은 사람이라고 믿습니다. 우리 모두가 귀하께서 그 누구보다도 이 직위에 임할 자격이 있다고 생각합니다.

판매 감독의 위치에서 모든 일들이 순조롭길 바랍니다.

당신의 신실한
Nelson

실용 구문

I am quite pleased to...

I am quite pleased[1] to **hear that you have been promoted to the position of the Sales Director[2] by the headquarters.**

회사 본부에서 판매 감독으로 승진하셨다는 소식들 듣게 되어서 정말 기쁩니다.

> **관련어구**
> [1] glad for you 기꺼이 …하다
>   jealous 질투나는, 부러운
> [2] team leader 팀장
>   specialist 전문가, 전공자

I know very well that...

I know very well[1] that **you are diligent and have an earnest attitude towards work[2].**

귀하께서 매우 근면하게 작업하시고, 일에 대해 매우 큰 책임감을 가지고 계신다는 것을 잘 알고 있습니다.

> **관련어구**
> [1] can prove 증명할 수 있다
>   firmly believe 확고히 믿다
> [2] research 연구
>   study 학업

Most worthy of mention is that...

Most worthy of mention[1] is that **your mastery of leadership[2] is obvious to all.**

가장 언급할 만한 것은 모두가 인정하는 귀하의 리더십입니다.

> **관련어구**
> [1] important 중요한
>   valuable 귀중한
> [2] great communication skills
>   훌륭한 의사소통 기술
>   excellent language ability
>   우수한 언어 능력

베껴 쓰기 좋은 문장

1 | Congratulations on Your Promotion 승진 축하

이런 종류의 메일은 수신인의 신분에 따라 비교적 공식적이고 근엄할 수도 있고, 비교적 친밀하고 편할 수 있다. 문장의 전개는 비슷한데, 간단하게 자신이 축하하려는 사건이 무엇인지를 설명하고 필요에 따라서 상대방의 성취나 노력을 긍정하는 문장을 기술해도 좋다.

2 | ...is obvious to all …는 모두가 아는 사실입니다.

be obvious to all은 관용어로 볼 수 있으며 '모두가 인정하는, 모두가 확실한' 등의 뜻을 갖는다.

> 예 Her dedication to her patients is obvious to all.
> 모두가 그녀의 환자들을 향한 그 헌신에 대해 잘 알고 있습니다.

영문 E-mail 단어

- **promotion** n 승진, 승격
- **mention** n 언급
- **towards** prep …에 대하여, …에 관하여
- **leadership** n 리더십, 지도력
- **competent** n 능력 있는, 적임의

관심 표현 | Expressing Concern

Unit 6

환자 위문

 E-mail sample

From:	Cindy
To:	Sally
Subject:	Get Well Soon! 빠른 쾌유를 빕니다.

Dear Sally,

듣자 하니

I have heard that you are ill, and I am quite worried about your condition. And **I am very anxious to know** if you feel a little better now.

매우 알고 싶음

Our company has been busy making preparations for the trade fair. As a project leader, you must have been working too hard some time ago. **Though** 비록… 일지라도 work is important, health is always the first priority. Don't worry too much about your work. Please do rest up[1] and take good care of yourself.

I will visit you in the hospital this Saturday morning. I am also sure that you will make a full recovery in a short time. All of us hope you can come back as soon as possible.[2]

Yours sincerely,

Cindy

친애하는 Sally

아프시다는 소식 들었습니다. 현재 상태는 어떠신지 매우 걱정됩니다. 또 지금은 좀 괜찮아지셨는지도 궁금합니다.

당사는 최근 무역 박람회 준비 때문에 매우 바쁩니다. 프로젝트 책임자로서 지난 시간 동안 직무로 애 많이 쓰셨을 것입니다. 비록 일하는 것도 중요하지만 항상 건강이 최우선입니다. 일에 대해서는 너무 걱정하지 않으시길 바랍니다. 충분히 휴식하시고 몸조리 잘하세요.

이번 주 토요일 오전에 병문안 가겠습니다. 분명 금방 쾌유될 것이라고 믿습니다. 최대한 빠른 시일 내에 돌아오시기를 저희 모두가 바라고 있습니다.

당신의 신실한
Cindy

실용 구문

I have heard that...
I have heard that you are ill[1], and I am quite worried about[2] your condition.

아프시다는 소식 들었습니다. 현재 상태는 어떠신지 매우 걱정됩니다.

관련어구
[1] catch the flu 유행성 감기에 걸리다
fainted yesterday 어제 기절했다
[2] concerned about
…에 관심을 가지다
eager to know 매우 알고 싶다

I am very anxious to...
I am very anxious[1] to know if you feel a little better[2] now.

또 지금은 좀 괜찮아지셨는지도 궁금합니다.

관련어구
[1] would love …하길 원하다
am keen 간절히 바라다
[2] more comfortable 더욱 편안한
more energetic 더 활동적인

Though...
Though work is important[1], health is always the first priority[2].

비록 일하는 것도 중요하지만, 항상 건강이 최우선입니다.

관련어구
[1] there's a deadline 마감일이 있다
smoking can give you inspirations
흡연은 영감을 줄 수 있다
[2] most important 가장 중요한
core 핵심의

베껴 쓰기 좋은 문장

1 | rest up 충분히 휴식하다

rest up은 관용 숙어 표현으로 '충분히 쉬다'의 뜻을 갖는다.

예 **The doctor advised her to rest up for a couple of weeks.**
의사 선생님께서는 그녀에게 2주 정도 충분히 쉴 것을 조언했다.

2 | All of us hope you can come back as soon as possible.
메일로 문안, 사고 등 불행한 사건 안부 묻기

이런 종류의 메일을 쓸 때는 가벼운 어감의 문장 표현을 삼가고 자신의 성의를 비춰야 한다. 또한 너무 무거워서도 문안의 효과를 볼 수 없으니 주의해야 한다. 간단하게 말해 사실에 입각하여 자신의 관심, 위로, 격려 등을 표현하며 필요에 따라 자신의 소망 등을 간단히 기술해도 좋다.

영문 E-mail 단어

- ill **a** 병이 든
- take care of **phr** …을 보살피다
- worried **a** 걱정하는, 우려하는
- hospital **n** 병원
- fair **n** 박람회, 페어
- recovery **n** 회복

Unit 6

관심 표현 | Expressing Concern
회복 축하

E-mail sample

From:	Abbey
To:	Doris
Subject:	Congratulations on Recovery from the Illness 쾌유 축하

Dear Doris,

I was very happy to hear that you were out of hospital the day before yesterday[1]. Congratulations on your recovery. I was worried about you when

축하
표현 → you were hospitalized. **Thankfully,** with active treatment and tender care, you recovered from the disease. Now all the relatives and friends can feel much relieved.

...할
가치 있는 → It is really a moment **worth** celebrating. We are going to hold a celebration party to welcome you back. Recently discharged from hospital, you still need a few more days to adjust and adapt. So please stay at home[2] and rest. When you feel well enough, please give me a call. Then we can plan a party **in** → 축하
표현
celebration of your full recovery!

Yours sincerely,

Abbey

친애하는 Doris

엊그제 퇴원하셨다는 소식 듣게 되어 진심으로 기쁩니다. 쾌유를 축하드립니다. 입원하신 동안 걱정 많이 했습니다. 다행히도 적극적인 치료와 세심한 보살핌 덕에 회복하셨습니다. 이제야 모든 지인들과 친지들께서 마음을 놓으시겠네요.

이는 실로 축하할 가치가 있는 일입니다. 돌아오시는 기념으로 축하 파티를 열 예정입니다. 이제 갓 퇴원하셨으니 아직 며칠 더 회복하고 적응할 기간이 필요하실 것입니다. 그러니 부디 집에 머무시고 휴식을 취하시길 바랍니다. 충분히 괜찮아지셨다고 생각이 드실 때, 전화 주시길 바랍니다. 그때 파티를 열어 완쾌를 축하하기로 합시다.

당신의 신실한
Abbey

실용 구문

Thankfully, ...

Thankfully, with active treatment and tender① **care, you recovered from the disease**②.

다행히도 적극적인 치료와 세심한 보살핌 덕에 회복하셨습니다.

관련어구
①appropriate 적절한
 comprehensive 종합적인
②operation 수술
 burn 화상

...worth...

It is really a moment① **worth celebrating.**

이는 실로 축하할 가치가 있는 일입니다.

관련어구
①an achievement 성취
 a great news 좋은 소식

...in celebration of...

Then we can plan a party① **in celebration of your full recovery**②**!**

그때 파티를 열어 완쾌를 축하하기로 합시다.

관련어구
①an event 활동
 surprising party 깜짝 파티
②promotion 승진
 moving 이사

베껴 쓰기 좋은 문장

1 | yesterday, now 메일을 작성할 때는 시제에 유의해야 한다.

일반적으로 특수한 상황이 아닌 이상 메일 본문은 현재형 문장을 쓰는 것을 원칙으로 한다. 만약 특정한 시간을 나타내는 부사가 있을 때는 그에 상응하는 시제 형태를 사용해야 한다.

2 | stay at home 집에 머물다

stay at home은 동사 숙어 관용 표현으로 '집에 머물다'의 뜻을 갖는다.

예 I am going to stay at home this weekend with my family.
나는 이번 주말에 가족들과 집에 머물 예정이다.

영문 E-mail 단어

- **active** a 적극적인, 효과적인
- **worth** n …할 가치가 있는
- **disease** n 질병
- **discharge** v 방출하다, 석방하다
- **relieved** a 안심한, 마음 놓는
- **rest** v 휴식을 취하다

관심 표현 | Expressing Concern

Unit 6

부고

E-mail sample

From:	Richard Marson
To:	All the Staff
Subject:	Obituary Notice[1] 부고

Dear Sir or Madam,

이에 알림

We hereby inform you with great grief and sorrow of the mournful demise of our colleague, Mr. Blair. Mr. Blair, general manager of the sales department, died of[2] gastric cancer at the age of 55 on 19th November, 2016, in a hospital in Ontario, Canada.

Mr. Blair was a good employee as well as a responsible leader. Under his clever leadership, the sales department always **achieved outstanding accomplishments**. He contributed all his time and efforts to the development 성취를 이룸

유감 표현

of our company. **We all feel sorry for** losing such a good person. He will be remembered by all of us. Let us show our deceased respect for the dead and our sincere condolences to his family.

Yours sincerely,
Richard Marson

친애하는 선생님

깊은 애도와 함께 저희 동료 Blair 씨의 불행한 부고를 알리는 바입니다. 당사의 판매 부서 본부장님 이셨던 Blair 씨께서는 캐나다 온타리오의 어느 병원에서 2016년 11월 19일 55세의 나이에 위암으로 사망하셨습니다.

Blair 씨는 좋은 임원이었을 뿐만 아니라 책임감 있는 지도자였습니다. 그의 명확한 리더십 아래에서 판매 부서는 항상 뛰어난 성과를 이뤄 왔습니다. 그는 모든 시간과 노력을 당사의 발전에 이바지했었습니다. 저희는 이렇게 좋은 사람을 잃은 것에 대해 매우 유감으로 생각합니다. 우리는 항상 그를 기억할 것입니다. 그의 죽음에 깊은 애도를 표하고 그의 가족에게 신실한 조의를 표합시다.

당신의 신실한
Richard Marson

실용 구문

We hereby inform you...

We hereby inform you with great grief and sorrow[1] **of the mournful demise**[2] **of our colleague, Mr. Blair.**

깊은 애도와 함께 저희 동료 Blair 씨의 불행한 부고를 알리는 바입니다.

관련어구
① sadness 슬픔
  regret 후회
② fatal accident 사망 사고
  sudden death 돌연사

...achieved outstanding accomplishments.

Under his clever leadership[1]**, the sales**[2] **department always** achieved outstanding accomplishments.

그의 명확한 리더십 아래에서 판매 부서는 항상 뛰어난 성과를 이뤄 왔습니다.

관련어구
① supervision 감독
  resonable orders 합리적인 요구
② advertisement 광고
  corporate social responsibility 기업의 사회적 책임

We all feel sorry for...

We all feel sorry[1] **for losing such a good person**[2]**.**

저희는 이렇게 좋은 사람을 잃은 것에 대해 매우 유감으로 생각합니다.

관련어구
① painful 고통스러운
  distressed 괴로워하는
② friend 친구
  leader 리더

베껴 쓰기 좋은 문장

1 ｜ Obituary Notice 부고 알림

이런 유형의 메일을 작성할 때는 어휘 선택에 신중해야 하며 조심스러워야 한다. 돌아가신 분의 성명과 직위, 신분, 사망 시간, 사망 원인 등을 알려야 하고 사망자가 생전에 이룬 업적이나 공헌들을 기술하는 것도 좋다. 마지막으로 자신의 애도와 추도의 마음을 표해야 한다.

2 ｜ ...died of ···로 죽다

'died of'는 동사 숙어 관용 표현으로 '···로 죽다, ···때문에 죽다'의 뜻을 가지며 'die from'과 호환하여 쓰일 수 있다.

예 **The old man** died of **a sudden heart attack.**
그 노인은 갑작스런 심장 마비로 죽었다.

영문 E-mail 단어

- grief ⓝ 괴로움, 비통함
- demise ⓝ 사망
- sorrow ⓝ 슬픔, 비애
- gastric ⓐ 위의, 위장의
- mournful ⓐ 애도의, 애처로운
- condolence ⓝ 조의, 애도

관심 표현 | Expressing Concern
조의 표현

바로
베끼기

E-mail sample

From:	Emily Golding
To:	Grant Marvin
Subject:	Condolences 조문

Dear Mr. Marvin,

I was very shocked and saddened to hear the news of your mother's death.

반드시 **It must be** a hard time for you. Please accept my deepest sympathies in your time of sorrow.

Even though your mother passed away[1], life shall **go on normally**. Now 예정대로 진행할 것

you and your brother have had your own families and careers. Your mother

보충설명 must have been gratified to see this. **Moreover,** she left in peace and went to heaven, where she will be carefree. And you shall feel a little comfortedby this. So, you should live your life in a positive and optimistic manner. Our love is with you.

If there is anything that I can do to help, please do not hesitate to tell me.

Yours sincerely,

Emily Golding

친애하는 Mr. Marvin 씨

모친께서 돌아가셨다는 소식 듣고 매우 충격받았으며 애통했습니다. 많이 힘든 시간 보내셨겠습니다. 이토록 힘든 시기에 제가 표하는 조의를 받아 주시길 바랍니다.

비록 모친께서는 돌아가셨지만, 우리는 계속해서 살아가야 할 것입니다. 귀하와 귀하의 형제께서는 지금 이미 각자의 가정과 직업을 가지고 계십니다. 모친께서 이런 것들을 보시면 매우 기뻐하실 것입니다. 게다가 모친께서는 편안히 천국으로 돌아가셨고, 그곳에서 그녀는 걱정 없이 보내실 것입니다. 이에 마음을 조금은 편하게 하셔도 될 것입니다. 그러니 부디 긍정적이고 낙천적으로 살아가시길 바랍니다. 저희의 사랑이 항상 귀하와 함께합니다.

제가 도와드릴 수 있는 것이 있다면 주저 말고 말씀해 주시길 바랍니다.

당신의 신실한
Emily Golding

실용 구문

It must be...
It must be a hard time①for you②.

많이 힘든 시간 보내셨겠습니다.

관련어구
①a big issue 큰 난제
 a dilemma 딜레마
②my parents 나의 부모님
 the kid 그 아이

...go on normally.
Even though your mother passed away①, life shall go on normally②.

비록 모친께서는 돌아가셨지만, 우리는 계속해서 살아가야 할 것입니다.

관련어구
①your girlfriend broke up with you 네 여자 친구와 헤어졌다
 you failed the exam 너는 시험에 떨어졌다
②it's not the end of the world 세상이 끝난 것은 아니다
 you should keep moving on 계속해서 앞으로 나아가야 한다

Moreover, ...
Moreover, she left in peace①and went to heaven, where she will be carefree②.

게다가 모친께서는 편안히 천국으로 돌아가셨고, 그곳에서 그녀는 걱정 없이 보내실 것입니다.

관련어구
①with no pain 고통 없이
 with a smile 미소를 머금은 채로
②free 자유
 cheerful 활기찬

베껴 쓰기 좋은 문장

1 ┃ pass away 돌아가시다

pass away는 동사 숙어 관용 어구로 '돌아가시다, 서거하시다'의 뜻을 갖는다.

예 The old woman passed away last Sunday.
그 늙은 여성은 지난 일요일에 돌아가셨다.

영문 E-mail 단어

- shocked **a** 충격적인, 놀라운
- gratified **a** 기쁘게 하는, 만족스러운
- saddened **a** 슬프게 하는, 슬픈
- peace **n** 평정, 평온
- sympathies **n** 공감, 연민
- pass away **phr** 돌아가시다

- carefree **a** 근심걱정 없는
- normally **ad** 정상적으로, 평상시처럼
- comforted **a** 안락한
- career **n** 직업, 전문직
- positive **a** 긍정적인, 정면의

Unit 6

관심 표현 | Expressing Concern

문상 회답

바로
베끼기

E-mail sample

From:	Paul Freeman
To:	Eric Sandberg
Subject:	Thanks for Your Condolences 애도 감사

Dear Mr. Sandberg,

Thank you very much for your comforting[1] words. My mother's death was really a blow to the entire family. But **I believe that** with your warm encouragement and support we will live through this hard time. My mother was really a decent person. **I am sure that** she can feel calm and peaceful in heaven. I have been missing my mother these days. I remember **her saying to me,** "Life may be tough, but you can be tougher!" Trust me, I can be a strong man and lead the whole family to a happy life. I will never let my mother down[2].

Thanks again.

Sincerely yours,

Paul Freeman

믿음
표현

강한
긍정

인용
표현

친애하는 Mr. Sandberg 씨

귀하의 조문에 대해 매우 감사드립니다. 어머님께서 돌아가신 것이 저희 가족들 전체에게 큰 충격이었습니다. 하지만 귀하의 따뜻한 격려와 지지로 저희는 이 힘든 시기를 버텨낼 것이라고 믿습니다. 저희 어머님께서는 정말로 좋으신 분이셨습니다. 그녀가 천국에서 안락하고 편안하게 지낼 것이라고 확신합니다. 요 며칠 어머님이 매우 그리웠습니다. "삶이 거칠 수 있지만, 그것이 너를 더 강하게 할 것이다!"라고 어머님께서 말씀해 주셨던 것이 기억납니다. 저는 강한 사람이 될 것이고 제 가족들을 행복하게 할 것입니다. 믿어 주세요. 저는 절대로 제 어머님을 실망시키지 않을 것입니다.

다시 한번 감사드립니다.

당신의 신실한
Paul Freeman

실용 구문

I believe that...

I believe that with your warm encouragement① and support we will live through this hard time②.

귀하의 따뜻한 격려와 지지로 저희는 이 힘든 시기를 버텨낼 것이라고 믿습니다.

> 관련어구
> ① companion 동행
>   condolences 조의
> ② crisis 위기
>   difficult period 어려운 시기

I am sure that...

I am sure① that she can feel calm and peaceful② in heaven.

그녀가 천국에서 안락하고 편안하게 지낼 것이라고 확신합니다.

> 관련어구
> ① believe 믿다
>   hope 바라다
> ② pleasant 유쾌한
>   enjoyable 즐거운

...her saying to me, …

I remember① her saying to me, "Life may be tough②, but you can be tougher!"

"삶이 거칠 수 있지만, 그것이 너를 더 강하게 할 것이다!"라고 어머님께서 말씀해 주셨던 것이 기억납니다.

> 관련어구
> ① cherish 아끼다
> ② different 다른
>   unreasonable 불합리적인

 베껴 쓰기 좋은 문장

1 | Thank you very much for your comfort 메일로 조문 회신하기

이런 종류의 메일을 작성할 때는 일반적으로 상대방이 보내 준 조문에 대해 감사의 표현을 먼저 전하고, 간단히 돌아가신 분에 대한 자신의 사념과 슬픔을 표하며 이어서 삶을 버텨낼 의지를 전술한 후 마지막으로 상대방의 조문에 감사를 표한다.

2 | let sb. down 사람을 실망시키다

let sb. down은 관용어로 '누군가를 실망시키다'의 뜻을 갖는다.

예 **The girl does not want to** let her parents down.
그 여자아이는 자신의 부모님을 실망시키고 싶어 하지 않는다.

영문 E-mail 단어

- comfort **n** 안위, 위문
- live through **phr** …을 버텨 내다
- entire **a** 전체의, 전부의
- decent **a** 괜찮은, 제대로 된

- blow **n** 타격
- word **n** 말, 언사
- encouragement **n** 격려
- tough **a** 힘든

Part 3 영문 E-mail 실용 어휘

Chapter 1

상용 E-mail 어휘

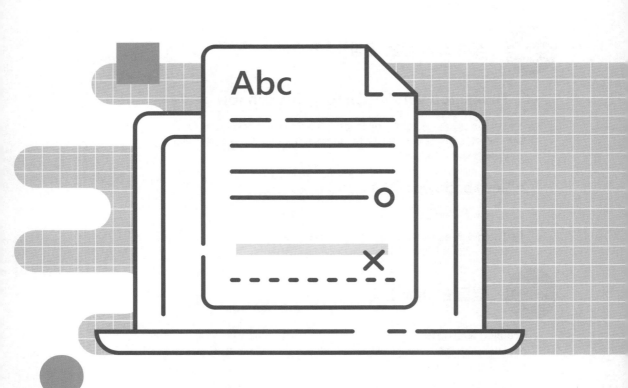

Unit 1 서신의 축약형 사용법
Unit 2 컴퓨터 관련 어휘

영어 E-mail을 잘 작성하기 위해서는 예문들을 참고할 뿐만 아니라, 적절한 어휘 사용 역시 매우 중요하다. 이번 장에서는 독자들이 보다 편리하게 문장을 작성할 때 응용할 수 있도록 간편하고 유용한 서신용 줄임말과 컴퓨터 관련 전문 용어 등을 정리해 두었다.

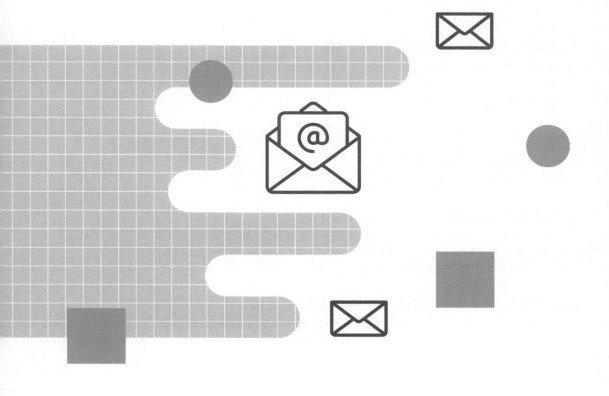

서신의 축약형 사용법

문장의 축약형은 영어 E-mail을 작성할 때뿐만 아니라, 다양한 형식으로 상대방에게 정보를 전달할 때 사용할 수 있다.

 바로 쓰기

축약형 해석

▶ **AAMOF** = as a matter of fact 사실
in fact, in reality, in effect 등에 해당하며, 보통 문장의 문두 또는 문장의 중간에 삽입어구로 사용한다.

▶ **AFAIK** = as far as I know 제가 알기로
as far as I see, as far as I'm concerned 등에 해당하며, 보통 문두 또는 문장의 중간에 삽입어구로 사용한다.

▶ **AKA** = also known as 별칭은
사람이나 사물 명사 또는 명사구 뒤에 위치하며 어구 뒤에는 사람이나 사물의 별칭을 목적어로 취한다.

▶ **AOB** = any other business 기타 사항
as, like와 함께 쓰이며 부사구 또는 삽입어구로 사용된다.

▶ **ASAP** = as soon as possible 가능한 빨리
동사 또는 동사구 뒤에 위치한다.

▶ **B/C** = because …때문에
이유를 이끄는 부사구로 원인을 나타낸다.

▶ **BBL** = be back later 조금 이따 돌아오겠다.
주어 I와 조동사 will을 생략한 어구로 원래 문장은 I'll be back later이다.

▶ **BCC** = blind carbon copy 수취인 불명 문서 사본
수취인 불명 문서 사본의 본래 의미는 오직 문서의 발신자만이 누구에게 발송되는지 알 수 있는 문서 사본을 말한다. 그리고 정상적으로 발송된 수신자와 사본의 수신자는 모두 누가 발송했는지 알 수 없다. 게다가 수취인 불명 사본의 수신자는 발신자가 누군지 알 수 있으며, 우편의 원본 수신자와 사본 수신자도 누군지 알 수 있다.

▶ **BITMT** = but in the meantime 하지만 동시에
전환 표현을 나타내며 in the meantime은 in the meanwhile, meantime, meanwhile에 해당한다.

▶ BOT = back on topic 주제로 돌아와서

메일에서 만약 인사말을 나누거나 다른 화제를 인용해서 원래 주제와 무관한 내용을 서술하게 되었을 때, back on topic을 써서 다시 원래의 주제로 주의를 환기시킬 수 있다.

▶ BRB = be right back 곧 돌아올 것이다

BRB와 BBL은 비슷한 의미로 I'll be right back의 뜻이다.

▶ BSY = be seeing you 안녕히 계세요

보통 메일 본문의 말미에 쓰며 원래 문장은 I'll be seeing you이다.

▶ BTW = by the way 그나저나

보통 문두 또는 문장의 중간에 삽입어구로 사용하며 주의를 환기시킬 때 사용한다.

▶ CC = carbon copy 사본

사본은 우편의 발신자와 정상 발송의 수신자, 사본의 모든 사람, 수취인 불명 문서 사본 수신자 모두가 우편 사본이 누구에게 발송되었는지 알 수 있는 우편을 말한다. 그리고 사본 우편의 수신자는 우편의 발신자가 누군지 알 수 있으며, 우편의 모든 수신자와 사본의 모든 수신자가 누군지 알 수 있으나, 우편의 수취인 불명 문서 사본의 수신인이 누군지는 알 수 없다.

▶ Conf. = Confidential 기밀

보통 우편의 부가 내용에 쓰이며 우편 내용의 보안성을 나타낸다.

▶ CWOT = complete waste of time 완전히 시간 낭비이다

waste of time은 시간을 낭비하다의 뜻이고, complete은 전치 형용사로 쓰였다.

▶ EOD = end of discussion 토론의 결론

원래 문장은 It's the end of the discussion이다.

▶ EOT = end of transmission 송신 완료

EOD와 비슷하며, 원래 문장은 at the end of the transmission이다.

▶ F2F / FTF = face to face 면대면의

보통 동사 또는 동사구의 뒤에 위치하며 축약형인 F2F의 숫자 2는 전치사 to를 나타낸다(발음이 비슷하기 때문에).

▶ FAI = frequently argued issues 자주 논의되는 문제

FAI는 우편에서 보통 자주 논의되는 문제를 나타내며, 때때로 Federation Aeronautique Internationale (국제항공연맹)의 축약형으로 사용될 수도 있다.

▶ **FAQ = frequently asked questions** 자주 묻는 질문
FAQ는 FAI과 비슷하며, 메일에서 자주 묻는 질문을 나타낸다.

▶ **FOS = freedom of speech** 언론 자유
FOS는 언론 자유를 나타낼 수도 있고 free on steamer(본선 인도 가격)의 축약형으로 쓰일 수도 있다.

▶ **FTTT = from time to time** 때때로
now and then에 해당하지만 FTTB는 for the time being(임시, 지금)의 뜻을 나타낸다.

▶ **FWIW = for what it's worth** 가치에 상관없이, 정말인지 몰라도
보통 문두에 위치하며, 쉼표 또는 콜론으로 주절과 분리시킨다.

▶ **FYI = for your information** 귀하께 정보를 제공해 드립니다
보통 문두에 위치하며 쉼표 또는 콜론으로 주절과 분리시킨다. 명사나 명사구 뒤에 위치해도 되며, be 동사 뒤에 위치해도 된다(상황에 따라 부정사 not과 함께 쓰이기도 한다).

▶ **IAC = in any case** 어떻든 간에, 어쨌든
in any way, in a word, in short, in brief, to cut a long story short, all in all 등에 해당한다.

▶ **IAE = in any event** 사정이 어떻든 간에, 여하튼
IAC와 비슷한 의미로 IAE는 at all events, whatever happens 등에 해당한다.

▶ **IC = I see** 알겠습니다
IC는 메일에서 '알겠습니다'의 표현으로 I got it에 해당한다. 컴퓨터 용어로는 integrated circuit (집적 회로)의 뜻으로 쓰일 수도 있다.

▶ **IMHO = in my humble opinion** 제 개인적인 의견으로는
문두, 문중, 문미 모두에 사용할 수 있는 삽입 어구이다.

▶ **IMO = in my opinion** 제 의견으로는, 제가 보기에는
IMHO와 의미가 비슷하며, in my mind, in my view, for my money, from my point of view에 해당한다.

▶ **IOW = in other words** 다시 말해
보통 문두에 위치하는 삽입어구로 namely, that is to say, I.e. 등에 해당한다.

▶ **JIC** = just in case 만일을 대비해서

보통 문장의 말미에 위치하며 쉼표로 주절과 분리시킬 수 있다. in the case of emergency에 해당한다.

▶ **NRN** = no response necessary 답장 안 해 주셔도 됩니다

원래 문장은 No (other) response is necessary이다.

▶ **OIC** = oh, I see 아. 알겠습니다

IC와 의미가 같으며 감탄사 oh가 추가된 것이다.

▶ **OTOH** = on the other hand 다른 한편으로는

보통 문두 또는 문장의 중간에 삽입어구로 사용되며 on one hand에 대응한다.

▶ **PLS/Pls.** = please 부디

보통 문두 또는 문미에 쓰이며 완곡한 부탁 표현을 나타낼 때 쓴다.

▶ **PMFJI** = pardon me for jumping in 도중에 끼어든 것을 양해해 주세요

타인의 대화에 끼어들 때. 사과의 의미를 내포하는 어구로 사용된다.

▶ **PS** = Postscript 추신

보통 우편의 추가 내용에 쓰이며, 후에 ':'을 붙여 추신 내용을 덧붙인다.

▶ **RSVP** = répondez s'il vous plaît 회답 주시기 바랍니다

원래 프랑스어 어휘로 보통 청유를 나타내는 조동사 must, should 또는 please 뒤에 사용한다.

컴퓨터 관련 어휘

여기서는 컴퓨터 관련 어휘를 소개한다. 이는 **E-mail** 내용에서 자주 사용될 뿐만 아니라 외국 동료 또는 고객과 교류할 때도 매우 유용하게 쓰일 수 있다.

바로 쓰기 단어 속기

access	접근	default	기본
activate	활성화	delete	삭제
attribute	속성	destination folder	대상 폴더
back	뒤로 가기	display unit	디스플레이 장치
binary digit	이진법 숫자	document	문서
binary file	이진법 파일	double click	더블 클릭
browser	브라우저	edit	편집
chip	칩	E-mail	이메일
clear	삭제	exception	이상
click	클릭	execute	실행
code	비밀번호, 코드	exit	나가기
close	닫기	file	파일
column	열	find	찾기
command	명령	finish	완료
computer language	컴퓨터 언어	firewall	방화벽
configuration	설정	folder	폴더
copy	복사하기	font	폰트
cursor	커서	full screen	전체 화면
cut	잘라내기	gateway	게이트웨이
data	데이터	graphics	도형
data base	데이터베이스	homepage	홈페이지
data processing	데이터 처리	hyperlink	하이퍼링크
Date / System Date	날짜/ 시스템 날짜	hypertext	하이퍼텍스트
		icon	아이콘
debug	디버그하다	ICQ	ICQ(인터넷 메신저)

identifier	식별자	restart	다시 시작
image	이미지	right click	오른쪽 버튼 클릭
index	색인	save	저장
input	입력	scale	비율
inquiry	문의	select	선택
insert	삽입	select all	전체 선택
instruction	지시	settings	설정
integrated circuit	집적 회로	setup	설치
interface	인터페이스	short cut	단축키
keyboard	키보드	status bar	상태표시줄
latency time	대기 시간	symbol	기호
magnetic storage	자기 저장 장치	table	표
mainboard	메인보드	text	글자, 문자
manual	메뉴얼	Time / System Time	시간/시스템 시간
memory	메모리	tool bar	툴바
menu	메뉴	undo	실행 취소
monitor	모니터	uninstall	삭제
mouse	마우스	update	업데이트
multimedia	멀티미디어	user	유저, 사용자
new	새로운	virus	바이러스
next	다음	webpage	웹페이지
object	대상, 객체	website	웹사이트
online	온라인	wizard	(소프트웨어) 마법사
open	열기	zoom in	확대
page setup	화면 설정	zoom out	축소
password	비밀번호		
paste	붙여넣기		
previous	이전의		
print preview	인쇄 미리보기		
program	프로그램		
redo	다시 하기		
release	배포		
replace	관련		

Chapter
2

상용 업무 어휘

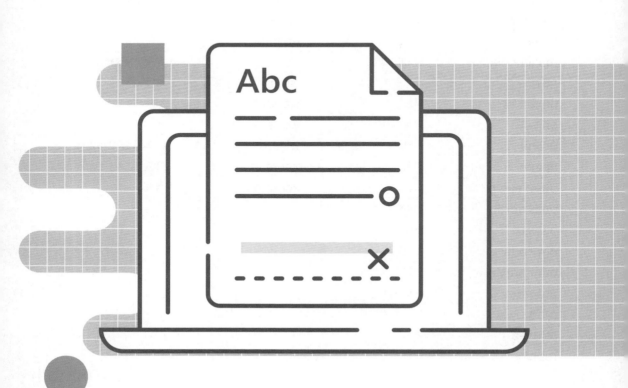

Unit 1 회사 직위, 부서 명칭
Unit 2 축약형 무역 용어

세계화 시대에서 영어는 이제 단지 학창 시절에 배우는 과목이 아니라 구직할 때의 필수 조건이 되었다. 본 챕터에서는 특별히 업무 현장에서 자주 쓰이는 어휘를 수록했으니, 상황에 따라 응용하도록 하자.

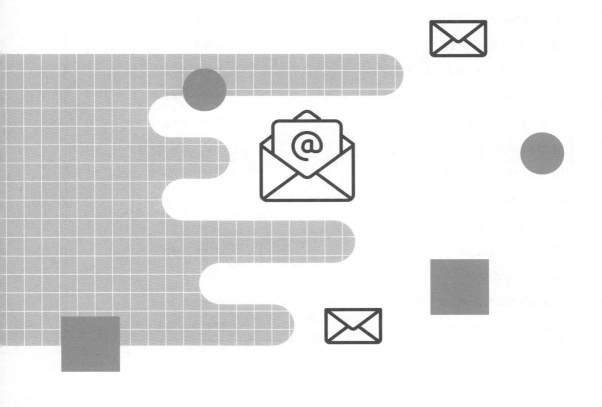

회사 직위, 부서 명칭

Unit
1

영어 E-mail을 작성할 때, 시작하는 머리말 역시 매우 중요하다. 아래는 독자들이 참고하고 응용할 수 있는 회사의 각 행정 부문의 명칭과 부서 명칭의 한영 대조표이다.

바로
쓰기

직위 명칭

Accounting Assistant	회계 조수
Accounting Manager	회계 부서 본부장
Administration Manager / Assistant	행정 관리자 / 조수
Assistant Manager	부운영자
Business Controller	업무 주임
Business Manager = Operational Manager	업무 운영자
Deputy General Manager	부지배인
Export Sales Manager	수출부 본부장
Financial Controller	자금 부장
General Manager Assistant	본부장 조수
General Manager / President	본부장 / 대표
Manager for Public Relations	홍보부 본부장
Market Development Manager	시장 개발부 본부장
Market Research Manager	시장 조사 본부장
Office Assistant	사무 보조
Personnel Manager	인사부 본부장
Product Manager	생산부 본부장
Sales Supervisor	판매 감독
Secretarial Assistant	비서 보조
Trade Finance Executive	무역 재무 간부

542

바로 쓰기 | 부서 명칭

Advertising Department	광고 부서
After-sales Department	애프터서비스 부서
Branch Office	지사
Business Office	영업 부서
Export Department	수출 부서
General Accounting Department	재무 부서
General Affairs Department	총무 부서
Head Office	본사
Human Resources Department	인력 자원 부서
Import Department	수입 부서
International Department	국제 부서
Logistics Department	물류 부서
Personnel Department	인사 부서
Planning Department	기획 부서
Product Development Department	상품 개발 부서
Public Relations Department	대외 홍보 부서
Research and Development Department	연구 개발 부서
Sales Department	판매 부서
Sales Promotion Department	판촉 부서
Secretariat Office	비서실

축약형 무역 용어

Unit 2

업무용 메일을 주고받을 때 무역 용어를 써야할 때가 종종 있다. 그리고 이런 용어는 종종 축약형으로 사용되는데, 본 단원에서는 이런 축약형 무역 용어들을 다룰 것이다.

바로
쓰기

축약형 해석

축약어	해석	축약어	해석
A.R	전 위험 담보 圖 All Risks	CIP	운송비 보험료 지급 조건 圖 Carriage and Insurance Paid to
A/W	전 수로(미국 서해안에서 동해안 또는 내륙으로 화물을 운수하는 방식) 圖 All Water	CPT	운송비 지급 조건 圖 Carriage Paid to
B/L	선하 증권 圖 Bill of Lading	CY	컨테이너 야드 圖 Container Yard
BAF	유류 할증료 圖 Bunker Adjustment Factor	D/A	인수 인도 조건 圖 Document Against Acceptance
C.O	일반 원산지 증명서 圖 Certificate of Origin	D/P	지급 인도 조건 圖 Document Against Payment
C/D	관세 신고 圖 Customs Declaration	DAF	국경 인도 조건 圖 Delivered at Frontier
C/O	원산지 증명서 圖 Certificate of Origin	DDC	도착 가격 圖 Destination Delivery Charges
CAF	통화 시세 변동 할증료 圖 Currency Adjustment Factor	DDP	관세 지급 인도 조건 圖 Delivered Duty Paid
CFR	운임비 포함 가격 圖 Cost and Freight	DDU	관세 미지급 인도 조건 圖 Delivered Duty Unpaid
CFS	컨테이너 적재 시설 圖 Container Freight Station	DEQ	부두 인도 圖 Delivered Ex Quay
CIF	운임 보험료 포함 가격 圖 Cost, Insurance and Freight	DES	착선 인도 圖 Delivered Ex Ship

DOC	문서 비용 🔖 Document Charges	**N.W.**	순 중량 🔖 Net Weight
EPS	설비 위치 부가세 🔖 Equipment Position Surcharges	**NVOCC**	비선박 운항 업자 🔖 Non-Vessel Operating Common Carrier
FAS	선측 인도 🔖 Free Alongside Ship	**O/F**	해운 비용 🔖 Ocean Freight
FCA	운송인 인도 🔖 Free Carrier	**ORC**	로컬 수취 비용 🔖 Origin Receiving Charges
FCL	FCL 화물 🔖 Full Container Load	**PCS**	선박 혼잡 부가세 🔖 Port Congestion Surcharge
FOB	선적 운임 포함 🔖 Free on Board	**PSS**	성수기 부가세 🔖 Peak Season Surcharges
G.S.P.	일반 특혜 관세 제도 🔖 Generalized System of Preferences	**S/C**	매매 확인 🔖 Sales Confirmation 매매 계약 🔖 Sales Contract
G.W.	총 중량, 무게 🔖 Gross Weight	**S/O**	선적 지시서 🔖 Shipping Order
L/C	신용장 🔖 Letter of Credit	**T/T**	전신환 🔖 Telegraphic Transfer
LCL	소량 혼재 화물(낱개 포장) 🔖 Less than Container Load	**TEU**	20 피트 🔖 Twenty-feet Equivalent Units
M/T	용적 톤(화물 비용을 톤으로 계산함) 🔖 Measurement Ton	**THC**	선적 보관 운송료 🔖 Terminal Handling Charges
MB/L	선하 증권주 🔖 Master Bill of Lading	**W/M**	무게 또는 높이 측정 🔖 Weight or Measurement Ton
MLB	미국 대서양 연안의 동부 및 걸프지역 항구까지 운송되는 운송서비스 🔖 Mini Land Bridge	**W/T**	중량톤 🔖 Weight Ton
MTD	복합 운송 서류 🔖 Multimodal Transport Document	**YAS**	부두 부가세 🔖 Yard Surcharges

영문 E-mail의 상용구

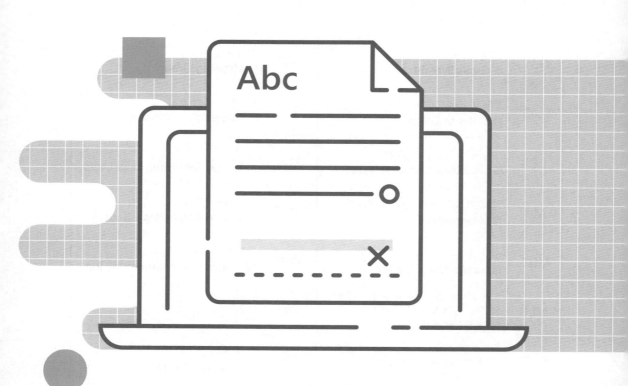

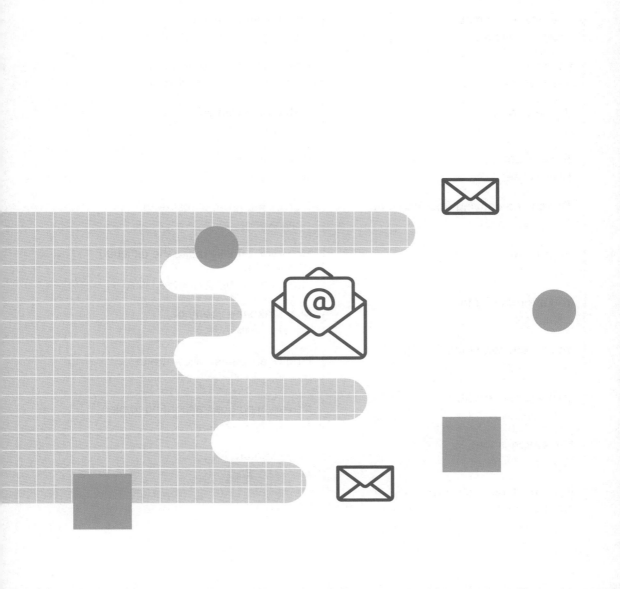

at your earliest convenience
최대한 빨리, 가능한 빨리

You may rest assured that...
안심하셔도 됩니다

It is my sincere belief that...
…라 확신합니다

for your reference
참고하시라고…

The pity of it is that...
안타깝게도 / 아쉽게도…

thanks to...
…덕분에 / 때문에 / 로 인해

By the way, ...
그나저나…

To be exact, ...
정확히 말하자면…

There is no denying (the fact) that...
…라 부정할 수 없습니다

As you say, ...
말씀하셨듯이…

You are required to...
…하셔야 합니다

You're reminded that...
…를 기억해 주시길 바랍니다

To my great delight, ...
정말 기쁘게도…

My reason is that...
제 이유는 …입니다

if you have no objection
이의가 없으시다면…

If memory serves, ...
만약 제 기억이 맞다면…

It all depends whether…
…인지 아닌지에 달려 있습니다

Rumor has it that...
…라는 소문이 있습니다

You are expected to...
…해 주시길 바랍니다

To be blunt with you, ...
솔직하게 말씀드리면…

Please let me know if...
…인지 아닌지 알려 주시길 바랍니다

To be frank with you, ...
솔직하게 말씀드려서…

If I'm not mistaken, ...
제가 기억하는 바로는…

It gives me great pleasure to...
…하여 매우 기쁩니다

However, I finally make the difficult decision to...
그럼에도 저는 …하는 힘든 결정을 내렸습니다

May I take the liberty of...
제가 감히 …해도 될까요?

First of all, please allow me to...
우선 …하겠습니다

If everything goes according to plan, ...
만약 모든 것이 순조롭다면…

May I venture to...
제가 …해도 될까요?

I hereby request you to...
이에 …를 요청드립니다

As a general rule, ...
보통 …합니다

They have been sick and tired of...
그들은 이미 …에 진절머리 나 있습니다

Sad to say, ...
불행히도…

I assure you that...
…라 보장합니다

In particular, ...
특히,

It's hard to say...
…라 말하기 어렵습니다

Otherwise, ...
그렇지 않으면, …

a matter of...
…의 상황/문제/사건에 달려 있습니다

...is acceptable to us.
저희는 …를 받아들일 수 있습니다

As you may know, ...
알고 계시겠지만…

That is to say, ...
다시 말해…

The rule is that...
규정에 따르면…

It's most urgent that...
가장 긴박한 것은…

..., for fear that...
…를 피하기 위하여…

I am reluctant to...
…하고 싶지 않습니다

I cannot wait to...
…를 고대하고 있습니다

Besides, it's patently obvious that...
게다가, …가 분명합니다.

The main defect lies in...
주요 결함은 …에 있습니다

..., needless to say, ...
…는 말할 필요도 없고…

To some extent, ...
어느 정도는 …합니다

I bet...
…라 확신합니다

By convention, ...
관례에 따르면…

May I have the honor of...
제가…하는 영광을 가질 수 있을까요?

However, the only problem is that...
그러나 유일한 문제는 바로 …입니다

I cherish the hope of...
…하기를 간절히 바랍니다

It is patent to anyone that...
모두가 알고 있듯이 / …는 모두가 알고 있습니다

It's expected that...
…되기를 바랍니다

...left a deep impression on me.
…는 제게 깊은 인상을 남겼습니다

I know for a fact that...
…를 잘 알고 있습니다

The thought of...never crossed my mind.
…에 대해 한 번도 생각해 본 적 없습니다

Please do not hesitate to...
주저 말고 …해 주시길 바랍니다

We give up all thought(s) of...
…하는 생각을 버렸습니다

...but the fact remains that...
하지만 여전히 사실은 …하다는 것입니다

Our best bet would be to...
저희는 …가 최선이라고 생각합니다

We feel a great necessity to...
저희는 …를 반드시 해야 한다고 생각합니다

Speaking of...
…에 대해 말하자면

It's a tradition to...
관례에 따라...

You must be well aware that...
잘 알고 계시겠지만…

...as per your request.
귀하의 요청에 따라…

However, we regret to inform you that...
그럼에도 저희는 …를 알려 드리게 되어 유감입니다

However, contrary to all expectations, ...
그러나, 예상과는 다르게…

Roughly speaking, ...
대략적으로 말해서 / 개괄적으로 말해서…

The purchase contract specifies that...
매입 계약에 명시하기를…

Otherwise, we might have to...
그렇지 않으면 우리는 …해야 할지도 모릅니다

I guess...
제가 추측하기로…

It's anticipated that...
…되기를 바랍니다

In the circumstances, we have no alternative but to...
이런 상황에서 저희는 …말고는 대책이 없습니다

..., but with little or no effect.
…는 거의 효과가 없습니다

To tell the truth, …
사실을 말하자면…

Barring accidents, ...
사고가 없다면…

It's unknown whether...
…인지 아닌지는 알려진 바 없습니다

in the near future
머지않아

What do you think of...?
…에 대해 어떻게 생각하십니까?

take sth. as an example
…를 예로 들자면 / …의 예를 들어서

one by one
하나하나

But whatever happens, ...
하지만, 무슨 일이 생기든 간에

get a very good reception
잘 팔린다, 잘 나간다

be eager to
…하기를 갈망하다, 열망하다, 희망하다

is keen to
…하기를 열렬히 원하다

I wonder if...
…인지 아닌지 알고 싶습니다

mean to
…하기로 하다, …하려고 하다

We got to know that...
…라는 것을 알게 되었습니다

in a good state
상태가 좋다

thanks for...
…에 감사합니다

the more...the more...
…할수록 …하다

For my part, ...
제가 보기에…

a couple of
몇몇의

Please feel free to do sth.
편하게 …해 주세요

try sth. out
…해 보다 / 시험삼아 …해 보다

at first sight
첫눈에, 보자마자

in the days to come
미래에, 앞으로

not only..., but (also)...
…뿐만 아니라 …도

It's + 사람 + who + 조항
바로 (사람)이 …하다

As known to all, ...
모두가 알다시피…

There is one point that...
…한 점이 있습니다

to some extent, ...
분명한 / 어느 정도는 …합니다

come up with...
…를 생각해 내다, …를 고안해 내다

..., which made...
…이것이 …하게 합니다

Though…,
…임에도 불구하고

Would you mind...?
…해도 될까요?

Will you please do me a favor and...?
제게 …를 해 주실 수 있으실까요?

as long as...
…하는 한

...are going to be...
…는 …할 것입니다

...are worth purchasing...
…는 …를 구매할 가치가 있습니다

…whether...or not.
…인지 아닌지

suffer a great loss
큰 손실을 얻다

looking forward to
…를 고대하다

intend to do sth.
어떤 일을 하려고 하다 / 할 계획이다

confident of…
…에 자신 있다

make a comparison with...
…와 비교해서

with respect to...
…에 대해서

There must be many...
분명 많은 …가 있을 것입니다

It's...inconvenience for us to...
…는 저희에게 불편합니다

You should have...
… 하셨어야 했습니다

..., no matter...
…와 상관없이

I never meant to...
…하려 하지 않았습니다

As far as I know, ...
제가 알기로는…

...because...
…때문에…

It's + adj. + for + sb. + to...
누군가에게 …는 …합니다

be impressed with...
…에 인상이 깊다

hold a consultation (about...)
…에 대해 상의하다

with the least delay possible
최대한 빨리

settle the invoice
송장을 보내다

Due to...
…때문에

take...into consideration
…를 고려했을 때, …를 감안했을 때

If it is not fine with you, ...
만약 안 된다면…

Is it convenient for you...?
…하는 것이 괜찮을까요?

...in error.
잘못 …하여

First of all, …
우선…

Or, ...
또는…

blame sth. on sb.
···때문에 ···를 나무라다

It does not take much imagination to guess...
···라 추측하기 어렵지 않습니다

All I request of you is that...
···만 해 주시면 됩니다

The plain truth is, ...
솔직히 말하면···

We speculate that...
···라 예측합니다

Much to my regret, ...
아쉬운 것은 ···입니다

I can only speculate that ...
···라 예측할 수밖에 없습니다

I would not like to speculate on the reasons why...
···한 이유를 추측하고 싶지 않습니다

the case
상황, 사건

You are kindly requested to...
···해 주시길 바랍니다

As far as I'm aware, ...
제가 알고 있는 바로는···

It's high time that...
···할 때입니다

..., including...
···를 포함하여

In contrast to...
···와 비교하여

You are warned that...
···를 상기시켜 드리고자 합니다

make compensation
보상하다

feel satisfaction with...
···에 대해 만족하다

I hope that...
···를 바랍니다

out of stock
재고가 없는

honored to...
···하게 되어 영광인

What's more, ...
뿐만 아니라, 더 중요한 것은...

sorry to…
안타깝게도···

the most + adj.
가장···

reach an agreement
일치를 이루다, 의견이 합쳐지다

It's + adj. + 부정사
···한 것은 ···합니다

...be willing to…
···가 ···를 하고자 합니다

in regard to...
···에 관하여

…not allowed to do…
···는 허락되지 않습니다

be pleased...
…하게 되어 기쁜

Although…, …
…임에도 불구하고

…have been doing…
계속하여 …하고 있는

be busy with…
…하느라 바쁜

be proficient in...
…에 능한

Fristly, ...
우선… 첫째로…

Thirdly, ...
세 번째로…

I'm so regretful...
…에 대해 정말 유감입니다

recently
최근에, 근래에

be swamped with...
…의 격무에 시달려

…, so…
…그래서…

I'm sorry that...
…에 대해 죄송합니다

have no choice but to do sth.
…말고는 선택지가 없다

In the case of...
…에 관하여

We are incapable of...
저희는 …할 능력이 없습니다

It cannot be denied that...
…는 부정할 수 없습니다

However, there is still some doubt as to...
그러나, …에 대해서는 아직 몇 가지 의문이 있습니다

The weather forecast says that...
일기예보에서 …

stop working
일을 멈추다

On account of...
… 때문에

I just cannot understand...
…를 이해할 수 없습니다

It's strange that...
이상한 점은 …입니다

...as scheduled
일정에 따라, 일정에 맞춰

...are confronted with
…에 부딪히다

We are sorry for...
…에 대해 죄송합니다

I'm exceedingly fond of...
저는 …를 매우 좋아합니다

In regard to...
…에 관하여

What you ordered from our company is...
귀하가 당사에 주문하신 상품은…

It may take several days.
며칠이 걸릴 것입니다

We feel terribly sorry...
…에 대해서 저희는 정말 죄송하게 생각합니다

In any event,...
어쨌든 간에

…, so as to...
…를 위해서

We are deeply sorry for...
…에 대해 진심으로 사과의 말씀을 전합니다

Much more attention should be paid...
…에 주의를 더 기울였어야 했습니다

Please allow me to use this opportunity to...
이번 기회를 타 …하는 것을 허락해 주세요

Please let me make an apology for...
…에 대해 사과드립니다

complain about...
…에 대해 불평하다

…be on us
…는 저희가 지불하겠습니다

…in the end.
결국에…

in good condition
상태가 좋은

I want to know if you…
…인지 아닌지 알고 싶습니다

…in the long run
장기적으로…

…in advance
미리 …

ahead of time
사전에

force majeure
불가항력

at a loss
어쩔 줄을 모르는

in consideration of...
…를 고려해서, …를 감안해서

We were certain that…
…라 확신합니다

customs clearance
세관 통관

make an inquiry about
안부를 묻다, 안부를 전하다

only to…
…할 뿐이다

…as well as…
…뿐만 아니라 …도

account for…
…에 대해 설명하다

be of great significance
매우 중요하다, 극히 중시하다

…have no choice but to…
…외에는 선택권이 없다

It is your perfunctory attitude that…
귀하의 형식적인 태도 때문에 …하였습니다

make an appointment…
…의 약속을 잡다

to be honest, …
솔직히 말해서, 솔직히…

Wish you...
…하길 바라다.

pay a visit to...
…에 방문하다

…by lucky coincidence
마침 …하여

…benefit a lot from…
…에서 큰 이익을 얻다

have the chance to…
…할 기회가 있다

…are an expert in…
…는 …분야의 전문가입니다

In this way, …
이런 방식으로…

make a reservation for...
…를 예약하다

go on a trip to…
…에 여행가다

How much…?
얼마만큼의 …?

on the Internet
인터넷에서

book a table
자리를 예약하다

Would you please…?
…해 주실 수 있습니까?

at the same time
동시에

On the occasion of…
…한 행사 기간에

Even though...
…일지라도

…broadened my horizons
…가 저의 시야를 넓혔습니다

…make the acquaintance of you…
…로 제가 귀하를 알게 되었습니다

Had it not been for...
…가 있지 않습니까?

such delightful news
기쁜 소식

couldn't be happier
이보다 더 기쁠 수 없는

…be present at
…에 참석하다

beyond my expectation
제 예상을 뛰어넘는

…is obvious to all
모두가 …라 확신하는

rest up
충분히 휴식하다

stay at home
집에 머물다

…died of
…로 죽다

pass away
돌아가시다

let sb. sown
…를 실망시키다

비즈니스 경쟁력 강화를 위한
영어 표현 학습서

경쟁력 강화를 위한 비즈니스 영어 표현 학습서

Business

스마트
비즈니스
영어회화
핵심 패턴

이수용 지음

비즈니스 현장에서 활용 빈도가 높은 표현들을 수록
각종 비즈니스 상황에 필요한 다양한 표현 구문들을
주제별로 나누어 체계적으로 정리

177
핵심 패턴
+
MP3
무료 다운로드
www.hyejiwon.
co.kr

혜지원

■ 이수용 지음 / 280쪽 / 값 15,000원

이 책은 **비즈니스 영어 표현 학습서**로 비즈니스 현장에서 실제로 발생할 수 있는 상황을 설정하고, 그 상황에서 가장 적합하고 활용 빈도가 높은 표현들이 수록되어 있습니다. 업무상 만나는 사람들과의 간단한 인사와 자기소개부터 전화업무, 해외 출장, 해외의 비즈니스 파트너들을 상대로 회의나 발표를 하는 경우에 이르기까지 각종 비즈니스 상황에 필요한 다양한 표현 구문들을 주제별로 나누어 체계적으로 정리하였습니다.

MEMO

MEMO